《二十世纪之中国——乡村与城市社会的历史变迁》丛书

2012年列入"十二五"国家重点图书出版规划增补项目
2013年入选新闻出版总署国家出版基金资助项目
2013年入选新闻出版总署新闻出版改革发展项目
2012年列入山西出版传媒集团重大出版工程项目

丛书主编　王先明

二十世纪之中国——乡村与城市社会的历史变迁

离乡不离土：二十世纪前期华北不在地主与乡村变迁

■ 安宝　著

山西出版传媒集团
山西人民出版社　山西经济出版社

图书在版编目（CIP）数据

离乡不离土：二十世纪前期华北不在地主与乡村变迁/安宝著.—太原：山西人民出版社，2013.11
（二十世纪之中国——乡村与城市社会的历史变迁／王先明主编）
ISBN 978-7-203-08277-4

Ⅰ.①离… Ⅱ.①安… Ⅲ.①乡村-社会变迁-研究-华北地区-20世纪 Ⅳ.① C 912.82 ② D 693.79

中国版本图书馆 CIP 数据核字（2013）第 215486 号

离乡不离土：二十世纪前期华北不在地主与乡村变迁

著　　者：安　宝
责任编辑：李　鑫
装帧设计：柏学玲

出 版 者：山西出版传媒集团·山西人民出版社　山西经济出版社
地　　址：太原市建设南路21号
邮　　编：030012
发行营销：0351-4922220　4955996　4956039
　　　　　0351-4922127（传真）　4956038（邮购）
E - mail：sxskcb@163.com　发行部
　　　　　sxskcb@126.com　总编室
网　　址：www.sxskcb.com

经 销 者：山西出版传媒集团·山西人民出版社　山西经济出版社
承 印 者：山西出版传媒集团·山西新华印业有限公司

开　　本：787mm×1092mm　　1/16
印　　张：29
字　　数：420千字
印　　数：1-3 000册
版　　次：2013年11月第1版
印　　次：2013年11月第1次印刷
书　　号：ISBN 978-7-203-08277-4
定　　价：70.00元

如有印装质量问题请与本社联系调换

总 序 GENERAL PREFACE
ERSHI SHIJI ZHI ZHONGGUO

　　20世纪的中国,经历着史无前例的社会变迁。这一变动的时代性特征之一,一定程度上体现为传统时代的城乡一体化发展进程逆转为城乡背离化发展态势。伴随着中国与西方交锋以来军事、政治与经济的挫败,以及由此而来的知识分子的传统文化认同危机,现代化(或西方化)与城市化成为显而易见的社会潮流,传统城乡"无差别的统一"为日益扩大的城乡差异所代替,近代农民群体也从"士农工商"的中层政治身份一变而为"乡下人"这一饱含歧视色彩的社会底层,由此形成的城乡社会——经济与文化断裂不仅是20世纪社会结构畸形化与不平衡性的显著现象,也是至今仍横亘在中国现代化进程中的重大社会问题之一。

　　即使在当代社会发展进程中,巨大的城乡分离化也不容忽视,明显的城乡对比已经成为社会认同危机的主要表现之一。当新农村建设如火如荼却面临种种困惑时,当乡村人才的空心化现象日益突出时,当城市化的进程突飞猛进时,当城市景观和生活方式与国际接轨时,城市人与乡下人成为国人赫然的身份标识,现代日益扩大的城乡失衡与传统中国城乡之间的无差别的统一体形成鲜明对比时,深入研究城乡关系的历史变迁就成为一个理解当下中国政治、经济与文化发展的必要途径。此外,对于近代中国社会的认识,无论是政治家、社会学家还是经济学家,都不约而同地将之解析为城市与乡村两大基本单位,中国近代社会之不平衡性、半封建性、半殖民性等特点均可从城市和乡村社会结构的析分中被实证;而城乡之间的关系与特征,亦成为深度理解和把握近代中国历史的不可回避的焦点问题。

有时我们不得不惊叹"历史惊人地相似"!从20世纪二三十年代的"农业破产"、"农村衰败"、"农民贫困"成为举国至重的话题,到新世纪以来被广泛关注的"农民真苦、农村真穷、农业真危险"的当代"三农"话语;从1926年王骏声提出的"新农村建设"问题,到新世纪以来持续推进的"社会主义新农村建设",尽管不同时代条件下,它所聚焦的时代主题内容会有所不同,但如此一致的话语或命题的背后却应该深伏着共趋性或同质性的深层致因。这至少给我们一个基本的提示,即农业、农村与农民问题,是百年来中国社会发展或乡村变迁中始终存在的一个重大课题。它是伴随着工业化、城市化与现代化进程而导致的传统城乡一体化发展模式破解后,乡村社会走向边缘化、贫困化、荒漠化和失序化的一个历史过程。"三农"的困境生成于工业化、城市化与现代化进程之中,这是近代以来城乡背离化发展态势下生成的一个"发展问题"。"三农"从来就不是一个孤立存在的问题,如果没有工业化、城市化、现代化进程的发生,"三农"不会凸现为时代性问题。当然,这并不意味着传统时代没有社会问题,但是问题的呈现和表达不会如此集中在"三农"方面。一个多世纪以来的历史演进的客观事实的确显示了"三化"(工业化、城市化与现代化)与"三农"二者的相关性。问题在于,会是怎样的相关?如何揭示二者互相影响和相互制约的内在关系,并寻求最佳的或最有效的协调方略?

传统农业始终是一个低产出的行业,大部分农民的收入不可能迅速提高,得到高收入的人都是进城从事其他行业的人。社会分工、社会分化始终伴随着城乡背离式发展趋向前行，从而整体上的贫富差距在城乡之间成为一种显性的社会不平等。人口逐渐从农村迁向城市，城乡之间的收入差别就是这种活动的推动力。但在先进国家里，这个工业化过程是在200多年里完成的。在此过程中总体的经济年增长率也不过2%~3%。这部分增长不是靠农业，而是靠在城市中发展起来的工业和服务业。农业生产的收入总是低的。为了平衡城乡之间的收入差距，政府都采取对农业补贴的办法，几百年来已经成为传统。反观我国的情况，在新中国成立后的30年工业化的过程中非但没有补贴农民，反而是剥削农民；再加上对农民的身份歧视，事实上农民成为低人一等的群体，造成严重的城乡二元化结构，城乡收入差别变得极其突出。改革开放后我国经济增长率达到10%左右，这部分增长几乎都是在城市中发生的，所以农业产出占GDP的比重从33%(1983年)降低到2005年的12%。在此过程中幸亏有几亿农民进城打工，沾上了工业化的光，否则城乡收入差距还会更大。我国农村金融的衰败，将大量农民储蓄调动到城市里搞非农项目，进一步使得农民收入增长困难。这一人类社会发展的共同规律，说明了总体上收入差距发生的过程是相伴着工业化过程而发生的。这也是库兹涅茨研究收入分配的倒"U"形曲线的原因。

"三农"问题形成的历史成因和时代特征，如果仅仅局限于现实的考量，或将既无法捕捉到问题的实质，恐也难以探寻到真正的求解之道。事实上，百年来关于中国乡村发展论争的各种主张和方案，以及由此展开的各种区域实验与社会实践，其丰富与多样、繁难与简约，已经有着足够的样本意义和理论认知价值。在百年中国的历史进程中审视"三农"问题的历史演变，或许会有更深刻的思想领悟！历史的选择和运行有着它既有的逻辑进程，因此有关中国乡村道路选择的理论思考和种种分歧，却依然为我们的历史反思和长时段观察提供了理性辨析的基础。

近年来，对于近代城乡关系的研究存在诸多薄弱之处。学界研究的主要态势要么关注城市化历史，要么偏重于乡村史研究，城乡关系仅仅作为这些研究的副产品而出现；城市与乡村是一个预设的、对立的地域单元。

但是事实上，无论是城市化进程还是现代化进程，从根本上来说其实就是一个乡村社会变迁的过程：从农业社会转变为工业社会，从农耕文明转变为城市文明，从传统生活方式向现代生活方式的演变过程。如何广阔而全面地呈现20世纪中国社会历史的变迁，并深入揭示一个世纪以来的历史演进轨迹与规律，从而为当代中国发展的路向选择和理论思维提供丰厚的历史经验与启示，当是这一丛书设计的基本诉求或宗旨。

王先明

2013年1月7日于津城阳光100国际新城西园

目 录 CONTENTS
ERSHI SHIJI ZHI ZHONGGUO

绪论
  一、选题缘起 ·· 1
  二、概念的阐释：地主与不在地主 ·· 4
  三、学术史回顾 ·· 23
  四、研究思路 ·· 27
  五、创新点与难点 ·· 28
  六、研究区域和时段 ··· 30

第一章　不在地主阶层的历史成因
  第一节　经济环境 ··· 36
    一、苛捐杂税 ··· 36
    二、商业发展 ··· 48
    三、市镇勃兴 ··· 58
    四、自然灾害 ··· 70
  第二节　社会环境 ··· 75
    一、军阀混战 ··· 75

二、土匪猖獗 …… 78

第三节 土地交易的传统惯习 …… 82
一、惯习形成 …… 82
二、惯习衰微 …… 89
三、交易实况 …… 94

第二章 不在地主阶层的概况

第一节 不在地主的形成方式 …… 102
一、分家析产 …… 102
二、地权交易 …… 109
三、空间流动 …… 115

第二节 不在地主的经济行为 …… 123
一、农业经营 …… 123
二、商业经营 …… 132
三、其他行为 …… 138

第三节 不在地主阶层之规模 …… 142
一、南方地区的不在地主比例 …… 142
二、华北地区不在地主的比例 …… 150
三、南北不在地主比率差异 …… 159

第三章 不在地主与村民认同

第一节 本村人与外村人 …… 167
一、社区经济和政治权力 …… 168
二、社区活动的参与权 …… 171
三、社区公共物品的使用权 …… 174
四、亲属称谓 …… 175

第二节 村民身份认同的条件 …… 177
一、乡土社会社区认同的基准 …… 177
二、血缘认同：家族、墓地、世代 …… 179

三、地缘认同：土地、房屋、居住时间 ················· 189
　第三节　不在地主与村民认同资格 ····················· 195
　　一、村民认同资格宽松的村落 ····················· 196
　　二、村民资格严格的村落 ························· 207
　　三、不在地主与村民身份 ························· 215

第四章　不在地主与乡村经济
　第一节　华北乡村的衰败 ····························· 223
　　一、村落社区地权外流 ··························· 224
　　二、农家土地占有量 ····························· 227
　　三、家庭收支状况 ······························· 230
　第二节　不在地主与乡村借贷 ························· 234
　　一、社区外居民是借贷的重要对象 ················· 235
　　二、借贷的运作方式 ····························· 239
　　三、借贷对乡村经济的影响 ······················· 242
　第三节　不在地主与乡村地租形态 ····················· 249
　　一、地租的形态 ································· 249
　　二、货币地租的地租额和地租率 ··················· 252
　　三、实物地租的地租额和地租率 ··················· 256
　第四节　不在地主与乡村经济负担 ····················· 263
　　一、村费 ······································· 263
　　二、摊款 ······································· 267

第五章　不在地主与乡村权力
　第一节　乡村权力生成要素 ··························· 281
　　一、经济资本与村落权力 ························· 282
　　二、文化资本和村落权力 ························· 290
　　三、其他资本和乡村权力 ························· 300
　第二节　乡村社区的权力派：村长、会首 ··············· 309

一、绅士与村落社区的权力 …………………………………………… 310
　　二、社区权力派的产生 …………………………………………… 315
　　三、社区权力派的权威 …………………………………………… 320
　　四、权力阶层的报酬 …………………………………………… 328
第三节　不在地主与乡村权力 …………………………………………… 331
　　一、不在地主与村落权力阶层 …………………………………………… 331
　　二、不在地主与社区权力组织 …………………………………………… 337
　　三、不在地主对乡村权力的影响 …………………………………………… 346

第六章　不在地主与城乡关系

第一节　不在地主和租佃关系 …………………………………………… 356
　　一、租佃关系确立 …………………………………………… 356
　　二、农事耕作 …………………………………………… 362
第二节　租佃外的经济关系 …………………………………………… 368
　　一、日常生活中租佃双方的交际 …………………………………………… 368
　　二、超经济强制 …………………………………………… 374
　　三、租佃纠纷 …………………………………………… 376
第三节　租佃关系与城乡关系 …………………………………………… 379
　　一、华北区域的租佃关系 …………………………………………… 379
　　二、城乡关系 …………………………………………… 384
　　三、租佃关系与城乡关系 …………………………………………… 388

第七章　余论：不在地主阶层的历史命运

第一节　社会流动与不在地主阶层的历史命运 …………………………………………… 397
第二节　制度变迁与不在地主阶层的历史命运 …………………………………………… 406

参考文献 …………………………………………… 429
后　记 …………………………………………… 445
我是幸运者 …………………………………………… 449

绪 论 INTRODUCTION

ERSHI SHIJI ZHI ZHONGGUO

一、选题缘起

20世纪以来,中国不仅经历了半个多世纪的革命,同时也经历了深刻而剧烈的社会变迁。中国自古以农业为本,农业人口在总人口中占有绝对的优势,农村在城乡区位结构中的优势地位亦毋庸讳言。而且,20世纪初中国革命道路和世纪末改革道路的选择,均以农村为起点,故乡村社会变迁是20世纪以来中国社会变迁的主体内容。另外,"乡村的生活模式和文化惯制,从更深层次上代表了中国社会的历史传统"[①],因此,乡村社会变迁的研究更能够透析出20世纪以来的中国社会变迁的规律及其特征。

随着20世纪初期农村社会危机的逐步加剧,乡村成为中国社会积贫积弱的重要影响因素之一,乡村问题遂成为当时社会关注之热点,乡村史的研究藉此发端,并在各种意识形态的渗透之下,形成了不同的思想认识。20世纪90

---

① 王先明:《变动时代的乡绅——乡绅与乡村社会结构变迁(1901~1945)》,人民出版社2009年版,第1页。

年代以来,"三农"问题构成制约中国社会经济发展和实现现代化进程的主要障碍,而现代的农村社会问题并不是短期内集聚而成的,它是历史长期发展形成的结果,所以,唯有"将当代'三农'问题置于近代历史进程中审视,才能够厘清其形成、演变的趋向,也才可以认清其时代特征"①。从历史学视野对近代中国农村社会的发展和演变进行学理或学术层面的分析,可为困扰当代社会发展的"三农"问题之解决提供历史启迪。历史研究与社会现实需求间存在着"发生学的关系","我们的历史兴趣之一是要了解现状,是要追溯现状的由来,众史事和现状之'发生学的关系'(Genetic Relation)有深浅之不同,至少就我们所知是如此。按照这个标准,史事和'现状'之'发生学的关系'愈深愈重要,故今通史家每以详尽略远为旨"。②"由现代回观历史,从历史审视现代,就必然成为现代史学一个不容回避的课题",因此,当代的社会现实所需遂让乡村史研究再次成为史学研究的热点,可谓"一代之兴必有一代之学"。

在乡村史研究中,地主阶级作为乡村社会重要构成力量之一,因其在各个历史时期、各个方面都具有巨大的影响力而成为重要研究内容之一。20世纪初期,在当时革命形势的促使下,随着马克思主义在中国的广泛传播,"中国农村派"利用马克思的阶级理论对农民进行了划分,"地主"一词便从物权概念跳跃式地演进为阶级概念。随着阶级"革命"话语的弥漫,地主阶级成为了革命的对象。自此之后,地主问题贯穿于土地革命、抗日战争、解放战争、农业合作化运动、"四清"运动、"文化大革命"之中。简而言之,在中国半个多世纪的革命中,共产党根据革命形势的需要,在不同时期对地主阶级制定了不同的政策和策略,并和农民一起对地主阶级进行了一场生死较量。在民主革命完成以后,地主作为一个阶级被推翻,可是,"阶级成分"如同"血统"般具有遗传性。中共十一届三中全会以后,以邓小平为核心的党中央,在解决历史遗留问题和调整社会关系方面作出重大努力,果断地为地主、富农分子摘掉政治帽子,数以千万计的地主出身的子女从"唯成分论"、"血统论"的桎梏中解放出

---

① 王先明:《历史学视野下的"三农"问题——历史的沉积与现代趋向》,《光明日报》2004年6月28日。

② 张荫麟:《中国史纲》,辽宁教育出版社1998年版,《自序》。

来。至此,"地主"作为一个社会阶级,作为部分人的身份标志,逐渐从现实生活中淡出。然而,地主阶层作为传统社会中富裕人群的代表,在几千年的封建社会中的地位与作用,尤其是近半个世纪跌宕起伏的命运,对中国历史进程和社会变迁产生了莫大的影响,使其成为学术研究中难以割舍的内容。

回顾汗牛充栋的历史研究成果即可发现,1949年以后,学界给予农民阶级研究较多的关怀,学术成果斐然,而对于同为封建社会的主要阶级之一的地主阶级之研究,则就相形见绌了。为此,80年代中期,由《历史研究》杂志社、云南大学历史系、南开大学历史系联合发起了"中国封建地主阶级研究"学术讨论会,希冀将该阶层的研究引向深入,但并未达到预期之效果。相关研究依然沉浸于固有范式下的描述与分析。由于"三农"问题的现实、社会呼求的推动,乡村史研究日趋成熟,在乡村建设、乡村教育、基层制度权力、乡村经济与农民生活、乡村经济与社会文化、乡村革命与农民行为、社会流动与乡村结构变迁、灾荒疾病等方面研究成果迭出,涉及地主阶层内容的研究成果繁多,然而关于地主阶层的整体性研究的文章和专著却屈指可数。基于此,关于地主阶层的专门性研究成为史学研究不容回避的课题。然而,地主阶层存在于几千年的中国历史长河之中,不同时期乃至于同一时期不同地区的地主阶层的形成方式、内部构成、社会作用等方面均存在较大的差异,且呈现出时代、区域的特征,所以,只有将该阶层置于一定的时段、区域内加以考察,才会接近历史问题的本身。

20世纪之初,华北区域内的村落与当时中国各地之农村情景一样,开始了深刻且剧烈的社会变迁,这样的历史背景促使了地主阶层中的不在地主群体开始规模性形成,并成为当时地主阶层的主流。随即会产生了一系列的疑问,即在乡村社会变迁下的不在地主阶层是如何产生的?其形成途径有哪些?规模如何?其经济行为又呈现怎样一番景致?另外,乡土社会孕育着带有土乡土色的村民认同观念,而认同观念与基层社区有形或无形的社会资源有着千丝万缕的关系,那么,具备某些认同要素的不在地主是否具有村民身份呢?他们与基层社区的社会资源又有何种关联呢?乡村社会的变动势必对传统乡村的社会结构、社会生活、社会观念等诸多方面产生深远影响。不在地主阶层是这个时期乡村社会变迁下的产物。尤其是在以农耕为基的乡村社会,"财富的首要基础是土地"①,而"地权是乡村社会历史变迁的全信息元,即地权蕴含了乡村社会历史的全部信息含量"②,与地权具有难以割裂关系的不在地主阶层对乡村社会的经济、政治等方面必然会产生深远的影响,那么,它是如何影响的呢?是否影响到当时乡村经济发展的趋向呢?这些问题均是现有研究未曾涉及或有待深入研究的课题。由此,以乡村社会变迁为视角对20世纪前期华北不在地主阶层的研究,不仅是对不在地主阶层相关问题进行学术层面的梳理和研究,更是认识近代以来中国社会,尤其是乡村社会变迁及其规律的一个重要途径。

二、概念的阐释:地主与不在地主

本研究中涉及的核心概念为"不在地主",在阐述该概念之前,对"地主"概念的界定成为不可回避的首要问题,因为该群体是地主阶级的重要构成部分,唯有了解"地主"之概念,方可厘定"不在地主",否则会陷入"迷人"的状态。

(一)地主概念

一直以来,不同学术背景、不同研究领域、不同研究旨趣的学者们关于地主相关问题的研究成果可谓是琳琅满目、应不暇接,但对"地主"概念鲜有清晰之界定。尽管中国共产党在土地改革时期曾详细规定了"地主"的标准,使之成为一个无须证明的概念,可这是由阶级理论构建而成的政治色彩浓厚的概念,与学理层面上的概念不同。

笔者认为,对"地主"概念的界定应依据以下四个基本的要素,即拥有土地的所有权、出租土地、农场面积和生产盈余。地主是将自己名下拥有的土地出租给农民耕种,让渡土地使用权而获取地租的人。一般而言,华北地区的地主拥有一百亩以上的耕地和基本的生产资料,其经营方式为出租或雇佣劳动力,其经济行为多样,兼营商业、副业等农事耕作以外的职业。地主的生活水平与其他阶层相比,较为富裕,是乡村社会中的富裕者。

---

① 冯友兰:《中国哲学简史》,新世界出版社2005年版,第22页。
② 张佩国:《近代江南乡村地权的历史人类学研究》,上海人民出版社2002年版,第2页。

对于这一个概念,还需做如下几点说明:

其一,地主是一个历史的概念,在中国的历史上不仅早已有之,而且具有多重意义。①"地主"一词的内涵富于变动,不同的时代有着不同的内容,甚至在同一时期的不同地区,由于生产条件等因素的不同,"地主"的划分标准也迥然不同。足见,"地主"是一个动态的概念,其边际富于变化,然其内核却相对稳定。从"地主"一词的历史变迁轨迹可知,土地所有权是其内核所在,故笔者将土地的所有权作为地主划分的重要因素之一。

其二,地主是一个经济的概念,生活水平与其他阶层相比较为富裕,是乡村社会中的富裕阶层。事实上,"生活水平的指标通常也难于细致考测,最主要的就是根据一定的占地数量的标准衡量划定,并且占地量应有相当的弹性幅度"②。另外,20世纪前期,国内外各种团体、学者实地调查形成的繁多资料,大多以土地数量进行统计与分析,并未严格遵循阶级理论构建的分层标准。这些反映农村、农家经济行为的重要资料,不可否认其中包含了数量庞大的地主阶层,故需要一个标准将阶级理论构建的分层标准与土地数量连接起来。全国各地一个劳动力的年耕作能力,由于耕作区域、耕作地、农作物、耕作方式等的不同而有差异。根据民国期间的调查,在河南、河北、山东大多数的壮劳力一年能耕种22亩土地。③关于华北地区家庭的人口数,苑书义认为北方地区大致平均每户约6人;④根据戴乐仁的统计表可知华北地区户均人口为5.35

---

① 概言之,"地主"的含义有:1.当地的主人。《左传·哀公十二年》:"夫诸侯之会,事既毕矣,侯伯致礼,地主归饩,以相辞也。"杜预注:"地主,所会主人也。"2.土地神。《国语·越语下》:"皇天后土,四乡地主正之。"韦昭注:"乡,方也。天神地祇,四方神主,当征讨之。"3.土地的主人。宋代陆游也有两句诗说:"幸有湖边旧草堂,敢烦地主筑林塘。"这里,"地主"是土地主人的意思,作者是在感谢土地的主人,替他修筑了草堂边的林塘。

② 苑书义、董丛林:《近代中国小农经济的变迁》,人民出版社2001年版,第5~6页。

③ [日]大塚令三:『支那各省農業労働者雇用習慣及び需給状況』,中支建设资料整备事务所编翻訳部1941年版,第86頁。

④ 苑书义、董丛林:《近代中国小农经济的变迁》,人民出版社2001年版,第15页。根据卜凯的《中国农家经济》第422页所载《每一农家的平均人口数目表》可知,河南、河北、山西的平均每户约6人。

人。①民国时期,中国家庭的规模并不是很大,制约家庭规模的主要原因是社会生产力低下,人民生活困难,无论城市或乡村,普通劳动人民的生活水平都不高,这无疑限制了家庭人口的发展。尤其是农民占中国人口的多数,小农经济下的小块土地也难以养活人口众多的大家庭。根据上述成果,我们可以视华北地区户均人口7到8人,这实属高标准了。在一个七八口人组成的家庭中,可能有两个男性壮年劳动力和两个女性劳动力、一个儿童,以此作为一个家庭劳动能力的标准已相当高了。如此一来,华北地区一个标准家庭约能耕种95亩土地,②而超出耕作能力的土地按照当时农民的经济行为模式来看,采用租佃的经营方式者居多。故笔者认为,将100亩作为华北地区地主占有土地数量的最低线是合理的。但须注意的是,此仅为学术研究中一参考值,不能完全拘泥于此数量来作为划分、确定地主的标准,各个地区的自然禀赋、社会和经济环境、农家经济现状等方面存在着差异,致使某些家庭拥有土地的数量虽远离此数字,但实际上也是地主,而且这样的例子也相当多。

其三,地主亦是个阶级概念。"地主"一词从物权称谓演化为阶级概念,是在马克思的阶级理论在中国广泛传播并成为解读乡村社会构造理论的环境下实现的。马克思的阶级理论认为,阶级间的关系是社会关系和交换关系的产物,社会的关键资源总会被社会结构中的少数人占有,这些人利用他们对关键资源的垄断对社会上其他人实施剥削和压迫,故阶级关系是一种剥削关系。剥削关系的建立,是通过土地的出租而建立的雇佣关系实现的。因此,笔者在界定地主的概念时,将租佃土地的经营方式作为一个重要因素。

其实,对地主概念的界定,如同"绅士"、"富农"一样,"这样一个相对宽泛的概念不是对社会体系中某一阶层或阶级定位的精确指称"③。所以,在地主

---

① [英]戴乐仁著,李锡周编译:《中国农村经济实况》,北平农民运动研究会1928年版,第90页。

② 根据爱特华特尔标准,一个女性劳动力最多约为男性劳动力的八成,一位儿童的劳动能力约为男性劳动力的七成水平,故这样一个家庭的耕作能力约为95亩。爱特华特尔标准为民国时期的许多学者运用到研究当中,因此,该标准应该是符合当时社会实际状况的。

③ 王先明:《士绅构成要素的变异与乡村权力——以20世纪三四十年代的晋西北、冀中为例》,《近代史研究》,2005年第2期。

概念的运用上,贵在一定原则下灵活操作,有时的取舍,不必苛求。本书中的"地主",采用较为宽泛的概念,指的是拥有土地所有权且出租者。

(二)不在地主的概念

"不在地主"一词为学者们在探讨民国时期的土地制度、农村经济衰败、租佃关系等问题的研究中,频频使用的学术话语。① 学者们出于不同的研究目的和旨趣,在研究成果中不同程度地涉及了"不在地主"的概念,但均未溯其根源,界定也较为随意且未言明依据。诚然,一个词汇的出现或引进可能有随意的成分,但该词必然会在某种意义上"遵循其语义语境知识和话语语境知识,即一系列的背景设想,以及使用者理应遵循的有关真实性、明晰性、关联性、信息性等原则"②,一个词的广泛运用也必然要遵循这样的原则。同样,一个词的问世、使用和理解理应有一个较为清晰的概念或是稳定的内核,概念的外延可随使用者的理解和时代的不同而有所发展、变化,但这种变化要言之凿凿而不可随意,否则会影响到该词的运用和理解。不在地主一词便是实例,详细而明确的定义的阙如,导致了学术成果中"不在地主"与"不在村地主",或与"不在乡地主"、"城居地主"等词同时亮相。在中国乡村问题研究中颇具影响的黄宗智、费孝通的研究成果,恰能体现现有研究中"不在地主"含义混淆之现象。③ 费氏的《江村经济——中国农民的生活》与《江村农民生活及其变迁》中,同样内容的阐述存在"不在地主"与"不在村地主"两个不同的概念。④ 黄氏的《华北的小农经济与社会变迁》这部著作,多为乡村史研究者们引用,

---

① [日]長野郎:『支那土地制度研究』,刀江書院1930年版;金陵大学农学院农经系编印:《豫鄂皖赣四省之租佃制度》,1936年版;徐畅:《二十世纪二三十年代华中地区农村金融研究》,齐鲁书社2005年版等。

② 张利民:《华北城市经济近代化研究》,天津科学技术出版社2004年版,第1页。

③ [美]黄宗智:《中国农村的过密化与现代化:规范认识危机及出路》,上海社会科学院出版社1992年版,第108页;[美]马若孟著,史建云译:《中国农民经济:河北和山东的农民发展,1890~1949》,江苏人民出版社1999年版,第101页;费孝通:《江村经济——中国农民的生活》,商务印书馆2005年版,第156~159页。

④ 费孝通:《江村经济——中国农民的生活》,商务印书馆2005年版,第167页;费孝通:《江村农民生活及其变迁》,敦煌文艺出版社1997年版,第144页。

但原著中的"不在村地主"有被转引为"不在地主"之现象。①甚至黄氏本人在《中国农村的过密化与现代化：规范认识危机及出路》与《华北的小农经济与社会变迁》两部著作中，分别用了"不在地主"和"不在村地主"两个概念。②令"不在地主"概念模糊化的学者，并非不知词汇之间的差异，而是对此概念"望文而知"，未发觉乡土社会最基本的生活、生产单位——村落与不在地主之间隐藏着深层的互动关系，以及不在地主的不同构成类型对乡土社会影响存在的差异。因此，"不在地主"学术概念的重新厘定，无论是从实际应用的角度，还是从学术研究的层面，都应是亟待解决之问题，如此既利于深化上述问题的研究，又直接影响到中国近代乡村史的研究。

"不在地主"一词，由日本转借而来的可能性颇大。笔者掌握的中文资料表明，20世纪20年代初，该概念已在中国学界运用。1922年夏，在北平九大学学生进行的农村调查中，有这样的记载："在东部有四分之一至三分之一的土地是为不在的地主所有的，他们在城市中的工商业发达的结果所得到的盈利，照吾的推测，多是投资在土地的。"③另外，1928年7月28日，国民政府颁布《土地法》的训令之第175条中已有"不在地主"一词。若据日本近代文学家小林多喜二于1929年在《中央公论》发表的《不在地主》，是日本"最早开始使用'不在地主'一词"的论断，④则会产生"不在地主"一词是本土词汇的推论。然而笔者发现，日本大正六年（1917年）十月一日宫城县曾对不在地主有过调查。⑤此资料虽尚不能追及其源，却足以说明"不在地主"一词在小林多喜二之前早已在日

---

① [美]黄宗智：《华北的小农经济与社会变迁》，中华书局1986年版，第81~82页；卢晖临：《革命前后中国乡村社会分化模式及其变迁：社区研究的发现》，《中国社会学》第三卷，上海人民出版社2004年版，第112页。

② [美]黄宗智：《中国农村的过密化与现代化：规范认识危机及出路》，上海社会科学院出版社1992年版，第108页；[美]黄宗智：《华北的小农经济与社会变迁》，中华书局1986年版，第83页。

③ 李文海：《中国农村经济之调查》，《民国时期社会调查丛编（二编）·乡村经济卷（上）》，福建教育出版社2009年版，第21页。

④ 『小林多喜二生誕100年・没後70周年記念シンポジウム記録集』，白樺文学館多喜二ライブラリー，2004年第2期，第19页。

⑤ 『不在地主にかんする調査』，大正六年（1917年）。

本运用。"不在地主"一词,由日本转借而来的判定理由有如下三点:第一,该词未出现于清末以前文献典籍中。晚清知识分子从日本大量借鉴了新词汇,不在地主一词逐渐通过民国期间的法律进入国人的视野,[①]并在20世纪50年代前期成为流行语之一。[②]而民国期间的法律多参照先行"仿欧"引进欧洲法律体系的日本——在日本的法律中对不在地主有明文规定。第二,不同程度涉及不在地主内容的研究成果,或受民国期间的法律影响,或利用20世纪初期日本学者深入中国农村实地调查后形成的满铁资料。[③]第三,不在地主一词频繁运用于日文工具书和诸多日文著作中。

关于"不在地主"内涵的界定,国内外莫衷一是,异歧甚多。日本辞典中的解释为:"不在自己所有土地的市、镇、村中居住的地主。"[④]日本学界对此词的运用未拘泥于此。20世纪40年代,日本学者对不在地主有如下详细之解说:一是旧官吏、军阀出身者,凭借手中的特权,占有大片土地;二是商人,或将其利润投资于土地,或不将资本用于商业,而是用于对农民放高利贷,进而凭借商业资本、高利贷资本积累土地;三是原居于农村的自耕农或地主兼自耕农,投资城市中的工商业,为管理业务而迁居城市;四是由于治安等缘故,放弃农业经营而迁居城市等形成了多样式的不在地主。[⑤]在『彰德縣付近に於ける群小不在地主に就いて』[⑥]的文章中,不在地主多为居于县城之内的城居地主。在

---

① 民国期间的土地法对不在地主有详细规定,详见立法院秘书处:《立法专刊》第四辑,民智书局1931年版。其后涉及民国土地制度等的诸多研究中,较频引用此项法规。

② 熊忠武:《当代中国流行语辞典》,吉林文史出版社1992年版,第1页。

③ 满铁调查资料甚丰,已刊著作中主要利用的是六卷本的『中国農村慣行調査』(中国農村調査刊行会:『中国農村慣行調査』全六卷,岩波書店1981年復刊)。资料中使用的都是"不在地主"一词,可在译著或国内学者的专著中,却出现了"城居地主"、"不在乡地主"、"不在村地主"等多种称谓。

④ [日]『日本国語大辞典·第二版』,小学館2001年版,第816頁。

⑤ [日]岩佐捨一:『北滿の土地所有配分と不在地主』,満鉄調查部1932年版,第49~50頁。

⑥ 南満洲鐵道株式會社:『彰德縣付近に於ける群小不在地主に就いて』,『満鉄調査月報』,第二十卷,第四号。

『第二次冀東農村實態調查報告書統計篇』中，不在地主是指外村地主或外县地主。

我们再从中文进行考察，"不在地主"在试行本《辞海》中的解释如下："不在地主"为在乡地主的对称，在农村占有土地，本人或其家属均不住农村的地主。不在地主一般都住在城市，脱离农业生产，以榨取来的地租在城市过奢侈生活，完全是寄生阶级。不在地主中的大地主都有管事，代为催租收租。有些不在地主还在城市经商或做官。②民国颁布的《土地法》第329条中对不在地主界定如下："（一）土地所有权人及其家属离开其土地所在地之市县继续满三年者。（二）共有土地其共有人全体离开其所在地之市县继续满一年者。（三）营业组合所有土地其组合于其土地所在地之市县停止营业继续满一年者。但土地所有权人因兵役、学业、公职或灾难、变乱离开土地所在之市县者，不适用前项规定。"③学术界运用此词的研究成果甚多，但详细之注明阙如，有学者认为不在地主指不居于土地所在地或很少去土地所在地的地主；④有学者认为不在地主系指不在其土地附近农村居住的地主，包括城居地主和一部分乡居地主；⑤有学者认为不在地主主要是城居地主；⑥有学者以田底、田面为据，

---

① ［日］冀東地區農村實態調查班：『第二次冀東農村實態調查報告書統計篇：第一班平谷縣』，南滿洲鐵道株式會社1937年版；『第二次冀東農村實態調查報告書統計篇：第三班豐潤縣』，南滿洲鐵道株式會社1937年版；『第二次冀東農村實態調查報告書統計篇：第四班昌黎縣』，南滿洲鐵道株式會社1938年版。

② 中华书局辞海编辑所修订：《辞海试行本（第3分册）》，中华书局辞海编辑所1961年版，第59页。

③ 徐畅：《二十世纪二三十年代华中地区农村金融研究》，齐鲁书社2005年版，第462页。

④ ［美］林达·约翰逊主编，成一农译：《帝国晚期的江南城市》，上海人民出版社2005年版，第12页；《外交部公报》，第7卷第7号，1934年，第247页；李德英：《国家法令与民间习惯：民国时期成都平原租佃制度新探》，中国社会科学出版社2006年版，第53页。

⑤ 徐畅：《二十世纪二三十年代华中地区农村金融研究》，齐鲁书社2005年版，第462页。

⑥ 张研、毛立平：《19世纪中期中国家庭的社会经济透视》，中国人民大学出版社2003年版，第266页；樊树志：《中国封建土地关系发展史》，人民出版社1988年版，第542页；葛金芳：《土地赋役志》，上海人民出版社1998年版，第241页；傅衣凌：《明清农村社会经济：明清社会经济变迁论》，中华书局2007年版，第76页；卢晖临：《革命前后中国乡村社会分化模式及其变迁：社区研究的发现》，《中国社会学》第三卷，上海人民出版社2004年版，第113页。

认为占有田底权,不占有田面权,无权直接使用土地进行耕种的人为不在地主①等。而与上述定义相近的又有"不在村地主"②、"不在乡地主"③、"居外地主"④、"离村地主"⑤等。

---

① 费孝通:《江村经济——中国农民的生活》,商务印书馆2005年版,第157页。

② 不在村地主包括城居地主和外村地主,包括居乡而一部分土地在别村与居城的两类地主(张佩国:《地权·家户·村落》,学林出版社2007年版,第97页;张佩国:《地权分配·农家经济·村落社区——1900~1945年的山东农村》,齐鲁书社2000年版,第112页)。不在村地主是与佃农在一个村中居住的在村地主相对,即不与其佃农同住一个村中,主要居住于城市,也可以是别的农村([美]杨懋春:《乡村社会学》,国立编译馆1970年版,第265页)。不在村地主指的是住在城镇拥有土地的人(姚洋:《土地、制度和农业发展》,北京大学出版社2004年版,第33页;[美]黄宗智:《经验与理论:中国社会、经济与法律的实践历史研究》,中国人民大学出版社2007年版,第97页)。不在村地主包括居住在城镇的地主和一些居住在邻村的地主(乔志强:《近代华北农村社会变迁》,人民出版社1998年版,第209页;[美]杜赞奇著,王福明译:《文化、权力与国家——1900~1942年的华北农村》,江苏人民出版社2004年版,第239页;[美]黄宗智:《华北的小农经济与社会变迁》,中华书局2000年版,第83页;[美]黄宗智:《清代的法律、社会与文化:民法的表达与实践》,上海书店出版社2001年版,第73、138页)。

③ [日]长野郎著,强我译:《中国土地制度的研究》,中国政法大学出版社2004年版,第109、112页;张仲礼、熊月之、沈祖炜主编:《长江沿江城市与中国近代化》,上海人民出版社2002年版,第341~342页;刘瑞龙:《刘瑞龙农业文选》,农业出版社1990年版,第6页;段本洛、单强:《近代江南农村》,江苏人民出版社1994年版,第241页;徐畅:《二十世纪二三十年代华中地区农村金融研究》,齐鲁书社2005年版,第465页;冯紫岗:《嘉兴县农村调查》,国立浙江大学、嘉兴县政府印行1936年版,第35页;傅衣凌:《明清农村社会经济:明清社会经济变迁论》,中华书局2007年版,第261页;王仲鸣:《中国农民问题与农民运动》,上海平凡书局1929年版,第193~194页;郑厚博:《中国合作运动之研究:中国之合作运动》,农村经济月刊社1936年版,第60页。

④ 徐畅:《二十世纪二三十年代华中地区农村金融研究》,齐鲁书社2005年版,第450~461页;章有义编:《中国近代农业史资料》(第2辑),三联书店1957年版,第305页;冯和法编:《中国农村经济资料》,黎明书局1933年版,第102页;乔启明:《江苏昆山、南通、安徽宿县农佃制度之比较以及改良农佃问题之建议》,《金陵大学农林科农林丛刊》,第30号,第47页;[日]田中忠夫著,汪馥泉译:《中国农业经济研究》,大东书局1934年版,第120~121页等。

⑤ 陈翰生主编:《解放前的中国农村》第二辑,中国展望出版社1987年版,第153页;费孝通、张之毅:《云南三村》,天津人民出版社1990年版,第530页;冯和法编:《中国农村经济论》,黎明书局1934年版,第262页等。

"不在地主"一词何以广泛应用于国内学术研究之中？笔者认为，无论外国学者的调查，抑或国人之调查，地主阶层大量远离农村以及土地所有者与土地所在地存在空间距离的普遍现象，乃其关键之所在。笔者以见闻所及对"不在地主"相关内容进行一个简单梳理，发现先前学者们根据研究的需要及理解对"不在地主"给予不同程度的界定，这给笔者诸多启迪。但在林林总总的先行研究中，"不在地主"与其相近的各种概念同时现身，彼此间内容或相兼或相同或异质，泾渭未明。

笔者认为"不在地主"的界定应以乡土社会中最基本的群体生活单位——村落①作为界定点，这是基于以下四点之考虑：

其一，华北诸村落中存在村民认同之观念。

自然村落多是乡土社会通过地缘、血缘关系为纽带而自然形成的基本生活、生产单位。在乡土社会中，村落内的居民在思想意识里存在一套较为严格的群体认同观念，乡土居民将自己村的人称作"本村人"，将他村之人冠以"外村人"，以示区别。村落间的认同资格会因社区空间不同而呈现"区域化"的特征，但村落间的认同资格具有共趋性，即家族全体成员的生活空间需置于同一村落范围之内，②若符合各村落相应的认同条件，如房屋、土地、墓地的有无，居住时间长短，村费负担与否，"外村人"进而获得"本村人"资格。获得认同而具有村民身份者，在现实村落生活空间内独享或优先享有"外村人"不具备的诸种本村落范围内的政治、经济权利以及维持生活的可再生资源的所有权或用益权。如享村庙祭祀的参与权，香头或首事人的身份权，官坑的采土权，水坑、空地的使用权；优先享有村公有地的佃耕和购买权以及村民所有地的先买权。③正因乡土社会中存在村落认同观念，不同途径形成的不在地主阶层必会有认同问题的产生：村民迁移而形成的不在地主是否还具有村民身

---

① 这里指的是自然村。
② [日]旗田巍：『中国村落と共同体理論』，岩波書店1973年版，第154頁。
③ [日]中国農村慣行調査刊行会：『中国農村慣行調査』第一卷，岩波書店1981年版，第55、96~97、130~131、157、173、219~220、224頁；[日]中国農村慣行調査刊行会：『中国農村慣行調査』第二卷，岩波書店1981年版，第97、488頁。

份？原村民是否将其视为村民？不在地主是否还具有村民的认同感？不在地主是否能参与到村落权力运作以及享有村落的经济资源？购买土地进而具有不在地主身份者是否具有土地所在村落的村民身份？不在地主是否有权力参与到村落权力运作及享有相应的社区资源呢？这些俱是以往研究未触及之问题。鉴于此，"不在地主"之定义理应以村落为界定点。

其二，土地交易发生于村落为基点的空间范围。

"明清以来中国农村土地交易的一般特点是高频率与小亩数并存，成片大块买进卖出极少。而正是这个特点决定了土地交易只能在村级市场上完成。""村级市场包括和本村人的交易，以及和邻村人的交易"①，虽然这个见解有待商榷，②但反映出了村落间的土地交易在当时土地交易中占有重要的一席之地。这种现象在《中国农村惯行调查》中亦有体现，如河北省顺义县沙井村的农业耕地总面积大约1247亩。其中，外村村民、县城人等所有土地500亩。另外，本村村民在外村拥有的土地面积为466亩。③在华北村落中，这种现象较为普遍，如山东省高密县四三里庄、青岛胶县三官庙的土地很大一部分属于城居、邻村、外村地主所有。④这些反映了华北乡土社会中的土地交易发生于本村与邻村、本村与他县之村、本村与城市的复杂场域。土地作为市场交易的重要组成部分，因其交易场域的复杂和特殊，故而能够从一个侧面展现出华北市场交易的区域性特征，尤其是基层市场情形及城乡市场间的联系，当然，更能清晰地刻画出乡土社会土地交易市场的真实面貌。然而，上述研究建立于不在

---

① 赵晓力：《近代中国农村土地交易中的契约、习惯与国家法》，《北大法律评论》第1卷第2辑，法律出版社1999年版，第435页。

② 此观点已受到质疑，详见张佩国：《有形与无形之间——近代江南与华北村界的比较研究》，《近代华北区域社会史研究》，天津古籍出版社2005年版，第364页。

③ [日]中国農村調査刊行会：『中国農村慣行調査』第二卷，岩波書店1981年版，第60頁。关于沙井村土地所有情况也可参见中国農村調査刊行会：『中国農村慣行調査』第一卷，岩波書店1981年版，第119頁。二者较之，土地面积的统计存在问题，原因可能是多样的，但这不是本书探究的内容，用正文中的资料说明土地交易区域的复杂应该是可以的。

④ [日] 北支経済調査所編：『小麥の生産・消費・販売とその事変前後の変動——山東省高密縣・青島市膠縣農村調査成績を中心として』，滿洲鉄道株式会社1942年版，第3~4頁。

地主以自然村落为基点的界定，因此，此种界定方法可为认知传统乡村社会土地交易及基层市场面相、城乡市场关系提供一个崭新的视阈。

其三，土地交易引发村落空间范围的变动。

乡土社会中的土地交易不仅仅是土地所有权或用益权的转移，因所有者居住空间的不同以及变动而致村民身份发生改变，进而牵涉"属地主义"未实施前的土地所有权在村落间的归属问题，更影响到村落的边界——村界①的变动。在《中国农村惯行调查》资料中，因村界上的土地交易产生纠纷的村落甚多，②另外，《河北省村界整理章程》中规定，村界的划分以固有之界限为标准，③这些足以说明20世纪前期，华北诸村落间均存在非官方认定的村界。以往学者在研究中认为华北"村无定界"④，"中国村庄没有精确划定的村界"⑤！究其因在于村界附近土地所有权在相邻村落间频繁转移，如河北省良乡县吴店村原有土地面积约20顷左右，随着地权地不断转移，调查之时该村村有土地不足11顷，⑥随着地权外流而日益减少村有土地的村落在华北区域俯拾即是。村落边界的地权转移对村落社区空间会产生重大影响，众所周知，村落内的土地出售给外村人，土地所有权即归购买者所在的村落所有，但不涉及社区空间的变动，可是若村庄边界上的土地所有权转移到外社区人的名下，原村落的边界便会收缩，⑦终会引起村落资源的变动。因此，地权转移为重要形成渠道的不在地主以自然村落作为界定基点才能体现和反映村落边界的变化以及村落资源的变动，亦可借此视角描绘基层社区在社会变迁中的面相。

其四，村落社区内的村民迁居和土地交易影响村落经济。

---

① 村落所有土地面积的宽窄决定其边界。[日]中国農村調査刊行会：『中国農村慣行調査』第三卷，岩波書店1981年版，第35頁。

② [日]中国農村調査刊行会：『中国農村慣行調査』第一卷，岩波書店1981年版，第140、174頁。

③ 《河北省村界整理章程》，民国十八年三月十三日省政府委员会第七十三次会议通过三月二十一日公布，参见：《中华民国各省市单行法规集（第一辑）：河北省部》，第90頁。

④ 从翰香：《近代冀鲁豫乡村》，中国社会科学出版社1995年版，第106頁。

⑤ [美]吉尔伯特·罗兹曼主编：《中国的现代化》，江苏人民出版社2010年版，第140頁。

⑥ [日]中国農村調査刊行会：『中国農村慣行調査』第五卷，岩波書店1981年版，第6頁。

⑦ [日]中国農村調査刊行会：『中国農村慣行調査』第一卷，岩波書店1981年版，第90~91頁。

乡土居民的居住位置的空间变动，不仅限于社区空间差异极大的城乡区位变动，亦含同区位的村落间位移。村落间迁居的现象在华北乃至全国甚为普遍，尤其是在社会秩序失范状态之时，居住场所的变动不仅是地理空间的位移，更牵动了乡土社会深层次的诸多变化，如上述的村界、村民认同等，而其对乡村经济的影响也是极为重要的一项。在"属地主义"未颁布前，沙井村的居民迁居望泉寺，人易迁，然土地不可"随身携带"，当时交易土地又不经济，经济理性让迁居者们（包括大量的不在地主）或选择租佃或采用自耕的经营方式，但移居的村民不再负担沙井村的村费、摊派。村费和摊派虽存在已久，但20世纪伊始，众多因素致使其成为乡土社会居民的重要经济负担，移居者的不断增多必会影响到原村落之经济，故此，迁居现象导致两个村落的纠纷在所难免，[1]而且原村落也会日趋贫困。[2]基层社区土地交易（地权外流）的经济后果与社区居民的外迁有同效，因此，村落内的居民迁居或地权转移而形成的不在地主，对村落经济有着深远的影响。基于此，国民政府特颁布了"属地主义"，然该法律规定如同国民政府颁布的繁多法律条文一样，终为一纸空文，大多数村落仍依旧制，如由石门村迁入沙井村的景德福在村费和摊派的缴纳上仍按旧习。[3]一言归之，以村落作为界定不在地主之基点，即可窥见乡土社会居民的迁动和土地交易与原社区的深层关联，又可借此探求近代中国乡村经济衰败的致因。

综上所述，足见不在地主与村落间存在深层的互动关系。因此，笔者认为以村落为不在地主界定基点，将不在地主界定为居住于其土地所在村落以外地区的地主，那么其构成又可分为城（镇）居地主、村居（非邻村）地主和邻村地主三类，如此一来，可避免农村社会的复杂实相被掩盖的现象。

不在地主学术概念的重新厘定，不仅可将不在地主构成清晰化，更重要的是可以推动乡村社会结构、乡村权力结构、乡土社会认同观念、乡村经济结构、乡村经济及其发展趋向等问题的研究。关于不在地主和乡村权力结构、乡

---

[1] ［日］中国農村調査刊行会：『中国農村慣行調査』第一卷，岩波書店1981年版，第186頁。
[2] ［日］中国農村調査刊行会：『中国農村慣行調査』第四卷，岩波書店1981年版，第48頁。
[3] ［日］中国農村調査刊行会：『中国農村慣行調査』第一卷，岩波書店1981年版，第181頁。

村经济结构以及与乡土认同观念、乡村经济发展间的关系将在正文展开讨论，在此不再赘言，此处仅讨论不在地主与农村社会结构问题。

社会结构是从西方引进的社会学诸多概念中的一个，在西方社会学及其相关学科中，其概念较为混乱，学者根据自己的研究目的与旨趣对其加以不同阐释，概而言之，有孔德、马克思主义、帕森斯三个代表性观点。中国学者利用社会学理论研究中国农村社会结构时，亦存在不同的意见，有梁漱溟的"伦理本位，职业分立"、费孝通的"差序格局"、毛泽东的"阶级关系"三种经典性论点。此处简单探讨农村社会结构中的阶级构成。

20世纪前期，马克思主义阶级理论如狂潮般席卷中国，地主、富农、贫农和佃农的社会构成说成为此时农村阶级划分的主要方法。土地改革既是重新分配土地的经济活动，又为重塑乡土社会的政治秩序、思想观念的变革活动。这场轰轰烈烈席卷中国大地的具有重大政治、经济影响力的运动是以村落为基点开展的，但是，在涉及华北地区土地改革的丰硕研究成果中，华北村落中难觅地主之现象在诸多研究中已有体现，甚至有"无地主村"的说法。村落中存在的地主寥若晨星，乡土社会中地主阶层的缺乏隐含着对中国土地革命合理性的怀疑。诚然，该地区以自耕型的土地所有形态为主要特征，但并不意味着华北乡村社会中地主阶层的缺失，之所以出现上述之说法，乃因以往忽略了不在地主阶层的存在。下表中的六个村落可以反映20世纪40年代华北区域内村落阶级构成中地主阶级的情况。

20世纪40年代满铁调查六村落阶级构成中地主阶级情况

村名 项目	1 沙井村 （顺义县）	2 后夏寨 （恩县）	3 寺北柴 （栾城县）	4 冷水沟 （历城县）	5 侯家营 （昌黎县）	6 吴店 （良乡县）
耕地面积(亩)	1182	2530	2053	4200	2979	1100
户数	67	130	132	370	116	57
在村地主数	0	0	0	0	1	0
租地占耕地%	17.2%	3.6%	66.8%	<0.5%	12.1%	54.5%

资料来源：

1.[日]中国農村調査刊行会：『中国農村慣行調査』第一卷，岩波書店1981

年版,第76页;[日]中国農村調査刊行会:『中国農村慣行調査』第二卷,岩波書店1981年版,第58页。

2.[日]中国農村調査刊行会:『中国農村慣行調査』第四卷,岩波書店1981年版,第10、459页。

3.[日]中国農村調査刊行会:『中国農村慣行調査』第三卷,岩波書店1981年版,第5页。

4.[日]中国農村調査刊行会:『中国農村慣行調査』第四卷,岩波書店1981年版,第9、76~175页。

5.[日]中国農村調査刊行会:『中国農村慣行調査』第五卷,岩波書店1981年版,第5、33页。

6.[日]中国農村調査刊行会:『中国農村慣行調査』第五卷,岩波書店1981年版,第6~7、412页。

由上表可知,六个村落共833户,耕地面积为14044亩,出租土地面积约2647亩,可六个村落中出租地主仅1户,但这并不意味着华北地区地主阶层阙如。六个村落中大量租佃土地的存在便是证据,这些采用租佃经营方式的土地属于居住于城市、邻村、外村的不在地主。这表明20世纪40年代的华北乡土社会的土地交易日益频繁、居住空间位移的人数与日俱增,促使不在地主阶层规模性形成。这种现象影响了乡村的阶级构成,即村落中地主阶层的缺失,因此,出现以富农、中农、佃雇农为主的村落阶级构成之情况。

20世纪前期,在华北地区的地权交易日益频繁和社会秩序失范的状态下,不在地主群体的异军突起成为当时地主阶层主要的构成部分,在民国时期的诸多调查中,村落内部地主阶层缺失的现象便是最好的实证。以河南为例,南阳地主都集中到城市里,所以在直径不到二里的小城里,一百亩以上的地主竟多至五百余家。在许昌,"稍有田产的地主多半住在城里"①。但是,这些数据较为笼统,只能为我们勾勒出不在地主阶层大致的轮廓,难以深描不在地主在土地所在之村落的具体情形,若不以村落作为基点定义之,就容易形成村落内部地主阶层缺失的认知。这样一个在中国社会变迁时期日益壮大的群

---

① 冯和法编:《中国农村经济资料续编》(上册),黎明书局1935年版,第201、90页。

体，既能反映社会变迁下的中国社会之状况，又必然会对当时的社会产生深远的影响。因此，学界近年来开始关注不在地主群体，尤其是不在地主构成类型之一的城居地主——其规模性形成给当时的社会带来了诸多影响。毋庸置疑，已有研究有利于深化地主阶层和与之相关问题的探讨，但是这种依据居住区位为主的简单划分方法易将这项研究推向一叶障目的局面，造成各种称谓并用且界定未明的现象，会妨碍我们对中国社会研究的深入，尤其会妨碍对乡村社会的研究。

(三) 社会流动

社会流动概念由美国社会学家索罗金在1927年所著的《社会流动》一书中首先提出后，逐渐成为社会学的基本概念之一。社会流动是社会发展过程中的普遍现象，是指"社会成员从一个阶级向另一个阶级，从一个地区向另一个地区的位置移动"①。它包括了人们的身份、职业、阶级、阶层关系的动态变化以及人们在地理空间的流动。社会流动的实质是人们在社会结构体系中的社会地位和社会关系的变动。

社会流动现象能够发生有其一系列必要之条件。一是，个人与社会位置的非固定化或社会结构的开放性。社会成员可以在社会结构体系中移动才能产生社会流动之现象。不同的社会阶级结构中，必然有着不同的社会流动方式。如在印度的种姓社会中，没有垂直流动，只有各种姓间的水平流动；而在中国封建社会中，虽跨阶级、阶层间的垂直流动受到严格的限制，但一定范围内的"士农工商"间的阶层流动是存在的。二是，社会流动现象的发生必须要有社会位差的存在。中国是一个封建等级社会，各种等级身份在社会资源和机会的获得上有着明显差异，或者说社会资源在各等级身份中分配不同。中国社会具备社会流动发生的诸条件，所以，中国任何历史时期均存在社会流动的现象。这也是本题目成立的必要前提。

从不同的视角进行分析，社会流动具有不同的类型。一是，根据流动方向的不同，社会流动可分为水平流动和垂直流动。水平流动是指个人或群体在同一社会阶级、阶层间的横向流动，主要是指人们在同一层面上的职业变动

---

① 王传鹭等：《转型期社会学若干问题研究》，国家行政学院出版社1998年版，第114页。

和区域空间的流动。其特点是，人们在流动前后，经济收入、政治地位、社会声望等方面基本没有变化。垂直流动是指人们在同一社会结构中不同阶级、阶层之间的纵向流动。垂直流动又可细分为，较低社会层次向较高社会层次的向上流动和较高社会层次向较低社会层次流动的向下流动。二是，根据流动的参照物划分，社会流动可以分为代内流动和代际流动。代内流动是指个人一生中社会地位的变动，参照物为本人原来的职业。代际流动是指个人家庭中几代人社会职业、社会地位的变动，参照物为父辈的职业。社会流动的各种类型，在关于中国社会阶层的研究成果中已有鲜明的体现，如绅士阶层的研究。① 其实，各种社会流动类型在20世纪前期的乡村地主的流动中亦有反映，这将在正文中细述，此不赘言。

　　社会流动是任何一个社会结构在任何历史时期都存在的且具有普遍性的社会现象。社会结构作为相对稳定的社会关系模式，一方面制约和影响了社会流动的性质（社会结构的变动会带来全面性的社会流动）；另一方面，社会流动的频繁和加剧又促进和加速了社会结构的变化。② 阶级分化是社会流动的一个方面，自由性社会流动是在社会结构稳定的状况下，进行人们社会关系、社会地位调节的运动，不会引起阶级关系的重大变化；另一方面，阶级分化是结构性社会流动的最终结果，在社会生产力或社会制度变革作用下的结构性社会流动常常形成强制力量，促使某一个阶级或阶层大规模地流向别的阶级或阶层，导致剧烈的阶级分化。③ 城市化是指由乡村人口变为城镇人口，由乡村地域变为城市地域的过程，④ 这个过程实际上是社会流动的过程。社会变迁是一切历史现象发生动态变化的过程及其结果，这个过程不仅有社会结构的突变，而且也有长期的、逐步的、缓慢而连续性的社会流动。可见，社会流动与社会结构、阶级分化、城市化、社会变迁都有着密切的联系。20世纪以来，中国经历了深刻的社会变迁，不在地主阶层的规模性形成便是这个历史背景下的

---

① 王先明：《近代绅士：一个封建阶层的历史命运》，天津人民出版社1997年版。
② 李丽峰：《近十年中国近代乡村社会流动研究综述》，《乡村社会文化与权力结构的变迁——"华北乡村史学术研讨会"论文集》，人民出版社2002年版，第355~356页。
③ 王先明：《近代绅士：一个封建阶层的历史命运》，天津人民出版社1997年版，第148~149页。
④ 郑弘毅：《农村城市化研究》，南京大学出版社1998年版，《序言》。

产物,因此,从社会流动的角度来研究不在地主阶层,可以清晰地勾勒出中国社会的社会结构变动、阶级分化、城市化、社会变迁。

(四)乡土认同

本书中的乡土认同为《中国农村惯行调查》资料中华北地区村落居民意识里的村民身份认同观念。这种具有浓郁乡土色彩的认同观念甚为复杂,此观念形成于长期生活在村落社区内的居民意识之中,因此,为准确理解和把握这一概念需对"社区"和"认同"概念做一深入了解。

社区(community)也是一个舶来的概念,源于拉丁语,原意为共同和亲密伙伴的关系。德国社会学家斐迪南·滕尼斯最早于1881年将Gemeinschaft(一般译为共同体、集体、公社、社区等)一词首先用于社会学。1887年他将此词同Gesellschaft(一般译为社会)进行对比分析,用来说明社会变迁的趋势和两种不同的社会团体。"共同体是持久的和真正的共同生活,社会只不过是一种暂时的和表面的共同生活。因此,共同体本身应该被理解为一种生机勃勃的有机体,而社会应该被理解为一种机械的聚合和人工制品。"① 滕尼斯所提出的"社区"概念缺乏地域限定,后经美国社会学界的发展使原来不带有地域意义的德文Gemeinschaft和法文Communaute的词义拥有了地域性。伴随着时代的发展和研究的不断深入,"社区"一词的内容更具丰富性。从滕尼斯到现在,其含义有很大变化,从定义的出发点来看,大致有以下两类:一类从功能主义观点出发,认为社区是由相互关联的人组成的社会团体;另一类则从地域观点出发,认为社区是在一个地区内共同生活的有组织的人群。1955年希勒里做过统计,共有94个不同的社区定义,其中69个定义认为社区的本质因素有三点:社会互动、地区和共同约束。譬如,帕克认为社区是"占据在一块被或多或少明确限定了的地域上的人群汇集……一个社区不仅仅是人的汇集,也是组织制度的汇集"②。

我国的"社区"概念是由英文"community"一词翻译而来,最早被费孝通先生于20世纪30年代运用到研究之中,并通过他对农村社区的研究逐渐为国内

---

① [德]斐迪南·滕尼斯著,林荣远译:《共同体与社会》,商务印书馆1999年版,第54页。

② [美]R.E.帕克、E.N.伯吉斯、R.D.麦肯齐著,宋俊岭、吴建华译:《城市社会学》,华夏出版社1987年版,第110页。

学者所接受并运用。它的最初解释受到了西方人文区位学观点①的影响,其含义简单地说是指人们在地缘关系基础上结成的互助合作的共同体,用以区分在血缘关系基础上形成的互助合作的共同体。这两种共同体对其成员行为的控制有各自不同的依据,前者通常是乡规民约和正式法律,后者则是具有自然性质的习惯或传统家教。②而当前国内学界对社区的普遍定义可以归纳为:"建立在地域基础上的、具有共同利益和认同感的社会群体。"③

"认同"一词译自英文的"identity",在英文中有多种含义,既有如相同的身份、表现等客观性的一些相似或相同特性,又有心理认识上的一致性及由此形成的关系。各学科对此词的运用各有偏重,社会心理学专注于社会认同的心理活动的研究,是传统心理学诸多重要概念之一。"认同"最早由精神分析学派大师弗洛伊德,在1915年发表的《悲哀和抑郁症》(Mourning and Melancholia)这篇论文中提出。六年之后,在《群体心理学与自我分析》(Group Psychology and the Analysis of the Ego)(1921年)一书中,他将"认同"应用于关于社会群体的观点中来。弗洛伊德认为,"认同"是个体与他人、群体或被模仿人物在感情上、心理上趋同的过程。④可见,"认同"被看做是一个心理过程,是个人向另一个人或团体的价值、规范与面貌去模仿、内化并形成自己行为模式的过程。⑤一些研究者指出认同的基本特点有社会性、可塑造性和可共存性。⑥所以,今天的认同已经从一个用于心理学分析的技术术语发展成为社会学研究的一个综合概念。⑦它不仅是个人的心理过程,也反映了个

---

① 又称区位理论,着眼于把社区作为一种空间现象或者区域单位来研究。学界一般认为芝加哥学派是区位理论的创始者。芝加哥学派的区位理论是通过研究都市社区而形成的,它是区位理论的主流。
② 费孝通:《中国现代化城市对社区建设的再思考》,《上海社区发展报告》,上海大学出版社2000年10月版。
③ 金小红:《"以人为本"的社区建设刍议》,《人文杂志》,2001年第2期。
④ 祁进玉:《群体身份与多元认同》,社会科学文献出版社2008年版,第5页。
⑤ 李素华:《对认同概念的理论述评》,《兰州学刊》,2005年第4期。
⑥ 李素华:《对认同概念的理论述评》,《兰州学刊》,2005年第4期。
⑦ 王莹:《身份认同与身份建构研究评析》,《河南师范大学学报》(哲学社会科学版),2000年第1期。

人与社会、个体与集体间的关系。社会学专注于社会现象的一致性(身份、地位、利益和归属)、人们对此形成的共识及其对社会关系的影响。社会学家科尔曼将认同分为七类,对直接亲属的认同、对国家的认同、对雇主的认同、对主人的认同、对势力强大的征服者的认同、对社区的认同、法人行动者对其他行动者的认同。①

本书中的乡土认同表面上类似于社区认同,但二者间存在明显的差异。关于社区认同,国外学者认为其指社区居民在主观上对自己、他人及其整个社区的感觉。在社区认同的研究中,主要有三种理论观点:一是社区失落论,是指社会在经过大规模的城市化以后,城市居民社区观念失落,人与人之间关系冷漠,不再有维系团体的凝聚力和向心力。②二是社区继存论,城市居民并不是没有联系的个体的聚集,城市居民仍有邻里关系、地方社区感,仍然利用邻里关系来进行社会交往和获得各种社会支持。③三是社区解放论,认为形成社区的最重要条件并不是一群人共同居住的地域,而是人们之间的互动及在此基础上形成的具有一定强度和数量的心理联系。④关于中国的社区认同问题,各位学者的观点莫衷一是,邱海雄、潘允康、单菁菁等学者认为工业化、城市化并没有削弱社区居民的社会意识,中国社区居民的认同感依然很强。王思斌、张广利、姜振华等学者则认为现代化是破坏传统社区的一种力量,社区成员对社区的认同感不容乐观。还有的学者探讨了影响社区归属感的因素,这些因素中最重要的是社区成员对社区的满意度。还有的学者讨论了社区认同与犯罪活动之间的关系。⑤可见,社区认同理论多运用于城市社区研究之中,而且相关研究多着眼于心理层面的分析与解读。尤其值得注意的是,现有关于我国的社区认同的研究成果颇多,但研究的时间基本局限于当代。其实,

---

① [美]詹姆斯·S.科尔曼著,邓方译:《社会理论的基础》,社会科学文献出版社1990年版,第107页。
② 单菁菁:《社区情感与社区建设》,社会科学文献出版社2005年版,第35页。
③ 蔡禾:《社区概论》,高等教育出版社2003年版,第130页。
④ 袁振龙:《社会资本与社区治安》,中国社会出版社2010年版,第188页。
⑤ 袁振龙:《社会资本与社区治安》,中国社会出版社2010年版,第188页。

社区认同的研究模式应该从城市社区向农村社区转移,这不仅是因为运用社区认同的模式研究农村社区的学术成果匮乏,关键在于乡土社区的居民意识中存在符合乡土气息的村民身份的认同观念,而且这种认同不同于以户籍或职业等现代制度因素区分而成的认同。另外,当下盛行的社区认同研究多是以乡土社会中的地缘、血缘关系构建成的各种社会关系或形成的行为惯习为参照的。因此,乡土认同的研究不仅有利于我们全面深入地把握乡土社会的面貌,同时亦有利于时下社区认同研究的深入。

另外,在当下乡村建设中,我们也应高度重视村民意识中存在的认同观念。近些年,为推动农村全面发展并解决农村人才匮乏问题,国家陆续制定了一系列相关的政策——大学生"村官"工程便为其中一项,希借助拥有现代知识、现代思想、现代眼光的当代优秀大学生担负新农村建设者的使命。在时代的呼唤、农民的期盼、党的殷切希望下,许多大学生满怀热情奔赴到农村基层,但因其"身份"未得到农民认同而往往使自己的新见解、新思路成为"边缘意见",自己也成为基层组织的"边缘人"。这种农民认同观念的存在不仅让许多行之有效的建议付之东流,也造成了大学生难以落地生根的现实,更是让国家的政策未尽其效。

三、学术史回顾

迄今为止,学术界涉及不在地主研究内容的著作达百部之多,但繁多的学术成果大多集中于不在地主阶层对社会的影响,少数触及到不在地主阶层的概念。另外,近年来部分学者开始尝试从社会史的视角研究该阶层,故笔者从上述三个方面进行学术史梳理。

(一)不在地主的概念

不同学术背景、研究目的和旨趣的学者们,对不在地主阶层给予不同的界定。珀金斯认为,不在地主为村外的个人或集团。[1]张佩国认为,不在村地

---

[1] [美]德·希·珀金斯著,宋海文等译:《中国农业的发展(1368~1968年)》,上海译文出版社1984年版,第117页。

主包括城居地主和外村地主，包括居乡而一部分土地在别村与居城的两类地主。① 杨懋春认为，不在村地主是与佃农在一个村中居住的在村地主相对，即不与其佃农同住于一个村落之中，主要居住于城市，也可以是别的农村的地主。② 姚洋则认为，不在村地主指的是住在城镇拥有土地的人。③ 乔志强等认为不在村地主包括居住在城镇的地主和一些居住在邻村的地主。④ 通过上述对已有研究成果的梳理可见，关于不在地主阶层的定义纷繁复杂、莫衷一是，且学者们未言明如此界定的依据以及这种界定对学术研究的意义所在。将不在地主概念模糊化者，并非不知词汇之差异，而是未发觉乡土社会最基本的生活、生产单位——村落与不在地主之间深层的互动关系，以及不在地主的不同构成类型对乡土社会的影响存在差异。因此，本书尝试对学术界尚未有严谨界定的"不在地主"概念重新厘定，既关乎上述学术问题研究的深化，又会直接影响到中国近代乡村史研究的深入。

（二）不在地主阶层的影响

关于不在地主阶层对社会影响的研究，主要停留于城居地主的层面。首先触及该研究领域的为日本学者。长野郎在探讨中国土地所有权的问题时认为，土地所有权在耕者手中是最为理想的资源配置方式，在农村地主手中，或在农村以外的地主之手，则会对农村给予程度不同的危害。尤其是，农村土地的所有权向农村以外的不在地主手中转移，威胁了农村的生活，妨害了农村的自卫自治，成为造成中国政治不能安全的重要原因。⑤ 近几年来，我国学者也开始关注这个问题。曹幸穗认为，地主离乡进城，农村中的阶级

---

① 张佩国：《地权·家户·村落》，学林出版社2007年版，第97页；张佩国：《地权分配·农家经济·村落社区——1900~1945年的山东农村》，齐鲁书社2000年版，第112页。

② [美]杨懋春：《乡村社会学》，国立编译馆1970年版，第265页。

③ 姚洋：《土地、制度和农业发展》，北京大学出版社2004年版，第33页。

④ 乔志强：《近代华北农村社会变迁》，人民出版社1998年版，第209页；[美]杜赞奇著，王福明译：《文化、权力与国家——1900~1942年的华北农村》，江苏人民出版社2004年版，第239页；[美]黄宗智：《华北的小农经济与社会变迁》，中华书局2000年版，第83页；[美]黄宗智：《清代的法律、社会与文化：民法的表达与实践》，上海书店出版社2001年版，第73、138页。

⑤ [日]長野郎：『支那土地制度研究』，刀江書院1930年版，第171頁。

构成发生了新的变化,这也使土地租佃关系越来越趋于相对固定化。①李德英在探析四川地区的租佃制度和农村经济时认为,地主阶层中存在乡居地主和不在地主,这两部分地主的情况差异很大,而且不在地主阶层规模庞大,这种复杂的构成要素,是导致该地区租佃关系多样化的重要原因之一。②徐畅对地主城居现象进行了系统研究,其专著对长江中下游地区地主城居的现象,采用微观与宏观、静态与动态、文字与数字相结合的方法,利用大量的农村调查资料呈现当时地主城居的状况;从六个方面阐述了20世纪二三十年代该地区地主城居的特点;主要以经济和社会政治环境两个方面论述地主城居的原因。徐氏在详细阐述和细致分析的基础上认为,地主城居对农村社会、农村金融、租佃关系产生了深刻地影响,"地主城居不仅造成业佃双方关系隔阂,关系淡漠,佃户负担加重,而且加剧了农村金融枯竭,减少了农村货币存量,农户借贷来源无形中减少,高利贷得以在农村横行无忌。从历史发展的长时段看,在传统农业社会向现代工业社会转变的过程中,社会资源重组属于正常现象,近代中国地主城居主要是由于经济原因造成的,其深层的背景是近代中国农村逐渐依附城市、农业逐渐依附工业,它代表的是历史前进的步伐。20世纪二三十年代地主城居主要是由于社会动荡促成的,地主城居虽然也对农村社会经济带来了些积极的影响,但是,从总体上看,其作用主要表现在消极方面。地主城居不是农村社会经济正常运行的结果,它不仅打乱了农村正常的社会秩序,造成农村权力结构的变化,使农村基层社会的稳定性受到冲击,而且在经济上加剧了农村的衰败,尤其是抗战前南京国民政府时期地主城居,更是农村破产的重要表征之一。"③除上述涉论外,有学者专文探究此问题。孙燕认为,明清以来中国地主的大规模城居,对当时的社会经济产生了正负两方面的影响。积极方面有:地主迁居城市之后,对佃户的人身控制大为削弱,生产上享有更大的独立性;引起了地租形态的变化,

---

① 曹幸穗:《旧中国苏南农家经济研究》,中央编译出版社1996年版,第74页。

② 李德英:《国家法令与民间习惯:民国时期成都平原租佃制度新探》,中国社会科学出版社2006年版,第264页。

③ 徐畅:《二十世纪二三十年代华中地区农村金融研究》,齐鲁书社2005年版,第492页。

货币地租和折租得到发展;促进了城乡经济交流,推动了农产品商品化的进程。消极方面有:地主城居以后开销较多,他们利用地租形态的转变对农民的剥削更加重了;农业的投资更是阙如。孙氏认为总的来说,地主城居还是利大于弊的。①杨丽霞在讨论城居地主对社会经济造成的影响时也认为,有正负两方面的影响,但认为地主城居是弊大于利。②黄敏、慈鸿飞认为,地主城居不仅促进了农村田底田面权的分离、租栈的设立、钱租比例的增大,也使得主佃之间隔阂加深以及契约关系的确立。同时,城居地主在经济方面也为近代江南农村作出了自己的贡献。他们把工商业资本投资于农村土地,改良原料品种,拉动了农产品的商品化,改造了传统的农业生产方式。毫无疑问,大量地主的入城而居在一定程度上影响了民国以后农村人员的政治素质,但城居地主在创办学校、提升妇女素质、兴办公益事业等方面为农村做出了相当大的贡献。③上述研究,大致揭示出城居地主对乡村社会的影响,但多关注于农村经济和租佃关系且未细致探讨,尤其未触及不在地主与乡村权力间的深层关系。

(三)社会史视角下的不在地主阶层

清末民初,素以乡居为主的地主阶层由乡村向城镇迁移的历史现象,学术界多关注于其对土地制度、农村经济、租佃关系的影响上,对离乡城居地主个人生活方面多有追求享乐的概括性描述,而对城居后地主的生活变化则语焉不详。洪璞利用《颐贞楼日记》、《柳兆薰日记》两部日记,进行个案分析。通过社会和空间双重角度的分析,他认为:"地主由乡居到镇居再城居的离乡过程中,主要的社会关系由相对单一的亲戚变成较为复杂的亲戚加朋友;经济生活内容更为多样性,由单纯的农业活动发展为商业活动以及更高层次的金融活动;人事活动的个性化增强了,村社、家族集体性的义务活动逐渐被个人的主动性活动所取代;空间联系范围的扩大也极大地开阔人们的眼界。这些变化的结果就是个性束缚的减弱和个人能力的增加,这可能就是离乡——这一

---

① 孙燕:《试析明清以来中国地主城居现象》,《皖西学院学报》,2004年第3期。
② 杨丽霞:《清代城居地主兴起的影响》,《河南理工大学学报》(社会科学版),2007年第3期。
③ 黄敏、慈鸿飞:《城居地主与近代江南农村经济》,《中国农史》,2006年第3期。

居住地的外在位移在人们身上引起的最为深刻的变化。"①洪氏拓宽了不在地主阶层的研究领域,笔者也曾设想从此方面着手,对居住空间变动后的不在地主阶层的生活变化进行研究,可是受到现有资料的限制,难以涉及,只能作为今后研究的课题。

上述对不在地主问题的归纳和梳理是根据本论题涉及的内容展开的。限于学识,综述难免挂一漏万。从上述学术史的回顾中可以看到,对不在地主阶层的研究虽在前辈学者的努力下已取得突破,但也存在明显的不足:

1.在研究范围上,主要集中于租佃关系丰富的中国南方地区,鲜有涉及北方地区。

2.在研究内容上,对不在地主阶层与土地制度、农村经济、租佃关系的分析较多,但并不系统,如对不在地主和农村经济关系的分析多停留于面相而未揭示出二者间的深层互动关系,亦未探求不在地主的村民身份以及相伴的乡土社会资源的占有问题,更未涉及不在地主与乡土社会基层权力间的互动关系,尤其未能从不在地主阶层自身的发展、变动与乡村社会变革的视角展开研究。

3.在资料的运用上,多局限于中文的档案、调查报告等资料,对涉及不在地主阶层的诸多日文调查资料的利用稍嫌不足。

4.在研究方法上,革命史范式下的历史描述和研究方法运用过多,综合运用各学科研究方法的成果过少。

四、研究思路

鉴于以往研究成果存在某些不足,本书将以华北地区为区域范围,在厘定不在地主概念的基础上,从村民认同、乡村经济、乡村权力和城乡关系四个方面,探析20世纪初期以来中国社会变迁过程中形成的不在地主阶层与乡村社会的关系。

---

① 洪璞:《乡居·镇居·城居——清末民国江南地主日常活动社会和空间范围的变迁》,《中国历史地理论丛》,2002年第4期。

第一章分析20世纪前期华北地区的经济环境、社会环境与传统惯习,作为研究华北乡村社会不在地主产生和发展的时代背景。

第二章讨论在社会变迁过程中,华北社会成员通过分家析产、空间流动、地权交易的方式,成为不在地主,进而从农业经营、商业经营、其他行为三大方面分析这个阶层的经济行为。另外,笔者将利用满铁调查资料勾勒出华北地区不在地主阶层的规模。

第三章将从以下几个方面讨论不在地主与村民认同。首先,探讨各个村落间居民的认同观念,即"外村人"与"本村人"的问题。其次,探讨华北乡土社会认同的基准以及各村落间村民认同标准的差异。最后,讨论各种方式形成的不在地主是否具有村民身份的问题。

第四章将通过借贷、租佃、摊派、村费这几个方面,阐释不在地主与农村经济的关系,尤其是要论及不在地主的不同构成类型对农村经济影响上的差异性问题。

第五章讨论不在地主与乡村权力间的关系。本章将涉及乡村权力的生成要素、乡村社区的权力派等内容。在此基础上分析不在地主与权力生成要素、乡村社区的权力阶层以及权力组织间的关系,揭示出该阶层与乡村权力间的关系。

第六章从租佃关系来透视不在地主与城乡关系。本章将详细分析华北区域中的不在地主与农民之间构建的租佃关系、租佃双方的租佃过程以及租佃之外的经济关系,进而勾勒20世纪前期该区域内的城乡关系。

第七章从社会流动与制度革易两个方面分析不在地主阶层的历史命运。

五、创新点与难点

(一)创新点

本书的创新点集中于以下几个方面:

1.针对前人研究的区域局限于中国南方地区的现实,本书将系统且深入研究华北区域的不在地主阶层,为学界正确认识中国社会的地主尤其是不在地主阶层提供条件。

2.系统探讨华北区域的社会环境与不在地主阶层形成之间的关系,为正确认识不在地主阶层与华北乡村社会变迁提供基础。

3.对前人研究较多的不在地主阶层与乡村经济间的关系,着重于分析不在地主与乡村借贷、乡村租佃、乡村经济负担的关系,论证不在地主阶层与乡村经济的变动。

4.对前人鲜有研究的乡土村民意识进行系统研究,探讨华北乡土居民的认同观念、认同的基准以及各村落间认同标准的差异,着重讨论不在地主的村民身份,揭示其与乡村社会资源——乡土基层社区权力、社区经济、社区公共生活和社区传统惯习的关系。

5.对于前人研究较少的不在地主与乡村权力间的关系,本书拟对不在地主与权力生成要素、社区权力派、基层权力组织等方面进行系统研究。

6.本书拟从不在地主与佃农的租佃关系、租佃外经济关系阐释城乡关系。

7.满铁调查资料是用现代经济人类学方法来研究中国农村的一组数量庞大而内容极为丰富的资料。由于各种原因,这组资料较为分散且难于收集,另外,系统利用其进行研究的著作不多,且多为外国学者利用。笔者倾力收集了大批关于华北农村社会的满铁调查资料,将会在论文中充分运用。从这种意义上来说,本论文在资料方面亦是有所创新的。

(二)难点

本书的写作难点,则有以下几个方面:

1.如何在20世纪前期中国社会整体进程的态势下探讨不在地主与乡村社会的关系。

2.如何阐明传统乡村经济在不在地主阶层影响下的变迁。

3.如何在不在地主阶层的研究中合理运用社会流动、社会认同等社会学或心理学的理论和概念。

4.如何客观评价不在地主阶层在乡村经济结构、权力结构和城乡关系变更过程中的作用。

六、研究区域和时段

(一)研究区域

中国广阔的乡村社会,复杂、多样而不平衡,区域选择的研究不仅能反映整体历史进程的共趋性,亦可体现该区域的整体性和独特的价值,易于深入研究。

本书研究的地域设定为华北区域,关于"华北"的范围,"政府和管理机构,包括地理学、经济学、历史学等自然学科和社会科学各学科,多根据自身的需要和对象界定华北的地域范围"①,故形成了多样化的指谓。

华北地区是一个行政区域,华北就省份讲包括"河北、河南、山西、山东、陕西、热河六省区,及察哈尔、绥远、甘肃、宁夏、青海的一部分"②。方显廷在对华北经济研究时,以冀、鲁、晋、察、绥五省为范围。③周默秋则以河北、河南、山东、山西、陕西、甘肃、宁夏七省作为华北的范围。④日本学者田中忠夫则以冀、鲁、晋、察、绥五省为研究范围。⑤

华北地区又是一个经济的概念,李伯重认为经济区域不仅"由于地理上的完整性与自然——生态条件的一致性,而且也由于长期历史发展所导致的该地区内部经济联系的紧密与经济水平的接近,使该地区被视为一个与其毗邻地区有显著差异的特定地区"⑥。李氏此论虽由江南而来,但对华北地区亦同样适用。

华北地区是一个地理概念,自然地理学家认为华北区包括内蒙古以南,秦淮以北,黄河青铜峡以东的广大地区,覆盖辽东半岛和胶东半岛、华北平原和

---

① 张利民:《华北城市经济近代化研究》,天津科学技术出版社2004年版,第10页。
② 曲直生:《华北民众食料的一个初步研究》,参谋本部国防设计委员会1934年版,第1页。
③ 方显廷:《论华北经济及其前途》,南开大学经济研究所1936年版,第1页。
④ 周默秋:《华北五省经济与英日》,现代国际社1937年版,第1页。
⑤ [日]田中忠夫著,姜般若译:《华北经济概论》,北京出版社1936年版,第1页。
⑥ 李伯重:《简论"江南地区"界定》,《中国社会经济史研究》,1991年第1期。

黄土高原三个亚区。①经济地理学家认为华北区是指东濒渤海、黄海,东北部与东北区相邻,西、南两面与西北、华中、华东地区接壤,北部与蒙古为界,包括京、津、冀、晋、鲁两市三省以及内蒙古中西部等地区。②文化地理学家或将中国北方区划分为华北沿海区(京、津、冀、鲁)和晋、豫、陕区(山西省、河南省、陕西省)两个文化区,③或将其区分为京津冀人文地理区、内蒙古人文地理区、山东人文地理区、晋陕人文地理区、河南人文地理区。④交通地理学家认为华北区包括京、津两直辖市,冀、晋、鲁、豫四省及内蒙古西部三市(呼和浩特、包头、乌海)五盟(锡林郭勒、乌兰察布、伊克昭等)地区。⑤可见,"中国的地理学家,对此亦无确切的规定"⑥。

20世纪80年代社会史研究初兴时,学者们认为区域研究应该是突出地域的整体性和共性。乔志强认为,近代的华北区域大致为现在的京、津和晋、冀、鲁、豫的两市四省,以及内蒙古、陕西部分相邻地区,即黄河中下游地区。⑦夏明方关于近代华北农村市场的研究中认为,华北主要指传统的北五省,即河北、山东、河南、陕西、山西。⑧

综上可见,关于华北地区的界定,由于学者们的"研究角度和研究对象不同,划分区域范围的理论和标准也不尽相同,应允许空间范围差异的存在,而且恰恰可以通过这种差异来探索空间演变的深层次原因,凸现区域史的特色"

---

① 任美锷主编:《中国自然地理纲要》,商务印书馆1999年版,第160、177~178页。以下关于华北地区的地理概念的论述参见熊亚平:《铁路与华北乡村社会变迁(1880~1937)》,人民出版社2011年版,第3~4页。
② 曹祥深主编:《中国经济地理》,百家出版社1988年版,第304页;翟忠义、李树德主编:《中国人文地理学》,山东教育出版社1991年版,第202页。
③ 金其铭等编著:《中国人文地理概论》,陕西人民教育出版社1990年版,第488~490页。
④ 翟忠义、李树德主编:《中国人文地理学》,山东教育出版社1991年版,第380~381页。
⑤ 陈航主编:《中国交通地理》,科学出版社2000年版,第235页。
⑥ 曲直生:《华北民众食料的一个初步研究》,参谋本部国防设计委员会1934年版,第1页。
⑦ 乔志强主编:《近代华北农村社会变迁》,人民出版社1998年版,第24页。
⑧ 夏明方:《近代华北农村市场发育性质新探——与江南的比较》,《中国乡村研究》第三辑,社会科学文献出版社2005年版,第42页。

①。因此,"应充分考虑地域内社会各种因素的整体性,寻求社会因素等有共性联系和特点,并考虑研究对象具体特征的相近性和历史传承性"②。本书根据地理因素、农作特点和农民惯习等,将华北界定为河北、河南、山西、山东、陕西和京、津的五省两市。地域范围大致为北纬30°~40°之间,北与东北、内蒙古地区相接,南以秦岭、淮河一线为界,东临黄海和渤海。

以华北地区作为研究区域主要基于二点考虑:一是,已有相关研究区域的局限。现有关于不在地主阶层的研究多集中于江南,可能缘于江南地区具有以租佃关系为主的农业生产特征,而华北地区多以自耕农经济为主且雇佣关系较为普遍。另外,江南的租佃资料丰富,易于研究。华北地区的租佃关系与江南相比,略有逊色,但是,关于华北地区的调查资料显示,该区域租佃关系亦较为普遍,而且地主阶层多以不在地主的形式存在。无论在政治、经济、文化各方面,如果离开不在地主阶层都将难以准确地反映社会之全貌。足见,对华北不在地主阶层的研究有利于更全面、准确地认知华北乡村社会乃至整个中国地主阶层。二是,本书所用资料具有区域性特征。笔者欲以《中国农村惯行调查》作为主要的分析资料。这部调查资料所描述的范围属华北地区,故选华北地区作为研究区域。

（二）研究时段

本书的研究时段为20世纪前期。纵观中国社会的发展历程,"就历史变革的进程而言,中国乡村的社会结构性变革始于20世纪初年"③,从此,中国的乡村社会开始了长达一个多世纪的发展进程。乡村结构性变迁,是乡村的社会结构、社会生活、社会观念等发生剧烈变动的过程,是中国社会变迁的主体内容。从此意义上说,探讨20世纪前期社会变动中的不在地主,不仅可以透析乡村变迁中的阶层境况及其流动与乡村社会的互动关系,亦能揭示中国社会变

---

① 张利民:《论华北区域的空间界定与演变》,《天津社会科学》,2006年第5期。
② 张利民:《华北城市经济近代化研究》,天津科学技术出版社2004年版,第17页。
③ 王先明:《变动时代的乡绅——乡绅与乡村社会结构变迁(1901~1945)》,人民出版社2009年版,第1页。

迁的趋向、规律及特征。20世纪前期，华北地区危机与发展并存，有天灾人祸，亦有城市化、工业化和现代化，不在地主作为一个阶层处于乡村社会的全面变迁之中，对它的产生、状况及其社会流动等相关问题的研究，会摹绘出一幅丰满、生动的处于结构性变迁中的乡村社会画卷。

第一章 CHAPTER ONE

不在地主阶层的历史成因

不在地主群体古已有之，然未成为地主阶层中的主流，其构成以特权政治人物及商人为主，而近代以降，不在地主这个群体接纳了数量庞大的平民地主，致使不在地主阶层的形成和发展成为近代中国社会变迁中的显要现象之一。不在地主阶层的日益显像化与其所处的特殊时代背景密切相关。众所周知，历史发展是多种因素合力作用之结果，不在地主阶层的大规模形成亦是多种因素所致，本章分析20世纪前期华北地区的经济环境、社会环境与传统惯习，作为研究华北乡村社会不在地主产生和发展的时代背景。

第一节 经济环境

在影响历史发展的合力中,经济因素无疑是最为重要的一个,尤其在以土地为财富标尺的传统社会中,土地与经济因素联系的紧密性不言已明,而以土地为构成必要条件的不在地主阶层的产生与发展势必不能脱离20世纪初的经济环境的影响。这些经济环境因素归而言之,包括苛捐杂税、商业发展和市镇勃兴。

一、苛捐杂税

地权交易是不在地主形成的重要途径之一,而地权交易又与繁重的苛捐杂税密切相关。近代以来,中国社会陷入内忧外患的窘境之中,名目繁多的捐、税则相伴而生,农民负担日益沉重已是不争的历史事实。尤其是民国时期,林林总总的繁重赋税让已经濒临糊口程度的农家经济更为雪上加霜,超出乡土社会农民所能担负之极限,百般无奈下的小农家庭只能忍痛将财富象征、农业生产的必要资料——土地出售,以应付各种摊派。20世纪初期,在农民负担的繁多捐税中,就其大宗而言,包括田赋、附加税、摊派、兵差四项。

(一)田赋增加

田赋是国家财政收入诸项中极为重要的一项,中国历代封建政府多会按土地面积和土地肥沃程度来征收田赋。清中期以来，田赋便呈现增长的趋势，民国以后，政局动荡，战事不息，为了支付浩大的军事费用，政府加重了征收"力度"。袁世凯成为中华民国临时大总统之后，立即提高整个税率。结果，田赋差不多翻了一番。① 当时地方之情形更为复杂、严重。上世纪20年代，黎元洪、段祺瑞和吴佩孚统治下的河南，田赋骤增，常常两年翻一番。② 据日本学者天野元之助的调查，1902年山东省平均每亩的田赋指数如为100，1925年则上升到268，两年后又激增至468。③ 1928年，国民政府在国家和地方财政收入的划分中，将田赋划归为地方政府，田赋遂成为地方财政收入的大宗。田赋的控制权由中央政府转移到地方政府，便如脱缰之野马，肆意驰骋，难以控制。国民政府为控制和减少此类现象的发生，在1930年颁布的《农业法》中，明确规定田赋不得超过地价的1%，然而，该法律规定亦如国民政府颁布的繁多法律条文一样，终沦为一纸空文。根据中央农业实验所的调查显示，田赋与地价的比率呈逐年上升的趋势，详情见下表：

表1.1 田赋与地价的比率

	1933年	1934年	1935年
水田	2.67%	3.05%	3.09%
旱地	2.74%	3.26%	3.49%
山地	3.05%	3.46%	3.74%

资料来源：[日]梨本祐平：『北支の農業経済』，白揚社1939年版，第48页。

若从田赋增加指数来看，1931年全国平均每亩的田赋指数如为100，1932年全国的水田、旱地、山地的田赋指数分别为107、109、108，1933年为108、111、111，④ 显而可见，全国各地田赋均呈增长之势。然全国性的数据体现田赋

---

① [美]张信著，岳谦厚、张玮译：《二十世纪初期中国社会之演变——国家与河南地方精英1900~1937》，中华书局2004年版，第204页。

② [美]张信著，岳谦厚、张玮译：《二十世纪初期中国社会之演变——国家与河南地方精英1900~1937》，中华书局2004年版，第207页。

③ [日]天野元之助：『支那田赋考察』，『満鉄調査月報』，第14卷第2期，1934年2月。

④ [日]梨本祐平：『北支の農業経済』，白揚社1939年版，第47页。

骤增之势尚不鲜明,地方性的数据可凸显田赋增长之迅猛。在1927年至1935年的数年间,河北、河南、山东省的田赋征收指数增长为100.1、199.4和146.3。①山东烟台在1928年时,每亩地丁合每两3元,1931年,每两即增至36元之多。②河北省竟在短短三年间土地税增长了5倍。③

　　田赋日趋沉重的重要表现还在于地方政府的提前征税。1919年,有些县政府提前征收了随后几年的税收,并且这种做法似病毒般迅速蔓延开来,特别是在1921年之后,④河南、山西等地方多预征1年,陕西渭南预征2年,山东德州预征3年,直隶南宫预征5年,更有甚者,陕西洵县预征7年。⑤概而言之,二三十年代,华北四省田赋预征多为一年,有的竟至四五年之多。⑥进入20世纪,合理征税已让农民不堪重负,更何况强行预征多年之赋税?这危及到农民的生存,积累和扩大再生产已然成为"浮云",再加上各级贪官污吏借机徇私舞弊,中饱私囊,农民的生活更加困苦。河北省所辖各县在征收田赋过程中,徇私舞弊之现象屡见不鲜,甚至难有公正执行之县。如该省某县,每年征收田赋2次,每次征收金额应为3.1元,可是村长向每户农家征收3.6元。⑦可见,在华北农村中,田赋征收制度的腐败、官吏从中间榨取的现象,已成为司空见惯之事。另外,大土地者多通过瞒报土地数量借此逃避赋税,如保定通讯报道,"河北省

---

①　李鸿毅:《河北田赋之研究》;林钦辰:《山东田赋研究》;帖毓岐:《河南田赋概况》。见萧铮主编:《民国二十年代中国大陆土地问题资料》,台北成文出版社1977年版。

②　马乘风:《最近中国农村经济诸实相之暴露》,《中国经济》,第1卷第1期(1933年4月),第7页;章有义编:《中国近代农业史资料》(第3辑),三联书店1957年版,第31页。

③　[匈]马扎亚尔著,陈代秋、彭祖秋译:《中国农村经济研究》,上海神州国光出版社1930年版,第284~285页。

④　[美] 张信著,岳谦厚、张玮译:《二十世纪初期中国社会之演变——国家与河南地方精英1900~1937》,中华书局2004年版,第204页。

⑤　陈翰笙:《中国农民担负的赋税》,引自王仲鸣:《中国农民问题与农民运动》,上海平凡书局1929年版,第164~165页。

⑥　王仲鸣:《中国农民问题与农民运动》,上海平凡书局1929年版,第164~165页;李作周:《中国的田赋与农民》,《新创造》第2卷第1~2期,1932年。

⑦　[日]梨本祐平:『北支の農業経済』,白揚社1939年版,第68页。

有数名大地主,他们占有数百顷土地,这些大地主或曾为大军阀,或与政治势力有联系者,他们凭借土地获得地租、粮食,但不缴纳田赋"①。陶继侃对上述现象曾有过如下的评论:"我国田赋弊窦之多,举世诟病。如在地籍方面,经界不正,亩法不齐,地粮不符;在科则方面,税目繁乱,负担失平;在征收方面,一为侵渔中饱,一为浮收滥征……其他如银米折合,任意浮收,或横加摊派,或私征罚金,种种索求,不一而足。"②所以,鲁北、冀南地区的农民不堪日益繁重的田赋,将地券贴于门上,携子女逃亡的现象屡见不鲜。③

(二)附加税繁多

田赋附加在清代已经存在,如火耗、平余、漕折就是变相的附加,庚子赔款更是由田赋征收粮捐或亩捐,但是为恪守祖训"永不加赋",故虽有田赋附加之实而未有附加之名。"民国初年中央明令允准地方有征收附加之权",但规定"不得超过征税百分之三十"④。当时各地虽享有征收附加税之权,但因"尚有厘金收入,对于田赋附税亦未激增"。1928年,国民政府将国家收入与地方收入分开,田赋划为地方税,地方政府从此获得征税全权,加之厘金裁撤、内战消耗,田赋附加税则成为地方财政收入的最大来源。"办党要钱、办自治要钱、修路修衙门要钱,甚至复兴农村也要钱,这些钱只好尽先向农民要。到了民国二十年,厘金裁撤了,有许多经费向来依靠厘金或厘金附加的,现在也要在田赋附加上面,于是从前一部分工商的负担,现在也放在农民的肩上。"⑤如此一来,形成了"省政府附加于上,县政府附加于下,层层相重,甚至当地驻军及乡镇区公所亦有附加"⑥的复杂图景。1928年国民政府重新颁布《限制田赋附加税办法》,提出"田赋附加不得超过旧有正税",但是,国民党形式上统一全国之后,对地方行政组织进行了改革,在省政府添设了建设局、教育局等,这些都需要大量的经费,其解决途径依然为田赋附加税,"就事业而言,地方公路

---

① [日]梨本祐平:『北支の農業経済』,白揚社1939年版,第68页。
② 郭德宏:《中国近现代农民土地问题研究》,青岛出版社1993年版,第143页。
③ [日]梨本祐平:『北支の農業経済』,白揚社1939年版,第48页。
④ 汗血书刊社编:《田赋问题研究》(上册),汗血书店1936年版,第170页。
⑤ 何会源:《论田赋附加》(1934年2月25日),《独立评论》89号,第6页。
⑥ 汗血书刊社编:《田赋问题研究》(上册),汗血书店1936年版,第170页。

之修筑,较民国十六年以前增加百倍。(其)他如敷设电话、军事建设、铁路建设、办理自治、保卫、航空、教育等均较前此为积极,事业范围扩大,所需经费亦多","经费唯一之来源,即以田赋附加是赖"。①

政府既然政令不一,地方更是滥用征税之权而任意附加。各地征收办法多样,田赋的附加"或按亩附加,或按石按两附加,或按元附加,或按串票而附加,甚有一县或按亩或按两或按石同时附加者"②。附加税的项目"数十百种"之多,附加税率亦超过征税数倍至数十倍之多。凡行政、公安、保卫、教育、卫生、建设、清丈、慈善、救国,莫不有其附加。③1926年据冀东22县的调查,不包括田赋等正税,杂捐杂税多达432种。④1934年华北"各省单行的杂捐杂税,其多如牛毛,就现时所知,河北有'晓市摊捐'等二十七种,河南有'老税'、'活税'等三十种,山东有'牛照捐'等十余种,陕西有'代驴捐'等十七种"⑤。1935年徐水县征收赋税23种,其中附加税21种。⑥"层层加码使负担有增无已。这种层层加码是在上世纪20年代和30年代的内战期间节节上升的。田赋有不少于673种各式各样的附加税。"⑦附加税不仅在种类上远远多于正税,而且在数额上也大大高于正税。1927年,冯玉祥在河南再次掌权,虽起初对地方政府征收的附加税总额作了限定——与田赋数额相等,但因急需款项来维持自己庞大的军队开销,不久便继续征收大量的附税,竟使附加税的总量几乎达到田赋总额的30倍。⑧河北新镇县于民国十八年(1929年)增收亩捐二角,全年收入有18000

---

① 孙佐奇:《中国田赋问题》,新生命书局1935年版,第279页。

② 萧铮主编:《民国二十年代中国大陆土地问题资料》,台北成文出版社1977年版,第45910~45911页。

③ 汗血书刊社编:《田赋问题研究》(上册),汗血书店1936年版,第170页。

④ 朱平:《冀东组织下的苛捐杂税》,《东方杂志》,第34卷第15号,1936年。

⑤ 穆岩:《华北农村经济问题》,《政治月刊》,第1卷第4期,1934年7月。

⑥ 关吉玉、刘国明:《田赋会要第三编:国民政府田赋实况》(上),正中书局1944年版,第561页。

⑦ [美]杨格著,陈泽宪、陈霞飞译:《1927~1937年中国财政经济情况》,中国社会科学出版社1981年版,第75页。

⑧ [美]张信著,岳谦厚、张玮译:《二十世纪初期中国社会之演变——国家与河南地方精英1900~1937》,中华书局2004年版,第207页。

余文,已超过正赋3倍以上,而且事前并没有呈请省政府批准。甚至保卫团团总和村长也要私收亩捐,如河南宝丰"近三区三团团总庞公敏接事仅四十日,每亩地派七十五文"①。1931年河南扶沟、巩县、涉县(当时属于河南)、商城的附加税额分别约占正税的280％、410％、227％和600％。②1935年河北献县田赋附加超过正税的两倍之多。③山东新泰县附加税占田赋的250%,即墨县占120%,临朐县占300%以上。④齐东县正税为2.2元,而附加税为16.21元,附加税为正税的737%。河南商城县附加税为正税的600%。⑤名目繁多且沉重的附加税,让濒临破产的小农生存无望而激愤不已,因此,各地的农民骚乱不断。山东莱阳农民骚乱,"发源于地方自治之苛捐"。该县自办新政以来,新增各种捐税十余种。据史料记载:"莱阳地方自治征收费用:民间种麻,亩税大钱五千文;花生之地,亩税四千文;沙参之地,亩税三千文;瓜芋蔬菜之地,以是为差;田税因所谓附加税也,乃视国家之正税固已十数倍之。又复有间架之税、人头之税、牛马牲畜之税,数目繁重,令人骇绝。"⑥如此繁杂苛重的田赋附加税终致人民生活日趋困苦。

(三)摊派

田赋(包括附加)的负担,对于小农家庭来说,已是非常沉重的负担,但毕竟还有一定的数额,摊派则不然,向无固定之数额,国家、省、县、区如有特别之开支,超出预算的部分皆以各种名目摊派于生活困苦的农民。清末庚子赔款以后,人祸天灾交相出现,清政府为了支付巨额的战争赔款、外债,以及为继续维持已经裂痕斑斑的统治大厦而施行的"新政",设立了诸多摊派。民国以后,各地方军阀及地方权力机构将摊派作为"网罗"乡村财富的主要手段,临时摊派的名目愈发繁多,令人眼花缭乱。1934年,河南永城县的临时摊款项

---

① 章有义编:《中国近代农业史资料》(第3辑),三联书店1957年版,第18页。
② 章有义编:《中国近代农业史资料》(第3辑),三联书店1957年版,第17~18页。
③ 天津《益世报》,1935年3月25日。
④ 关吉玉、刘国明:《田赋会要第三编:国民政府田赋实况》(上),正中书局1944年版,第561页。
⑤ 《中国经济的危机》,《中国经济》,第2卷第6期,1934年6月。
⑥ 《论莱阳民变事》,《国风报》,1910年第18期。

目有24种之多,县政府派出的摊款有储仓谷费、联队及保队训练费、感化所经费、草帽编织所经费、招待费、河南农工银行基金摊款、补征河南善后公债、电话费;区公所派出的有区教育经费、电话费、编查保甲费、放足处经费、补助费、区巡查队经费(工资、服装、子弹)、区行政人员工资;联保主任派出的有联保办公费、治安费(工资、服装、子弹)、征收人员食费、下乡车马费、联保补助费;保长派出的有工作人员饮食费、自卫团枪弹费及工资、补助费。①各省向下属州县摊派,各州县也效仿,向各乡各村摊派,且层层加码,较正税和附加税更令农民不堪应付。据河南省农村调查,区公所繁重的工作,莫如派款,"当县府奉令派款时,便召集各区区长,按地域的大小,田亩的多寡,议定各区应派的额数,区长下乡便召集保长,再按各保的地亩派定额数,于是保长逐户农民摊派"②。河南汝南县,临时摊派竟高出田赋6倍之多。③辉县百泉乡,摊派名目达26种,平均每户分摊7.1元。④

临时性的摊派,存在于国家监控之外,"随时有发生的可能"⑤。故成了各级地方官吏从中渔利、中饱私囊的绝佳途径。"随着世风日下的精英分子转向肆无忌惮地谋私,各级地方政府的舞弊情形就蔓延开来,县以下的地方政府,尤其在乡村一级,从来就是软弱的,因为在整个政治结构中它们在制度上没有一席合法之地,这就为地方上的胡来打开了方便之门。"⑥1906年河南永宁县知县,借扩充校舍,经费不足为名,私自"派各里摊捐钱一千余文,勒限缴清,以致舆情不服"⑦。山西高平县,办理绅富捐输,乃将本该绅富缴纳的款项"按里摊派于亩捐之上",规定上里派钱35万,中里派钱25万,下里派钱15万,

---

① [日]天野元之助:『支那農業經濟論』中卷,改造社版1943年版,第45~46頁。
② 行政院农村复兴委员会编:《河南省农村调查》,商务印书馆1934年版,第73页。
③ 《重修汝南县志》卷八,1938年石印本。
④ 行政院农村复兴委员会编:《河南省农村调查》,商务印书馆1934年版,第80页。
⑤ 行政院农村复兴委员会编:《河南省农村调查》,商务印书馆1934年版,第78页。
⑥ [美]吉尔伯特·罗兹曼主编:《中国的现代化》,江苏人民出版社2010年版,第188页。
⑦ 中国第一历史档案馆等编:《辛亥革命前十年民变档案史料》(上册),中华书局1985年版,第215页。

"亩捐之外,后派此款,小民力薄,遂起了怨声"。又如盐价,各省盐价每斤上涨几十文,"而奏章仅加四文",其余的都落入了地方官吏的腰包。①1929 年河北发行八厘公债,曲阳富户大起恐慌。"其摊派与否,全在该辖区官之查明填名,某区官等,多藉此为发财之路,既不遵县令秉公从事调查,只知藉端受贿。有大富之家,并不摊派,而非富户竟被填为富户。"②财政部税捐整理委员会报告河南省的摊派情形:"有由省令摊派者,有由县长呈准摊派者,有由县长擅行摊派者,并有由区长呈准摊派及区长私自摊派者。而每一摊派又层层加重,层层剥削;省方若需五千,人民所摊者至少在一万元以上。"③河北省邢台县山川区 40 个村镇,到 1933 年年中已交纳的治安费用是预算额的数倍,超过部分为区政府和民团所挥霍。④邢台县第三区张家村的村民与村长的诉讼便是因村长中饱私囊引发的,按规定,村民应缴纳的税款为 120 元,可实际缴纳的款额达到了 548.65 元。⑤所有这一切最终都毫无例外地落在了农民的肩上,因此,农民最害怕的税收是"摊款",即不定期的摊派。⑥所以,易劳逸一直认为摊派伤害了国民政府与农民之间的关系,同时摊派给农民带来了真正的负担,而且,大多数摊派没有得到上级政府的正式批准,是不合法的。⑦

(四)兵差

兵差虽归为摊派,但由于民国期间的政局动荡、战事不息,遂成为诸种摊派中的重中之重。这是一种战争状态下的临时军事摊派,不仅国家在战时会征收,就是过境的军队亦会以种种名义借机暴敛。以当时全国情形而言,军事

---

① 上海社会科学院经济研究所编:《经济文论集萃》,上海社会科学院出版社 2008 年版,第 413 页。
② 《本省新闻·曲阳·公债得贿买放,免予摊派》,天津《益世报》,1929 年 9 月 2 日。
③ 薛暮桥:《旧中国的农村经济》,农业出版社 1984 年版,第 79 页。
④ 章有义编:《中国近代农业史资料》(第 3 辑),三联书社 1957 年版,第 73 页。
⑤ [日]梨本祐平:『北支の農業経済』,白揚社 1939 年版,第 48 頁。
⑥ [美]马若孟著,史建云译:《中国农民经济:河北和山东的农民发展,1890~1949》,江苏人民出版社 1999 年版,第 69 页。
⑦ [美]张信著,岳谦厚、张玮译:《二十世纪初期中国社会之演变——国家与河南地方精英 1900~1937》,中华书局 2004 年版,第 213~214 页。

摊派的现象或多或少都发生过。如以1929年和1930年两年为例,全国各省1941个县中,征派过兵差的就有851县。各地征派兵差的具体情况见下表。①

表1.2　1929年和1930年各地征派兵差的县数

省名	所有县数	负担兵差县数	省名	所有县数	负担兵差县数
黑龙江	53	2	山东	107	77
吉林	42	3	江苏	61	7
辽宁	59	59	浙江	75	6
热河	18	2	安徽	60	17
察哈尔	16	16	江西	81	21
绥远	17	17	湖北	68	10
宁夏	12	未详	湖南	76	14
新疆	64	未详	四川	148	43
青海	7	7	西康	31	2
甘肃	66	58	云南	108	1
陕西	92	73	贵州	81	9
山西	105	105	广西	94	15
河南	112	105	广东	94	13
河北	130	130	福建	64	32

资料来源:周之章:《中国农村中的兵差》,《中国农村问题:佃农问题、农民负担》,上海太平洋书店1933年版,第61页。

由上表可知,在1929年和1930年两年中,兵差在全国各地都曾出现,但最为严重的地区在华北,其中,山西、河北100%的县有兵差,河南94%的县、山东72%的县有兵差。

兵差种类繁多,不计其数。1929~1930年的兵差,除骡夫、挑夫、兵丁、钱币外,单就所派的实物来说,已差不多百种有余,甚至化妆品、海洛因、女人也要

---

① 周之章:《中国农村中的兵差》,《中国农村问题:佃农问题、农民负担》,上海太平洋书店1933年版,第61页。

地方人民供给。

摊款是兵差的主要内容之一,"在20世纪的二三十年代,省和省以下一级政府的开支主要是军费,军费开支可能高达整个政府开支的4/5"①,其数额巨大可见一斑。"一直以来,如有战事,农民的经济负担即会加重,因为这些巨额的战争开销将会随时向农民征收。尤其是中国北方,与其他地区相比,这些临时征收更为频繁。"②民国时期的华北地区,战乱频仍,无年或息,军饷不断征敛,且有日益加剧之势。1922年前后山西崞县每年摊兵差数千元,人民已怨声载道,可是1930年12月一个月中竟摊了152 804元。山东1928年全年的兵差总额平均竟占到地丁正税的274%。③然而,当时这些县份并不是战区,也不是备战区或战区的后方。在战区、备战区或战区的后方,兵差摊款更多。"九一八"事变后,"三十万东北军全部入关,就食于河北一省,每月需军费达450余万元,而临时就地征发给养,摊派现款,更是无法计算。以一省之民力,负担如许军队之供养,必然会使河北农村加速其崩溃过程。"④在军阀统治时期,胶东一带加捐加税,层出不穷。每丁银两加征9元,一年征收至四次,军需特捐又每两加征至34元。其余勒索给养,大县索洋面30万袋,谷草500万斤,煤10万吨,中县、小县以此类推。⑤1930年河南东部发生大战,自4月开始至10月停止,这7个月期间河南商丘、郏县、柘城三县所负担的兵差,平均占地丁正税的4016%,即40倍于地丁正税。假使参加战争的军队纪律不严,战区各县所负担的兵差更重。1927年11月奉军在雁北作战,雁北各县所负担的兵差占地丁正税的22602%,比地丁正税竟大出225倍以上。1929年河南大战,各县被征兵差,计现金10 726 177元,粮食柴草共值7 131 926元,车辆共值8 523 110元,被军队拉夫而死亡者共8966人。1930年战祸又起,"战时军队在各灾区征发之数,计派征款40 415千余元,征发粮草合洋48 505千余元,征发车辆牲畜合洋44 844千余元。

---

① [美]吉尔伯特·罗兹曼主编:《中国的现代化》,江苏人民出版社2010年版,第253页。
② [日]梨本祐平:『北支の農業経済』,白揚社1939年版,第63页。
③ 章有义编:《中国近代农业史资料》(第3辑),三联书店1957年版,第67页。
④ 顾猛:《崩溃过程中之河北农村》,《中国经济》,第1卷第4期,1933年。
⑤ 马乘风:《最近中国农村经济诸实相之暴露》,《中国经济》,第1卷第1期,1933年。

迩年以来,情形未见减轻"①。据统计河南战区各县的兵差达1074万元,每亩平均摊到5元,几近全省平均每亩田赋及附加税的30倍。②

征兵是兵差摊派的又一主要内容。至20年代中期,直、鲁、豫三省成为中国的一个"产兵区","在此三省的军队固然是本地人,就他省而言,西北的军队完全是直、鲁、豫人,东北的军队有三分之二是直、鲁、豫人,江苏、浙江、福建、江西和湖北的军队几乎全部为直、鲁、豫人,安徽、陕西、山西各省的军队也有一部分是直、鲁、豫人"③。

名义上,兵差的征收是按照地丁税摊派,但一般住在村里的中小地主,其兵差大半都自己负担,但是实际上他们的这部分负担常常用提高租额的方法转移到佃农身上。如河北清苑县薛庄,20户佃农有13户替地主担负兵差,6户不详,只有1户明确知道没有替地主负担。④更为严重的是,不居住于农村的不在地主,他们所应摊的兵差都由他们的佃农代出。如徐昆、曹瑛等人在(河北)静海有许多田地,可是他们对于静海的"一切公项,如公债、编卷、军用车辆、牲畜、夫役、军队给养等,概不摊纳"⑤。

繁重的苛捐杂税是民国以来突出的社会现象,田赋、附加、摊派、杂费等不知几何,"赋税繁重,民不堪命"⑥。农民即便是简单再生产也难以维持,何况扩大再生产?因此,直接引发了二三十年代农村经济的凋敝和经济危机的加重。这种竭泽而渔的做法,加速了农村经济破产和乡村社会的衰败。繁重的苛捐杂税成为当时农村经济发展的主要障碍之一,同时,这些经济负担远远超过了农民的负担能力,让依靠农业为生而难有积蓄的小农家庭经济更加拮

---

① 章有义编:《中国近代农业史资料》(第3辑),三联书店1957年版,第68~69页。
② 郑起东:《近代华北的摊派(1840~1937)》,《近代史研究》,1994年第2期。
③ 燕树棠:《直鲁豫的民生》,《现代评论》,第3卷第62期,1926年6月,第183页。
④ 山西崞县材料,天津《益世报》1922年11月22日,《中央日报》1931年2月9日。其余材料,王寅生等编:《中国北部的兵差与农民》,南京中央研究院社会科学研究所1931年版,第11~18、24~25页,附录1第22表。参见李金铮:《民国乡村借贷关系研究》,人民出版社2003年版,第99页。
⑤ 章有义编:《中国近代农业史资料》(第3辑),三联书店1957年版,第73页。
⑥ 章元善编:《乡村建设实验》第3辑,中华书局1936年版,第63页。

据，因此，如遇庞大开支的家庭性周期事件，大部分农民会将赖以生存的土地出售。

丧葬礼仪，是人生最后一项仪式，它意味着一个人的生命历程的终结。中国历来重视丧葬礼仪，特别是长辈的丧葬礼仪。在中国的孝的伦理中，有生前和死后两种孝，"生，事之以礼；死，葬之以礼，祭之以礼"①，但儒家更重视死后之礼，孟子曾云，"养生者不足以当大事，唯送死可以当大事"②。中国人正是长期受儒家观念的影响对死后之礼的态度甚至超过生前之礼。此外，传统社会的人们普遍认为人的躯体死后灵魂将存在于人世，甚至可以投胎转世。基于这种观念和思想，丧葬礼仪既显得庄严、隆重，又往往带有神秘的色彩。乡土社会更是注重丧葬礼仪，贫者不惜为之倾其所有积蓄筹办仪式，富者更自不待言。沙井村社区内的居民多无经济积累而为葬礼出售土地者甚多，村民赵绍廷，1920年因母亲的葬礼费卖却土地4亩；③赵廷奎，1916、1917年因筹办祖父和叔父的葬礼出售20亩土地；④杜如海为筹办葬礼卖却16亩的土地；⑤社区内富裕的杨源，于1934年前后也因父亲的葬礼出售十亩土地。⑥同样的情况也出现在其他地方的村落之中，如河北省栾城县寺北柴村的郝老际，家中有年事已高的母亲、年幼的孩子，缺乏劳动力而致生活清苦，为筹办妻子的葬礼老际托郝老朴从葬礼店借来仪式物品，葬礼完毕为偿还债务卖却十亩土地。⑦山东省恩县后夏寨的魏金声，1936年双亲先后离世，为筹办葬礼向银号借贷，期限一年，月利二分五，秋天出售八亩土地才还清借款。⑧

---

① 《论语·为政》。
② 《孟子·离娄下》。
③ [日]中国農村調査刊行会：『中国農村慣行調査』第二卷，岩波書店1981年版，第40页。
④ [日]中国農村調査刊行会：『中国農村慣行調査』第二卷，岩波書店1981年版，第106、115、127、238页。赵绍廷为其叔父的过继子。
⑤ [日]中国農村調査刊行会：『中国農村慣行調査』第一卷，岩波書店1981年版，第152页。
⑥ [日]中国農村調査刊行会：『中国農村慣行調査』第二卷，岩波書店1981年版，第264页。
⑦ [日]中国農村調査刊行会：『中国農村慣行調査』第三卷，岩波書店1981年版，第260页。
⑧ [日]中国農村調査刊行会：『中国農村慣行調査』第四卷，岩波書店1981年版，第479页。

家庭周期性事件的另一个重要内容是婚礼。中国各个朝代、各个地区、各个民族的婚礼仪式不尽相同，却都是很重视婚礼的，缘于"昏礼者，礼之本也"①。在乡土社会中，人们更加重视婚礼。家庭不论贫富都要举行婚礼仪式，当然，婚礼奢华与否是由其家庭经济决定的，富裕的家庭婚礼仪式规格高，贫困的家庭办得简单些。但婚礼必须举办，这样才能获得当地农民的认可，否则会遭到嘲笑和蔑视，甚至会影响其在社区内的正常生活。因此，经济上困窘的小农家庭不惜通过出售土地来筹备婚礼。如河北省顺义县沙井村村民薛成福，1939年为娶妻而借贷，利息逐渐增加，为了还债将土地出售；②村民赵绍廷，1924年因妹妹出嫁而出售五六亩的土地，1926年二妹出嫁卖却五亩土地，1934年为筹办弟弟婚礼卖却土地二亩多，1936年三妹出嫁卖却土地五亩，③1939年自己的大女儿出嫁卖却十亩土地。④河北省栾城县寺北柴村村民郝二妮，因其子结婚缺钱，将典出的38亩土地卖却。⑤

繁重的苛捐杂税导致小农家庭积蓄较难，在冠婚葬祭等开支颇大的家庭周期性事件出现时，人们多选择出售自己赖以生存的土地。如此一来，土地交易日趋频繁，而这些交易的土地大部分落入居住于城市或外村的富者手中，为不在地主的形成提供了条件。

二、商业发展

近代以来，不在地主阶层的大规模形成与中国社会的经济近代化有着密切的关系。在商品经济大潮的冲击下，传统的农业经济朝商品经济方向转变，商品经济的发展促使农民阶层的分化，一部分经济和技术条件较好的农民通过勤劳努力逐步富裕起来，另一些农民则由于经济条件相对较差，生活水平

---

① 《礼记·昏义》。
② [日]中国農村調査刊行会：『中国農村慣行調査』第二卷，岩波書店1981年版，第116頁。
③ [日]中国農村調査刊行会：『中国農村慣行調査』第二卷，岩波書店1981年版，第238頁。
④ [日]中国農村調査刊行会：『中国農村慣行調査』第二卷，岩波書店1981年版，第239頁。
⑤ [日]中国農村調査刊行会：『中国農村慣行調査』第三卷，岩波書店1981年版，第260頁。

下降，日益贫困。富裕的农民利用积累起来的资本购买贫者的土地，相当一部分的富裕者成为了不在地主。另外，传统的"重农抑商"政策以及"士农工商"的社会结构，亦在商品经济面前"分崩离析"，政府开始鼓励发展商业，社会崇商之风日盛，加之商业的高额利润是农业经营无法与之相比的，因此，富裕者纷纷投资于商业。为了更好地经营产业，这些人开始向城市迁居，其中在农村保留土地者则成为不在地主。诚然，土地的经济效益低于商业，但是其具有较强的稳定性，故富裕的商人阶层多视土地为守业的不二选择，相当一部分商人在农村购置土地，进而亦成为不在地主。简而言之，近代华北地区商业的发展为不在地主阶层的大规模形成创造了条件。

（一）农业商品化

近代以来，随着商品经济的发展，华北地区农作物商品化日盛，尤其是棉花、花生、烟草等经济作物商品化速度迅猛。例如，山东、河北、陕西的棉花，山东、河南的烟草，已成为重要的商品作物。[①]

清末以前，棉花主要用作衣被的填充物和纺织土布的原料，因此，人们对棉花的需求量有限，而且交易市场大多在棉产地的县城和乡村集市。随着纺织业的发展，尤其是国内手工业和机器纺织业的发展和英、美、日等国纱厂对中国的棉花需求量增加，另外，华北地区少雨干旱之气候适宜棉花种植，再加之京汉线、津浦线、北宁线诸铁路开通，促进了棉花种植面积的扩大。1932年以来，中国的棉花种植面积和产额呈现逐年增加的趋势，到了1934年，棉花的种植面积约4500万亩，棉花产量约6007万公斤。棉花的主要产地位于黄河流域，种植面积约占全国总面积的半成，其中，陕西、山西、河北以及山东省的棉花栽培尤为显著。1926年，这些地区的棉花产值约占全国总产值的42%，1934年竟占到56%。[②]据《直隶工艺志》记载，各县种植棉花的外销情况为："吴桥县棉花地约有二千顷，业户约三万家，每年销生棉六十万斤，熟棉十余万斤，销山东、天津、河南、山西等处；唐县岁出五六十万斤，销山西、张家口等处；栾城县岁

---

① [日]梨本祐平：『北支の農業経済』，白揚社1939年版，第99頁。
② [日]梨本祐平：『北支の農業経済』，白揚社1939年版，第171頁。

销约五六十万斤,藁城岁销三十余万斤。"①在河南、山西,"因日本人近来在内地办的纱厂很多,而且棉花出口也很厉害,棉花的需要既多,人民争趋其利,广种棉花,几有每年连麦全不种的"②。

烟草也是华北地区重要的经济作物之一。20世纪以前,华北地区很少种植烟草,自民国以后,烟草的种植面积逐渐扩大。以山东为例,1900年以前,该地区烟草产量并不多。英美烟公司为了节省成本就近取得原材料,在各地推广烟草的种植,"民国二年,英美烟公司派员调查华北烟草种植状况,勘得山东、河南、安徽等省土壤、气候极适烟叶之种植,于是由美输入洋种"③。此后,由于英美烟公司、南洋兄弟烟草公司的提倡和推广,烟草种植业日渐兴盛。④"鲁省产烟,始于民国四年,英美烟公司于潍县坊子镇,租地六十亩,试植美国烟草,收获甚佳,因由公司散布烟种,劝农民种植,并派员指导培植方法,约期收买。后南洋兄弟烟草公司,亦仿行其法,于是安邱、昌乐、临朐、潍县、临淄、益都一带,烟业大兴。"⑤随着国内外卷烟工业对原料需求的增加,华北地区的农民从事烟叶种植者颇多。其中,以山东、河南两省最为突出。如在山东潍县、安徽凤阳、河南襄城三个地区,"不仅有60%以上的农户从事美种烟草的种植,而且烟草已经成为他们主要的现金作物"⑥。在烟草丰厚利润的吸引下,农民们以致为了种植烟叶而减少了他种作物的生产。如山东省在1931年以前,烟叶出口历年增加,烟价也高,农民见有利可图,相率抛弃其他作物,竞种烟叶。⑦山西部分地区的情形亦是如此,"土地膏腴,豆饼粪田,悉为烟草","保德州,凡河边淤地,不以之种禾黍,而悉种烟草"⑧。民国时期,其他经济作物的情

---

① 转引自张谢:《明清时期河北棉业述略》,《河北学刊》,1982年第3期。
② 章有义编:《中国近代农业史资料》(第2辑),三联书店1957年版,第150页。
③ 民国实业部国际贸易局编:《中国实业志·山东省》,1934年版,第107页。
④ Decennial Reports 1912~1921,P.218.
⑤ 胶济铁路管理局车务处编:《胶济铁路经济调查报告》总编上,1934年版,第21页。
⑥ 陈翰笙著,陈绛译:《帝国主义工业资本与中国农民》,复旦大学出版社1984年版,第22页。
⑦ 民国实业部国际贸易局编:《中国实业志·山东省》,1934年版,第113页。
⑧ 陆燿:《烟谱》,《昭代丛书》本卷四十六。转引自徐松荣:《近代山西农业经济》,农业出版社1990年版,第47页。

况与棉花和烟草大体一致,种植面积都有不同程度的增长。花生生产在华北地区在民国初年已居重要地位,尤以山东、河北两省所产为多,其在农田面积中所占的比重也有很大幅度的增长。如据山东烟台海关报告(1922~1931)记录,"农民从花生得到的收益,据说比任何其他作物更为有利。用于花生生产的土地占耕地的三分之一"[①]。华北地区的山西省、河北省、山东省、河南省,主要经济作物种植面积如下表。

表1.3 华北四省经济作物种植面积统计表:单位/千市亩

年度	棉花	花生	烟草
1924~1929	21 471	9488	368
1931	23 302		751
1932	23 096		694
1933	24 950	10 759	2259
1934	25 693	10 692	2663
1935	20 241	9679	2900
1936	28 095	10 328	2415

资料来源:许道夫编:《中国近代农业生产及贸易统计资料》,上海人民出版社1983年版,第13~22、161、203~204、214~215页。

华北地区农业商品化的发展,还体现在农产品商品率的提高。

一方面粮食作物的商品率提高。卜凯教授对7省17个地方的2866户农家的农作物商品化做了调查,华北地区农作物的商品化虽不及中国的南方,但农作物的商品率不低,见下表。

---

① 章有义编:《中国近代农业史资料》(第2辑),三联书店1957年版,第151页。

表1.4　河北、河南、山西三省农作物的商品化

	河北省			河南省		山 西		平均
	平乡	盐山1922年	盐山1923年	新郑	开封	武乡	五台	
商品率	54.9%	55.6%	30.6%	37.6%	32.8%	49.8%	54.9%	43.5%
消费率	45.1%	44.4%	69.4%	62.4%	67.2%	50.2%	45.1%	56.5%

资料来源：[美]卜凯著，张履鸾译：《中国农家经济》，商务印书馆1936年版，第275页。

上表中的盐山县，1923年较前一年，农家的农作物商品率低了25%，乃因该年小麦歉收所致。即使如此，华北河北、河南、山西三省农户家庭的农作物平均商品率也超过了四成，足见当时华北地区的农作物商品化之高。山西武乡县农产品出售率，谷类中以大麦最高，为97.1%，豆类中以豌豆最高，达到75%，油菜子和大麻的出售率分别为98.8%和94.6%；1922年，河北盐山县农户的农产品出售率达到55.6%。①至30年代，"虽穷乡僻邑，农民的日用品由市场供给者，没有不在50%以上，即以最足自给的食粮而言，也有大半是从市场购入"②。

另一方面，经济作物的商品率明显提高。如棉花种植面积和产量的增加，提高了棉花的外运和出口量。据调查，1922年河北30个县中，26个县有棉花外运记录，其中，22个县外运比例超过产量的50%，9个县超过80%。③30年代初，华北五省棉花的平均商品率达到了60.4%，其中山东省最高，达到了72%。④可见，当时华北棉花的商品率已达到较高水平。其他经济作物如花生等，商品率也较高。清末时山东恩县花生输出量每年达数百万斤。⑤

---

① [美]卜凯著，张履鸾译：《中国农家经济》，商务印书馆1936年版，第276~277页。
② 冯和法：《中国农产品的原始市场》，《中国农村》，第1卷第3期，1934年12月。
③ 李洛之、聂汤谷：《天津的经济地位》，南开大学出版社1994年版，第13页。
④ 孙晓村：《中国农产商品化的性质及其前途》，《中山文化教育馆季刊》，创刊号，1934年8月。
⑤ 《恩县乡土志》，"商务"。

经济作物较之于普通作物的收益较大,有利于小农家庭的经济积累和发展。如种植棉花"五谷之利,不及其半"①。在河北"近几年来,因为植棉获利两倍于种高粱或小麦,人们愈来愈多地从事植棉"②。另据南开大学的调查,河北省的西河棉区,种植棉花每亩收益为4.74元,种小麦则仅为0.65元,种谷子、玉米、高粱则分别亏损2.4元、0.33元、2.57元。③棉花的高收入使农民趋之若鹜,"棉花的需要既多,人民争趋利,广种棉花……陕西、河南、山西省等,差不多都如此"④。山东夏津农民植棉"多能起家,而贫者以富"⑤。"高唐、夏津、恩县、范县宜木棉,江淮贾客列肆赉收,居人以此致富。"⑥山西"南部之蒲州、解州、绛州各属棉花生产发展最快"⑦。解州"近数十年种棉获利,人民以此为生业之大者,以至县三千余顷地计之,足种三分之一,平均收成可易三十余万金,得利诚厚"⑧。其他经济作物的生产获利亦是如此。朝城县的部分农民种植花生,"获利之厚,优于五谷"⑨。山东临淄县农民王二种植烟叶,"置上了二十多亩地,成了财主了"⑩。莱芜县种植姜、麻或是养殖蚕桑的农户,"因为世界市场的需要,营斯业者,屡获厚利,多有因此致富者"⑪。烟台一些地区的农民"经营农田和果园"而生活富裕,"农忙季节经常缺乏劳力,农民们不得不从邻县雇请帮工"⑫。濮阳有栽培花生的农户,"因此致富者,计十余家。有十年前的贫农,

---

① 乾隆《曹州府志》,卷七。
② 章有义编:《中国近代农业史资料》(第2辑),三联书店1957年版,第147页。
③ 严中平:《中国棉纺织史稿》,科学出版社1955年版,第335页。
④ 章有义编:《中国近代农业史资料》(第2辑),三联书店1957年版,第212页。
⑤ 乾隆《夏津县志》,卷四。
⑥ 《职方典》,卷二五五,"东昌府物产考"。
⑦ 光绪《东华续录》,卷二至四。
⑧ 民国《解县志》,卷二。
⑨ 民国《朝城县志》,卷一。
⑩ 黄西仲:《山东临淄的烟农》,《中国农村》第3卷第1期,1937年1月,第72页。
⑪ 王毓铨:《山东莱芜县农村实况》,引自千家驹编著:《中国农村经济论文集》,中华书局1936年版,第534页。
⑫ 章有义编:《中国近代农业史资料》(第2辑),三联书店1957年版,第442页。

今则楼房矗立,骡马俱全,俨然富翁,多得力于此"①。一部分农民通过种植经济作物逐步富裕起来,另一些农民则仍种植粮食作物而日益贫困,富裕的农民利用积累起来的资本购买贫者的土地,其中,相当一部分的富裕者成为了不在地主。

(二) 商业利润

鸦片战争后,中国自然经济逐渐解体,商品经济日益发展,商业利润非常可观,尤其是从事城乡交换的商业获利丰厚。据郝延平先生的估计,来自于近代商业的利润非常可观。19世纪70年代以后,贸易利润已远远大于占有土地的利润。在地价随人口持续增加的同时,土地收益更加低落。18世纪后期,土地投资的税前收益率约为10%,19世纪70年代已降到4%。而19世纪80年代山东某些地方每亩地租不足3两,地价却涨至150两,收益率不及2%。这与卜凯关于民国时期实地研究的结果相同,而且地租的拖欠无形中增加了投资土地的成本。而此时中国内地贸易利润率却约为20%,国际贸易利润率则为40%。简单计算,商业的平均年利润率约为30%。②对此,也可以通过对比农业投资收益率与工商业利润率之大小来做进一步的说明。

关于农业投资收益率,我们可以简单地以地租与地价的比例进行讨论,见下表。

表1.5　各省水田之地价、缴租与地价的比例

地区	水田		
	每亩均价(元)	每亩租金(元)	租率(%)
河北	55.45	4.59	8.3
河南	59.35	5.86	9.9
山西	46.73	4.24	9.1
山东	75.45	5.04	6.7

资料来源:国民政府主计处统计局编《中国租佃制度之统计分析》,正中书局1942年版,第83页。

---

① 纪彬:《农村破产声中冀南一个繁荣的村庄》,天津《益世报·农村周刊》,第76期。
② [美]郝延平著,陈潮、陈任译:《中国近代商业革命》,上海人民出版社1991年版,第300～301页。

由上表可知，华北四省的水田平均收益率为8.3%，其中，山东省最低为6.7%，河南最高为9.9%。这些数据均比郝延平先生估计的高，但这仅是地租与地价之比，未包括地主对土地的投资，如牲畜、农具、肥料和种子，等等。因此，如果将地主对土地的投资成本计算在内，所得出的数据必将要低于表中之数据。但不在地主与农民建立的租佃关系，地主除土地之外多不会进行任何投资行为，所以，表中的数据基本能够反映出不在地主的收益率。此外，本书根据现掌握的河北省部分县的调查资料，将各地租值占地价的百分比列出于下，见表1.6。

表1.6 租值占地价的百分比

县 别	地价(元/亩)	租值(元/亩)	租值占地价百分比%
保定	50	2.5	20
平谷县	40	5	12.5
香河县	40	4	10
遵化县	40	4.5	11.25
滦县	40	4.5	11.25
昌平阿	25	2	8
蓟县	20	2	10
玉田县	50	5	10
乐亭县	30	4.5	15

资料来源：天津《益世报》1935年11月30日。转引自马廷玉：《解放前河北省租佃关系》，《河北学刊》，1991年第3期。（注：此表中的个别原始数据和县别名不准确或不明，待考，但不影响本书中问题的探讨。）

由上表可知，河北各县平均每亩土地的收益率为12.12%，其中，最高的是保定，土地收益率达到了20%，明显高于国民政府对河北省的统计，但是，即使如此，土地的收益率依然小于商业利润。这应该说是当时一种普遍的现象，如曹幸穗对苏南工、商、农各业获利情况研究，认为抗战前苏南农村土地投资（准确地说是购买耕地收取地租）的年纯利润率只有8.8%左右，而工业投资的平均利润率为30.2%，商业投资的平均利润率为31.4%，显而易见，经营工商业利润高于出租土地收取的地租。

商业的高额利润、农产品价格低落，让愈来愈多的农民参与到不同级别市场的交易活动，促使一部分农民弃农经商。19世纪70年代，在天津、山东等地传教的美国传教士明恩溥对"士农工商"的传统说法感到十分惊奇，因为他见到的中国农民对商业已经有了"独特的偏好"①。一些富裕的农民在市场的刺激下，将多年之积蓄投资于市镇或集镇的商业。为了便于经营和管理工商业，他们又从农村搬到了城镇。他们对农村的土地采取租佃的经营方式，从而成为地主兼商人，这些人也就是不在地主。从青镇移住天津市的富商，在郊、县拥有大量的出租土地，如文丰泰安家在大柳滩有地四千亩，新疆帮兴泰和资东白琴轩在当城有地二千多亩，其地租都由庆生号收存；聚德的董绍康教授，本人在南开大学教书，却委托庆生号代为收取地租。②另据1935年津南农村生产建设实验场学员在河北沧县的调查，以前劳动力不足的富裕农户总是雇工耕种，"但是近数年来，由于农产价格的惨落，雇人耕种不够成本，每年净赔工资，都逐渐缩小范围，有的农户甚至宁愿把土地分租给别人，自己跑到市镇等处，经营其他事业，这里显然看出较富农民没有发展的可能，农村凋敝的原因了。"③乡土社会中的富裕阶层搬迁到城镇居住的现象在某些地区蔚然成风。满铁在河北栾城调查时发现，该县地权分配极为不均，"12户有名气、有势力的不在地主拥有五六百亩土地，他们居住于县城或其他大城市，将远在农村的土地采用租佃的经营方式租与当地的农民。在这个阶层之下又有为数众多的小不在地主，他们拥有几百亩或更少的土地，居住在县城或集镇上，在镇上都有不动产，为杂货店、酒馆和棉花经纪人提供本钱，也贷放货币。"④

经营商业确实能获得高额利润，但与之相伴的是高风险，商业资本可能一夜之间丧失，"(商业)一朝失利，富转为贫。前之拥多金以自豪，今且饭粗粝而

---

① [美]明恩溥著，午晴、唐军译：《中国乡村生活》，时事出版社1998年版，第47页。
② 周泓：《群团与圈层：杨柳青绅商与绅神的社会》，上海人民出版社2008年版，第49页。
③ 杨梦燕、陈字勤：《沧县刘辛庄概况调查》，《津南农声》创刊号，1935年9月。
④ [美]马若孟著，史建云译：《中国农民经济：河北和山东的农民发展，1890~1949》，江苏人民出版社1999年版，第72~73页。

不足"①。与之相比，土地财产则较为稳定。关于这一点，清人张英讲得十分生动："天下货财所积，则时时有水火盗贼之忧，至珍异之物，尤易招尤连祸。草野之人，有十金之积，则不能鬲枕而卧。独有田产不忧水火，不忧盗贼。虽有强暴之人不能竟夺尺寸，虽有万钧之力，亦不能负之以趋，千万顷可以值万金之产，不劳一人守护，即有兵燹离乱，背井去乡，事定归来，室庐畜聚一无可问，独此一块地，张姓者仍属张，李姓者仍属李，芟夷垦辟，仍属殷实之家。呜呼！举天下之物，不足较其坚固，其可不思所以保之哉。"又说，"田产之息，月计不足，岁计有余；岁计不足，世计有余。尝见人家子弟，厌田产之生息微而缓，羡贸易之生息速而饶，至鬻产以从事，断未有不全军尽没者。余身试如此，见人家如此，千百不爽一，无论愚弱者不能行，即聪明强干者，亦行之而必败，人家子弟，万万不可错此著也。"②故商人一直坚守"以末起家，以本守之"的信条，将商业利润用于购置土地。曲沃县商人彭太可谓当时商人守本的一个典型，其在河南南召县经商，营利多用于购置田地。彭氏于乾隆年间到河南南召县经商，"每年的商业剥削约有几十万两银子收入"，几年之内购买田地的数量"猛增到六百多顷"。③与此同时，近代以来，政府重农抑商政策的日趋松弛，统治者颁行诸多的恤商、利商的便民政策，为商人经商创造了有利的环境，商人阶层借此日趋壮大。商人积累了一定的资本，更是用于置产经营土地。如光绪年间，山东商人购置田宅达到高潮，仅章丘等四十六个县的一百三十一家地主中，商人通过购置土地而成为地主的就有六十四家，占总数的百分之四十九，而且这些商人都是买几十亩、几百亩，几千亩的土地。④再如章丘县旧军镇矜恕堂孟氏，在北京、济南、天津、烟台、青岛、上海、福州等城市经营布店，获得丰厚的商业利润后，就逐年购买田地。据统计，从咸丰四年（1854年）到辛亥革命前夕的五十多年间，孟氏共买田地两千一百四十亩。⑤

---

① 康熙《从化县志》，卷五，《物产》。
② 张英：《恒产琐言》，《艺海珠尘》，第21册。
③ 河南人民出版社编辑：《罪恶之家》，河南人民出版社1964年版，第146页。
④ 罗仑、景甦：《清代山东经营地主底社会性质》，山东人民出版社1958年版，第112页。
⑤ 罗仑、景甦：《清代山东经营地主底社会性质》，山东人民出版社1958年版，第26页。

在商品经济大潮的推动下,商业利润愈发可观,农村中的富裕阶层在巨额利润的吸引下弃农经商,纷纷迁居城市,这些人多将农村的土地以租佃方式经营,从而成为不在地主。另外,工商业者在积累资本之后,也多购置土地来守业,而这些土地大多采用租佃经营的方式,因此,这些工商业者也具有了不在地主的身份。所以说,商业的发展为不在地主大规模的形成提供了良好的经济环境。

三、市镇勃兴

不在地主阶层的规模性出现源于经济的发展和变迁,区别于传统社会而体现这种时代发展的特征之一,不可不言城镇的勃兴。江南市镇勃兴的黄金时代是明代中期至清代前期,而华北平原市镇勃兴则是19世纪末至20世纪30年代的近半个世纪里。①新兴市镇崛起于商业的兴盛和工业的发展,而这些都与新式交通工具——铁路密不可分,尤其在流通领域,铁路的运输量大、速度更快、安全性高,从而满足了工商业发展需要的各种原材料及产品。铁路这种大批量、长距离的运输能力,令较大规模的物资交易及商业贸易也成为可能。②在这样的历史背景之下,华北平原出现了一批新兴城镇。为如实展现这一现象,从翰香在研究中特选了50个市镇,以资证明。

---

① 从翰香:《近代冀鲁豫乡村》,中国社会科学出版社1995年版,《前言》。
② 谷中原:《交通社会学》,民族出版社2002年版,第91页。

表1.7　冀鲁豫地区50个乡间中心市镇及其所在县县城商况一览表

省别	集镇名（所在县）	商况	资料来源
山东	周村（长山）	居民37000人，砖城，周10华里，10门。为农、商、工三业并茂富厚之区，鲁东腹地唯一的工商业中心，商号工厂共计2200个，出产以丝线䌷、绸绫为大宗。长山县"商业素称发达，俱集于周村"，故"县城商情颇冷淡，除药店、杂货店外，无他市廛，盖因距周村甚近"。	①《胶济铁路经济调查报告》分编，第5册，长山县 ②白眉初：《中华民国省区全志》，第3册第4卷，山东省志，长山县 ③叶春墀：《山东商业地理调查记》，周村
	柳疃（昌邑）	本县商业中心，县商会置此。居民7000人，商界占70%，镇以织绸著称。商号400家，其中丝绸业300家。昌盛期有织机万余架，产品60万匹，总价值400万元。县城商业"视之反若集镇"。	①《胶济铁路经济调查报告》分编，第3册，昌邑县
	沙河（掖）	居民10000人，有砖城，建有镇商会。为山东草帽辫最大产地。"居民视草帽辫为唯一副业，出口以草帽辫为大宗（昌盛期年销售额达五六百万元），杂粮、牛皮次之。进口以洋油、纸烟、棉纱、棉布为大宗"。商情繁荣"远在县城之上"，商号200家。县城商业"多偏重于本地区消费"。	①《胶济铁路经济调查报告》分编，第2册，掖县 ②《中华民国省区全志》，第3册第4卷 ③《山东商业地理调查记》，沙河镇
	索（桓台）	居民2000户，12000人。胶济路通车前，外来商品经小清河、乌河运销山东腹地，以该地为主要集散地，商业极其昌盛。胶济路通车以后，中转贸易式微，但仍为境内大镇，商号百余家，粮油业最盛，县境内殷实商号多聚集此地。县城人口5000，大小商号70家。	①《胶济铁路经济调查报告》分编，第4册，桓台县
	张店（桓台）	居民3500人，鲁北高苑、博兴、蒲台、滨县等地出产的棉花，均以此镇为主要集散地，年成交额500余万元。市面繁荣，冠于全县。商号90家。	①《胶济铁路经济调查报告》分编，第4册，桓台县

续表

省别	集镇名（所在县）	商况	资料来源
山东	龙口（黄）	居民8800人，为全县金融中心，有交通银行分行，钱庄六七家。1924年商业昌盛期，有商号500余家，年交易总额1500余万元。出口货粉干年约万余包，牛皮、粗瓷器等万余件，皆运往大连、烟台转售；进口货有豆饼、杂粮。黄县县城商号270家，金融业次于龙口。	①《胶济铁路经济调查报告》分编，第2册，黄县 ②《山东商业地理调查记》，龙口镇
	羊角沟（寿光）	居民700户，5000~6000人。位于小清河注入渤海处，为东三省及小清河流域各县交通之枢纽，商号200家，输出输入品以粮食、木材为大宗。县城商号30~40家。	①《调查资料》，第17辑 ②《胶济铁路经济调查报告》分编，第2册，寿光县
	侯（寿光）	居民4000户（约2万人）。在羊角沟发达前，该镇为县内第一大镇，商业势力范围东8华里，西15华里，南20华里，北25华里。	①《调查资料》，第17辑
	夏（滕）	居民2000户（约1万人）。为新旧运河之会合点，重要水路码头"商业甚盛"，商号200家。	①《调查资料》，第27辑 ②《中华民国省区全志》，第3册第4卷
	汶口（泰安）	居民5000人。居汶河北岸，邑中大镇，为花生米、花生油、小麦、麻、姜等土产集散地。大小商号85家，其中土产商60家，年交易总值约300万元。青岛、济南土产商在此皆设分号。县城商业昌盛，大宗交易的7/10集中于县城，3/10集中于汶口镇。	①《胶济铁路经济调查报告》分编，第5册，泰安县
	石岛（荣成）	位于山东半岛东南角，湾域水深适泊，船舶多集于此，日集民船百余只，为本县"南部商业中心"，建有镇商会。大小商号177家，主要行业9个，以行栈（37家）、渔业（46家）最为发达，年交易总值670万元。县城商号30家。	①《胶济铁路经济调查报告》分编，第1册，荣成县 ②《中华民国省区全志》，第3册第4卷，山东省志
	兴福（博兴）	居民10000人，在县城东南40华里，"商况远出县城之上"。县城在全境西南隅，"商业不振"，人口2000。	①《中华民国省区全志》，第3册第4卷，山东省志

续表

省别	集镇名（所在县）	商况	资料来源
山东	子口（莱芜）	居民5700，"为全境交易中心"，商号80家，该县较大商号多聚集此镇。输出输入品以棉纱、布匹、窑货为大宗。年交易总额约百万元。	①《胶济铁路经济调查报告》分编，第5册，莱芜县
	水头沟（莱阳）	全县商业中心，大小商号100余家，以土产杂货为最盛。年交易总额200万元。县城有商号120家，多系小本经营，在当地贩卖而已。	①《胶济铁路经济调查报告》分编，第1册，莱阳县
	羊流店（新泰）	居民2900人，大小商号30家，"全县商业中心"。大宗土产输出，商品输入，均由此镇集散，商业之盛为全县之冠。1921年草帽辫业昌盛时期，曾有辫庄20家，钱庄七八家。	①《胶济铁路经济调查报告》分编，第5册，新泰县
	夏村（海阳）	全县商业中心，在县城东70华里，贴近乳山口，本县大宗土产花生等在此镇集散，有商号50家。县城僻处海滨，少舟楫之利。	①《胶济铁路经济调查报告》分编，第1册，海阳县
	王台（胶）	居民5000人。该县南部大宗土产布匹、酒、油、花生多在本镇集散，商号100多家。该县北部商业以县城为中心。本镇与县城，南北对峙，相呼应。	①《胶济铁路经济调查报告》分编，第2册，胶县
	台庄（峄）	居民4000户，30000余人，"为次于济宁之运河贸易枢要地"，台枣铁路终点，粮食集散地。	①《中华民国省区全志》，第3册第4卷，山东省志·实业
河南	周口（商水等）	由商水、西化、淮阳三县分割。居民20000人，豫东巨镇，地当淮河最大支流颍水航路的终点，沙河与贾鲁河在此会合，市街挟河而立，水运便利。镇江运销中原货物，由运河转入淮河，在该镇集散；豫东各县外销农产品均囤积此镇。输出以农产品为最巨，牛羊皮次之。输入以盐、茶、布、纸张、杂货为大宗，重要产品年交易额为2000万元（1917年）。	①东亚同文会馆：《支那省别志》，第8卷，河南 ②《中华民国省区全志》，第3册，河南省志

续表

省别	集镇名(所在县)	商况	资料来源
河南	漯河（郾城）	居民10000人。豫中重镇，系平汉铁路与沙河交汇点，周口镇出入咽喉，汉口吸收中原农产品的中心地，豫中诸县外销粮食大都在此集散，故史称"粮食为漯河之命脉"。县城商廛集于东西街，"繁盛不及漯河镇"。	①《支那省别志》，第8卷，河南 ②崔宗埙：《河南省经济调查报告》
	道口（浚县）	居民18500人。豫北巨镇，临卫河，又有道（口）清（化）铁路从这里发出。豫北舟楫之利，首推卫河，镇因此而繁盛，杂粮、煤炭业贸易发达，民船业亦极繁荣。县城人口6700人。	①《河南统计月报》第2卷第10期 ②《河南省经济调查报告》
	清化（沁阳）	居民25000人，居丹河上游。昔为河南、山西商路门户。1905年道清铁路通车后商务更盛。丹河上游地区，盛产杂粮。该镇东西大街粮行毗邻，宛然一杂粮市场。县城居民5000至6000人，"清化镇日盛，（县城）商务为所夺"。	①（侵华日军）青岛守备军民政部编：《调查资料》第8辑（日本京都大学藏书）
	赊旗（南阳）	豫西南巨镇。位于白河支流唐河上游，通汉水。昔为豫西南与鄂北间贸易中心地，筑有砖城，周10余华里，九门，12道大街，商务繁盛，为全县之冠。以棉花、杂粮、油、纸张为大宗。平汉铁路通车后，商路地位骤降，但芝麻、粉条、豆、麦仍为出产之大宗。为县东北中心市镇。县城人口50000人，商业发达。	①《中华民国省区全志》，第3册，河南省志 ②《支那省别志》，第8卷，河南
	吕潭（扶沟）	居民2万余人，有贾鲁河横贯其间，舟载运货，异常便利，商业颇盛。县城人口7000人。	①《河南统计月报》第2卷第7期 ②《支那省别志》，第8卷，河南
	驻马店（确山）	昔为小店，平汉铁路在此设站，遂成大镇，粮商居多。史书称"虽数千百年资格之府、县城亦不足比其繁盛，或转而仰给焉"。县城狭小。	①林传甲：《中华河南地理志》第5编，地方志 ②《中华民国省区全志》，第3册，河南省志

续表

省别	集镇名(所在县)	商况	资料来源
河南	木栾店(武陟)	滨沁河而立,史称"怀庆(府)素称商国,木栾店尤为一大都会,市廛栉比,号称繁盛",为全境商业中心,年交易额190万元。县城"商况萧条"。	①《中华民国省区全志》,第3册,河南省志 ②《中华河南地理志》第5编,地方志,武陟县
	会兴(陕)	北临黄河,商务全赖晋盐之输送。行销河南32县之河东盐,以此镇为枢纽。镇内多晋商。寨垣甚为整齐,房屋、商务超过县城。	①《中华民国省区全志》,第3册,河南省志 ②吴世勋:《(分省地志)河南》,1926年
	源潭(唐河)	扼唐河交通,商业较县城为盛,县商会设置于此镇。县城西关商人每来镇购货。	①《中华民国省区全志》,第3册,河南省志
	石佛寺(镇平)	本县为豫西丝绸大产地,丝绸产量超过南阳县。石佛寺镇为境内大镇,有坚固寨墙环绕,"丝绸交易之盛,超过(县)城内",其商号资本金,概以万为单位,商业规模之大,不难想见。	①《中华民国省区全志》,第3册,河南省志 ②《(分省地志)河南》
	曲兴集(陈留)	居民5000人,"筑有城墙,俨然一小都会"。毗邻开封,商人往来频繁,其"盛容超过县城"。设有县商会分会。	①(侵华日军)青岛守备军民政部编:《调查资料》,第8辑
	小冀(新乡)	安阳县以南新乡、汤阴、汲县、淇县、获嘉等地产业以棉花为主。该镇作为这一地带所产棉花的第一集散地,商业殷盛。	①朝鲜银行调查课:《河南省彰德县事情》,日本国会图书馆东洋文库藏
	楚旺(内黄)	居民5700余人,为卫河沿岸重要码头,下达津沽。清咸丰初年漕运汇集处,居今商店尤盛,商业为全县之冠。县城3500余人,市面萧条,商业零落。	①《河南统计月报》,第2卷第6期 ②《大中华河南地理志》,内黄
	王范(洛宁)	濒临洛水,豫西交通之冲,"有凌驾县城之势"。	①《大中华河南地理志》,洛宁县
	范里(卢氏)	"全县第一大镇,市商殷实,街道整齐,过于县城。"	①《大中华河南地理志》,卢氏县

续表

省别	集镇名（所在县）	商况	资料来源
河北	辛集（束鹿）	居民2532户,12708人,其中商号500家,有"直隶第一镇"之称,商业繁盛,交通、商况均冠于全县。居民大半从事皮革、羊毛、棉花行栈,富庶之家甚多。中国银行、河北省银行,均在此设置办事处。县城950户,2640人。	①（日）满铁：《河北省农业调查报告》（三）,（大清河及子牙河流域）,1936年 ②（侵华日军）青岛守备军：《调查资料》第20辑,束鹿县1920年
	泊头（交河）	大运河沿岸名镇,津浦铁路在此设站,水陆交通要冲,商业为全县之冠。街市沿运河两岸而立,殷实商号不下千余家。	①《中华民国省区全志》,第1册,直隶省志
	胜芳（文安）	居民11000户（约5万余人）,地当大清河汇入三角淀处,交通便利。县城5700余人。	①《河北省农业调查报告》（三）,文安县,1936年 ②《中华民国省区全志》,第1册,直隶省志
	新集（宝坻）	位于泃河南岸,地当三河、香河、宝坻、蓟县往来枢纽,水陆交通发达,号称京东第一大镇,街长三华里,织布业发达。	①林传甲：《大中华京兆地理志》,第2编,巨镇 ②《中华民国省区全志》,第1册,直隶省志
	白沟（新城容城）	居民380户2000人。位于拒马河东岸,为重要水路码头。拒马河乃平汉铁路线与平津市场联系的重要水路通道。该镇倚河而立,本地区运销天津的货物,均在此集散,而河北省银行亦在此设分行。镇内建有小型火力发电厂,有电灯,田舍稀少,当时人誉之为"文明城市"。	①（日）满铁：《河北省农业调查报告》（三）,新城县,容城县
	石门（获鹿）	京汉铁路建成前,此处为一小村庄。平汉铁路通车并与正（定）太（原）铁路在此接轨后,该镇交通运输条件骤然改观,一举成为以中转贸易为职能的大镇。内外贸易空前繁盛,人口激增,1913年为200户（约万余人）,1926年为40000余人,大小商号2000家。	①《石家庄之经济状况》,载《中外经济月刊》,第181号,1926年 ②（日）《调查资料》,第20辑 ③《中华民国省区全志》,第1册,直隶省志

续表

省别	集镇名（所在县）	商况	资料来源
河北	龙王庙（大名）	居民600户，3000人，为县内大镇，位于县城南卫河东岸，航舟上通道口镇，下及天津。市街傍卫河岸，为县内物产输出之要津及民船停泊辐辏之地，主要出口货有棉花、花生、草帽辫、杂粮等。县城17000人。	①《中华民国省区全志》，第1册，直隶省志
	牛栏山（顺义）	居民863户，4844人，居京北五县之适中，当京、热通道之要冲，又有白河水运之便，直达通州、天津。镇四关商业兴盛，市面繁盛，冠于全县，商号百家。	①（日）东亚研究所:《满洲、北中支农村视察状况》，1940年 ②《大中华京兆地理志》，第2编，巨镇
	独流（静海）	居民3800户（约15000~19000人），东临运河，西南有子牙河，系一棉花市场，收棉花转运天津。	①民国《静海县志》，丑部，土地部 ②棉促会:《河北省棉产调查报告》，1936年
	连（吴桥）	西临运河，津浦铁路线在此设站，水陆交通便利，为本地区杂粮、棉花等大宗出口物资集散中心。商业繁盛，凌驾县城之上。在该镇集散之棉花，在天津市场上统称为"连镇棉"。	①（日）大岛让次著:《天津棉花と物资集散事情》，1930年
	尹村（饶阳）	居民2000人，"为河北省次于高阳之棉布产地"，并"织口袋、钱褡、褥套及各种棉制物"，其商业兴盛，超过县城。产品远销天津、北京、汉口、山西、张家口、东北、蒙古以及河北各地。	①《中华民国省区全志》，第1册，直隶省志 ②（日）三井物产株式会社:《高阳及饶阳地方织布业》，1917年
	砖河（定）	为县境内土布重要集散地。定县土布业异常发达，年产布约175万余匹，运销内蒙古、察哈尔、山西、陕西、绥远一带，其中砖河镇年销额即达65万匹，县城年销额为60万匹。	①《中华民国省区全志》，第1册，直隶省志
	彭城（磁）	为河北省第一产瓷地。瓷窑建在该县四周乡间，碗窑200余座，缸窑30余座，每年产瓷约值30余万元。镇民十分之八九赖瓷业生活。其产品以碗类及巧货类为大宗，行销山西、山东、河南及本省各县，以供乡农及中等社会(阶层)使用。	①《中华民国省区全志》，第1册，直隶省志

续表

省别	集镇名（所在县）	商况	资料来源
河北	兴济（青）	县南运河东岸大镇，为麦秆、草帽重要产地和粮食集散市场。秋间，上市粮食车辆动辄数千，为卫河上下游集市所仅见。	①《中华民国省区全志》，第1册，直隶省志 ②民国《青县志》，第1卷，《舆地志·集市》
	鄚州（任丘）	县城北40华里处，为境内大镇。庙会规模颇盛大。每年农历三四月间，商贾云集，凡绸缎、药材、玩具、书籍以及铁器、木器种类悉备。三月为经营批发业务期，四月十五至二十五日为零售期。	①《中华民国省区全志》，第1册，直隶省志
	林仓（玉田）	县城西南25华里。商业为全县之冠，以席、布为巨产。席产本境，布来自宝坻县，经本地输出热河及东北。	①《中华民国省区全志》，第1册，直隶省志

资料转引自从翰香：《近代冀鲁豫乡村》，中国社会科学出版社1995年版，第193～203页。

此外，熊亚平也对此问题进行了深入探讨并认为，随着商业贸易和近代工业的发展，华北铁路沿线地区崛起了唐山、焦作、石家庄、平地泉、长辛店、张店、杨家庄、阳泉、坊子、峄山等众多新兴工商业市镇。①这些新兴市镇原多为一些小村落，居民人数有限，如唐山北倚燕山余脉，南临渤海湾，东望山海关，西望京津，原为荒凉一小村；石家庄西倚太行山麓娘子关，扼守进出山西的咽喉，1903年以前，是一个荒凉的村庄，1905年，该村也只是隶属于直隶省获鹿县的一个"街道六，庙宇六，井泉四"，仅有村民93户，532人的小村庄；平地泉原是一个名为老鹳嘴的荒凉村庄，在京绥铁路通车前，仅有住户5家；秦皇岛原被称为"澡堂子"，19世纪60年代前，只不过是无人居住的一寒村，1883年后，开

---

① 熊亚平：《铁路与华北乡村社会变迁（1880～1937）》，人民出版社2011年版，第244～286页。

始有人烟聚落。①

这些小村落凭借优越的地理资源以及铁路的铺设，迅速发展成为人口众多的市镇。唐山在1888年铁路开通后，矿工人数从2500人增长到3500人，加上铁路工人，总数约有1万。1915年，唐山人口增至15 000余人，此外，还有美国守备军50人，日本人50余名。1926年秋，唐山人口总数已达10 342户，47 623人。石家庄在京汉铁路通车后，逐渐有商民来往。1913年，石家庄居民达到200多户，1917年，人口迅速增加，准确数字虽难得知，但户数约1000户，人口约6000人，不会有太大偏差，此外，还有美国人15名、日本人3名。1925年8月29日，石家庄和休门合并，人口增长较快。1926年，石家庄人口约40 000人（含休门镇）。老鹳嘴在京绥铁路通车后，居民人口日益增多，1925年9月，车站以西商埠附近人口已达774户（住户366户，商户408户），4245人。秦皇岛在1898年开埠筑港后，人口逐渐增多，1904年大码头筑成，商业渐兴。1909年时，人口增至1600余人。1916年北宁铁路车站南移后，人口骤增至数千户，6000余人。1925年，秦皇岛增至3500多户，14 900余人，次年秋季再增至4000多户，17 000余人。1937年以前，秦皇岛人口已达6200余户，33 900人。②

这些新兴市镇居民增加的同时，工商业发展异常迅猛。

唐山，"光绪七年，唐胥线成，光绪十五六年，铁道通天津，石灰产销骤行猛增，遂成今日之繁盛。"③"唐山一镇，工业极为发达，可称之曰华北工业之中心点，盖南通津浦、胶济、京汉等各铁路，北达东三省与中东铁路、南满铁路等相衔接；加以地近海滨，海运甚易。出品可畅消（销）四方，商业亦因之而发达。"④唐山的工商业在铁路开通后，获得了难得的发展机遇，诞生了一批较大的工业企业，如京奉铁路制造厂、开滦矿务局、启新洋灰公司等。唐山商业也迅猛发

---

① [日]東亜同文会編纂：『支那省別全誌』，第十八卷直隷省，第73、267頁；熊亚平：《铁路与华北乡村社会变迁（1880~1937）》，人民出版社2011年版，第244~286页。

② [日]東亜同文会編纂：『支那省別全誌』，第十八卷直隷省，第240、267頁；熊亚平：《铁路与华北乡村社会变迁（1880~1937）》，人民出版社2011年版，第244~286页。

③ 白眉初：《中华民国省区全志》第1编第2卷（直隶省志），1924年版，第35页。

④ 孝威：《唐山调查录》，《东方杂志》第21卷第17号，1924年。

展,20世纪20年代,"本地交易,最大者首推烟煤、焦炭、洋灰、砖瓦、陶瓷器、棉纱、杂粮等……门市以布匹、茶食、杂货、粮店、油酒等商业最为发达。其专供工人日用饮食娱乐等事之小本经营,尤为繁盛"①。平地泉在京绥铁路通车后,各地商人和垦户相率而至,车站附近迅速成为工商业繁盛区域。1925年时,这里已有粮店、货行、钱行等商户400多家。石家庄在正太铁路通车以后,一跃成为华北两大铁路的交汇点。1916年前后,京汉、正太两条铁路间的道岔区,有商家十二三户。1926年,石家庄有2000余家大小商家,商业日渐繁荣。每年进出货物的价值均在5000万元以上。棉花交易一项,每年约2000万元。秦皇岛,清朝末年,这里已有私商40家。1933年前后,商店约有数百家。面粉、火柴、棉花、烟酒、水果、木料等业资本较大。1937年前,这里已有土产粮业28家,广货店11家,面粉店2家、火柴店8家、杂货店10家、棉花店8家、烟酒店19家、水果店13家、五金店15家、木料店12家。②

新兴市镇人口日益增加、工商业日趋繁荣的同时,街市不断扩展,城市建设方面也日趋完善,居民生活方面的各项基础设施基本齐全,街市初貌已经形成。唐山人口迅速增长,街市不断扩展。1924年至1927年间,唐山街市东西长约2里,北依唐山,东临陡河。广东街、粮市(食)街、新立街等繁荣街市,分布在铁路两侧。交通大学、铁工厂、巡警局、矿务局、铁路工厂、学校、商会、电报局、邮局、征税局、医院、学校、会馆、教堂、兵营等,环布于附近地区。开滦矿场、工人住宅和民居房屋,大都沿京奉铁路及其支线布局。重要建筑多用新式砖瓦砌成,壮丽程度甚至超过很多内地县城。焦作的街市不断扩展。1927年前,焦作便有马市街、福中街、中原街等多条街道。车站附近建有道清铁路局、铁路办事处,机厂、车房、公园、医院、员司住宅等西式建筑很多。1931年前,焦作被单独划为一区,称焦作市。1933年前,焦作街道20余条,著名街道有山西街、公安局街、新西街、中原大街、福中大街、车站街、车站南街、中山东街等。石家庄起初只是隶属于直隶省获鹿县的一个小村落。京汉及正太铁路通车

---

① 《唐山之经济状况》,《中外经济周刊》第213期(1927年5月28日)。
② [日]東亜同文会编纂:『支那省别全誌』,第十八卷直隸省,第73、240、267~268页;熊亚平:《铁路与华北乡村社会变迁(1880~1937)》,人民出版社2011年版,第244~286页。

后，街市亦随之向西南扩展。"民国初年仅有车站，而北方之部分东西狭而南北长，面积约一方里有奇。"1921年前，"街市占地一方里有半，南北稍长"。1926年，"石家庄东端已与休门镇相连，全市面积东西约八九里，南北约六七里"。由于正太铁路局，京汉、正太车厂和纯西式住房的正太饭店等集中于桥西地区，井陉矿务局、保晋公司等也多建在桥西的铁路、工厂附近，所以这些建筑连同京汉、正太两路间的铁路道岔区，共同构成了石家庄街市的雏形和核心部分。秦皇岛在铁路兴建、开埠筑港以前，几无街市可言。1898年开埠时，岛麓以西，沿海经过汤河口等处42 000余亩土地被划为商埠范围，划归给开滦矿务局建设，秦皇岛街市由此日渐扩展。1927年前后，秦皇岛已经成为临榆县管辖的特别区。辖区包括本街及铁路南商埠两部分。街市在北宁铁路车站以北，紧邻铁路线，呈四方形，长、宽均不足一里，辟有朝阳街、菜市街、西前街、西长安街、正街、南前街等大小十余条街道。商店集中在正街、南前街、朝阳街一带。①

"一条交通线所经之地，往往给沿线的重要站点带来巨大的物流、人流和信息流，使之成为人口、物流集聚地，继而为此处的居民提供从事商贸、手工业等非农业的条件，从而最终形成城镇。"②另外，"铁路所到的地方，即其国家军警所到的地方；即其工厂、商场所到的地方；即其金票、银行所到的地方；即其学校教育所到的地方"③。因此，新的商业城镇的大量涌现，不仅先进的供水、供电、电信、道路等相应的配套基础设施开始应用于城市的日常生活之中，而且城镇的社会整合能力远远高于零散的乡村。国家和各种城市团体或各尽其事或相互合作于公共活动空间，诸如社会救济、社会治安、社会教育、公共事业、社会娱乐，等等，如此一来，与中国历史传统的代表——乡村形成迥异的生活空间。在这样的环境里，市民既可从事相对于农业利润更高的商业，又可享受种种先进设施和较为完备的制度而带来的方便、舒适的生活。相较

---

① [日]東亜同文会編纂：『支那省別全誌』，第十八卷直隷省，第74、240、267~268頁；熊亚平：《铁路与华北乡村社会变迁（1880~1937）》，人民出版社2011年版，第244~286页。
② 谷中原：《交通社会学》，民族出版社2002年版，第209页。
③ 卢作孚：《四川的问题》，《卢作孚文集》，北京大学出版社2004年版，第161页。

而言,20世纪前期的中国农村治安环境恶化、农业经营收益有限,因此,城市生活便成为乡村社会各阶层憧憬的"伊甸园",向城市移居的社会现象成为此时代潮流的表征之一,这为不在地主的大规模形成提供了绝好的条件。

四、自然灾害

经济环境与自然因素之间有着难以割舍的关系。尤其是以土地经营为生的农民,更加依赖于自然。自然灾害频发地区的农家在经济上往往处于崩溃的边缘,残酷的生存压力迫使农民出售赖以生存的土地,这为不在地主的形成提供了条件,故将自然灾害归为此处。

华北平原的土地肥沃,曾一度成为中国文明的支撑之基。与该地区优越的自然禀赋相伴的是灾害频发,"中国两三千年来各地的灾荒,史不绝书,而最多的灾荒是旱灾和水灾"①。水与中国农业间的关系,英国著名的历史学家陶内曾对此有过精辟概括,"中国农民之长期的威胁是'水',有时过多,有时过少。水的调节在南方是生产代表作物的条件,在北方的大部分,水量适否,不仅是农业繁枯的条件,而且是农业生死的条件"②。水不仅成为制约农业发展的一个主要因素,亦成为近代以来尤其是民国时期土地交易的动因之一。华北地区的自然灾害种类颇多,如水、旱、蝗、风、雹、地震等,本书所涉及的自然灾害专指水、旱、蝗三灾。

水灾为华北地区较为严重的自然灾害之一。据池子华等人研究表明,民国时期的河北水灾频发,总计38年中,有水灾记载的年份有33个,特大水灾年5个,大水灾年5个,中等水灾年4个,其余则为局部水灾年。平均计算,特大水灾、大水灾平均7.6年发生一次,中等水灾每9年发生一次。合之概算,即每三年就发生一次上等级的水灾。③水灾的破坏性极大。1917年夏末秋初,阴雨连绵,

---

① 程延年:《气候变化与作物产量波动》,上海知识出版社1990年版,第22页。
② 转引自应耕廉、陈道编:《以水为中心的华北农业》,北京大学出版部1948年版,第4页。
③ 池子华、刘玉梅:《民国时期河北农业灾荒研究》,《近代中国的乡村社会》,上海古籍出版社2005年版,第75~76页。

山洪暴发，五大干河，无可归宿，诸流汇集致水势浩大，漫堤决口，堵就不急，以致直隶一省，被灾103县，受灾地亩约24万顷，灾民约635万，受灾时间自本年7月至次年4月止，长达十月之久。①1933年8月，黄河中游发生了20世纪30多年以来最为严重的一次河患，陕西、山西、河南、河北等省河堤连决数十口，灾区遍及华北各省，受灾面积达8600平方公里，灾民364万人。黄泛区内"耕种之田，尽被白沙盖没"，灾情"十年难复"。②当时河北农作物收获量平均只有四成，重灾区如沿南运河一带的农田，"连同稻田作物，收获约得二成"，沿黄河的长垣、濮阳、东明三县，"受决堤之灾害，颗粒无收"，冀东各县也因战事及水患"大多颗粒无收"。③1935年山东省30个县市遭受水灾，面积达3.25万平方公里，灾民数达350万人，估计财产损失达2.5亿元。④

旱灾是危害华北地区的又一大自然灾害。如河北受温带大陆性季风气候影响，加之其特殊的地理位置，可谓"三年两旱"。1920年的华北五省（直、鲁、豫、陕、晋）大旱，此乃40年来未有之奇灾，灾区317县，占全国受灾县的2/5，灾民人数达2000万人，死亡50万人。⑤据当时的统计，历年自然灾害中旱灾居其十九，发生区域几乎全在华北。再以1927年山东省受灾的53县为例，几乎全为旱灾，灾区平均收成不及平常的20%。1930年华北之旱灾，灾民达3339万，被灾县数535个。⑥1937年河南省遭受旱灾，全省111县中"被灾县份90余，其中40余县都是赤地千里、鸡犬无声、遍地哀鸿饿殍的人间地狱"⑦！1943年是河北旱灾最为严重的一年，全省入春以来，发生饥荒和干旱，冀西受灾36个县，冀中和

---

① 《中国经济年鉴》第十六章"灾荒"，第72页。
② 《鲁灾十年难复》，天津《益世报》，1935年8月8日。
③ 《本年各县秋收调查》，天津《大公报》，1933年10月9日。
④ 1935年《申报年鉴》，第72页。
⑤ 《中国经济年鉴》第十六章"灾荒"，第73页。另见邓云特：《中国救荒史》，三联书店1958年版，第31页。另据李文海（《中国近代十大灾荒》，上海人民出版社1994年版）的研究，此次灾害中灾民达到3000万人。据池子华、刘玉梅（《民国时期河北农业灾荒研究》，《近代中国的乡村社会》，上海古籍出版社2005年版）的研究，灾民达到3500万人。
⑥ 《中国经济年鉴》第十六章"灾荒"，第77页。
⑦ 《豫旱灾惨重》，天津《益世报》，1937年6月3日。

冀南受灾面积达4/5，冀南饿死约20万至30万人，逃亡达100万人。①

华北地区历来是蝗灾高发区，在这一区域内的蝗灾是除水旱灾害外的第三大自然灾害。传统时代因科学技术有限，对蝗灾的应对措施极为简单，即为捕蝗。可蝗灾发生时，往往遮天蔽日，横亘数十里，国统区缺乏像共产党在晋察冀边区的强力而有效的组织体制，凭借传统方法势必难以控制蝗灾。状如云涌的蝗群飞过，不论庄稼还是草木，"如疾风扫叶，顷刻而尽"，以至形成可与水旱巨祲相提并论的自然灾害。1928~1936年，中国社会几乎无年不蝗，其中有六年遍发于华北（晋、冀、鲁、豫、陕）地区，给该区域带来了深重的灾难。如1929年，河北遭受严重蝗灾的情境，"清苑县自入春以来，即已蝗蝻遍起，禾苗噬尽。5月中旬，束鹿、沧县等地亦生跳蝻，延及天津以东、保定以北，至6、7月间，飞蝗遍及广袤旱区，蔽日遮天，状如云涌，飞声轰轰，四望无际，遗粪坠地如下雨，稻田之间，簇聚如球，田禾树枝，犹如挂彩，稻黍之类，未及半日，尽成光杆，直至9月中旬，蝗群之躁踊仍遍及各县，虽秋高露冷，蝗祸仍未艾矣。"②1942~1947年的蝗灾，河南、河北、山西又成为受灾区的中心，灾情严重。民国时期的38年间，河北共发生蝗灾31次，有蝗灾记载的县共109个。1933年，河北全省85县大蝗成灾，被害作物面积达2 452 487亩，损失达1 249 909银元。③

民国时期，华北地区的自然灾害种类繁多，且水、旱、蝗、风、雹、地震等自然灾害交替发生。如以1910年为例，山东春遭霜雹，夏初亢旱，后又淫雨成灾，加之黄河在寿张决口，致使青城等九十州县被灾；河南春季雨雪过多，夏又大雨，致使样符等42州县遭受水灾，此外，新安、渑池二县被冰雹袭击，灾情严重；直隶（河北）入夏后先旱后涝，兼有雹、虫灾害，年底河北蔚县地震；山西阳曲、太原等38厅州县，夏季遭受旱、雹、水灾。再以河南为例，1920年，河南旱情奇重，此次受灾时间长达14个月，而且旱、雹、蝗、时疫、兵乱，诸灾并发，禾稼全无，全省被灾合计58县，灾民达316万6千余人，死者累累。④1923年，河南省暮

---

① 河北省地方志编纂委员会：《河北省志·大事记》，河北大学出版社1992年版，第257页。
② 李文海、林敦奎、程啸、宫明：《近代中国灾荒纪年续编》，湖南教育出版社1993年，第242页。
③ 张长荣：《河北的蝗虫》，河北科学技术出版社1991年版，第4~9页。
④ 李文海、林敦奎、程啸、宫明：《近代中国灾荒纪年续编》，湖南教育出版社1993年，第11页。

春霜冻,5月南阳、上蔡等县蝗、雹成灾。入秋后淫雨不止,西华、氾水等近40县遭水灾。①1925年7月,河南商城地震,8月淫雨不止,黄河在开封决口,加之兵祸,全省灾民计70余万户。②1926年自春至夏,河南大部地区亢旱,二麦歉收,继又雨雹为害,黄河陡涨,洛阳一带浸没秋禾,溺毙人口。③另外,民国时期的天灾比以前有明显的增加。如河北定县,284~1900年共发生100次灾荒,平均16年1次;民国以后,1915~1926年发生26次,平均1年就2次,④灾荒频率大大提高。整个华北,均是如此,真可谓无年不灾,无灾不烈。⑤每次大灾袭来,都是农产剧减,土地荒芜,农民财产损失无数,饥民人数大大增加。如1933年黄河决口,仅河南滑县就有灾民30余万人,淹没房屋45万间,死亡不计其数,财产损失3000多万元。⑥同年,华北四省荒地占土地总面积的10%以上,可垦荒地占荒地的23%以上。⑦1935年,由于多灾并发,华北四省小麦、大麦、豌豆、蚕豆的收成仅为十足年份的51%、53%、48%、56%。⑧

华北地区的自然灾害,"不但在空间上日益趋于普遍化,而且在时间上也愈见普遍。空间上普遍化的结果,形成了无处无灾、无处无荒的现象;时间上普遍化的结果,形成了无年不灾、无年不荒的现象"⑨。如此一来,不仅严重阻碍了该区域乡村社会的稳定发展,而且更加剧了处在经济崩溃边缘的农民生活的困苦。乡村居民生活的不断恶化不仅仅限于贫苦的农民,"贫富贵贱同归

---

① 李文海、林敦奎、程啸、宫明:《近代中国灾荒纪年续编》,湖南教育出版社1993年,第78页。
② 李文海、林敦奎、程啸、宫明:《近代中国灾荒纪年续编》,湖南教育出版社1993年,第142页。
③ 李文海、林敦奎、程啸、宫明:《近代中国灾荒纪年续编》,湖南教育出版社1993年,第160页。
④ 李景汉:《定县社会概况调查》,中华平民教育促进会1933年版,第749~750页。
⑤ 参见李文海等:《中国近代十大灾荒》附录:中国近代灾荒年表,上海人民出版社1994年版,第322~344页;邓拓:《中国救荒史》,北京出版社1998年版,第44~51页。
⑥ 邓拓:《中国救荒史》,北京出版社1998年版,第48页。
⑦ 《农情报告》第4卷第7期,1936年。
⑧ 李金铮:《借贷关系与乡村变动——民国时期华北乡村借贷之研究》,河北大学出版社2000年版,第45页。
⑨ 邓云特:《中国救荒史》,三联书店1958年版,第37页。

于尽,其幸免于浩劫者,亦皆一身之外荡然无存"①。在传统的乡土社会中,各个阶层的经济资本积累较难,因此,难以抵御自然灾害的贫苦农民不得不将赖以生存的土地出售。如黄宗智言,在华北,"一个已经在生存边缘挣扎的贫农,很容易因水灾或者旱灾造成的庄稼歉收而被迫负债,甚至于典卖土地。"②这样的例子俯拾即是,民国二十年(1931)前后,侯家营的土地交易最为频繁,土地买卖达十数件之多,其因便是气候恶劣、灾害频发。③沙井村的村民,每逢水旱灾害之年土地交易量会骤然增多,1928年的旱灾,出售土地的有四五户,1939年遇水灾,出售土地的亦有四五户。④即使是社区内家庭经济殷实的李注源,在遇到水旱灾害之年也得出售土地以维持正常的家庭生活。⑤临河村的情况亦是如此,1940年土地买卖一件、典地三件,1941年土地交易一件、典地五件,但1939年因受水灾的影响土地交易竟达到十四件。显而易见,无灾之年,土地交易量少,但一遇灾年,土地交易骤增。频发且极具破坏力的自然灾害,让在生命线上挣扎的村民更加贫困,生存的需要让他们只好出售了维持家计的土地,⑥而稍有积蓄的富裕农民、商人、城市居民等,借此"良机"大量购入土地,跨越式地"变身"为地主阶层。"饥年田必贱。民以田易命,安问贵贱。而有力殷户,往以此大富。小民之心头肉,为彼之饵鱼钩"⑦,这样的事例在史书上的记载中不绝如缕。山东栖霞古镇都牟氏地主,趁大灾之年,抢购了18个庄子的土地,再把地租给原主耕种。山东馆陶县王占元,借灾荒之年,在冀南和鲁西北购置土地5万余亩。⑧这些富户,其中很大一部分成为了特殊的地主阶层——不在地主。

---

① 《于主席告水灾三县民众书》,《河北月刊》,第2卷第1期,1934年1月。
② [美]黄宗智:《华北的小农经济与社会变迁》,中华书局2000年版,第307页。
③ [日]中国農村調査刊行会:『中国農村慣行調査』第一卷,岩波書店1981年版,第46頁。
④ [日]中国農村調査刊行会:『中国農村慣行調査』第二卷,岩波書店1981年版,第181頁。
⑤ [日]中国農村調査刊行会:『中国農村慣行調査』第一卷,岩波書店1981年版,第119頁。
⑥ [日]中国農村調査刊行会:『中国農村慣行調査』第四卷,岩波書店1981年版,第206頁。
⑦ 转引自李文治《中国近代农业史资料》第1辑,三联书店1957年版,第49页。
⑧ [日]田中忠夫著,汪馥泉译:《中国农业经济研究》,上海大东书局1934年版,第14页。

第二节 社会环境

ERSHI SHIJI ZHI ZHONGGUO

社会环境是个内容较为宽泛且与自然环境相对应的概念,略而言之,即人与人之间各种社会关系形成的环境,如政治局面、经济状况、文化传统、社会舆论、社会秩序、社会治安,等等。本书所论及的社会环境特指20世纪前期中国乡村社会的政治局面、社会治安和社会秩序,即军阀混战和土匪猖獗。20世纪前期中国的社会环境不仅制约着社会的发展,同时,它与不在地主阶层的规模化形成有着密切的关联。

一、军阀混战

20世纪前期,华北区域社会环境恶劣的一个重要表现为军阀的混战。清末民初,中央权威旁落,社会基本秩序处于失范之状态。当时呈现出一幅异常纷乱的景象,中央与各地方势力之间或服从或对立;各地方势力间互相倾轧;各地方内部又存在若干势力,实难统合。尤其是袁世凯去世之后,地方割据和军阀林立,战事不绝,中国大部分地区笼罩在战乱的阴霾之中,作为政治中心区的华北地区更是战乱不断。在中国共产党未结束各军事势力混战的局面而实现大一统之前,所谓的历届政府,终未建立起强有力的中央政府,实现真正意义上的一统。各个军事集团成为困扰中国社会发展的诸多严重问题之一。

军阀混战是民国以来中国社会的主要特征之一。据统计,"从1916年到现在(指1932年)16年间,军阀战乱没有一年休止。战争一次凶似一次,战争一次大似一次。1916年至1924年间,每年战区所及平均有7省之多,而1925年至1930年这6年间平均更增至14省左右"①。另外,中央研究院在《中国北部的兵差与农民》的报告中,根据各种记载,制成1912年(民国元年)至1930年的历年战争省份统计。如下表:

表1.8　1912~1930年间历年发生战争的省份数目

年份	发生战争的省份数目	年份	发生战争的省份数目
1912	1	1928	16
……	……	1929	14
1927	14	1930	10

资料来源:章有义编:《中国近代农业史资料》(第3辑),三联书店1957年版,第2页。

不息的战争对国家的人力、物力、财力都是极大的消耗。国民政府历年财政支出中军费支出占很大比重,见下表:

表1.9　国民党政府历年财政支出中的军费支出(1928~1937),单位:百万元

年份	岁出总额	军务费	军务费占岁出总额百分比
1928	434.4	209.5	48.4%
1929	539.0	245.4	45.5%
1930	714.5	311.6	43.7%
1931	683.0	303.8	44.5%
1932	671.9	320.7	47.5%
1933	828.7	372.9	44.9%
1934	940.0	387.8	41.2%
1935	957.2	321.0	33.5%
1936	990.7	322.0	32.5%
1937	1000.6	392.5	39.2%

资料来源:章有义编:《中国近代农业史资料》(第3辑),三联书店1957年

---

① 王寅生:《兵差与农民》,见冯和法编:《中国农村经济论》,黎明书局1934年版,第361页。

版,第8页。

上表系国民党官方财政报告数,实际支出远不止此。即使如是,我们可以看出,军费支出占财政支出总额的1/3至1/2。1948年的财政预算,军费竟占到了80%。这些巨额开支最终由农民来"买单"。

军阀混战的最大受害者莫过于战事发生地及其附近的农民。山东、河北、河南、山西均是遭受战争破坏最严重的地区。先以山东为例,1932年,在掖县,韩复榘与刘珍年的大战中,刘曾下令所属部队自行筹备给养,掖县"凡民众所有,扫数被搜去,虽一草一木,亦无存留"①。"自从民国十四年四月张宗昌就任山东军务督办以来,兵乱相继,地方农民甚为疲惫。"②"山东军队号称20万人,连年战争,除饷粮多半出自农民外,到处之骚扰,拉夫、拉车,更为人民所难堪。至于作战区域(津浦线)十室九空。其苟全性命者,亦无法生活,纷纷抛弃田地家宅,而赴东三省求生。"③再观河北,定县东亭区40村,1928年5月被兵丁直接掠夺近4万元,平均每家92元。④这个数字相当于中等农家收入的1/3以上。河南地区亦未获得安定,1924年冬,段祺瑞令陕督刘镇华派憨玉琨师出潼关迫洛阳,驱吴佩孚走鄂,憨继而与豫督胡景翼所率国民军冲突,当年3月(阴历二月)刘、憨战败。据《申报》载:"自去年12月以后,地方遭逢其会,受损失者各县皆有,然西北两道各县,受害更大,当刘、憨未败之时,按日支应给养,民力不支,迨至刘、憨大败以后,西路各县被抢劫者实有一言难尽之苦,即以灵宝、陕县、阌乡三县论之,几乎十室九空。……岳维峻因人民之告苦,已饬赈务处派人驰赴各县调查。……兹据赈务处人员报告,言全省灾民计有七十余万户,现在一无生路者不下十万人。"⑤1929年10月至年底,豫西、豫南45县境,各县所受的兵灾损失,平均占农产常年产值20.4%,1930年洛阳等27县兵灾的损

---

① 马乘风:《最近农村经济诸实相之暴露》,《中国经济》第1卷第1期,1933年。
② 青岛日本商工会议所编:《山东劳工之外流状况》,1928年。
③ 集戎:《各地农民状况调查:山东省》,《东方杂志》第24卷16号,1927年。
④ 李景汉:《定县社会概况调查》,中华平民教育促进会1933年版,第781页。
⑤ 《申报》1925年7月6日。

失,平均竟占农产常年产值160.2%。①

华北地区因其所处的地理位置,历来成为兵家必争之地。尤其是,民国时期的各个军阀视控制京津地区为首要政治目标,因此,该区域内的连绵战事难以避免。战火纷飞下的农民,为避战事纷纷迁入较为安定的乡村或城市。人虽易迁,而土地却不能随身携带,迁居之人或将所有的土地佃出,或将土地出售。如此一来,迁居而将土地出租者则转化成不在地主。另外,土地购买者多为某些富裕的外村人或是城市居民,这些人对土地多采用租佃的经营方式,从此,他们也变成了不在地主。总而言之,社会控制失范下的军阀战乱成为不在地主形成的一个重要原因。

二、土匪猖獗

不在地主规模性形成的内驱力是经济因素,但各个时代的特殊历史背景则起到催化剂的作用。就本书所讨论的时段而言,无疑是持续的社会动荡加剧了社会不安因素的滋生。这种不稳定因素不仅表现为政权的更迭、大规模的军事冲突,亦表现为地方匪患的猖獗。

民国以降,皇权被摧毁,新的权威尚未建立,各种军事势力又不断进行各种错杂的分化组合,致使纷争不止,"老的标准被打破了,新的标准又不能立即建立"②。由此,20世纪二三十年代,中国大部分地区都深罹战患,经济保障骤然消失。这加剧了各地区已有的社会危机,尤其将苦难和危机扩展到了那些过去尚能勉强糊口的地区。在社会秩序处于失范的状态下,土匪的大量涌现便是不可避免的,③"历史告诉我们,什么时候政治没落了,土匪便蠢蠢欲动。"④土匪的猖獗是诸多社会因素、个体行为和动机相联系的复杂社会现象,但其明显的特征是土匪中普通成员是一些试图摆脱贫困与饥饿的农民,

---

① 章有义编:《中国近代农业史资料》(第3辑),三联书店1957年版,第4页。
② [法]杜尔凯姆,钟旭辉等译:《自杀论》,浙江人民出版社1988年版,第211页。
③ [英]贝思飞著,徐有威等译:《民国时期的土匪》,上海人民出版社1992年版,第20页。
④ 南雁:《小事化大的安徽匪乱》,《东方杂志》,第21卷14号,1924年。

至此，土匪活动已经成为许多贫困家庭的营生方式：父母鼓励儿子，妻子督促丈夫，兄弟之间互相牵引而去做土匪。①一股股土匪借助宗法家长制度和帮派观念的维系，他们少则数人、十数人，多则数百、数千人，至此，土匪的数量迅猛发展。

　　山东沂蒙山著名的匪首刘黑七，1925年有1000余部下，3年后竟发展到万人。河北省临榆、抚宁、迁安的匪患曾一度被平息，但于1930年再度兴起，多股土匪不下2000人。②河北各县1931年仅统计在案的盗匪就有15 853人，③未缉在案者当不在少数。据1928年至1931年的统计，河南匪灾县份由74个增至79个，由占总县数的67%升至72%。④河南曾被称为中国"土匪的世界"，因此，几个世纪以来，人们一论及土匪问题便会不假思索的想到河南。当时的河南有四个土匪藏匿地区。一是洛阳地区东南部到许昌地区西北部；二是今洛阳地区的中心；三是今河南西南部；四是该省东部。河南省西南部因位于所有不发达地区的中心，被"誉为""土匪王国"⑤。在河南，当土匪是全省的普遍现象，豫西更是多发地。临汝、伊阳、宜阳一带，民风特别强悍，存在大量的土匪。⑥1937年，据政府剿匪司令张钫估计，河南土匪达到40万。⑦河南地区土匪的猖獗只是当时中国社会全景中的一个片段，据学者研究，1930年全国的土匪总数高达2000万。⑧

　　匪灾，是残害乡村的要角，恶匪到处抢劫作乱，残害百姓。土匪中许多人遵守"绿林"传统，不去骚扰家乡。然而，大多数土匪"在选择牺牲品时，表现出毫

---

① [美]比林斯利著，王贤知等译：《民国时期的土匪》，中国青年出版社1991年版，第50页。
② 参见《近代中国土匪实录》中卷，群众出版社1992年版，第356~357页。
③ 河北省政府秘书处：《河北省统计年鉴》1931年印，民政类，第50页。
④ 余椿寿：《高利贷产生之原因及其影响》，《农林新报》第13卷第14卷，1936年。
⑤ [美]比林斯利著，王贤知等译：《民国时期的土匪》，中国青年出版社1991年版，第51~53页。
⑥ 张锡昌：《河南农村调查》，载于薛暮桥、冯和法编：《〈中国农村〉论文选》(上)，北京出版社1983年版，第446页。
⑦ [英]贝思飞著，徐有威等译：《民国时期的土匪》，上海人民出版社1992年版，第81页。
⑧ [英]贝思飞著，徐有威等译：《民国时期的土匪》，上海人民出版社1992年版，第1页。

无社会良知",以相同"残暴"的方式对穷人和富人进行劫掠。①河南项城县，1926年9月被山匪两次破劫城寨，盘踞月余，房屋被烧2万余间，财物损失约1000万元。1927年11月，该县又遭山匪蹂躏70多天，死亡3000余人，房屋被烧4万余间，财物损失2000万元左右。山东昌邑县，1928年被土匪占领，各村横遭劫掠。陶埠是个700户的村子，一日竟被勒缴麦粉2500斤、粟200斤、草3000斤。②在土匪盘踞的地方，农田往往荒芜。③此外，在土匪对乡村社会的危害中，以绑架要挟高额赎金的现象屡见不鲜，农户为赎人而出售土地的例子也就时有发生。"过去的贼厉害，过去的贼就是土匪。过去的土匪不像现在，他们一个勾一个，都得100多人。绑架勒索很厉害。"④惠民于韩村的韩吉秀一家，在五个强劳动力的辛苦劳作下，积累了80亩土地，后被土匪张德功敲诈过一次，卖了30亩地。⑤河北省栾城县寺北柴村1938至1939年左右因土匪勒索而导致很多村民出售土地。⑥军阀混战为土匪提供了适合发展的社会环境，他们在缺乏安全保障的乡土社会，进行拦路索财、攻村破寨、绑票勒索，令当地人谈匪色变。

土匪蜂起于治安较弱的乡村附近，而乡村中富裕的农家多成为匪众赖以生存的"生命之泉"，故导致土地所有者移居安全保障系数相对较高的地方——城市。在河南的农村中，匪盗蜂起，与其相伴的是地主不堪骚扰，相继避居城市。⑦当然，地主富户入城的动机，或为了享受城市的现代化生活，或为了投资经营工商业，但从二三十年代的资料来看，更多的是为了躲避乡村匪

---

① [美]比林斯利：《土匪、恶霸与光棍：民国地方政权所及层面之下》，《近代中国》第3期（1981年7月），第274~275页。转引自[美]张信著，岳谦厚、张玮译：《二十世纪初期中国社会之演变——国家与河南地方精英1900~1937》，中华书局2004年版，第36页。

② 冯和法：《农村社会学大纲》，黎明书局1934年版，第450页。

③ 张锡昌：《河南农村调查》，载于薛暮桥、冯和法编：《〈中国农村〉论文选》（上），北京出版社1983年版，第446页。

④ 郑卫东：《村落社会变迁与生育文化——山东东村调查》，上海人民出版社2007年版，第42页。

⑤ 唐致卿：《近代山东农村社会经济研究》，人民出版社2004年版，第333页。

⑥ [日]中国農村調查刊行会：『中国農村慣行調查』第三巻，岩波書店1981年版，第263页。

⑦ 张锡昌：《河南农村调查》，载于薛暮桥、冯和法编：《〈中国农村〉论文选》（上），北京出版社1983年版，第446页。

患。1933年河南各县调查，为此提供了足够的证据。如镇平县腰庄村，10年前还有3顷多地的人家，后因土匪绑票，大都破产，较富的人家都住在城里了。许昌县水口张村，5年前也因土匪盘踞四乡，小康之家都搬到城里居住。豫南罗山、潢川等县，也因躲避匪乱，中等以上之家都迁到了信阳。①南阳自1919年起土匪骚扰乡间，不仅大地主，就是较有钱的富农、中农也急速向城市迁移。因此，直径不满3里的南阳小城，由2万多人猛增至4万多，其中100亩以上的地主竟有500多家。南阳县一区有百亩以上的地主共664户，除134户在本区居住外，其余530户均住于城内。南阳县内未迁出而仍居住于乡间的地主，家里拥有很多枪械，有坚如城墙的土寨保卫他们，可以防御和抵挡时常出没的土匪，故未迁居城市。②但是，如此有势力的地主还是有限的，大多数农民会选择迁居城市。如河南西南部的诸村庄，因匪患危机渐渐地变成了不超过36户人家的小单元，这些人家环绕着某个大户居住；③河北省栾城县的农民大部分耕种自己的土地，但百分之九十的农户租进不同亩数的土地。这些佃出土地的农户多缘于土匪猖獗而移居他处，方将不便耕作之土地出租于他人。④

20世纪初期中国社会普遍失范，让传统乡村中只有在农民生活贫困，遭遇自然灾害、各种压迫过甚时才会偶尔出现的数人到数十、上百人的暴力劫掠行为，演化为人数众多、区域广大、破坏力及影响力极大的有组织活动。他们主要采用杀人、放火、抢劫、绑票、勒捐等暴力恐怖手段，掠夺他人财物来满足生存或私欲的需要。对这些团伙成员来说，偶尔抢劫是其谋生策略的一部分，是他们在耕作之余补贴年收入的一种途径。⑤传统社会中"安土重迁"的观念，在面临土匪危害时轻易崩溃，富裕的农民们不得不离开熟悉的社区而远投他处，故土匪的猖獗成为不在地主形成的众多因素之一。

---

① 行政院农村复兴委员会：《河南省农村调查》，商务印书馆1934年版，第108、119、126页。
② 冯紫岗：《南阳农村社会调查报告》，黎明书局1934年版，第21~23页。
③ [美]张信著，岳谦厚、张玮译：《二十世纪初期中国社会之演变——国家与河南地方精英1900~1937》，中华书局2004年版，第37页。
④ [日]中国農村調査刊行会：『中国農村慣行調査』第三卷，岩波書店1981年版，第3页。
⑤ [美]裴宜理著，池子华、刘平译：《华北的叛乱者与革命者》，商务印书馆2007年版，第355~382页。

第三节　土地交易的传统惯习

传统惯习是指由血缘和地缘关系构建的社会中，人们在日常生活中的各种行为往往受制于长期形成的习惯。优先购买权便是众多传统惯习之一，在传统血缘关系和地缘关系的影响下，某些人凭借长期以来的惯习而享有同等条件下先于他人购买特定财产的权利。古代中国是典型的农业社会，土地是最重要的生产资料，土地所有权是人们最想获得和最为珍视的权益。先买权也正是依附于土地及其上的房屋宅园的买卖流转而出现的，所以，传统社会的优先购买权多指田宅先买权。本书中的土地交易传统惯习指土地交易中的优先购买权。在中国传统社会的土地交易中，存在"先尽宗族、次邻、再本村、后外村"的交易惯习，可是随着经济的发展，国家和基层社会对这种惯习作出了不同的反应。不在地主阶层的规模在这不同的反应中迅速发展壮大。

一、惯习形成

中国传统社会的土地所有制为私有制，土地的所有权归个体农户享有。不深谙中国乡土社会的人往往以此为依据认为束缚基层社区土地交易的因素缺乏，土地交易应属个人的自由。"村庄对于概念广泛的所谓家庭固有的权力缺乏控制能力，自耕农、地主或佃农家庭，或者兼有这些成分的家庭，都有出售或购进土地。这种权利除了更高一级的国家机关，谁都不能侵犯，没有什么障碍可以阻止一村的村民在其他村里占有土地"，"土地买卖是个人的事情，很少服从全村利益的考虑"。①从乡土社会的土地交易市场所呈现出来的面相来看，社区对居民正常的土地交易缺乏干涉和约束。但是，若深入且细致地观察乡土社会的土地交易便会发现在交易的背后隐藏着一股强大的不可忽略的力量，即土地交易惯习——优先购买权。那么，在乡土社会沿袭千年之久且发挥巨大作用的土地交易惯习是如何形成的呢？笔者认为有以下三点：

其一，乡土社会的土地交易传统惯习建立于血缘、地缘关系的基础之上的。

有学者研究表明，中国乡土社会的自然村落大致有三种类型，单一家族村落、亲族联合村落和杂姓移民聚居村落。②从村落形成过程来看，单一家族村落、亲族联合体村落是以血缘关系为基础形成的，而杂姓移民聚居村落则是以地缘关系为基础自然发展而成的自然村。③华北区域的自然村落少有单一家族村落，多是亲族联合村落和杂姓移民聚居村落，因此，这些自然村落形成于血缘和地缘的基础上（详见第三章第二节）。然而，血缘与地缘在乡土社会组织的构建过程中浑然交错于一起，泾渭难辨。诚如费孝通先生所云："血缘是稳定的力量。在稳定的社会中，地缘不过是血缘的投影，不分离的……血缘和地缘的合一是社区的原始状态。"④另外，传统的宗法关系是以血缘为纽带调整家庭或宗族内部关系，所以，在血缘、地缘构建的自然村落中，宗法关系

---

① [美]吉尔伯特·罗兹曼主编：《中国的现代化》，江苏人民出版社2010年版，第140页。
② 乌丙安：《中国民俗学》，辽宁大学出版社1999年版，第180~182页；陶立璠：《民俗学》，学苑出版社2003年版，第211~212页。
③ 这里的"自然村"是与"行政村"相对的村寨聚落类型。前者指的是在血缘和地缘关系的基础上发展形成的自然村落，在地理上有着明显的聚落界限；后者则是一种行政管理单位，它可以是一个自然村，也可以是由多个自然村结合而成的行政区划联合体。"自然村"体现了村寨聚落作为基本社会单元的生活空间属性，而"行政村"则更多地体现了农村行政管理体制下的行政组织关系。本书讨论的村落属于"自然村"的范畴。
④ 费孝通：《乡土中国》，三联书店1985年版，第2~5页。

的束缚力体现于农村社会的各个角落、各种活动。

概而言之,华北地区的宗族作用体现于以下几个方面:首先,祭祀活动中的宗族意识很强。寺北柴村,各个同族不仅有组织的在春节期间一起祭拜祖先,而且在其他节日亦是集体行动,并在祭祀活动结束后会餐。①其次,分家析产、借贷经济行为、租佃经济行为等日常经济活动中宗族意识亦强烈。寺北柴村的族长在族内分家析产时,往往到现场充当见证人的角色,让经济行为顺利实现。山东省的后夏寨,村民间借贷多发生于同族之间,族内的土地交易则不需签立契据。②侯家营,宗族往往将族田租给同族中较贫者,由他象征性地交点地租或仅为清明祭祖提供点祭品和香火。③上述活动在乡土社会固然很是重要,但较之于涉及财富标尺、农业最基本的生产资料——土地交易来说要相形见绌了。因为,在土地交易中,宗族的权威表现得最为明显。根据《中国农村惯行调查》中所记载的资料可知,村落社区内若有人出售土地,同族之人有优先购买权。诚然,有时此权被忽视,但在一些村落中,如寺北柴村内的土地交易严格遵循同族先买权,倘若某人未通知同族人或以同样的价格将土地售于族外人,该宗族有权宣布此项交易无效。④另外,在某些村落中为了避免卖方宗族运用其习惯权力挑起争端,买主会设宴请卖主同族部分成员吃饭。⑤

传统农业社会下的诸条件让农家经济十分脆弱,不易让个体的"人"脱离各种社会组织形式和社会关系而独立的生产、生活。尤其是华北地区特殊的自然环境致使天灾人祸频发,一向经济积累较难的普通小农之家往往会濒临破产,此时居住于同一地域内的居民会相互救济渡过难关。此外,乡土社会的

---

① [日]中国農村調査刊行会:『中国農村慣行調査』第三卷,岩波書店1981年版,第6、156、113、128、28、43、75、90、156、140~141、134頁。

② [日]中国農村調査刊行会:『中国農村慣行調査』第四卷,岩波書店1981年版,第482、502頁。

③ [日]中国農村調査刊行会:『中国農村慣行調査』第五卷,岩波書店1981年版,第72、84、168頁。

④ [日]中国農村調査刊行会:『中国農村慣行調査』第三卷,岩波書店1981年版,第250、253頁。

⑤ [日]中国農村調査刊行会:『中国農村慣行調査』第五卷,岩波書店1981年版,第72、84、168頁。

居民极其重视家庭周期性事件（婚丧嫁娶），每个家庭均会竭其所能筹办各种仪式，资金匮乏或周转失灵以及人手缺乏的情况时常发生，而近邻往往伸出援助之手帮其解燃眉之急。久而久之，居民间充满了浓厚的人情味，也就有了"远亲不如近邻"的谚语。如此一来，在居民长期生活的村落内产生出社区共同意识，如集体娱乐、修庙搭桥、祭祀活动等均是群策群力，故而具有"百里不同俗，十里不同风"的地域文化特征。在"休戚与共"、"守望相助"的意识驱使下，村落社区的每位居民都追求睦邻友好的地缘关系，所以，别亲疏、党乡邻的价值观念深入草根社会民众的价值体系之中，正因此，传统乡土社会中的土地买卖便有了先尽次邻、本村的惯习。

血缘、地缘构建的传统村落让任何生产、交易活动都难以彻底摆脱封建宗法关系以及社区共同意识的影响，所以，在基层社会的土地交易活动中产生了土地优先购买权。

其二，华北地区的土地交易优先购买权的形成与该地区农事生产的区域性特征息息相关。

华北地区自古以来是"中国本土最经常出现干旱，平均年降水量变化最大，最低平均年降水量所在的部分"①，这决定了华北的农业属于旱作农业。旱作农业得以成立的必要条件为役畜的使用。在农事耕作最为繁忙的播种和收获期，役畜在整地（耕、耙、劳）、播种（作条、覆土、镇压）以及土粪和收获物的运送上起着主要作用，所以，役畜在华北农业中的重要性不言而喻的。深谙农业生产的农民关于役畜对农业生产的重要性更为了解，但多数农家面临着役畜不足的问题。那么，农民为何不饲养役畜？如果我们知晓购置、饲养役畜需要投入较多资金的话，也就找到问题症结所在了。美国学者黄宗智在分析计算历史资料的基础上认为，20世纪三四十年代华北农村的富农式经营家庭在购入1头驴的时候，这一经济行为的有效费用和有效收入（边际费用和边际收入）的均衡点是20亩至50亩的经营土地。②另据资料显示，1930年清苑县骡、

---

① 梁庆椿：《中国旱与旱灾之分析》，《社会科学杂志》，第6卷第1期，1935年3月。

② Philip C.C.Huang, The Peasant Economy and Social Change in North China, Stanford University Press, 1985, P.149.

马、牛、驴的平均单价分别为98元、61元、51元和38元（到1938年时价格已涨至120元、100元、60元和40元）。①可见，驴在农事耕作的役畜中价位最低，但农民仍需至少拥有20亩土地才能饲养。在自然条件、经济状况等方面存在诸多差异的乡土社会中，黄氏的标准未必可简单的作为衡量的指标。据满铁调查资料显示，顺义县沙井村的多数村民认为，一个纯自耕农家庭若要饲养一头驴必须拥有15亩以上的土地。②而当时该村平均每户农家所有土地只有14亩，如果考虑村民在土地占有上的不均衡，实际上，该村64%的农家所有土地的数量在15亩以下。③如此境遇的农民怎能饲养农事耕作的役畜？因此，当时农户家庭的畜力不足也是自然。沙井村的情形在华北农村地区并不特殊，可以反映该地区的役畜拥有状况。我们还可以从家庭收支来考察此问题，1930年清苑中等农户的一年收入为228.97元，生产费用、赋役和生活消费等三项支出共计249.77元，该年共亏损20.8元。④也就是说，中等水平的农户，辛苦劳作一年却是入不敷出的，来年的农事生产资金尚难解决，购买占其收入1/3左右的役畜则实属奢望。

在近代华北农村中，农民的畜力不足可借助劳动力来缓解。然而根据《中国农村惯行调查》第一卷《顺义县沙井村户别调查集计表》及第二卷中《户别调查》的统计资料，沙井村社区的劳动力明显不足，该社区有两个及以下的劳动力的家庭占到农家总数的近九成。这样的劳动力配置在农事繁忙期着实难以应付的，既无法经受得住农忙期里播种、收获以及搬运等巨大而繁重的劳动量，又无法应对华北农业地带所特有的最低限度需要四个劳动力的农事耕作的方法。随着社会的不断发展，农业耕作技术和方法也在适时进步，但是农

---

① 农业部农村经济研究中心：《中国农村研究报告：1990～1998》，中国财政经济出版社1998年版，第606页。

② [日]中国農村調査刊行会：『中国農村慣行調査』第二卷，岩波書店1981年版，第65页。

③ [日]中国農村調査刊行会：『中国農村慣行調査』第一卷，岩波書店1981年版，卷首，河北省顺义县沙井村的概况。

④ 侯建新：《民国年间冀中农业成本、农户负担与剩余——来自11村的一项计量分析》，《理论与现代化》，2001年第5期。

耕生产对天时有着极强的依赖,具有时间短、劳动强度大的生产特点,促使人们在生活中形成守望相助的依赖关系。农耕结合便是这种依赖关系的一个重要表现,具体指同耕作、收获等农业生产活动直接相关的各种各样的社会结合或关系,包括:(1)劳动力、役畜、农具的相互融通和共同使用;(2)劳动力、畜力的各种形式的交换;(3)役畜、农具的借用;(4)无偿的劳动援助;(5)役畜的共同饲养和利用(在华北一些农村称作伙养)、共同租种土地、共同雇工以及灌溉水井的共同开凿和使用乃至雇佣和租佃关系中的"干活带地"与"伙种"等。①农事生产作为乡土社会最基本的生产活动、农家经济最为可靠的收入途径向为农民所重视,这个过程所建构的依赖关系固然会渗入和影响农村社会的各种活动。土地为传统社会财富的重要标尺,更是农业生产的必要资源,故而土地交易素为农民所重视。所以,在乡土社会的土地交易中,农民们为了维持和强化这种守望相助的依赖关系在考虑亲缘关系后会注重邻里和社区居民,久而久之演化成为一种交易惯习。

其三,优先购买权的长期存在与国家在法律制度层面上的支持密不可分。

土地、房屋是中国古代社会的主要生产资料和生活资料,亦是历代王朝统治的经济基础,故历代王朝对田宅的交易高度重视并给予制度上的规范。"在中国清末以前的数千年历史中,为了推行维护宗族秩序的政策,封建统治者通过各种法律去确认和维护家长权与族权,法律也就体现为家族本位的伦理法。作为一项法律制度,优先购买权亦不例外地肩负着维护家族秩序的社会政策。"②关于土地交易的"先问亲邻制度"入律,有学者根据唐朝敕令制文中出现的"先己亲邻买卖"一语,③认为唐朝时期法律中已然存在亲邻先买权。有学者认为此敕令的先买权存在限制条件(即逃户被他人侵占的田土或因为欠租庸而需要变卖田土)不能作为适用于民间田土交易的规定,于是先问亲邻并不是当时制度层面田土交易的必要条件。他们认为先问亲邻的制度始于五

---

① 张思:《近代华北农村的农家生产条件·农耕结合·村落共同体》,《中国农史》,2003年第3期。
② 林沛文:《论法定优先购买权的制度价值》,《法制与经济》,2006年第5期。
③ 张中秋:《唐代经济民事法律述论》,法律出版社2002年版,第157页。

代后周时期。①五代后周明文规定:"如有典卖庄宅,准例房邻人合得承当;若是亲邻不要及著价不及,方得别处商量,和合交易。"②宋初不仅沿袭此法,且对亲邻先买顺序做出明确规定:"凡典卖物业,先问房亲,不买,次问四邻。其邻以东南为上,西北次之。上邻不买,递问次邻。四邻不售,乃外召钱主。或一邻至著两家以上,东、西二邻则以南为上,南、北二邻则以东为上。"③此项规定使田宅买卖更加有序化。此后,南宋又对亲邻的先后次序进行烦琐规定,理宗时规定:"所谓应问所亲邻者,止是问本宗有服纪亲之有邻至者,如有亲而无邻,与有邻而无亲,皆不在问限。"④《庆元重修田令》中又规定:"诸典卖田宅满三年而诉以应问邻而不问者,不得受理。"即"凡有亲而无邻,有邻而无亲,有亲有邻而在三年之外者,皆不可引用亲邻之法执赎"。⑤元代对宋代亲邻先买权在亲邻之外,又加上了原业主,"诸典卖田宅,及已典就卖,先须立限取问有服房亲,次及邻人,次见典主。若不愿者,限三日内批退,愿者限五日批价。若酬价不平,并违限者,任便交易"⑥。明代刊印的《尺牍双鱼》和《云锦书笺》的契式中有"先问亲房,后问田邻"⑦之语,能够体现亲邻先买权在契约文书上的制度影响力。

　　清代依旧沿袭此法,而且这种优先购买权已深入人心,成为土地交易中必须遵守的原则。很多地方甚至不许将土地卖出本族,故有"倒户不倒族,倒族不倒宗"、"业不出户"、"同族无断业"等谚语。很多家族法规明确规定,本族的土地不得卖于外人。如《山西洪洞刘氏族谱》卷四《祭田》记载,山西洪洞县的刘氏家族成员刘承纶因生活所迫,不得不卖掉清涧渠三亩土地,但刘氏家族规定本族土地不得卖与外人,于是刘承纶以低价将三亩水田卖与本族作祭

---

① 柴荣:《中国古代先问亲邻制度考析》,《法学研究》,2007年第4期。
② 《册府元龟》卷六一三《刑法部·定律令五》。
③ 窦仪等编:《宋刑统》,卷十三《典卖指当论竞物业》,中华书局1984年版。
④ 《名公书判清明集》,卷九《亲邻之法》,卷六《抵当不交业》,中华书局1987年版。
⑤ 《名公书判清明集》,卷九《亲邻之法》,卷六《抵当不交业》,中华书局1987年版。
⑥ 《元典章》卷一九《户部五·典卖·典卖田宅须问亲邻》。
⑦ 杨国桢:《明清土地契约文书研究》,人民出版社1988年版,第41页。

田，其后又以租佃人的身份与本族签订契约，以每年白银三两二钱的租金将其租回耕种。①此时，土地优先购买的规定频现于各种文献，如《康熙四十五年光泽县揭德镜买卖屋基契》载："一问房亲，二问四邻，并无承交。今托中人引送与连城汤惟赐邮首承买。"②雍正八年，清政府正式颁布禁止滥用优先购买权拆散已成交土地的法令。在清末修律时，《大清民律草案》明确废除了亲邻优先购买权。从此，在传统社会沿袭千年之久的土地优先购买权失去了法律效力。可是，一直以来国家在法律制度层面上对形成于民间的土地优先购买权的支持是先买权得以长期存在的重要保障，法律上既然有明文规定，那么，人们在土地交易时自然要受到法律的制约。

二、惯习衰微

在乡土社会中，制约土地交易的传统先买权惯习已存在千年之久，但随着社会的不断发展这个传统习俗出现了衰微的趋向，究其因有二端，即惯习本身的弊端失去了法律层面的支持和商品经济下的土地商品化。

其一，传统的先买权虽一定程度上体现了乡村的"道德经济"，但其弊端也相伴而生，也因此失去了国家法律层面的支持。

历代王朝在承认亲邻在田宅买卖优先权的同时，在价格上对土地出卖者的权益给予保护。《宋刑统》中规定："亲房着价不尽，亦任就得价高处交易。"③《元典章》规定："若酬价不平，并违限者，任便交易。"④五代时的一个判例也可为实证。"常山属邑曰九门，有人鬻地与异居兄，议价不定，乃移于他人。他人须兄立卷，兄固抑之，因诉于令。令以兄弟俱不义，送府。帝（石敬瑭）览之曰，人之不义，由牧长新至，教化所未能及，吾甚愧焉。若以至理言之，兄利良田，弟求善价，顺之则是，沮之则非，其兄不义之甚也，宜重答焉。市田以

---

① 孙庆明等编：《中国民法史》，吉林人民出版社1996年版，第542页。
② 唐文基等编：《明清福建经济契约文书选辑》，人民出版社1997年版，第638页。
③ 《宋刑统》卷一三《户婚律·典卖指当论竞物业》。
④ 《元典章》卷一九《户部五·典卖·典卖田宅须问亲邻》。

高价者取之。"①清代依旧沿袭此法,地方官员对田宅先买权之弊端多有言论。山东济宁州知州吴柽指出:"济之俗例,凡欲典卖田宅,必先让原业本家,次则地邻。皆让过不要,然后售与他人。尤可笑者,原业本家有历年久远,事隔两朝,卖经数主者,犹称原业。而本主人之外,不特兄弟叔侄同产之亲,即疏离一族之人,亦称本家,皆得援例混争。夫弃产者,必有迫不能待之势,必要到处让过,已属难堪。乃有本心欲得而故称不要,或抑勒贱价不照时值,或本无力量姑且应承,乃至卖主不能久待,另售他人,非托名阻挠,即挺身告理。弃产之人,率不免此。"②雍正三年间,河南巡抚田文静在豫省宣告废除先尽业主亲邻之惯习时,指出,"田园房产,为小民性命之依,苟非万不得已,岂肯轻弃。即有急需,应听其觅主典卖,以济燃眉,乃豫省有先尽业主邻亲之说,他姓概不敢买,任其乘机勒掯,以致穷民不得不减价相就。嗣后,不论何人许买,有出价者即系售主。如业主之邻亲告争,按律治罪"③。

关于土地优先购买权的弊端,我们可以通过一些具体的事例得到印证。在《清代土地占有关系与佃农抗租斗争》所辑乾隆刑科题本中有这样一些事例④:

1.雍正十三年(1735)十二月,河南登封县陈刘氏在夫死之后"因贫难度",欲出卖土地。按卖地先尽亲房族人的"乡规",陈刘氏之地事先"尽"过陈姓本家本族(包括陈刘氏的侄子陈雅),都说"无银置买",不要。在这种情况下,陈刘氏托中人陈兆凝寻下买主王仁,议价三两三钱一亩,共约七八亩地,当即写了"觅买文约"(又称"草约"、"草契"),由王仁向陈刘氏交纳了买地定钱一两二钱六分银子、九百钱,言定丈明地亩后交全地价。然而买卖双方及中人丈地之时,陈雅却跑来阻挡,"混骂"王仁"擅买他陈家的地"。王仁见状一面表示"这地既有口舌,我就让你买罢",一面回家欲取文约还陈刘氏。陈雅则不依不

---

① 《旧五代史·晋书·高祖纪》。
② 乾隆《济宁州志》,卷三一,第43~47页。
③ 田文静:《抚豫宣化录》,卷四,第51~52页。
④ 张研:《关于中国传统社会土地权属的再思考——以土地交易过程中的"乡规"、"乡例"为中心》,《安徽史学》,2005年第1期。

饶,追上来混骂扑打,王仁失手打死了陈雅。

2. 乾隆元年(1736)十一月,湖南长沙安化陈彩玉因迁居益阳,有七亩多田出售。按卖地先尽亲房的"乡规","先尽"属于亲房的堂兄陈廷笏购买。陈廷笏无力全买,只备银八十三两买了四亩。剩余三亩多田,陈彩玉以四十七两价银卖给了无服族人陈俊才。陈廷笏认为自己是陈彩玉亲房,应该全买而屡向陈俊才争闹。最后陈廷笏因率弟阻止陈俊才收割,发生争斗,被打死。

3. 乾隆十七年(1752)十月,四川重庆涪州郭明俸将父遗田一分出售,"先尽"田邻钟尔梅接买。钟尔梅因拿不出六百两田价,没有买成。郭明俸遂将地卖给了戴国梁。立契时钟尔梅在场,眼见交割清楚。后戴国梁想减省交易税银,私自将契中田价改写成五百两,钟尔梅立援引田邻优先购买的乡例,以五百两争买该地,戴国梁不允,相互骂殴中钟尔梅被打伤至死。

4. 乾隆二十三年(1758)十二月,直隶吴桥姜子兴将家中十亩地卖给村人刘崇文。卖地之前,姜子兴依例"尽"过族人,但有姜子宽因外出佣工未经"尽"及。姜子宽回家后,以刘崇文"偷买"土地,到其家门口吵闹,撞倒刘崇文致死。

5. 乾隆二十六年(1761)八月,陕西咸宁县张国佑兄弟三人用银一百两买了李必忠九亩六分八厘稻地,随粮五斗一合零四分二厘,旱地随粮一升三合,银地两清,中约为据。而此地原本是张稍卖给李必忠的。张稍之侄张仲建、张仲必以原业主"亲房"的身份,执卖地"先尽"亲房、原业的乡规,称"见卖得赎",要赎此地。张国佑兄弟认可,表示既如此,"只要给我们一百两银子,把地赎去就是"。张仲建、张仲必等却无银取赎,其堂兄张仲雄等又声言此地有遗粮(遗留的田赋问题)不清,要丈量。张国佑兄弟以地粮俱照原契过割,不肯丈量。双方"理论"之中发生争斗,出了人命。

6. 乾隆四十年(1775)十月,山西太原榆次县赵才经堂弟赵芝说合,欲将三亩多地卖给村人黄假子。赵才亲侄赵永相听说此事,以"是祖产,不肯叫外人买去",向胞叔赵才说明情愿承买,赵才于是立契将地卖给了赵永相。赵芝白说合一场,向赵永相讨要五两银子作补偿,赵永相不给。赵芝嚷骂动手,赵永相还手打死了赵芝。

正因为优先购买权习俗的弊端迭出,1730年清政府颁布法令,"执产动归原先尽亲邻之说,借端掯勒希图短价者,俱照不应重律治罪"①,政府以立法的形式,否定了优先购买权而确认了土地自由买卖的合法性,并付与实践。乾隆年间,贵州普安州李廷槐有田一分,乾隆四年时初当与李廷科,价银5.5两。乾隆二十七年李廷槐将地赎回,尔后又以21两银价要转卖与郎抢宾,其堂兄李廷贤知道后,以"这田是祖遗,不许卖与外姓"为由,想购买此地。廷槐同意取消与郎抢宾所定原约,将地卖与廷贤,但田价仍为21两。廷贤坚持只能照过去与李廷科5.5两当价承买。李廷槐不接受,故而发生命案。官府对此案的判决是:李廷贤依仗"先尽亲房"的俗规,"分明是借端抑勒",以至短价强逼买田酿衅,杖八十,折责三十板。……所争之田,应仍听李廷槐另行售卖。②

民国政府时期,也鉴于先买权对所有权的无理限制,大理院在判决中否认了先买权的效力,"卖业先尽亲房之习惯既属限制所有权之作用,则于经济上流通及地方之发达均有障碍,即难认为有法之效力"③。传统土地交易惯习在法律层面上的失效为土地自由交易提供了条件。

其二,明清以来商品经济的刺激,土地买卖异乎寻常地发展,势不可挡的土地商品化开始冲击传统的土地优先购买权惯习。

经营商业较其他行业可获得高额利润,但与之相伴的风险系数亦高,朝夕间资本有可能丧失。陶煦曾有过言论:"金宝庐舍,转眼灰烬,惟有田者,岿然而独无恙。"④费孝通精辟地分析到:"土地,那相对用之不尽的性质使人们的生活有相对的保障。虽然有坏年景,但土地从不使人们的幻想彻底破灭,因为将来丰收的希望总是存在,并且这种希望是常常能实现的。如果我们拿其他种类的生产劳动来看,就会发现那些工作的风险要大得多。一个村民用下面的语言向我表述了他的安全感:'地就在那里摆着。你可以天天见到它。强盗不能把它抢走。窃贼不能把它偷走。人死了地还在。'占有土地的动机与这种安全感有直接关系。那个农民说:'传给儿子最好的东西就是地,地是活的家

---

① 光绪《会典事例》,卷七五五。
② 乾隆二十八年三月二十三日,贵州巡抚乔光烈题。
③ 张生:《民国初期民法的近代化:以固有法与继受法的整合为中心》,中国政法大学出版社2002年版,第142页。
④ 陶煦:《租核·推原》。

产,钱是会用光的,可地是用不完的。'"①土地的稳定性让其成为世人追逐的目标,成为富裕者守业的重要手段之一。尤其是商品经济的发展,商人阶层日益壮大,"以末起家,以本守之"的传统观念促使其不断购置土地,这也成为商人阶层普遍具有的一个特点。以山西为例,清代,山西商人购置土地较为普遍,乾隆时,"浑源、榆次二州县,向系富商大户不事田产,是以丁粮分征,户籍日稀,且多置购田地"。他们不仅在故土购置田地,甚至跨省置地。"豫省连年荒欠,凡有恒产之家,地亩贱价售卖,山西富户闻风赴豫,乘机放价,准折地亩取利。"②再如曲沃县商人彭太,在河南南阳经商获利几十万银两,购田置地,数年之内土地竟达六百多顷。③山西商人这种普遍置地的行为已演化为民谣,"山西人大褥套,挣钱还家,买房置地养老少"。这虽有挖苦之意,但足以说明以本守业已成为了当时的一种社会风气。

  在这种社会风气下,社会对土地的需求量剧增,又因国家法律层面的土地交易规定的松弛,商品经济促使农民的经济理性日趋升温,追求在土地买卖中获得最大利润的行为极为普遍。由于土地出售者对货币孜孜不倦的追求,因此,在土地交易中,购买者中谁出的价位高,便将土地卖与谁。河南安阳马袁氏有麦地8亩要卖,马添禄出价154千文,马袁氏嫌价低,后马有德出价钱160千文,于是将地卖于马有德为业。④陕西米脂县,马而元于嘉庆十四年前将山地103垧卖与高理祥,得钱134.5千文。嗣后,马而元将地赎回,并卖与吴步元为业,多得地价钱30千文。⑤这是一种典型的追求高价的倾向,而且这种例子在当时的中国是极为普遍的现象。江西会昌县,乾隆四十五年,李作伦出售一块地,李树堂出价300文,李作伦嫌价钱少,不肯出售。⑥湖南安化县,夏名汉有一块地,嘉庆四年前卖一半与夏经添,剩下一半亦想卖于经添,但经添仅出价钱

---

① 费孝通著,戴可景译:《江村经济——中国农民的生活》,江苏人民出版社1986年版,第160页。
② 《清高宗实录》,卷九四八,乾隆三十八年十二月;卷一二五五,乾隆五十一年五月。
③ 张正明:《晋商兴衰史》,山西古籍出版社2001年版,第140页。
④ 嘉庆十一年二月四日,管理刑部事务董诰等题。
⑤ 嘉庆十七年一月二十一日,巡抚陕西等处地方董敦增题。
⑥ 乾隆四十五年秋审。

2400文,名汉嫌少索增,因价钱不合,这一半地未出售。①民国初期,法政学社组织一批人,对中国土地买卖惯习进行了调查。他们指出,"赣南各县,凡出卖不动产者,其卖契内载有'先尽亲房人等俱各不受'等语,是从表面上观之,凡是亲房人等有优先承买权,然实际则皆以出价之高低而定,且亦不先尽亲房人等也。盖在昔有此优先权,现仅成为契约上之一种具文而已"②。民国以后,"家族田土被经济影响,买卖加速,宗法制限已经打破,加之旧地主土地一律转移在新兴地主手中,此种新兴地主不受宗法关系之限制,又使2/3的土地(四川田土中官公地占1/3,私有地占2/3)加入纯粹自由的商品化过程"③。

在金钱刺激下,亲邻欲凭借传统的优先购买权习俗来达到经济目的,已经难以行得通了,所以,有些地区的宗族只得以提高地价办法,来维持这一习俗的延续。安徽桐城赵氏宗族规定,"族人互相典买(田宅),其价比外姓稍厚,不得用强轻夺。违者具告宗子,合众处分"④。在土地买卖中,先尽亲房的习俗破除,是土地买卖自由化的一个重要标志。

随着国家法律层面否定优先购买权和商品经济的发展,明清时代的土地自由买卖的趋势已然成为主流,⑤传统的亲邻先买权惯习的衰落亦成为历史之必然,正如李文治所言,土地买卖关系的发展在冲击旧的传统习惯,同时也在为土地买卖的自由开辟道路。⑥

三、交易实况

土地先买权的弊端以及不合时代发展,清朝时期政府便从法律上否定了

---

① 嘉庆四年十月十四日,刑部尚书成德等题。
② 法政社:《中国民事习惯大全》,第1编第3类,1934年版,第10~11页。
③ 吕平登:《四川农村经济》,商务印书馆1936年版,第131页。
④ 赵立方等:《桐城赵氏族谱》,光绪九年四修本,卷首,《家约》第6页。
⑤ 李文治、江太新:《中国地主制经济论——封建土地关系发展与变化》,中国社会科学出版社2005年版,第342页;方行、经君健、魏金玉主编:《中国经济史·清代经济卷》(下),中国社会科学出版社2007年版,第1068~1073页。
⑥ 李文治:《明清时代土地关系的松懈》,中国社会科学出版社2007年版,第407页。

其合法性，另外，商品经济的大发展让传统的土地交易惯习受到前所未有的冲击并呈现松弛的趋向，这些为土地的自由买卖解除了千年之久的沉重枷锁。一些学者也认为近代以降，土地优先购买权衰落，如史建云通过对近代华北土地买卖的研究认为，这一地区的土地买卖在法律上和习惯上都不受"优先购买权"的限制，有比较自由的土地市场；①李三谋对民国中前期土地贸易的研究表明，土地买卖中的封建宗法关系被取消。②那么，20世纪前期，在华北乡土社会的土地交易中，沿袭数千年之久的传统惯习是否真的失去了昔日的效力？

在南京国民政府司法行政部编的《民事习惯调查报告录》中，涉及到先买权的习惯共有31处，其中包含直隶、奉天、吉林、黑龙江、河南、山东、山西、江苏、安徽、福建、湖北、陕西、甘肃、热河、绥远等15个省份30余个县。现以华北地区各省份代表县之先买权习惯为例，制作如下表格：

表1.10　华北各省份代表县之先买权习惯

地点	习惯	内容	资料来源
直隶省高阳县	土地买卖先尽亲邻	土地买卖先尽亲邻	第14页
河南省中牟县、巩县	田出卖先尽四邻	凡出卖土地，须尽四邻先买。若四邻不愿意承买，始听卖主自更。	第104页
山东省临淄县	先买权	卖田宅，先问同族服近者，次则四邻	第113页
山西省临汾县	先尽亲邻，后尽本甲	民间买卖田地及房产等，卖主必须先族人等价买，如近族不买，再尽远族，亦不买时，则尽本甲他姓人价买，因本甲者粮银同在一个甲内也。甲者即里之分支者又县分支。如全县粮银共分若干两是也，其先尽后尽之故，因有"甲倒累甲，户倒累户"之习俗。例如，赵姓族内有户绝时，粮银则累此绝户之近族完纳，近族亦户绝时，则累及远族完纳，如远近皆绝，则累及赵姓同甲之他姓人完纳。原起何时，莫可究诘，相沿既久，至今一般人信任诚备。	第132页
陕西省栒邑县	先尽亲族，次尽当户	出卖产业，尽让亲族后，即尽让当户，若均无人承买，即可卖于外人。	第305页

---

① 史建云：《近代华北土地买卖的几个问题》，《乡村社会文化与权力结构的变迁——"华北乡村史学术研讨会"论文集》，人民出版社2002年版。

② 李三谋：《民国前中期土地贸易之特征》，《中国农史》，1998年第2期。

上述资料说明,时至民国时期,优先购买权虽然失去法律效力,同时受到商品经济浪潮强有力的冲击,但在某些地区依然保留下来。在很多的契约文书中,可能没有发现亲邻优先购买权相关的文字,但不能仅此作为交易惯习存在与否的判定依据,如陈高华所言:"有的研究者因为文契上普遍没有提到'遍问亲邻',便断定这项手续在某些地区没有必要履行,恐怕是不一定符合事实的。"① 正如杨国桢在契约研究中所说:"到了清代,先尽房亲、地邻的习俗依然保存下来,但在文契上的限制有所松弛,可以不必用文字在契内标明。"②

其实,20世纪40年代,在华北地区土地交易中依然存在土地优先购买权的惯习,这可以通过《中国农村惯行调查》资料得到证明。如在河北省顺义县辖下的村落中,土地交易中严格遵守优先购买权的村落有,稷山营村、马卷村、白庙村、桑园村、寺上村、古城村、马家营、十里堡、康家营、冯家营。③ 在寺北柴村,同族先买权得到严格的执行,如果有人未通知同族之人或以同样的价格(指同族出价)将土地售于族外之人,该宗族有权宣布此项买卖无效。④ 满铁调查人员为证实此点是否是普遍现象,曾关于此事特意访问了栾城县商会会长:"问:如果一个人未征求宗族意见而出售土地,此项买卖会被宣布无效吗?答:是的。开始碍于情面(人情),后来约定成俗。至于为什么如此,我也弄不清楚。如果一个村民不首先征求同族人的意见便把土地卖给族外之人,同族人有权阻止。这种风俗出自人性,后来成为族权的一部分。虽然对官府来说,不管将土地卖给谁,只要填写官契(交纳契税),买卖便算合法,但同族先买权一直被延续下来。"⑤ 另外,侯家营的土地买卖,宗族希望族中成员(若出卖土地)将土地卖给同族之人,若将土地卖与族外之人,则买主应请卖主、中人以及卖主同族部分成员吃饭,在更早以前,则尽其所能宴请更多的人,通过宴请,使其买卖得到公认,以免卖方宗族运用其习惯权力挑起争端。⑥

---

① 陈高华:《元代土地典卖的过程和文契》,《中国史研究》,1988年第4期。
② 杨国桢:《明清土地契约文书研究》,人民出版社1988年版,第235页。
③ [日]中国農村調査刊行会:『中国農村慣行調査』第一卷,岩波書店1981年版,第55頁。
④ [日]中国農村調査刊行会:『中国農村慣行調査』第三卷,岩波書店1981年版,第250、253頁。
⑤ [日]中国農村調査刊行会:『中国農村慣行調査』第三卷,岩波書店1981年版,第289頁。
⑥ [日]中国農村調査刊行会:『中国農村慣行調査』第五卷,岩波書店1981年版,第72、84、168頁。

值得注意的是,在顺义县的某些村落中,先买权的衰落也是非常明显的,如河南村,"清朝时期,在土地交易中,同族拥有绝对的优先购买权。土地出售者须先询问同族是否购买,若无意购买,再卖于他人。先买权的具体顺序为同族、承佃者、村民。民国元年至民国二十九年,优先购买权的惯习依然存在,可交易的土地即使不售于同族而卖于外人亦可,失去了往日约束力而逐渐崩溃。民国二十九年二月以后,土地买卖的契约严格规定要使用官方用纸且要有见证人,此时,同族优先购买权完全消失。可在房产和坟地上,同族仍保有土地优先购买权。"①此外,还有临河村,"清朝时,土地买卖在同等价位的情况下,遵循着本族、承佃者、本村人、他村人的交易顺序,可这种先买权进入民国以后逐渐衰微。只有在祖坟地、院子内房产的交易中存在同族优先购买权。"②再如该县的汪家场,以往土地买卖严格遵循同族拥有优先购买权的惯习,虽现今依然存在,但只是徒具虚名而已,缺乏实际效力了。③

以上的事例表明,传统土地优先购买权的惯习早已在法律上失效,又因商品经济的日趋兴盛而受到冲击且出现衰败之象,但在孕育出此种惯习的乡土社会中优先购买权并未如土崩瓦解之势骤然销声匿迹,在诸多地区依然保有往昔的效用。那么,为何会产生上述之现象呢?我们又要如何理解呢?

传统土地交易中的优先购买权产生于基层社会,固然适应于当时之社会生产、生活需求并最终成为惯习,嗣后官方的法律顺应民间的习俗使之入律成法,甚至提出了更为详细的规则。惯习,"是指在没有任何(物理的或心理的)强制力,至少没有任何外界表示同意与否的直接反映的情况下做出的行为"。"在历史上,越往前看,越可以发现人们的行为,尤其是集体行为是受惯习制约的。"④基层社会衍生的惯习,更多的不是借助强制惩罚营造一套全体成员公认的规则来约束、规范人们的行为,而是通过理性的、道德化的手段让

---

① [日]中国農村調査刊行会:『中国農村慣行調査』第一卷,岩波書店1981年版,第34頁。
② [日]中国農村調査刊行会:『中国農村慣行調査』第一卷,岩波書店1981年版,第38頁。
③ [日]中国農村調査刊行会:『中国農村慣行調査』第一卷,岩波書店1981年版,第39頁。
④ [德]韦伯著,张乃根译:《论经济与社会中的法律》,中国大百科全书出版社1998年版,第20~21页。

人们循此规则办事，如果违背规则，会遭受难以想象的非议，以至于在社区内部失去往日的权力、地位，甚至会陷入孤立无援之境地，最终无法在居住的社区立足。土地优先购买权的规则明显带有人情道德的色彩，当然不能排除经济上的合理性。与之相较，官方的法律条文是理性化的，因此，其必须满足形式理性的要求。换句话说，官方的成文法较之于习惯法缺乏容纳道德化因素的基本结构。官方试图以法律条文的变动，达到改变或废除某些看似不合时宜的惯习是很难的。因为法律是立法者创立的精密制度，而风俗和习惯是一个国家的一般制度。要改变这些风俗和习惯，就不应当用法律去改变。用法律去改变的话，便将显得过于横暴，①而且国家的法律是不能改变社会风俗的。②也正因此有了"迷人"的现象，官方顺应民间习俗将土地优先购买权纳入国家法律，保证了它的长期存在，然由于优先购买权的弊端以及土地自由买卖的需要让官方在法律层面将其否定。可是，优先购买权并未因缺少了强有力的法律后盾而从此消失于乡土社会，而且在法律失效后继续长期作用于农村。习惯孕育了人类社会初期的法律，尽管随着社会的发展，法律在调整各种社会关系中的作用日益加强，然而习惯对于人类行为的影响并未削弱。③人类学家认为："一个器物、一种行为方式之所以成为今日文化中的传统，是因为它还发生'功能'，即满足当前人们的需要。凡是曾满足过昔日人们的需要的器物和行为方式不能满足当前人们的需要时，就会被人们所抛弃，成为死的历史。"④其实，时至今日，在某些领域中，依然存在优先购买权，只是与土地优先购买权相比仅是优先购买的内容、购买顺序不同而已。这说明优先购买权之惯习经历时代的洗礼，因人们的需要其构成因素可能发生变化，但其合理内核却依然存在。

20世纪前期的华北地区土地交易的传统惯习已经衰微，但并非彻底地丧

---

① [法]孟德斯鸠著，严复译：《论法的精神》，上海三联书店2009年版，第310页。
② [英]奥·凯恩—弗伦德著，贺卫方译：《比较法与法律移植》，《比较法研究》，1990年第3期。
③ 张德美：《探索与抉择：晚清法律移植研究》，清华大学出版社2003年版，第21页。
④ 费孝通：《重读〈江村经济·序言〉》，马戎等主编：《田野工作与文化自觉》，群言出版社1998年版，第29页。

失了作用，某些地方如往昔一样依然墨守，墨守旧习的多为宗族势力较强的地方。然而，该时期华北地区土地交易的传统惯习处于崩溃的过程，跨越村落社区的交易日益增多，即使仍严格遵循传统交易惯习的地方，也往往因社区内的居民无购买能力而卖于外村人，寺北柴村的土地所有权大量转移到北关村村民手中便是很好的证明。

20世纪前期的华北地区，经济方面，繁重的苛捐杂税让濒临破产的农家出售土地以解经济困窘；农产品的商品化加速了农民阶层的分化，富者购置土地，贫者反之；商业利润吸引农村中的富者迁居城市，而以商起家的商人又用本守之；大批新兴的市镇，既是工商业发展之所，又是现代化生活体现之处，世人离乡进城成为经济发展联动现象之一；频发的自然灾害促使贫困农家出卖土地。社会环境方面，政府权力旁落，各种军事势力互相争夺，战争不息。在失范的社会状态下，土匪乘机涌现，乡土社会中的富裕者皆携家进城，以避祸乱。此外，土地交易的传统惯习衰微，土地交易日频。在上述的经济因素、社会因素以及传统惯习衰微的合力作用下，不在地主阶层无论是形成的规模，还是形成的速度都大大超过了从前，成为此时社会变迁中的一个显像。社会变迁下形成的不在地主阶层，其形成途径有哪些？该阶层的规模到底有多大？其基本的经济状况又如何呢？不在地主阶层对当时的乡土社会的政治、经济、权力等各个方面又产生了哪些影响？影响程度如何呢？是否影响到农村发展的趋向呢？上述这些问题，将在以下各章节中逐一展开论述。

第二章 CHAPTER TWO

不在地主阶层的概况

近代以来，不在地主群体在特定的历史背景和条件下，其内部构成发生了巨大的变动，并且整个阶层以前所未有的速度迅猛发展，成为当时显著的社会现象。时代因素凝聚下的不在地主阶层，其构成成员借助何种途径实现身份的转换？在这些途径中哪种方式是主要方式呢？这个阶层的经济行为又会呈现怎样一番景致呢？另外，在社会变迁下孕育的不在地主阶层的规模又有多大呢？上述问题不仅是了解20世纪前期不在地主阶层基本情形难以回避的问题，亦是探求不在地主阶层对当时的整个社会，尤其是对农村社区产生何种影响的前提条件。

第一节 不在地主的形成方式

望文而言,"不在地主"这个词汇,须具备两个必要元素:一是拥有地权,二是居住地与出租之土地不位于同一村落空间内。这也就意味着不在地主的形成方式,概而言之,有两条途径:一是获得与居住地不在同一个村落空间内的地权;二是地主居住地与土地所在地原本在同一个村落,因诸多因素而使二者发生脱离。细而言之,前一种途径包含两种形式,一是通过分家析产的方式获得土地所有权,另一个则是通过地权交易;后一种途径,指的是地主居住位置的迁移,由原社区迁居至邻村、外村、城市,即居住空间位移。

一、分家析产

一般来说,地权转移有两种方式,即土地买卖和分家析产。土地买卖主要在自然因素和社会因素的作用下,导致农民家庭生产经营升降浮沉的一种土地横向流动。分家析产是农村各阶层普遍存在的家庭周期性事件,若只有一个独生儿子,则父母与儿子共同生活,不存在分家问题。分家多发生在子女多的家庭之中(因家庭自身劳动力的增加),是父亲与儿子及同父兄弟之间财产的再分配行为,这是土地的纵向流动。①

财产继承是传统继承制度中最古老、最具实质性的内容,主要是指子孙对父母、祖父母财产的继承,采取的主要方式是分家析产。分家析产的对象繁多,主要有土地、房屋、货币、贵金属、古董等。相较而言,土地作为农耕社会最基本的生产资料,且较之于贵金属、古董等具有"用之不尽"的特性,故其成为财产继承的重要内容之一。诚如杨懋春所言:"父亲的财富要在儿子之间平均分割,因此田地就有一个分割和再分割的无穷过程。"②在传统自然经济为主的乡村社会中,土地对一个农民家庭来说有着极为特殊的意义。在农民的心目中,土地是最牢靠、最保险的固定资产。他们的意识里往往有着这样的想法,只要家庭拥有一定的土地,极少会出现饿死冻死的结局。因此,在生产技术落后、社会总体生产水平低下的社会,农民对赖以生存的土地资源有着其他资源难以取代的情愫。农民坚信获得土地便能改善家庭命运,同时是为后代提供生活保障的最稳妥的方法。家长能够留给他的儿子们的土地越多,儿子们经营和继续获得土地就越容易。另外,土地也是家长建立权威、家庭获得声望和地位等重要经济资本。一个缺乏土地的家庭实难在生活的村落空间内获得权力,同样一个毫无建树的家长也难以获得家人的尊重和信服,往往经过几代之后,就会被后代所遗忘。因此,在日出而作、日入而息的乡村社会中,积累土地遂成为每个家庭、家长为之不辞辛苦劳作乃至不惜以生命为代价的动力。某些农家通过勤俭持家,或幸得生财良机而积累起土地。

中国传统社会受儒家文化的影响推崇"四世同堂"、"五世同堂"的家庭模式,一家几代数十口人共同生活在一个屋檐下而不分家是一种荣耀。而且,"这种家庭即满足了个人的自由和竞争意识,又在社会祭祀仪式中保存了大家庭的荣誉。……保持一个大家庭作为一个行动单元在乡村政治和经济活动中占有一定的优势"③。随着近代商品经济的发展,生产逐步呈现社会化的趋向,传统自然经济逐步趋于解体,经济结构的变动影响到了家庭结构。大家庭

---

① 唐致卿:《近代山东农村社会经济研究》,人民出版社2004年版,第333页。
② [美]杨懋春著,张雄等译:《一个中国村庄:山东台头》,江苏人民出版社2001年版,第16页。
③ [美]杜赞奇著,王福明译:《文化、权力与国家——1900~1942年的华北农村》,江苏人民出版社2004年版,第85页。

向小型化方向发展成为一种普遍的社会现象。光绪时期曾有人就此现象发过感言:"每见近世,父母在堂,兄弟尚觉和翕,迨父母没而心遂变矣,或兄憎其弟,或弟恶其兄,概不念同气枝连,相视胜于仇人,每欲荡析离居,由是将家产判为数段,兄弟东西,各操其业,甚至有父母在堂,即分家离居者。"①无论是富家豪族还是穷家小户,大都会经历分家析产这个过程,将土地等生产资料遵循着一定的原则分给后代。如日本学者内田智雄所说,无论是中国的农村还是城市,分家析产都是家族构造中难以割舍的基本问题。②

分家析产是极为重要的家庭周期性事件,其产生有着众多的致因,现有的资料大致反映出有以下几种诱因。

其一,家庭成员在长期生活中的摩擦、矛盾或意见相左的现象在所难免,这成为分家的重要原因之一。在大家庭中,在长兄已婚而弟弟未婚的情形下还相安无事,一旦弟弟成家则妯娌不和的现象居多。③如长兄从事某种经济活动而资本颇丰,此时的长嫂难免会有得意之言行,二弟较之于兄长资本不足之时,二媳妇便会心有不悦。吵架也就增多了。④固然,此现象在家庭生活中时有发生,并非稀有之事,但是,久而久之便成为分家的理由。另外,兄弟的孩子们在日常生活中不免会有各种摩擦,这容易造成妯娌不和。"明事理的人会叱责自己的孩子,不明事理的人则会加剧摩擦。"⑤尤其是女人,身为人母者未必是不通事理之人,然受爱子之心所制会使其比男人更加敏感,更加难以驾驭情绪,会将孩子间的小摩擦演化成大人间的激烈对立,最终成为分家的理由。古往今来,家庭中的婆媳不谐已是世人公认的事实,故此民间有这样的谚语,"多年媳妇熬成婆,多年老道变成河"。婆媳间的矛盾导致分

---

① 刘大鹏遗著,乔志强标注:《退想斋日记》,山西人民出版社1990年版,光绪十八年十月初六日。

② [日] 内田智雄:『中国農村家族における分家事由の一考察』,『同志社法学会』,1951年第3期。

③ 『華北農村慣行調査資料』第109輯第18号,第41頁。

④ 『華北農村慣行調査資料』第82輯第12号,第70頁。

⑤ 『華北農村慣行調査資料』第82輯第12号,第70頁。

家亦是常事。兄弟虽生于、长于相似的客观环境,但在外表、性格、智慧、能力、学识、经验、品行等方面存在差异,因此,兄弟间会出现"发展不均、勤俭不均、有偿不一、意见不一"①的情况,此差异常常会导致兄弟关系恶化以致产生分家行为。如历城县冷水沟村,村民李永祥的父亲李风楼,在光绪三十几年(即在1905至1908年之间的某一年)与其兄李风标分家时,各得地30余亩。据村民们讲,按经济实力,其家在冷水沟村属于一流。到了20世纪30年代,李永祥嫌兄弟李水章好饮酒赌钱,遂提出分家,此时李家连6亩养老地在内共有17亩地,6亩养老地兄弟分种,母在则归其母所有,这样兄弟二人各得土地5.5亩。②当然,兄弟间关系也许和睦,然而妯娌关系不谐,各自的妻子会时常吹枕边风,③长此以往,兄弟间的感情自然会生出裂痕。父子不和,多是因家长主事,责任不明,勤惰有别,再是婆媳不和的波及所致。家庭内部的矛盾形式多样,有父子不和、婆媳不和、兄弟反目、妯娌不和,而且各种不睦的现象相互交错,彼此间难以辨明。据日本满铁调查资料证实,家庭内部不睦为乡土社会分家析产最为常见的致因。④

其二,家庭生活困苦导致分家。贫穷致生活难以为继,兄弟多,家长在改善家庭经济状况方面又缺乏摆脱困境的能力和良策,无奈之下将有限的家庭财产按照一定的分配方式进行分家。⑤家庭经济财产匮乏,弟兄又多,一起劳作亦未能改变家庭经济面貌,只能分家"各寻生活之道"⑥。贫穷之时分家是为各寻生活。⑦关于上述几则资料,一般人可能存在疑惑,因为根据我们固化的基本生活常识来推断,"人多力量大","众人拾材火焰高"。尤其是以农业为基的乡土社会,家庭劳动力数量多更易克服生活、生产上的困难,一般

---

① 『華北農村慣行調査資料』第108輯第17号,第70頁。
② [日]満鉄北支経済調査所第三版:『歴城縣冷水溝質問応答』(二),家族制度,第153~159頁。
③ 『華北農村慣行調査資料』第31輯第3号,第16頁。
④ 『華北農村慣行調査資料』第108輯第17号,第70頁。
⑤ 『華北農村慣行調査資料』第22輯第3号,第7頁。
⑥ 『華北農村慣行調査資料』第109輯第18号,第41頁。
⑦ 『華北農村慣行調査資料』第36輯第5号,第115頁。

来说,生活境况理应较为理想,即使不富足,解决温饱应无大碍。因此,贫穷之家不分家的事例在华北乡村社会也不少,如在冷水沟村,有几户农家连续五六代没有分割过土地。① 这倒不是因为家长主事能力强、家庭内部和睦,而是因为这些家庭较为贫穷,拥有土地数量很少,倘若分家析产,既无法进行正常的农事生产,又不能维持生计,故放弃分家而共同劳作、生活。甚至在某些社区,无论如何贫穷,兄弟们依然在一起努力生活,却不进行分家。② 其实,贫穷且兄弟多之农家的分家,象征着掌握家庭权力的家长在生活窘境面前乏术,所以,家长们放弃责任,让独立后的小家庭成员发挥各自的生活才智寻求出路。③

其三,乡村社区的富裕者为避免成为盗贼土匪的目标而分家析产。20世纪二三十年代以来,战乱不断、兵连祸结、土匪横行,农民一旦拥有较多的土地,就会引起土匪的注意,绑票、抢劫便接踵而来。如后夏寨村农民王庆昌的分家,王氏在1936年将土地分给了儿子,"问:你们为什么将土地一代又一代的平均分配呢?答:这是一直以来传下来的习惯。问:土地如果不分配,生活条件不是更好吗?答:有可能,但如果一家人积累了很多土地还不分家,土匪就会来抢劫你,你还需要交更多的税。这种情形同样的坏"④。在缺乏安全保障的乡土社会,作为弱势阶层的小农家庭无力与成股土匪相抗衡,但智慧的农民会采取化整为零的策略,将土地和财产通过分家析产的方式转移到其他家庭成员的名下。以此作为分家析产的致因是以整个社会秩序失范为背景的,是近代农民分家析产的新特点,具有一定的特殊性。

除上述因素外,在现实生活中还存在诸多因素,如小农家庭为避免在一个户主名下交更多的税,便采取分家析产的方式以避之。其实,此作法早已有之,宋朝初年,赋税沉重,开封周围"民苦税重"的现象甚是严重,分家析产蔚为成风,"其田亩聚税于一家即弃去,县岁按所弃地除其租,已而匿他舍,冒名

---

① [日]中国農村調査刊行会:『中国農村慣行調査』第四卷,岩波書店1981年版,第68~69頁。
② 『華北農村慣行調査資料』第31輯第4号,第13~14頁。
③ [日]内田智雄:『中国農村家族における分家事由の一考察』,『同志社法学会』,1951年第3期。
④ [日]中国農村調査刊行会:『中国農村慣行調査』第四卷,岩波書店1981年版,第424頁。

佃作"①。近代以降,赋税更是名目繁多,数目巨大,乡土社会的农民对其怨声载道,甚至富裕的地主阶层也已处于崩溃的边缘,如当时流行这样的谚语:"十亩八亩太平年,二三十亩好江上,七八十亩难负担,地主卖地来吃饭。"②因此,诸多富裕的家庭为避沉重的赋税等负担,采用分家析产的方式作为解决之途。如此多的因素都难以维持传统礼俗所倡导的累世同居的理想生活方式,分家析产也必然成为众多小农家庭必经的一个过程。一句谚语对此描绘的惟妙惟肖,"树大哪有不分枝"?

清末至民国初期,华北地区农村的分家虽有些许差异但大致相同。分家析产对于一个家庭来说是极为重大的经济行为,尤其是农民家庭,稍有偏颇则易爆发严重的家庭纠纷,甚至诱发命案。因此,在子嗣众多的家庭里,家长在分家时,为尽可能的杜绝上述问题地出现,会进行极为充分的准备。"请一位朋友或亲戚起草把全部财产分给儿子们所必需的文书","家长决定把土地分给儿子的时间,分家前立一份'分单',详细载明每人的分配情况,证明全家一致同意财产的分割"。③

在山东胶县的各个村落中,分家通常是在父亲死后。兄弟几人在全家共有财产中留出养老地,然后均分财产,分家时邀请族长参加并以抓阄方式决定财产的归属,养老地由兄弟几人平均分配耕种,轮流负责老人衣、食等消费。④

在山东莱阳县,"凡析炊,父母在则父母主之,或邀戚族参加,殁则遵遗嘱,并请戚族尊长主之,大率除养老、祭田、公物外,皆兄弟均分,并祭告祖先,即位前抓阄为定。女子无论已嫁未嫁,皆不得预。抓阄后则立分书或分单。若长子特除,则谓之'长子份'。至析炊各立门户……寡妇子幼,或以房产授人,须得伯叔同意"⑤。

---

① 《宋史》卷一七三《食货志·农田》。

② 鼎夫:《滨海区各阶层转化及生活情况》,《山东革命历史档案资料选编》第9辑,山东人民出版社1983年版,第197页。

③ [美]马若孟著,史建云译:《中国农民经济:河北和山东的农民发展,1890~1949》,江苏人民出版社1999年版,第105~106页。

④ [日]『北支慣行調査資料』,"青岛特别市即墨县、胶县",第52~53頁。

⑤ 万邦雄、张重润:《莱阳县志》卷三之二《礼俗·乡礼》,1935年1月。

有些地方，分家时除请族长外，还有娘舅到场。当然，娘舅的到场是主要替他姊妹说话，争养老地，争分家后受赡养的较好条件，等等。此外，分家时多有中人参加，以作见证。1936年，山东恩县后夏寨村的王洪昌、王庆昌、王德昌兄弟三人分家，其父在王庆昌13岁时去世，其母于1934年去世。分家时王家共有土地90亩，其中12亩为出典地，这样兄弟三人只能每人分得26亩地。分家时，村长刘长富、王金堂、庆昌舅父及乡长王清龙均到场，并有同族人王俊和、王俊财、王俊士三人作为见证人。兄弟三人通过抓阄各分得一份家产，立有三份分家单，①王庆昌的分家单如下：

立分单人王庆昌因不欲同居，今邀同乡族人，应分老宅子壹段、西瓦房三间、瓦门楼一座、土楼一座、北平房三间、牛半头、家东宝地十一亩、家北地七亩半、西北地七亩、家西地一亩半、杨小庄地三亩、家北地三亩，永无反悔。恐后无凭，立字为据。

民国二十五年五月二十七日

     王俊和   刘长福

族人 王俊财 乡人

     王俊士   王金堂

分家析产为不在地主的形成提供了一条可能的途径。细而言之，一种方式为分家后的家庭成员迁居其他村落，"家人还可能在一起生活一个短时期，但儿子们很快就会带着他们的家庭成员搬走，建立自己的家庭，并独立耕作"②。而分家析产获得的土地与居住地的距离为其耕种带来了诸多不便且不经济，于是将其土地出租，其身份则转化为不在地主，如胶县某庄"在1930年时有百亩土地的地主三家，因不堪战乱和农村盗匪骚扰，一家分家为四户，一家改为在城市经商，一家逃居城市"③。另一种方式为家庭成员在分家析产前便居住

---

① ［日］『北支慣行調査資料』第71集，『家族制度篇』第10号，山东省恩县後夏寨荘，第53~57页。

② ［美］马若孟著，史建云译：《中国农民经济：河北和山东的农民发展，1890~1949》，江苏人民出版社1999年版，第105~106页。

③ 王劲：《鲁东农村土地所有权转移的趋势》，载《农村经济》第3卷第7期，1936年3月。

于其他村落或市镇之中，按照传统社会的"诸子有份"的析产惯习，获得一份土地，但受原有职业或居住地与土地所在地存在距离等因素的制约，多放弃自耕而采用租佃的经营方式，如此一来，这些人转化为不在地主。

二、地权交易

土地乃自然万物之母体，自古以来，中国社会中的地权买卖现象史不绝书，但近代以前，在以农业为本的传统乡土社会中，普通小农之家积累较难，如遇灾荒、歉收之年，饥寒之祸的摆脱，多仰于同族至亲、同乡近邻的接济。另外，农耕生产对天时的依赖性很强，具有时间短、劳动强度大的生产特点，这促使人们在生活中形成守望相助的依赖关系。因此，别亲疏、党乡邻的价值观念深入草根社会民众的价值体系之中。故传统乡土社会中的土地买卖，多遵循先买权的惯习，即土地的买卖先尽宗族，次邻，再本村，后外村。在后夏寨村，若是将土地卖给五服以内的宗族成员，则无须签立契据。如果不经本家族同意而将土地卖与族外人，家族就有足够的理由到官署控告，因此，当一个农民决定交易土地时，他会拜托一个可信赖的朋友去寻找买主，这样的人被称作中间人。中间人首先在亲戚朋友中寻找，如果未能找到买主，就要到村外去找寻。① 如此一来，不仅巩固密切亲缘、地缘关系，也便于日后互济互利或回买回赎典卖之土地。

土地优先购买权不仅存在于民间惯习系统中，而且在国家的典章制度中也有明确的体现。土地是农业社会最基本的生产要素，亦是国家财政收入的根基，所以，历代王朝对土地交易均给予制度上的关怀。土地优先购买权的法律规定一直沿用于清代。民间的传统习惯和国家的法律规定，致使中国传统乡土社会中的地权交易多发生于本社区内部，村落间以及与城市间的土地交易相对匮乏。

然而，商品经济的发展加速了经济流转，当人情的边际效益让位于纯粹的

---

① [日]中国農村調査刊行会：『中国農村慣行調査』第四卷，岩波書店1981年版，第481頁。

财产价值时,经济理性便在人们思想中占据主导地位。加之,土地优先先购买权习俗与生俱来的诸多弊端,使清政府颁布了否定亲邻优先权的合法性法令。至此,跨越村落空间的土地交易如开闸之洪水奔腾而出,势不可挡,此为不在地主的规模性形成提供了可能。

　　乡土社会中的小农视土地为生命,轻易不会交易土地,另外,在农民的意识里,出售土地是家庭经济衰败的征兆,从而会影响自己在社区中的形象和地位,尤其是出售继承而来的土地会被社区居民耻笑为"不孝"、"败家子",因此,遭遇经济困境的农民多先采取出典土地的方式。这种做法虽不是直接交易土地,但土地典当在形式上是地权与出典人相分离。当出典人无力回赎之时,典契即变为卖契,所以,当时的人们将土地典当称为"活卖"。日本满铁的调查资料可为此提供大量的佐证,如以寺北柴村为例,该村的许多农民因无力偿还债务而将出典的土地出售。村民郝老开于1927年典当了一些耕地,之后几年由于物价下降,尽管他本人省吃俭用,但是,不仅未能积蓄到赎回土地的资本,而且家境更坏了,他在束手无策的境况下交易了典当的土地。①村民郝二泥曾为了维持正常的家庭生活将土地出典当于不在地主王赞周。当儿子结婚时,郝氏因缺钱筹办婚礼,将已典当的土地出售给了不在地主。村民郝毛旦的家境更为窘迫,他平时便借钱购买口粮,为此出典了耕地,终因无法赎回而交易了。村民郝老际,有年迈的母亲、多病的妻子、年幼的孩子,农事耕作以及家庭的经济收入完全落在其身上,因此,其家庭负担极重。在其妻子去世时,他筹办葬礼借一笔钱,为了偿还债务将以前典当给地主王连贵的土地交易了。1924年,本社区张乐卿的大儿子欲在县城开一家饭馆,向地主林风栖借了一大笔钱。但其投资活动以失败告终,巨额的债务也就无法偿还,为了还债,张氏于1930年将48亩耕地作价1750元典当给了不在地主林风栖。双方协定5年内还债赎地。可是,张氏5年后还是难以还债,从而沦落为不在地主的一个佃农,每年秋收后向不在地主缴纳一定的实物地租来换取耕作权。至1941年,张氏依然未能还债,最终不得已将典当的48亩土地卖掉了

---

　　① [日]中国農村調査刊行会:『中国農村慣行調査』第三卷,岩波書店1981年版,第260頁。

一部分。①

　　明清以后，土地的占有与地权转移，政治因素(包括政治特权、政策性的强制及政治暴力等)在一段时间内曾起过相当大的作用，但总体来看，大量的土地交易主要是通过经济手段完成的。尤其是近代以后，纯经济形式更是占绝大多数，土地私有制下的土地自由买卖起主导作用，带有政治强制因素的土地兼并日趋减少。经济手段，即以典当买卖促成地权的合法转移，成为主要的形式。总而言之，地权的转移主要是通过土地典当与买卖来实现的，政治因素只是个别的偶发现象。章有义先生曾深入研究我国传统社会的土地占有情况，指出："中国封建社会中，长期以来，至少从宋代以来，地权转移主要是通过买卖方式。凭政治势力强占只是例外现象。任何时期、任何地区，经常发生地权流动，既有分散又有集中。两者互相抵消的结果，就显示某个时期、某个地区地权比较集中或比较分散。从微观看，可以有无数偶然的、个人的因素，包括种种意外事故和机遇，使得富者变贫，贫者变富，人们无法一一确定其频率，而只得求助于大数法则和统计决定论。但这并不等于说无主导因果联系可言。对于地权分配，长期起作用的两个基本因素是土地自由买卖和遗产多子均分制。"②

　　近代以来，大量购置田产的多是官员，尤其是军阀，"军阀是一种新起的诸侯"，"几乎在有名的大地主中，找不出几个不是出身于军阀、官僚的"③。这些人当中不乏通过不正当、不道德的方式获得经济资本，但是他们大多也是通过典当或直接交易的方式购得土地。如近代大军阀袁世凯在彰德、汲县、辉县等地有田产四百顷，在彰德县的土地占到全县土地的三分之一。他的土地积累大部分不是通过直接交易购得，而是经过典当程序——在农民失去偿还能力的情况下，将土地所有权从农民手里移到他的名下。④冯国璋在家乡广置田产，将河

---

① [日]中国農村調査刊行会：『中国農村慣行調査』第三卷，岩波書店1981年版，第260頁。
② 章有义：《本世纪二三十年代我国地权分配的再估计》，《中国社会经济史研究》，1988年第2期。
③ 章有义：《本世纪二三十年代我国地权分配的再估计》，《中国社会经济史研究》，1988年第2期。
④ [日]南満洲道株式会社調査部編：『北支農村概況調査報告：彰德縣第一區宋村及七里店』，日本評論社1940年版，第56、62~63頁。

间府的田地抢购一空。阎锡山在五台山附近大量购置耕地,价值达600万元以上。① 另一个有名的军阀大地主张敬尧,也是通过这种方式在天津获得大量土地。而且,这些购得的土地多采用租佃的经营方式,具体情况见下表。

表2.1 张敬尧在天津小站地区占有的土地和佃户

地点	土地面积	佃户数字
孙家甸子	熟地二十七顷二十五亩六分	袁金荣等六十户
张长港子	熟地十六顷九十九亩二分二厘苇草地六倾余荒草洼十七顷	张景山等三十五户
白洋淀	荒草洼约三十七顷	
张家大洼	熟地十一顷三十四亩一分三厘荒地三顷七十余亩	张富有等二十七户
小芦洼	熟地十三顷零四亩七分五厘荒地约四顷余	刘培生等三十三户
狼窝	熟地七顷一十九亩五分荒地约十顷余	孙富荣等十七户
十三顷	熟地五顷八十二亩一分三厘荒草洼约八十五顷六十亩余	田嘉祥等二十八户
小徐家洼	荒草洼约二十二顷	
万长港	荒草洼约二十三顷	
旱草洼	荒草洼约八顷	
薛家	荒草洼约六倾	
前后翟家甸	熟地九顷三十亩三分四厘	周凤岐等四十八户
西塈	熟地二十二顷零九亩五分八厘四荒地三十八亩草洼一顷余	周凤起等四十七户
大芦庄子	熟地十三顷四十七亩六分四厘二	郭长安等七十四户
河北十三顷	旱草洼约十三顷	

资料来源:《近代史资料》1982年第8期,第219页。

此外,曹锟弟兄是天津静海一带最大的地主;② 徐世昌家族在辉县有五十多顷地;罗山大地主刘楷堂,"曾任云南总督,拥有土地约二万五千亩,他从前

---

① 章有义编:《中国近代农业史资料》(第2辑),三联书店1957年版,第13~19页。
② 穆岩:《华北农村经济问题》,《政治月刊》,第1卷第4期,第142页。

买地,买心不买边,都是捡的好地"①。1949年,共产党人对北平郊区的阶级状况和土地关系进行调查,发现在龙河村徐永昌、李培基、石友三、李守信、刘汝明等17个军阀、官僚家族占有土地13940亩。②甚至有军阀跨省抢购土地者,湖北督军兼省长王占元用搜到的民脂民膏8000万元在山东大肆购置土地,成为地连四县的军阀地主。新兴军阀地主购置土地成风,引起地价骤涨,如山西"北路崞县、五台等县地价之涨,以今年军政要人,多为该处人士,经济渐裕,多向本籍购买不动产,买者多而卖者少,求过于供,其价昂亦当然之势"③。

与军阀地主短期内大量购置土地相比,平民地主购置土地的数量和时间难以比拟,但正是这些数量庞大的平民地主在土地交易盛行的背景下在异社区抢购土地方有近代不在地主阶层的规模性形成。我们以不在地主王赞周为例,试看其用于租佃的土地多是通过哪种方式积累而来的,见下表。

表2.2 不在地主王赞周土地积累的方式

不在地主姓名	佃农姓名	土地面积(亩)	土地由来
王赞周	赵各影	20	地权交易
	刘永祥	8	出典地(10年前)
	刘元德	13	地权交易
	赵小胖	4	地权交易
	刘小更	17	出典地(10年前)
	刘武子	15	出典地(10年前)
	赵青山	30	?
	徐二白	10	地权交易
	徐连子	10	地权交易
	徐白子	20	地权交易
		24	出典地(1年前)
	张乐卿	39	?
	张脏	8	地权交易

① 行政院农村复兴委员会编:《河南省农村调查》,商务印书馆1934年版,第89~90页。
② 杨圣清:《新中国首任驻美大使柴泽民》,中共党史出版社2009年版,第196页。
③ 章有义编:《中国近代农业史资料》(第2辑),三联书店1957年版,第58~61页。

续表

不在地主姓名	佃农姓名	土地面积	土地由来
	郝苟旦	15	地权交易
	郝王生	5	?
	郝四	8	地权交易
	郝洛敬	15	?
	郝假	20	地权交易
	郝毛	14	地权交易
	郝喜林	8	出典地（6、7年前）
	郝白子	20	地权交易
	郝冬钦	7	出典地（10年前）
	郝扁	6	出典地（8年前）
	郝三	24	地权交易
	郝苟头	12	出典地（10年前）
	郝顺成	3	出典地（10年前）
	郝黑小	6	地权交易
		3	出典地（10年前）
	郝六抓	6	出典地（6年前）

资料来源：中国農村調查刊行会：『中国農村慣行調查』第三卷，岩波書店1981年版，第176~178頁。

由上表可知，在不在地主王赞周与28户佃农构成的租佃关系中，除去4组土地由来不明外，余下24组土地中有14块是采用地权交易方式获得的，11块是出典地。暂不论出典地最终是否能转化为地权交易地，仅上述数字便能表明地权交易在不在地主形成过程中的重要性。再从地权交易与出典的土地面积来看，两者分别为192亩、109亩，数据之差更能彰显土地交易是不在地主形成的重要途径。如果将前面所述乡土社会中的出典地很容易转化为地权交易考虑进去的话，结果不言自明了。王赞周的例子不过是当时不在地主阶层中的沧海一粟，如王洛耀、王洛魁、王连贵、李冠正、张黑旦、李洛耿、李菊廷、李陪子、李胖，等等，均是通过地权交易成为不在地主阶层中的一员。①

综上所述，土地交易传统惯习的衰微以及商品经济的发展令土地交易日

---

① ［日］中国農村调查刊行会：『中国農村慣行調查』第三卷，岩波書店1981年版，第180~186頁。

益频繁，再如前一章所言频发的自然灾害、繁重的苛捐杂税、不息的军阀混战、猖獗的土匪侵扰，更加速了地权交易，尤其是跨村落空间范围的地权交易逐渐增多，这为不在地主阶层的规模性形成创造了极好的条件。

三、空间流动

"社会流动是指社会成员从一个阶级向另一个阶级，从一个阶层向另一个阶层，从一种职业向另一种职业，从一个地区向另一个地区的位置移动。"①本书所谓的空间流动属于社会流动，指的是社会成员的居住地从一个地区迁移到另一个地区。"安土重迁、故土难离"的传统观念根深蒂固于农民心灵的深处，再加上较为固定的户籍制度，农民不会轻易离开自己的村落和家乡，往往世代累居于一处，形成同姓家族聚居，或是形成几个村落间有着血缘、亲属的关系，"一村唯两姓，世世为婚姻，亲疏居有族，少长游有群"②，就是这种场景的写照。所以，传统社会中的社会成员，大部分会一生居于同一个社区。

近代以降，许多农民打破了"守土"的习俗，致离村的现象蔚为壮观。究其原因为以下几端。其一，华北区域社会环境的恶劣，这不仅体现于自然灾害的频仍，亦表现在军阀的混战。如前文所述，清末民初，中央权威旁落，社会秩序基本处于失范之状态。当时呈现出一幅异常纷乱的景象，中央与各地方势力之间或服从或对立；各地方势力间互相倾轧；各地方内部又存在若干势力，实难统合。尤其是袁世凯去世之后，地方割据和军阀林立，战事不绝，中国大部分地区笼罩在战患的阴霾之中。同时，土匪之患也风起云涌，杀人、放火、抢劫、绑票、勒捐等暴力恐怖活动不绝。为避战乱，许多村民迁入较为安全的村落或城市，如河北省栾城县佃出土地的农户多因土匪猖獗而移居他处。③其二，在乡村社会仅靠土地越来越难以维持生计，更难谈发家致富了。在商品经济高速发展下，商业利润远远高于农业利润，外界经济利益的吸引令一部分

---

① 王传鸶等：《转型期社会学若干问题研究》，国家行政学院出版社1998年版，第114页。
② 白居易：《白氏长庆集》卷10。
③ [日]中国農村調査行会：『中国農村慣行調査』第三卷，岩波書店1981年版，第3頁。

拥有土地的农户放弃农业而转到经济效益较高的商业，或改为从事有利可图的其他行业，而迁居城市无疑成为其追求经济利益的首选之处。此外，近代以来的天灾人祸、近代工商业的发展、城市的大规模兴起、社会变革、宗族自身的人口膨胀等，引发了近代宗族"裂变"，其对迁居的束缚作用日渐衰微。曾任上海《每日新闻》和《上海周报》记者的田中忠夫认为，"中国是宗法制度的社会，虽然到了现在还有极大的势力，所谓'五世同堂、七世同堂'都视为宗族制度上的光荣，以故农村中聚族而居，有阻止移住他乡即离村的机会"①。也就是说，中国传统的宗族制度对农民的移居有阻止作用。持相似观点的还有金轮海。②近代以来，中国社会的剧烈变动改变了中国长期以来世居一处的传统习惯，迁居他处的离村现象日趋普遍。这可以从农民离村人数的急剧增加体现出来，如民国时期，曾有人做过农民离村调查，具体结果如下表：

表2.3 中国各省农民离村数量表

省名	县名	调查之村数	人口数	离村人数	平均每村离村人数	离村率
江苏	仪征	5	2084	30	6.0	1.44%
	江阴	17	3414	80	4.7	2.34%
	吴江	20	1372	67	3.4	4.88%
河北	遵化	18	9085	241	13.4	2.65%
	唐县	24	6177	281	11.7	4.55%
	邯郸	18	4236	77	4.5	1.82%
	盐山		803	70		8.72%
安徽	宿县	12	3478	105	8.8	3.02%
山东	沾化	20	5857	513	25.7	8.70%
浙江	萧山	35	10355	795	22.7	7.58%

资料来源：章有义编：《中国近代农业史资料》(第2辑)，三联书店1957年版，第636~637页。(注：此表中的某些原始数据不准确，有待考证，但不影响本书中问题的探讨。)

---

① [日]田中忠夫：《中国农民的离村问题》，《社会月刊》第1卷第6号，第7页。
② 金轮海：《中国农村经济研究》，中华书局1937年版，第15页。

从上表可知,民国时期,中国各地都存在离村的现象,且离村率很高,以上五省的平均离村率约为4.57%,而位于华北地区的河北省和山东省下属的几个县的离村率远远高于平均水平。另外,离村现象有增长的趋向,如南开大学王药雨教授曾在上世纪30年代就此问题进行过调查,山东离村率最低的为西部的夏津和恩县,约10%左右,最高为南部费县、莒县,达60%左右。①这个统计当然不能准确地反映出农民迁居的比例,一是统计的精确度问题,二是统计中可能包括了短时间离村以及家庭成员一部分离村的数据。

与上述统计相比,较为准确反映民国时期农民迁居现象的资料,则是1933年进行的关于离村农家数的调查。根据这份调查,现作出下表:

表2.4 华北各省离村农家数情况表

省别	离村农家数	占报告各县总农户之百分比	省别	离村农家数	占报告各县总农户之百分比
陕西	61825	7.2%	山西	20852	1.4%
河北	117559	3.0%	山东	196317	3.8%
河南	172801	3.9%			

资料来源:《农情报告》第4卷第7期,第173页。

在缺乏有关统计资料的情况下,这份统计表还是能够说明当时农民迁居的现象非常普遍。

其实,近代以降,向为传统乡土社会的领袖阶层——绅士也开始去乡村化。萧公权曾经评论道:"甚至在灾难打击他们的家乡社会之前,绅士已经准备离开农村到城镇或城市去,他们在那里找到了更舒适、更安全的生活,或者更宽广的天地以发挥他们的影响。"②王先明在《近代绅士:一个封建阶层的历史命运》一书亦言:"绅士阶层赖以安身立命的空间是农耕的田野,是充溢着

---

① 池子华:《中国近代流民》,社会科学文献出版社2007年版,第126页。

② Hsiao,Kung-chuan(萧公权):Rural China: Imperial Control in the Nineteenth Century, Seattle: University of Washington Press, 1960, P404.

泥土气息和传统伦理文化的乡野社区。近代中国的工业化和都市文明造成了绅士阶层前程命运的根本性变化,促使他们由封闭的农村社区大量地流向开放的都市社区。"①对于知识分子摆脱乡村的血脉关系的现象,费孝通认为,农家出身的大学生已经习惯了新的生活方式和思想体系,回乡后无事可做,"最终还是在城里谋职或者失业,有时只能靠朋友救济为生。他们之所以不回家乡,不仅是由于他们自己不愿意,而且对他们来说,在那里生活也是不现实的"②。

学界关于绅士的定义虽未莫衷一是,但对绅士与土地间的密切关系却在一定程度上达成了共识。周荣德认为,"士绅成员的财富或许差别很大,虽然在边缘上参差不齐,但士绅们却有一个核心。这核心就是田地。士绅收入的主要来源是田地。"③甚至有学者认为绅士大多是地主,胡庆钧说:"绅士的经济基础只有从他与地主的结合才能了解,大多数绅士便是地主。"④史靖认为在具备士绅身份的七项条件中"有一份丰厚的财产"应居首要位置,并且认定,"虽然所有的地主不一定都是绅士,不过绅士则一定是地主"⑤。即使强调不要将士绅与地主完全等同的张仲礼,以及为他那本《中国绅士》作序的弗兰兹·迈克尔也承认:"民国时期的绅士主要是指地主集团,那时帝国时期的绅士已不复存在。"⑥时下对绅士阶层深有研究的王先明认为:"士绅不能没有土地等财产,但士绅的地位并不取决于或直接取决于财产占有量,土地占有量尤其不足以成为乡村士绅的构成要素;地主与士绅在社会结构中的分层标准和地位是完全不同的。"⑦关于此点,农民的话语体系亦有体现。沙井村社区的小学

---

① 王先明:《近代绅士:一个封建阶层的历史命运》,天津人民出版社1997年版,第345页。
② 费孝通:《中国绅士》,中国社会科学出版社2006年版,第92~93页。
③ 周荣德:《中国社会的阶层与流动:一个社区中士绅身份的研究》,学林出版社2000年版,第59页。
④ 胡庆钧:《论绅权》,《皇权与绅权》,天津人民出版社1988年版,第120页。
⑤ 史靖:《绅权的本质》,《皇权与绅权》,天津人民出版社1988年版,第132页。
⑥ 张仲礼:《中国绅士》,上海社会科学出版社1991年版,《序》第7页。
⑦ 王先明:《变动时代的乡绅——乡绅与乡村社会结构变迁(1901~1945)》,人民出版社2009年版,第375页。

教师赵斌关于"绅士"的问题有如下之回答,"问:过去(绅士)称作什么,都有哪些人?答:绅士指的是有学问且能够商谈公众事务者。问:这些人称作乡绅吗?答:与绅士一样。问:绅士都是有钱人吗?答:有学问且人格高尚的人,与金钱的多少无关系。问:沙井村有绅士吗?答:现在没有。问:李濡源不是绅士吗?答:只是人格高尚而已。因为没有学问,所以不能称其为绅士。问:村长为何不能称作绅士?答:因为没有资格。绅士的资格为有学问、品行端正、能办事,为群众谋福利的人。问:吴氏这个人怎么样?答:也不能称作绅士,因没干过公事。……问:张瑞家有九十亩土地,是村落中最有钱的人,是绅士吗?答:张瑞被称作最有钱的人而不是绅士"①。诚然,地主与绅士之间存在明显的区别,但"地主与士绅有重合之处"②。

人可以迁移,但土地的位置不能随意移动,不如粮食、货币、金银等可随身而去,任意转移,故才有"不动产"之称谓。土地有其特有之属性,不易毁性。土地作为一个三维空间,它不扰水火,不忧窃盗。水和火只能损毁地表上的生物、建筑,却不能消灭这块土地,所谓沧海桑田,亦只是土地形状的变异;而盗贼也不能"负之以趋",故又有"恒产"之称;土地具有持续生产性,阳光、空气、水的结合下的土地能够孕育万物。古人早已明了"百谷草木丽乎土"③。万物自生自灭,永久不息。即遇荒芜草宅,一经开辟则新,可说是青春常在,潜力无穷。清人张英称赞:"天下之物,有新则必有故……独田之为物,虽百千年常新。"④所以,自古以来,土地就为人们所特别珍重,迁居的农家不会轻易地将土地出售。如若迁入社区离土地所在社区较近且耕种较为经济,迁居者会自种;如若迁居较远的社区,或是从事其他职业难有余暇自种,或是不谙农事耕作,则多采取租佃的经营方式。如1935年津南农村生产建设实验场学员在河北沧县调查时发现,以前劳动力不足的富裕农户总是雇工耕种,"近数年来,由于农产价格的惨落,雇人耕种不够成本,每年净赔工资,都逐渐缩小范围,有

---

① [日]中国农村惯行调查刊行会:『中国农村惯行调查』第一卷,岩波书店1981年版,第96页。
② 王先明:《变动时代的乡绅——乡绅与乡村社会结构变迁(1901~1945)》,人民出版社2009年版,第371页。
③ 《易·离》。
④ 张英:《恒产琐言》,《艺海珠尘》,第21册。

的农户甚至宁愿把土地分租给别人,自己跑到市镇等处,经营其他事业"①。再如沙井村的邢尚德,为了经营县城的商业,携全体家庭成员离村移居顺义县城,而土地则采用租佃的经营方式。

由上可知,分家析产、土地交易、空间流动均为不在地主形成的主要途径。那么,哪种方式是不在地主的主要形成方式呢?我们以资料相对完备的沙井村为例,就此问题稍作分析。根据《中国农村惯行调查》中提供的信息作出下表。

表2.5　沙井村不在地主基本情况表

不在地主姓名	土地数量	居住地	土地所在地	形成方式	备注
1 王永万	27 亩	县城	沙井村	土地交易	1911 年杜复新 7 亩,赵廷奎 20 亩
2 孙少甫(孙旺)	8 亩	毛家营	沙井村	社会流动	
3 公议堂	11 亩	县城	沙井村	土地交易	
4 杜景萱	9 亩	马圈儿	沙井村	社会流动	1931 年移居
5 王义臣	3 亩	县城	沙井村	土地交易	赵廷奎 3 亩
6 刘殿祥	10 亩	梅沟营	沙井村	土地交易(父)	县城邱某
7 张芬	6 亩	县城	沙井村	土地交易(父)	1890 年石门村人刘瑞 6 亩
8 童泰	5 亩	县城	沙井村	土地交易	1906 年王斌 5 亩
9 李寿廷	18 亩	县城	沙井村	土地交易	1923 年杨氏 9 亩 1923 年杜芝茂 5 亩 1924 年李秀芳 4 亩
10 王书平	18 亩	县城	沙井村	土地交易	1926 年周云亭、周柱林
11 龚良	7 亩	县城	沙井村	土地交易(父)	1911 年杜芝茂、杜芝蔚
12 张文亮	3 亩	衙门村	沙井村	社会流动	
13 何长源	10 亩	县城	沙井村	分家析产	
14 邢尚德	29 亩	县城	沙井村	社会流动	1939 年移居

资料来源:

1.[日]中国農村調査刊行会:『中国農村慣行調査』第二卷,岩波書店1981年版,第44、127頁。

---

① 杨梦燕、陈字勤:《沧县刘辛庄概况调查》,《津南农声》创刊号,1935年9月。

2.[日]中国農村調査刊行会:『中国農村慣行調査』第二卷,岩波書店1981年版,第5、24、111頁。

3.[日]中国農村調査刊行会:『中国農村慣行調査』第二卷,岩波書店1981年版,第44、488頁。

4.[日]中国農村調査刊行会:『中国農村慣行調査』第二卷,岩波書店1981年版,第127、497頁。

5.[日]中国農村調査刊行会:『中国農村慣行調査』第二卷,岩波書店1981年版,第127頁。

6.[日]中国農村調査刊行会:『中国農村慣行調査』第二卷,岩波書店1981年版,第497頁。

7.[日]中国農村調査刊行会:『中国農村慣行調査』第二卷,岩波書店1981年版,第464頁。

8.[日]中国農村調査刊行会:『中国農村慣行調査』第二卷,岩波書店1981年版,第464頁。

9.[日]中国農村調査刊行会:『中国農村慣行調査』第二卷,岩波書店1981年版,第465頁。

10.[日]中国農村調査刊行会:『中国農村慣行調査』第二卷,岩波書店1981年版,第466頁。

11.[日]中国農村調査刊行会:『中国農村慣行調査』第二卷,岩波書店1981年版,第466頁。

12.[日]中国農村調査刊行会:『中国農村慣行調査』第二卷,岩波書店1981年版,第23頁。

13.[日]中国農村調査刊行会:『中国農村慣行調査』第二卷,岩波書店1981年版,第101~102、115頁。

14.[日]中国農村調査刊行会:『中国農村慣行調査』第二卷,岩波書店1981年版,第12、36頁。

调查资料显示沙井村共有不在地主21户,其中,刘万福、言绪、张义臣、尹志祥、尹某、李文敏(李寿山)和张某7人的信息量不足。这些人究竟借助于何种方式具备不在地主身份暂时难以探究，故这里以余下的不在地主作为分析对象。从上表中可知，14户不在地主的形成方式中，土地交易为6户，空间流动为4户，分家析产为1户，余下的3户继承了父辈购买的土地成为了不在地主。这里难以究明的是最后3户，因为资料未能显示出租土地始于父辈，还是从自己这一代开始的。尽管如此，以土地交易方式形成的不在地主明显占据优势，约占不在地主总户数的43%，可以说，在三种方式中，土地交易是不在地主形成的主要途径。关于此点，亦可以从《中国农村惯行调查》中记载的其他村落中得到证实。寺北柴村和吴店村的大部分不在地主的形成，是因为这两个村落内的居民大量举借外债而又无力还债，在此情况下，当地的借债居民将抵押的土地所有权通过交易转移到债主手中。①

---

① [日]中国農村調査刊行会：『中国農村慣行調査』第三卷，岩波書店1981年版，第176~186頁。

第二节 不在地主的经济行为

ERSHI SHIJI ZHI ZHONGGUO

不在地主的经济行为是指其为了达到自身物质方面或精神方面的需要而采取的一系列经济活动，包括生产、消费、投资，等等。本节主要讨论不在地主在农业经营和商业经营方面以及与其相关的一些问题。不在地主阶层构成的复杂性让原本具有丰富性的经济活动更是呈现出令人眼花缭乱、纷繁复杂的场景。因此，这里只能通过一些不在地主典型的经济行为来展现该阶层经济行为的一个面相。

一、农业经营

如前所述，不在地主阶层以自然村落为界定基点可划分为城居地主、外村地主和邻村地主。在这三种类型的不在地主中，城居地主往往出于投资的目的购置土地，希图获取货币或是资产保值。这是因为土地具有其他财富物化物难以比拟的安全性，"有土斯有财"，正是在其独特魅力的吸引下，城市中的富裕阶层纷纷投资于土地。受职业限制、耕种不便、空间距离等因素制约，他们多采用租佃的经营方式，城居地主鲜有自耕或雇工经营。居住于乡间的不在地主较之于城居地主多会采用更为丰富的土地经营方式，自耕、租佃和雇工的方式都是其经常采用的经营方式,具体采用哪种经营方式取决于不在地主对经济效益的理性权衡。

居于乡间的不在地主会利用土地的所有权,采用对自己有利的,也就是能够获取最大化利润的土地经营方式。如果租佃方式优于雇工经营方式,他就会放弃雇工经营方式而改采租佃的经营方式,反之亦然。正是经济效益优先的理念让居于乡间的不在地主们在土地经营方式上出现了共趋性,即居于乡间的不在地主对属于居住社区内的土地多选择雇工经营方式,而对于社区外的土地则多采用租佃的经营方式。关于此点,各种调查资料提供了足够多的证据。如罗仑与景甦两位先生在研究山东经营地主时,作为重要引证资料的三家经营地主的事例便是绝好的佐证。章丘县东矾硫村的太和堂李家,共拥有515.5亩土地,其中,位于外村的43.5亩采用四六分的租佃经营方式,而本村内的472亩土地则全部采用雇工经营方式。①淄川县栗家庄(今淄博市周村区)的树荆堂,其名下拥有900亩土地,位于外村的300亩土地采用租佃的经营方式,本社区内的600亩土地则全部采用雇工经营方式。②章丘县旧军镇经营地主兼商业巨头进修堂孟家,共有土地1050亩,位于本庄的土地为600多亩,位于孙官庄的土地有300多亩(距旧军40多里),在水寨镇(距旧军六里)等地有150多亩土地。本庄内的450亩土地采用雇工经营方式,余下的150亩和位于孙官庄的300多亩土地以及水寨镇等地的150多亩土地都采用租佃经营方式。③

另外,在日本人的诸多调查资料中,类似情况亦大量存在。如平谷县大北关村的张重楼,拥有218亩土地,在社区内的土地中,除17亩出租外,余下的或自耕,或采用雇工的经营方式,而位于小北关的土地则选择租佃的经营方式。同村的张德元,共有土地145亩,社区内土地采用自耕的经营方式,而位于小北关的17亩则采用租佃的经营方式;④昌黎县梁各庄的傅世珍、王锡珍、傅英和

---

① 罗仑、景甦:《清代山东经营地主经济研究》,齐鲁书社1984年版,第69~70页。
② 罗仑、景甦:《清代山东经营地主经济研究》,齐鲁书社1984年版,第84页。
③ 罗仑、景甦:《清代山东经营地主经济研究》,齐鲁书社1984年版,第91~92页。
④ [日]南満州鉄道株式会社:『冀東農村実態調査報告書統計篇:第一班平谷縣』,第6~7、40~41頁。

王锡三,均将位于社区外的土地采用租佃的经营方式。①如此看来,将社区外的土地采用租佃经营方式并不是经营地主特有的经济标签,普通的农民亦会采用此种方式经营社区外之土地。

　　山东的经营地主对社区外的土地采用租佃的经营方式。其实,出租地主更是如此,他们都会将社区外拥有的土地采用租佃的经营方式。如矜恕堂共拥有2140亩土地,土地散布于章丘县旧军镇、辛庄(距旧军三里)、明水(距旧军四十五里)、浅井庄(距旧军四十里)、孙宫庄(距旧军四十余里)、章丘城(距旧军十八里)、壬四庄(距旧军五里)、张家寨(距旧军十里)和邹平县鹅庄(距旧军三十余里)等地。其中,分布在邹平县境内的有1140亩;在章丘县境内的有1000亩(位于外村的有550亩,位于旧军镇的有450亩)。矜恕堂的土地除在旧军镇的少量土地采用雇工经营(种菜供家内消费)外,其余部分皆采用租佃的经营方式。②济宁州官僚地主玉堂孙家,乾隆至光绪间,积累起3万多亩土地,散布在济宁、鱼台、金乡、曲阜几个县内,其经营方式全部采用租佃方式。③

　　不在地主对本社区外的土地大都采用租佃的经营方式,这或是因为居住地与土地所在地有一定的距离,而且地主的土地并非集中于一处,往往是散落于各处。如采用雇工或自耕的经营方式,需要将一部分时间浪费在路上,无形中增加了生产成本,或是因为社区内的土地面积达到了雇工农场的临界面积。如果超过这个面积而采用雇工的经营方式就会不经济——经营式农场大多保持在200亩以下,而把200亩以上的土地以小块租出。④另外,地主无法监督和照顾全部的土地,如果雇佣"工头"来帮助监督农场工作,那么这样做会很快地消除经营式农作比较节省劳动力的长处。工头本身是长工的话,他未必能按照理想的劳力利用要求严厉地驱策其他长工工作。工头若是脱离生产的人,确实能以场主的利益为先,但其工资会将农场省下的劳动成本

---

①　[日]南满州铁道株式会社:『冀东农村实态调查报告书统计篇:第四班昌黎县』,第2~4、36~49页。
②　罗仑、景甦:《清代山东经营地主经济研究》,齐鲁书社1984年版,第102~103页。
③　罗仑、景甦:《清代山东经营地主经济研究》,齐鲁书社1984年版,第110页。
④　[美]黄宗智:《华北的小农经济与社会变迁》,中华书局2000年版,第181页。

耗费尽净。①

居乡的不在地主对社区内的土地大都采用雇工的经营方式，雇佣的劳动力有长工、短工之别。粗略言之，长工指长年受雇佣的农民，短工指短期受雇佣的农民。二者之别仅在于雇佣时间的长短。一般来说，短工平均每年受雇约40至50天，长工每年工作约200天。②其实，长工、短工的称谓早已有之，"受雇耕田者谓之长工，计日佣者谓之短工"③，"无恒产者雇请受值，抑心殚力，谓之长工；夏秋农忙，短假应事，谓之忙工"④。各个地区甚至各个村落雇佣长短工的数量不一，有的多雇佣短工，有的多雇佣长工，具体见下表。

表2.6 华北各省长短工之雇佣

省别	多雇长工之县		多雇短工之县	
	实数	百分比	实数	百分比
山东	16	28.57%	40	71.43%
山西	26	42.62%	35	57.38%
河南	37	80.43%	9	19.57%
河北	35	40.22%	52	59.78%
陕西	16	48.48%	17	51.52%

资料来源：陈正谟：《各省农工雇佣习惯的调查研究报告》，《中山文化教育馆季刊》创刊号，第332页。

雇佣长短工的数量基于家庭的经济实力以及生活、生产的需要，因此，每个家庭雇佣的人数是不一致的。有的农家，雇佣长工四人，短工七八人或十二三人。⑤当然，有的农家可能只雇一个长工或短工。不在地主雇佣长短工的数量较之于普通农家稍微多些。如1904年前后，太和堂每年都雇佣长工13人，这些长工们分工明确、各司其职。大伙计一人，主要职责在于协助太和堂东家筹划

---

① [美]黄宗智：《华北的小农经济与社会变迁》，中华书局2000年版，第180页。
② [美]黄宗智：《华北的小农经济与社会变迁》，中华书局2000年版，第80页。
③ 祁寯藻：《马首农言》，第20页。
④ 乾隆《湖州府志》卷三九，风俗。
⑤ [日]中国農村調查刊行会：『中国農村慣行調查』第四卷，岩波书店1981年版，第3頁。

农作物种植的数量、指定种植地点、规定施肥量及耕作时间,并负责到雇佣市场雇佣短工,再将短工分配给二伙计带领到田间工作。二伙计六人,负责带领短工到大伙计指定的地段上进行农事耕作。牛倌、羊倌各一人,负责料理饲料、牧放牛羊、垫栏积肥。小觅汉两名,负责碾磨粮食、挑水劈柴、到坡外给长短工送饭。女做饭两名,负责长短工伙食。除长工外,太和堂亦经常雇佣短工20至40人,月工三至五人,从事耕耩、锄割、送粪施肥等工作。依据当时当地的习惯,长工大都经人介绍(多系长工介绍长工)由太和堂当家人直接雇请。①1895年前后,树荆堂共雇长工30多人,其中包括大伙计一人,二伙计20人,牛、羊、猪倌各一人,做饭三人。②树荆堂在春、夏、秋的农忙时节经常雇短工50余名,特别是宜种宜收的农忙时节雇短工达120多人。③

民国时期,各地基本都设有各种雇工市场,只是称谓不尽相同。劳工雇佣市场在北方多称人市,工市或工夫市;在广东则称摆工人行或卖人行;在云南则称工场或站工场。④根据《各省农工雇佣习惯的调查研究报告》中的资料,将华北各省有无雇佣市场整理出下表。

表2.7 华北各省雇佣市场有无之比较

省别	调查县数	有无雇佣市场之县数		有无雇佣市场占全体百分数		有无中人说价之县数		有无中人说价占全体百分数	
		有	无	有	无	有	无	有	无
陕西	33	22	11	66.66%	33.33%	2	31	6.06%	93.94%
山西	65	35	30	53.84%	46.15%	0	65	0	100.00%
河北	93	76	17	81.72%	18.28%	12	81	12.90%	87.09%
山东	59	49	10	83.05%	16.95%	2	57	3.39%	96.61%
河南	47	8	39	17.02%	82.98%	0	47	0	100.00%

资料来源:陈正谟:《各省农工雇佣习惯的调查研究报告》,《中山文化教育馆季刊》创刊号,第333页。(注:此表中的某些原始数据不准确,有待考证,但不影响本书中问题的探讨。)

---

① 罗仑、景甦:《清代山东经营地主经济研究》,齐鲁书社1984年版,第70页。
② 罗仑、景甦:《清代山东经营地主经济研究》,齐鲁书社1984年版,第84页。
③ 罗仑、景甦:《清代山东经营地主经济研究》,齐鲁书社1984年版,第84页。
④ 陈正谟:《各省农工雇佣习惯的调查研究报告》,《中山文化教育馆季刊》创刊号,第332页。

由上表的数据,我们可以看到华北地区的河南省雇佣市场数较少,只占到所调查县数的17%,但余下四省的雇佣市场数最少占到调被查县的50%,河北、山东两省竟然高达八成以上。满铁调查资料也表明雇佣市场的广泛存在,河北省栾城县寺北柴村的居民指出该地区的雇佣市场位于南关东边柳树下。一般来说,县城附近都会有雇佣市场,所以,寺北柴村以及县城附近的劳动力出卖者几乎都是在雇佣市场被雇佣的。无雇佣市场的地区,可能当地的雇佣双方均能在社区内实现满足。在一个社区内,雇工无须寻觅雇主,雇主如有所需便来协商。①

　　在春、夏、秋的农忙时节,在乡的不在地主亲自或派专人到雇佣市场雇佣短工。短工市场的开市与农业节令相符,在农活较多时,短工市场即开市。一年之中,从旧时节气的谷雨至阴历十月,雇佣市场每日开市。有的雇佣市场三点便开市,五六点时雇佣双方基本完成了雇佣关系。②因此,凡欲出卖劳动力维持生活的贫苦农民,往往在天亮以前便带着自己的农具赶到雇佣市场,甚至有农民在前一天晚上便赶到短工市场,露宿在市场上。农忙时节,每天有二三百人挤在短工市场等候雇主。③雇主通常四点左右来到雇佣市场,从雇工中挑选理想的工人。如有特殊工作要求的雇主,会大声喊出自己需要工人的条件,具有这方面工作经验者会主动与雇主沟通争取确立雇佣关系。④有的雇佣市场存在特殊职业的人,其工作内容为依据当日需供状况评定工资,时人称其为中间人。他们常以纸条标明当日工资于市场之中,以资雇主与雇工双方遵守,⑤然无中间人者为数最多(见表2.7)。

　　雇佣市场上的长短工价格通常有一定的市价,雇主与雇工常以农活忙闲、工作能力、雇佣时节、物价水平等情况当面议定工钱,但雇工的薪金不尽相

---

①　[日]中国農村調查刊行会:『中国農村慣行調查』第三卷,岩波书店1981年版,第194頁。
②　[日]中国農村調查刊行会:『中国農村慣行調查』第三卷,岩波书店1981年版,第194頁。
③　罗仑、景甦:《清代山东经营地主经济研究》,齐鲁书社1984年版,第70页。
④　[日]中国農村調查刊行会:『中国農村慣行調查』第三卷,岩波书店1981年版,第194頁。
⑤　陈正谟:《各省农工雇佣习惯的调查研究报告》,《中山文化教育馆季刊》创刊号,第332页。

同。满铁调查资料显示,寺北柴村的长工年薪为六十元,以前短工日薪为三四十钱,今年涨到七八十钱。①沙井村的长工年薪七八十元,短工日薪五六十钱,农忙时一元三四十钱。②尽管雇工工资有一定的标准可循并协商决定,但工钱往往由附近村的几个较多雇佣短工的雇主协商后决定,因此,短工的工钱常被这些较大的雇主所操纵。③当时的长短工的工资极低,据太和堂的雇工老账可知,长工年薪为21200文(制钱),短工日工资为124文(制钱)。仅以此,难以知晓长短工真实的工资水平,罗仑、景甦为此将上述工价和当时的粮价折算一下,发现长短工的工资是如此的低廉。依据雇工老账的记载,1908年高粱的价格是每斗(55斤)3600文,若把当时雇工的平均工资折成高粱,那么,长工的年薪只合5.89斗(324斤),短工的日工资只为0.35升(1.92斤)。④树荆堂的长短工在劳作时,均由地主管饭,外领货币工资,有时亦用粮食作价代替。由于工资数额极其低下,无论是前一类型或后一类型,每年挣得的工资,都仅能够勉强维持自己的生活,老婆孩子是根本养不起的,故有些长工终生不能结婚,便是因为太穷困的缘故。⑤长工的工作辛苦而工资极低,生活贫穷者若可从事其他职业,都不愿意成为长工。所以,有时雇主很难雇到长工。⑥

在乡不在地主雇佣的长短工,多为小块土地所有者或无地者。章丘县太和堂雇佣的长工多为小块土地的所有者,雇佣的短工一般为拥有小块土地的雇农、贫农或中农。⑦树荆堂雇佣的长工身份,有的是一贫如洗的农村无产者——雇农,但也有因家中地少、劳动力过剩而外出当长工的。短工者大都是拥有3至7亩土地的贫苦农民。⑧沙井村的短工们有的拥有2至5亩土地,有

---

① [日]中国農村調查刊行会:『中国農村慣行調查』第三卷,岩波書店1981年版,第194頁。
② [日]中国農村調查刊行会:『中国農村慣行調查』第一卷,岩波書店1981年版,第105頁。
③ 罗仑、景甦:《清代山东经营地主经济研究》,齐鲁书社1984年版,第70页。
④ 罗仑、景甦:《清代山东经营地主经济研究》,齐鲁书社1984年版,第78页。
⑤ 罗仑、景甦:《清代山东经营地主经济研究》,齐鲁书社1984年版,第85~86页。
⑥ [日]中国農村調查刊行会:『中国農村慣行調查』第一卷,岩波書店1981年版,第105頁。
⑦ 罗仑、景甦:《清代山东经营地主经济研究》,齐鲁书社1984年版,第72~73页。
⑧ 罗仑、景甦:《清代山东经营地主经济研究》,齐鲁书社1984年版,第85页。

的无土地。①山东省历城县陆家庄无地或只拥有一二亩土地的农民依靠从事长短工来维持生计。②长短工的雇佣工资低，短工仅凭出卖劳动力获得的微薄收入并不能维持家庭基本的生活需要。而且，他们的雇佣关系多直接受季节性的限制，在雇佣以外时间里，短工多通过贩卖柴草、砂锅维持家庭生活。在这种情况下，短工无法彻底改变他们的原来身份——小块土地所有者的身份。③短工通常是自带锄头、镰刀等简单的农具，其实，短工是否携带以及携带何种工具与农耕时间有着密切地关联，三月空手，四五月携带小锄子、拔锄，五月中旬至六月携带大锄，六月中旬至七月中旬携带镰刀，八月中旬以后空手即可。④有些短工因所带农具不适于雇主的要求，也常使用雇主家内所备之农具，不扣工资。总的来说，短工全家主要依靠种地来维持生活，农忙期间外出当短工，就像非农忙期间外出推小车、卖山果一样，只是次要的副业收入。⑤

在乡的不在地主的农业生产资料因各自家庭经济实力的不同而存在很大的差异，但是，在整体上会好于农村其他阶层。这里所说的农业生产资料，包括牲畜、生产工具、肥料等。20世纪三四十年代华北农村的富农式经营家庭在购入1头驴的时候，这一经济行为的有效费用和有效收入（边际费用和边际收入）的均衡点是20亩至50亩的经营土地。⑥另据资料显示，1930年清苑县骡、马、牛、驴的平均单价分别为98元、61元、51元和38元（到1938年时价格已涨至120元、100元、60元和40元）。⑦可见，驴在农事耕作的役畜中价位最低，但农民仍需至少拥有20亩土地才能饲养。在自然条件、经济状况等方面存在诸多差异的乡土社会中，黄氏的标准未必可简单的作为衡量的指标。据满铁调查资料，

---

① [日]中国農村調査刊行会：『中国農村慣行調査』第一卷，岩波書店1981年版，第90頁。

② [日]中国農村調査刊行会：『中国農村慣行調査』第四卷，岩波書店1981年版，第353、364頁。

③ 罗仑、景甦：《清代山东经营地主经济研究》，齐鲁书社1984年版，第72~73页。

④ [日]中国農村調査刊行会：『中国農村慣行調査』第三卷，岩波書店1981年版，第195頁。

⑤ 罗仑、景甦：《清代山东经营地主经济研究》，齐鲁书社1984年版，第85页。

⑥ Philip C.C.Huang, The Peasant Economy and Social Change in North China, Stanford University Press, 1985, P.149.

⑦ 农业部农村经济研究中心：《中国农村研究报告：1990~1998》，中国财政经济出版社1998年版，第606页。

顺义县沙井村的多数村民认为，一个纯自耕农家庭若要饲养一头驴必须拥有15亩以上的土地。①而当时该村平均每户农家所有土地只有14亩，如果考虑村民在土地占有上的不平均状况，实际上，该村64%的农家所有土地的数量在15亩以下。②如此境遇的农民怎能饲养农事耕作用的役畜？沙井村的情形在华北农村地区并不特殊，可以反映该地区的役畜拥有状况。我们还可以从家庭收支来考察此问题，1930年清苑中等农户的一年收入为228.97元，生产费用、赋役和生活消费等三项支出共计249.77元，所得为亏损20.8元。③也就是说，中等水平的农户，辛苦劳作一年却是入不敷出的，来年的农事生产资金尚难解决，购买占其收入1/3左右的役畜则实属奢望。不在地主的家庭经济实力远在一般农民之上，不仅蓄养的役畜多，而且大型农具齐备。据调查资料显示，当时太和堂拥有驴、骡各四头，耕牛九头，四牛犋家什两套，木制双轮大车一辆，单轮大土车两辆，单轮小土车八辆，耕、耩、锄、割等农具齐全，积肥猪栏14个。太和堂除利用牛、驴、骡积肥外，还喂羊百余只，猪40余只，常年积肥五千余车。④当时树荆堂每年可积大粪（人类肥）200余车。养牛10余只、养羊100余只、养猪20余只，可积牲畜肥7000余车（每车约重400斤）。由于肥料充足，树荆堂的庄稼经常施三次肥，播种前用"底撒"，播种时用"耩粪"，秀穗前施"追苗肥"。树荆堂每亩地施肥十到十五车，而一般农户只能施肥五到六车。⑤

在乡的不在地主雇佣充足的劳动力和占有丰富的生产资料，所以他们在农事生产上显示出了其他阶层难以比拟的优越性。例如，当地一般农户耕作多借用富裕农户的耕牛，或自己有一头牛与人掰犋，每犋用三头牛，而太和堂则有九头牛，用四牛犋，自成两犋外，还有一头"闲牛子"备轮换使用。一般农户耕地深约三寸，太和堂耕地则深半尺。一般农户每亩施肥三到十车（小土

---

① ［日］中国農村慣行調査刊行会：『中国農村慣行調査』第二卷，岩波書店1981年版，第65頁。
② ［日］中国農村慣行調査刊行会：『中国農村慣行調査』第一卷，岩波書店1981年版，卷首，河北省顺义县沙井村的概况。
③ 侯建新：《民国年间冀中农业成本、农户负担与剩余——来自11村的一项计量分析》，《理论与现代化》，2001年第5期。
④ 罗仑、景甦：《清代山东经营地主经济研究》，齐鲁书社1984年版，第71页。
⑤ 罗仑、景甦：《清代山东经营地主经济研究》，齐鲁书社1984年版，第84页。

车,每车肥料重约四百斤),太和堂每亩则施肥十到二十车(其中有的地多施,有的地少施,施肥也不是一次施完)。由于太和堂利用酒糟喂猪并养有较多的牲畜,因此它所积的肥料质量也远较其他农户为高。此外,在耕作、种植、耘锄、收割等农序上,太和堂使用着大量雇佣劳动力,因此它能够更宜时、更细致地进行田间耕作。①

集农业生产上的诸多优势于一身的在乡不在地主,往往农业收入高于乡土社会中的其他阶层。如太和堂作物单位面积的产量比当时当地一般农户的产量高出一倍以上。②树荆堂的600亩土地每年种高粱300多亩,谷子200多亩,豆子等80多亩,经常复种小麦300多亩。当时树荆堂土地的单位面积产量是:小麦亩产300斤,谷子亩产600斤,高粱亩产600斤,豆子亩产300斤,约高出当地农户亩产量的一倍左右。③进修堂用于雇工经营的土地,单位面积产量比一般贫佃农所种土地为高。④

二、商业经营

不在地主阶层中有相当一部分不唯从事农业,家庭经济实力雄厚者亦兼营商业。军阀地主作为不在地主阶层的特殊构成部分,其凭借着权力、地位获得了极为丰厚的经济资本,工商业成倍的利润诱使他们将这些资金的很大一部分投资于商业。直系军阀曹锟在直隶督军和直鲁豫巡阅使任内搜刮了大量的民脂民膏,除了购置田产外,其余多用于投资商业——新式企业。1920年,曹锟与鲍贵卿等创办恒源纱厂,自任总经理,工厂资金400万,曹氏家族的股份为82万元,占资本总额的1/5强。不仅如此,曹氏家族还开办了直东轮船公司、罐头公司,并投资于井陉煤矿、遵化兴隆铁矿、保阳火柴公司等企业。在银行方面,曹锟在天津交易所、中日实业公司、北洋保商银行、边业银行、农商银行等

---

① 罗仑、景甦:《清代山东经营地主经济研究》,齐鲁书社1984年版,第71页。
② 罗仑、景甦:《清代山东经营地主经济研究》,齐鲁书社1984年版,第72页。
③ 罗仑、景甦:《清代山东经营地主经济研究》,齐鲁书社1984年版,第84页。
④ 罗仑、景甦:《清代山东经营地主经济研究》,齐鲁书社1984年版,第92页。

都有投资。民国时期大小军阀地主投资于商业成为一道风景,黎元洪投资于中兴煤矿、中原煤矿、长兴煤矿、六河沟煤矿、龙烟铁矿、中华懋业银行、中华汇业银行;①张勋投资久兴沙织公司;②张作霖、岑春煊、吴佩孚、孙传芳等也都从事一定的经济活动。因此,出现了下述调查结果,在军阀地主投资的主要场所之一的天津地区,到20世纪20年代末期,军阀地主投资的资本额高达1530万元,占当时天津工业资本总额的48.7%。③

居乡不在地主在商业经营方面较之于军阀地主在投资额、投资领域等方面相形见绌,但也大有成就。现掌握的资料难以整体性地反映出不在地主阶层的商业经营实况,而且商业经营状况与不在地主各自家庭经济有着密切的关系,家庭经济实力雄厚则其商业规模越大,反之亦然。因此,这里欲通过几个典型的不在地主家庭的商业经营状况来揭示该阶层在商业方面的经济行为。

太和堂在李方彩的执掌下愈发兴盛,在同治、光绪年间,在不满150户的东矾硫村开设了酒店、杂货铺、药铺、赁货铺等商店。当时一个普通农户"生老病死"所需的日用品、小农具和生活用品,都可以从太和堂开设的小商店里买到,而太和堂自己也几乎像传说的那样可以"万事不求人"。同治十三年前后,太和堂开设了其名下的第一家酒店。这个酒店是太和堂经营时间最长、规模最大的一座。店内自酿白干酒、黄酒和醋。当时每月蒸酒一次,每次约有三千斤。店内一共雇用伙计五人,包括掌柜一人、伙计三人、学徒一人。此外,酒店还与其他酒店联合雇酿酒技术工一人,每逢蒸酒时还临时雇用短工二至三人。据了解,每年年底结账时除工资支付及一切杂项开销外,太和堂一般情况下还赚二千到三千吊制钱(一吊=一千文)。太和堂名下的杂货铺,名符其实的"杂",经营商品类别包括:酒、香油、醋、烟叶、镰刀、锄头、笔、纸张、墨、具器、香烛、糖、茶等。除酒、香油、醋为自制外,其他商品均由周村批发进货。据说,在当时,西至韩家庄,东至巩家坞村,北至三起庄,南至双水泉村,方圆二十余

---

① 《晨报》第17卷第12号。
② 《银行月刊》第17卷第12号。
③ 南开大学经济研究所编:《天津市社会调查》1929年版。

里内的消费者"都照顾老太和堂"。杂货铺一共雇用了王金山等伙计四人。光绪二十年左右，太和堂开设了药铺，铺内雇用二人，其中掌柜王传勤兼作医生，伙计王树帧料理店务。药材来自两个途径，一部分药材由济南大药店批来，一部分由附近山区里买来自行炮制。当时药铺每年的流动资金有一千至二千吊制钱。到了1938年，药铺因为资金不足，医生年迈，家中又无人主事，所以只好歇业。赁货铺是旧日农村中结婚、出殡时赁取家具的店铺。当时太和堂的赁货铺备有结婚用的轿、高罩、锣、旗、扇、伞、宫灯、红毡，以及出殡用的灵篷、灵楼、罩、杠、旗、幡、彩棚等物品，用来谋取赁费。赁货铺和附近村庄所有农户都有着或多或少的关系。太和堂赁货铺每逢出赁家什时，常雇用短工一至三人，有时也派自己的长工或家属"跟差"。太和堂经营的这些店铺，虽然规模不大，但它基本上是与它所面对的那个不大的消费市场相适应的。在"逢五排十"的热闹集上，这些商店引不起人们太大的注意，但在集日以外的时间里，它们却是东矾硫村屈指可数的"坐商"。①

与太和堂商业经营面广相比，淄川县栗家庄（今淄博市周村区）的树荆堂商业经营较为单一，在农业经营之外主要经营恒盛丝织机坊、制毡帽作坊。鼎盛之时，家内常年雇佣近300位工人——计丝织机坊100余人，毡帽作坊100余人，农业雇工70至80人。②

树荆堂所兼营的恒盛丝织机坊，乃由家庭副业逐渐发展成为丝织手工工场的。其发展过程十分曲折缓慢。乾隆年间，栗家庄附近一带出现了不少"小机户"，那时毕远蓉的祖父——毕丰涟还只是一个中等自耕农，拥有土地不足30亩，生活主要依靠农业收入来维持。当时毕丰涟看到那些"小机户"营利不少，便利用农暇时节到离家不远的郭庄学会了织绸子。然后在自己家里安了一架"木机子"干了起来。当时毕丰涟没有请帮工，产量很少，有时间歇，织出来的绸子都是扛到周村市上卖给绸货店，周村市上有好几家绸货店专门收购这些"小机户"的零货。据说毕丰涟为了卖得好价钱，总是肩扛着自己的"山绸"在周村的绸货市场挨家兜售，每到一家就停住脚抬高嗓子问是否添货，有

---

① 罗仑、景甦：《清代山东经营地主经济研究》，齐鲁书社1984年版，第78~80页。

② 罗仑、景甦：《清代山东经营地主经济研究》，齐鲁书社1984年版，第83页。

人搭腔就进门去,先给掌柜看货,看中了,然后再商量价钱。随着营业的发展,他不久又添设了几架木机子,请了几个帮工。嘉庆、道光年间,毕丰涟与其子毕宁玠继续经营机坊,至1840年,恒盛机坊已设有二十几架织机了。此后,恒盛机坊在毕远蓉的大力经营下,历经咸丰、同治、光绪六十多年的时间,终于发展成为一个拥有场房26间,织机72架,雇工100余人,月产丝绸300匹的手工工场了。①

恒盛机坊的生丝原料多从周村买进,在那里可以买到泰安、费县、莱芜、莒州、栖霞等地出产的柞蚕丝。其中泰安丝较细,适于做经,费县丝较粗,适于做纬。当时淄川一带一般都爱用泰安丝和费县丝,恒盛也不例外。若周村缺货,有时便直接到泰安或费县采购。恒盛在最发达时,每次买进原丝360多捆(每捆八斤),机坊的生产才不致中断。生丝买来后,要经过选丝、络梭、牵刷和绕纩等四道工序,然后再上机织。为了生产带色的山绸,恒盛机坊还附设染坊一座。恒盛最发达时,共雇佣织工72人,选丝、络梭、牵刷和绕纩工22人,采买三人。每月产量以织工的技术水平为转移,"好手"三天织一匹,一般工人四天织一匹,技术差的要五天织一匹。按织工72人、木机72架的生产功能计算,每月平均产量约300匹上下。据了解,光绪二十年前后,生产一匹绸子的工本支出是:原料1700文,选丝工160文,络梭、牵刷工80文,绕纩工40文,织工500文,共计支出2480文。按当时3000文一匹的市场价格计算,每匹可赚500文。②

恒盛机坊的97名雇工,大都是附近二三里内的贫苦农民,他们之中有些是家中地无一垄的雇农,有些是只有二三亩地的贫农。上工时,手续很简单,由老工人或亲戚介绍,经掌柜同意后即可上工,无书面契约。场主对工人无人身约束,场内亦无规章。在场内织机的工人称师傅,学徒工称徒弟,师傅经场主同意,可以带领自己的亲属做徒弟,学徒工无待遇亦无学徒年限。场主不管工人伙食,外村的工人自己带着干粮来上工,本村的工人回家吃饭。场主在过年过节时要请工人们喝一次酒。应该注意,虽然在同一个经济体内,农业雇工是

---

① 罗仑、景甦:《清代山东经营地主经济研究》,齐鲁书社1984年版,第86~87页。
② 罗仑、景甦:《清代山东经营地主经济研究》,齐鲁书社1984年版,第88~89页。

管饭外领货币工资,而织机雇工则是全部领取货币工资。当时恒盛机坊实行的工资制度是计件工资制,即每织一匹多少钱,每刷一匹多少钱。此外,每当买主向恒盛机坊订购大批绸货时,场主为了能在预定限期内交货,还经常实行旨在加强工人劳动强度、鼓励工人加班加点的所谓"挂彩的奖金制",规定每个工人在完成一定工额之外,每提前完成一天则增加"彩金"若干。在这种工资制的驱使下,工人往往整日不间歇地为场主工作。为了多挣几文彩钱,工人在昏暗的油灯底下,彻夜地工作。当时织工织一匹得工资500文,折合日工资125文,选丝女工选一匹得工资160文,折合日工资80文,牵刷工加工一匹得工资80文,折合日工资约160文,绕縒工绕一匹得工资40文,折合日工资80文。同时期的粮食及生活用品价格是:麦子每斗1200文,高粱每斗900文,谷子每斗700文,猪肉每斤64文,豆腐每斤28文,宽一尺四寸四的粗布每尺67文。如将恒盛机坊雇工的绝对工资额与上述物价对照一下,那么,它的劳动力价格就太低廉了。一个织工,一天所得只折高粱7.6斤(按1957年2月当地粮价高粱每斤8分计算,合日工资6角),折粗布一尺八寸六(按1957年2月当地布价,粗布每尺2.2角计算,合日工资4.1角);一个选丝女工,一天所得折高粱5斤(合4角),折粗布一尺二寸(合2.6角),那就更少了。①

进修堂开设的"祥"字号有:谦祥、隆祥、鸿祥、六和祥等。其经营内容为:绸布、茶叶和料货。关于谦祥的开市时间,当地有两个传说,一是北京的谦祥在康熙年间就开市了。有言称康熙皇帝曾到谦祥楼上买过东西,因此人们都说"谦祥势力通天"。二是乾隆皇帝出巡时,全城店铺照例锁门禁街,唯有谦祥营业,乾隆见后说:"好大的谦祥。"这些传说或为无稽之谈,但它至少表明:康熙时谦祥已在北京设立分号,乾隆时谦祥营业已相当发达。谦祥最初由周村发达起来,随后在各地增设分号,至清末民初,谦祥益记布庄在济南设批发店一处,在北京设门市部二处,在天津设二处,汉口设三处,青岛设一处。布庄在上海设有洋货栈庄,专门收购洋货,并在茂州设有普通栈庄,专门收购天字、地字粗布。谦祥绸布庄的规模很大,如光绪末年汉口的谦祥西号有店伙200余人,恒记有店伙100余人,老号有店伙20余人。据说谦祥在庚子年(1900年)时,

---

① 罗仑、景甦:《清代山东经营地主经济研究》,齐鲁书社1984年版,第89~90页。

每日收进的现款在1000元以上。同一时期,隆祥绸布店在济南分设了三家门市部;鸿祥茶庄也在济南分设二处,在周村分设一处。①

矜恕堂的先辈孟衍升早在乾隆初年便在莱芜开设了"祯祥"、"呈祥"两座杂货店,同一时期还在新泰开设了"瑞麟祥"杂货店。孟衍升之后,两个儿子分家。长子孟兴智的堂号叫强学堂。嘉庆初年,强学堂在北京开设了"瑞生祥"布店,在济南开设了"庆祥"布店。孟兴智又有两个儿子,长子名孟毓翰,次子名孟毓翀。分家后,孟毓翰的堂号叫强恕堂,孟毓翀的堂号叫学恕堂。强恕堂除分得济南庆祥布店、北京瑞生祥布店之外,又以瑞生祥为母店,在济南开设了瑞生祥钱庄,在天津开设了瑞生祥土布批发庄,在北京开设了瑞增祥绸布店,在章丘、周村、济南开设了吉祥当、阜祥当和公祥当三个当铺。强恕堂以庆祥为母店,在保定、天津、济南开设了几家庆祥分店,在旧军开设了鸿记布栈,在周村开设了鸿记布庄专门收购和推销章丘、邹平、齐东交界处的土产粗布(这种粗布因以章丘辛家寨为中心产区,故称寨子大布)。同治年间,矜恕堂经理人孟继笙由瑞生祥、庆祥提款,在济南开设了瑞蚨祥绸布店和泉祥茶庄。后来瑞蚨祥绸布店又在济南分设二处,在天津分设三处,在北京分设二处,在烟台分设一处,在青岛分设一处,并在上海设立栈庄专门收购洋布和绸货。据说瑞蚨祥各总支分号的纯利收入每年约在300万银两左右。②

同一时期,泉祥茶庄也在济南分设了二处,在天津分设了二处,在北京分设了一处,在周村分设了一处,在烟台分设了一处,在青岛分设了一处,并在福州设立了栈庄专门收购茶叶。在矜恕堂开设的"祥"字号中,以瑞蚨祥和泉祥的营业最兴盛。清末民初,北京的封建军阀和官僚因瑞蚨祥的"根底厚""信用好",都乐意把搜刮来的钱财银款寄存在瑞蚨祥字号中,因此瑞蚨祥便于内柜附设银号,专门经理封建军阀和官僚的存款,并以此为本,在北京、上海间经营黄金生意。③

此外,还有济宁官僚不在地主经营的玉堂酱园。此园原为苏州人戴某所

---

① 罗仑、景甦:《清代山东经营地主经济研究》,齐鲁书社1984年版,第94~95页。
② 罗仑、景甦:《清代山东经营地主经济研究》,齐鲁书社1984年版,第106~107页。
③ 罗仑、景甦:《清代山东经营地主经济研究》,齐鲁书社1984年版,第106~108页。

开，当时只有三间临街铺面，字号名称叫"戴玉堂"。不久，"戴玉堂"被为孙玉庭效劳的冷某接买过来，成为孙家、冷家合伙经营的商店。济宁人称此酱园为"孙玉堂"。嘉庆初年，孙、冷两家股本为四万吊制钱，此后历经道光、咸丰、同治百余年的发展，至光绪初年股本达十万吊制钱。光绪末年，"冷氏出东"，玉堂由孙家独自经营，此时资金为十万银元。到1922年，资本发展为六十万吊。玉堂酱园营业最兴旺的年代是清光绪末年至民国初年，当时经营规模已相当扩展，雇工总数近400人（包括师傅、大头子、二头子、三头子、四头子、临时工和酱园管理人员在内）。组织亦很庞杂，在管理方面设有总务、财务、庶务、采购、门市、杂货、油柜、钱柜等事务组织；在生产方面设有酱菜屋、咸菜屋、辣作屋、酿酱屋、酒屋、油屋、醋屋和编制竹篓的篓屋。每个屋都配备着一定数量的技术工人和辅助工人，类似一个独立的专业"作坊"。在生产过程中，工人大都同时投入某道工序，共同操作，分工不太明确，但在生产中已带有某种程度的简单协作。在露天货场上，经常存放酱菜五千余缸，产品种类计有：酒36种，酱菜68种。销路除在山东境内外，还远达河南、直隶、安徽、江苏等省。据了解，清光绪末年至民国期间，玉堂每年需要购进各种粮食五千余石（每石约五百五十斤）、蔬菜四十万斤、食盐三十万斤、煤炭二十万斤，全部开支约二十万枚银元。除去店支、店费和工资支出外，每年大约可净赚银元四五万枚。当地传谚称："若要富，卖酱醋，点石成金做药铺。"从这首传谚中，可以看出玉堂酱园的赢利情况是很可观的。①

三、其他行为

本书所谓的其他行为，主要是指高利贷和家庭消费两种行为。

在不在地主阶层中，有一部分富裕者因贷款者丧失偿还能力而获得抵押的土地，进而具备了不在地主身份。也有一部分人通过土地交易成为不在地主，日积月累中逐渐富裕起来，再涉足高利贷的经营方式。总之，不在地主阶

---

① 罗仑、景甦：《清代山东经营地主经济研究》，齐鲁书社1984年版，第111~112页。

层中有相当一部分人从事高利贷活动。

章丘县的太和堂,在同治、光绪年间,曾通过直接的货币借贷和随"会"等形式,进行广泛的借贷活动。仅根据光绪三十二至三十四年"浮记外借老账"的记载,就有人和社、东青野社、西矾硫社、矿井庄、响水泉等十二个地方基层组织,观音堂等三个宗教会社,以及恒开泰、德庆源、聚盛和、恒庆银楼等三十八家商业字号与太和堂发生长年的银钱借存关系。在同一时期内,太和堂还和郑大富、张德敬、王鸿英、李德孝等四百五十六户人家发生借贷关系。①

借贷关系除掉各村社、宗教社和商店的积蓄寄存与急用借贷外,一般农户多在婚丧疾病等情况下向太和堂借贷。在发生借贷关系时,太和堂为了保证收回自己的贷款,在山村里又往往利用中小地主通过二道手的办法向外批贷。太和堂的对外借贷,并没有专门机构,只是利用酒店的流动资金,通过酒店向外借贷和吸收存款。所以,许多村社、宗教社和商店的存款,大都用取货来抵消。当时的利率一般为年利一分至三分。借钱的人总是先托人和太和堂联系,然后找保立契、取钱。同治、光绪年间,请"会"在东矾硫村一带相当盛行,太和堂自己不缺钱用,没请过"会",只是随人家的"会"生利钱。②

家庭的消费状况是体现社会成员综合经济实力的一个重要标识,它与家庭的经济基础和社会地位成正比,拥有大量土地的富裕阶层,家庭的生活水平高于贫苦农民,当然,不同地区的富裕程度不同。不在地主的家庭消费,主要包括两个方面,一是以住为主的物质消费,二是婚丧嫁娶的社会文化消费。

居住是人类生活最基本的空间,是物质生活方面最基本的要素之一。在土地之外,房屋是农民生活必须的物质要求,各个家庭会根据自己的经济实力和家庭人口数量,建造数目、构造等不同的居住场所。贫者多住的是土墙败屋、草棚、茅舍,湫隘昏黑,无空气光线可言。③更为贫穷的,则无一间房屋,或住于亲戚家中,或住于社区残垣断壁的破庙,或寄居于他人家中。与其相反,富裕者不仅住房面积大,房屋数量也多,家内多有摆设,并且宽敞明亮。

---

① 罗仑、景甦:《清代山东经营地主经济研究》,齐鲁书社1984年版,第80页。
② 罗仑、景甦:《清代山东经营地主经济研究》,齐鲁书社1984年版,第80~81页。
③ 陈伯庄:《平汉沿线农村经济调查》,交通大学研究所1936年版,第41页。

如山西的富户,"积资至百万的富豪,都刻苦如乡下佬,吸三个铜板的旱烟,也得盘算再盘算。惟对于住宅,却不惜巨资"①。不在地主阶层大部分是拥有大量财富的富裕者,因此,其居住条件往往会高于其他阶层,甚至不惜花巨资营造豪宅。如太和堂李家,从同治九年至宣统三年(1870~1911),先后修筑庭院13所,其中包括楼厅30余间,瓦房130余间。建造房屋数量不仅多,而且建筑的宅院质量很高,这个可从其开支上得到印证。太和堂在光绪元年只是修建一个庭院的东西配楼,即用大小工4000多个,以当时大工每日工价400文制钱(大工指泥水工、木工等技术工)、小工每日工价60文制钱计算,只工费开支就达七百五十吊制钱以上(此数字系按大工1500个工作日、小工2500个工作日粗略计算)。②章丘县的进修堂,全家四口人竟住着六处可谓金碧辉煌的宅院,而且在旧军镇建有一所阔绰的花园,园内蓄养着孔雀、灰鹤、百灵鸟、猴子等禽兽,并栽种着许多奇花异草。章丘县矜恕堂,家内有南北花园二所,面积达30余亩。③除此之外,富者还建有专门用途之场所,如进修堂设有药铺一所,专为家人治病。矜恕堂设有家馆一所,专供子女读书,设杏仁春药铺一所,专供家人医病。④

婚丧嫁娶是每个家庭必经的一个周期性事件,另外,我国历来崇尚礼仪,婚嫁和丧葬是最基本的礼仪内容,因此,无论个人还是家庭都极其重视,"人相习,代相传",形成了包罗广泛、多种多样的仪式。这些仪式在乡土社会中往往关系到个人和家庭以至于家族的荣誉,所以,各个阶层的家庭在上述仪式的花费都不吝惜。穷者不惜借贷、出售土地和房屋。筹办婚丧嫁娶的仪式,富者则豪掷千金。整体较为富裕的不在地主阶层属于后者,都极尽铺张。如太和堂在婚丧嫁娶、祝寿弥生方面,小孩刚到十四五岁就要结婚,用费少则百余吊,多则数百吊;年纪方50岁就要庆寿,十年一大庆,年年一小庆;60岁左右,甚或还要早些,就开始为自己营建寿坟、置办寿器以及制作昂贵的寿衣,准备

---

① 薛慧子:《今日之华北》,中央电讯社1940年版,第25页。
② 罗仑、景甦:《清代山东经营地主经济研究》,齐鲁书社1984年版,第81页。
③ 罗仑、景甦:《清代山东经营地主经济研究》,齐鲁书社1984年版,第109页。
④ 罗仑、景甦:《清代山东经营地主经济研究》,齐鲁书社1984年版,第95、109页。

着死去以后的一切"享受"。从同治初到宣统末的60年间,太和堂共举行了丧葬仪式14起,婚寿仪式19起。据了解,太和堂普通的丧事要花200多吊,年长辈大的竟花至2000多吊。"修坟七年"、"治丧七日"、待宴宾客千人的盛况,在当时看来,都是"引以为荣"和"理所当然"的事。①进修堂孟家除了每年照例为全家四口人庆四次寿外,每逢阴历正月还要从各地祥字号内抽调许多店员,伙同家内服役人员闹四五天元宵,自己扮演四莽三狮及各种花灯把戏。②矜恕堂每遇婚丧寿庆都是极尽铺张能事,贺寿时经常把京剧著名角色请到旧军家内搭台唱戏,道具行头皆由矜恕堂自备,一次出丧请来超度僧40余人,待宾客达2000人以上,③其奢靡情况可见一斑。

此外,这些富裕的不在地主在日常生活中雇佣众多仆人。进修堂,除农业雇工外,还役使着账房先生3人、厨师3人、马车夫8人、女仆8人、婢女8人、花匠3人、中医2人、木匠5人、理发匠1人、裁衣匠1人、护院彪汉12人,共54人。④矜恕堂也雇有大量仆役,计有:车夫6至7人,马夫4至5人,女仆20余人,婢女5至6人,木工5至6人,泥水工数十人,花匠3至4人,账房会计4至5人,厨师4至5人,医生2人,塾师1人,打杂长工6至7人,护院武装20余人。子女均有个人专用的马拉轿车。⑤进修堂孟家甚至在民国十三年买进柴油发电机,专供家内用电。⑥

---

① 罗仑、景甦:《清代山东经营地主经济研究》,齐鲁书社1984年版,第81页。
② 罗仑、景甦:《清代山东经营地主经济研究》,齐鲁书社1984年版,第95页。
③ 罗仑、景甦:《清代山东经营地主经济研究》,齐鲁书社1984年版,第109页。
④ 罗仑、景甦:《清代山东经营地主经济研究》,齐鲁书社1984年版,第95页。
⑤ 罗仑、景甦:《清代山东经营地主经济研究》,齐鲁书社1984年版,第109页。
⑥ 罗仑、景甦:《清代山东经营地主经济研究》,齐鲁书社1984年版,第95页。

第三节　不在地主阶层之规模

近代以来,尤其是民国时期,社会各阶层在商品经济刺激、市镇勃兴、社会不靖等时代因素的影响之下,开始规模性的加入不在地主群体,致使该群体从历史舞台的幕后走到前台,并因其在形成过程中蕴含着诸多时代因子,成为近代中国社会变迁中的一个显像。但是,以往学界对不在地主群体的关注较弱,关于该阶层的研究尚未开展,更难提对其规模的统计,这也是情理之中的事情。"地主"和"富农"从升为学术话语伊始,到如今已然百年有余,在汗牛充栋的历史研究成果中,涉及到这两个词语的学术成果,用比比皆是来概括,绝非言过其实。可是,关于两个阶层在全国的人数及其占有土地的比例尚未形成定论,何况不在地主阶层?这囿于资料的不完备和调查的不准确,不在地主阶层亦是如此。因此,本节只能利用掌握的各种形式的资料对不在地主阶层的规模作以估计。

一、南方地区的不在地主比例

中国农村调查之风兴起于20世纪20年代后期,关于不在地主的调查材料很少。涉及到这个阶层的中文材料也主要反映的是中国南方地区的情况。所以，为了说明民国时期的不在地主阶层分布之广、规模之大，先根据有限的调查资料，对南方各地的不在地主状况作一描述。

四川省，从陈太先对成都平原农村租佃制度的研究中可知，该地区存在大量的居住在城市甚至更为遥远的他县他乡的不在地主，对于他们而言，农村中的土地只是一种预备产业，土地对于他们也只是一种辅助收入。如在成都、华阳两县曾调查的六七个地方，共计1285户农家，具体情况见下表：

表2.8　四川的成都、华阳两县地主居住地调查

类别		地名	抚琴台	天回镇	土桥	茶店子	苏坡桥	三河场	牛市口	总计
自耕农			1	180	8	7	29	31	19	275
地主	乡居地主	户数	3	275	21	15	18	55	14	401
		百分比	5.67%	49.38%	25.61%	27.78%	25.56%	43.69%	17.5%	39.7%
	不在地主	户数	50	282	61	39	53	58	66	609
		百分比	94.33%	50.62%	74.39%	72.22%	74.64%	56.31%	82.3%	60.3%

资料来源：陈太先：《成都平原租佃制度之研究》，载于萧铮主编：《民国二十年代中国大陆土地问题资料》（第61辑），台北成文出版社1977年版，第32465页。（注：此表中的某些原始数据不准确，有待考证，但不影响本书中问题的探讨。）

由上表可以知，除去275户自耕农，其余1010户地主中，有609户不是居住于他县就是居住于成都市区。这些不在地主，比例最高的抚琴台竟然达到了94.33%，就算比例最低的天回镇也有50.62%，不在地主的平均比例已达到了61%。根据笔者以村落作为界定不在地主的基点而建立的定义来看，上述数据不能反映该地区不在地主的真实比例，因为在乡居地主中包括了邻村地主和外村地主，所以说，该地区不在地主的平均比例应高于61%，暂且不论具体比例是多少，仅以现有的比例足以表明该地区存在大量的不在地主。成都平原与四川全省的情况基本一致，具体情况见下表：

表2.9　四川省地主居住地情况

县别	户数	乡	场	城	外县	大都市	未详
成都平原区	2581	1211	333	513	44	248	232
川西南区	2934	1287	642	769	83	27	146
川西北区	2103	1258	254	566	23	568	24
川东区	1631	980	190	311	22	116	5
全省总计	9249	4743	1419	2161	152	391	383
百分比	100%	51.28%	15.38%	23.37%	1.64%	4.23%	4.14%

资料来源：郭汉鸣、孟光宇：《四川租佃问题》，商务印书馆1944年版，第151~155页。（注：此表中的某些原始数据不准确，有待考证，但不影响本书中问题的探讨。）

以地主的居住地来划分，居住在乡以下区域的地主，称为乡居地主，居住在场以上区域的地主，称为不在地主。由表可知，在调查的9249户中，居乡地主占总户数的51.28%，不在地主占总农户数的48.72%。虽然四川全省的不在地主阶层所占的比例低于局部的成都平原水平，但是近半成的比例足以说明四川全省存在大量的不在地主。

苏南地区，据农村复兴委员会调查，苏州、常熟一带，20世纪30年代前期，"中等地主以上，绝少再居住在农村。我们九百二十五户挨户调查中所得到的地主这样少，固然由于此故"[①]。不仅苏南地主普遍城居，苏北亦然。农村复兴委员会调查发现，东台、兴化、盐城、泰兴"中等地主的情形，大率有地四五百亩，这些地主甚至更小的，十分之九居住在城区或市镇上，乡村里绝少发现"[②]。中央政治学校附设的地政学院学员也在30年代前期对苏州、无锡、常熟农村进行过调查，发现三地农村不在地主和在乡地主比例分别为95%和5%，40%和60%，85%和15%。[③]土地改革前，中共曾对该地区进行过调查，在1949

[①] 行政院农村复兴委员会编辑：《江苏省农村调查》，商务印书馆1935年版，第6、7页。

[②] 行政院农村复兴委员会编辑：《江苏省农村调查》，商务印书馆1935年版，第4页。

[③] 何梦雷：《苏州、无锡、常熟三县租佃制度之调查》，见萧铮主编：《民国二十年代中国大陆土地问题资料》，台北成文出版社1977年版，第33237页。

年与1952年对苏南十八个县48 397户地主的调查材料中,有61.5%的地主居住在农村,38.5%的地主居住在城镇和外地,当然,苏南各区不在地主的分布情形不一样,相对而言,中部与东部较多,西部则较少。各县具体情况列表如下:

表 2.10　苏南十八县地主居住地调查[①]

县别	地主户数	居住农村百分比	居住城镇百分比	居住地不详百分比
武进	5122	88.74	11.26	——
江阴	3323	88.68	11.13	——
溧阳	3861	91.19	8.81	——
金坛	2272	83.67	16.33	——
吴县	5480	27.01	72.99	——
常熟	6153	51.24	48.76	——
吴江	3366	44.65	55.35	——
太仓	1527	80.48	19.52	——
昆山	1755	87.18	12.82	——
南汇	2329	58.05	37.61	4.34
松江	2727	40.74	54.79	4.47
奉贤	1730	63.98	31.68	4.34
金山	1409	47.91	41.09	11.00
青浦	1884	46.23	52.98	0.79
嘉定	1804	57.98	39.08	2.94
川沙	900	83.67	14.78	1.55
上海	1825	31.23	45.32	23.45
宝山	930	50.54	25.16	24.30
合计	48 397	61.50	36.05	2.45

上表中的吴县、常熟两县居住城镇的地主户数,仅为居住于苏州、常熟两市的地主户数;而武进、江阴、溧阳、金坛、太仓、昆山等县的居住城镇地主户数中,只为居住于各该县县城内的地主户数,在居住农村地主户数中不仅包括了居住于小集镇上的地主,而且还包括了邻村地主和外村地主。因此,实际

[①] 中国共产党苏南区委员会农村工作委员会编:《苏南土地改革文献》,1952年内部发行,第497页。

不在地主阶层的比例要远远超过上表中的数字。另据土地改革时苏南地区东部的苏州、常熟、吴江三个城市的调查可知,苏州全市30万人口中,有4000户是地主;常熟县城10万人口中,有3000户是地主;吴江县城6000人口中,有300户是地主。吴江全县地主2700户,其中1700户住在县城和盛泽、震泽等城镇。①再据1950年对苏南青浦县调查,发现"大地主全部居住在城市中,其中又以居住在青浦县城及上海市区的最多",而且并不是近期才出现城居之现象,基本上一直如此。②这些调查数字都反映出该地区存在大量的不在地主。

上海、江苏、浙江、安徽、江西地区不在地主的分布比例可由实业部于1934年进行的调查知晓,如下表所示:

表2.11　上海、江苏、浙江、安徽、江西地区不在地主的分布情况

项别 \ 项目	不在地主	乡居地主	调查范围
上海	30%	70%	
江苏	32.3%	67.7%	16县区
浙江	47.3%	52.7%	9县区
安徽	26.7%	73.3%	4县区
江西	26.7%	73.3%	43县区
平均	34.4%	65.6%	

资料来源:民国二十四年商务印书馆续编《中国经济年鉴》,第114~117页。

由上表可见,上海、江苏(16个县区)、浙江(9县区)、安徽(4县)、江西(43县区)不在地主的比例分别为30%、32.3%、47.3%、26.7%、26.7%,平均为34.4%,约占地主总数的三分之一。这个比例如同四川省的情况一样,实际上述地区的不在地主阶层的比例高于这个水平,原因也在于乡居地主中包括了邻村地主和外村地主。另外,金陵大学农经系在1935年曾对安徽16个县、江西10个县农村租佃关系进行了详细的调查,这两个省的不在地主所占比例分别

---

① 潘光旦、全慰天:《苏南土地改革访问记》,三联书店1952年版,第19~20页。
② 行政院农村复兴委员会编辑:《江苏省农村调查》,商务印书馆1935年版,第11~12页。

为30%、26%,平均为28%。①这个比例也偏低,同样也是因为居乡地主中包括了一部分不在地主。江苏和安徽两省不在地主的比例与实业部的调查相差不大。著名社会学家乔启明1926年对安徽宿县调查后发现,地主居乡和居外(应当包括居住在其他乡村者)的比例分别是72.6%和27.4%。②不在地主的比例与实业部的调查也大致相似。安徽合肥一带,二三十年代不但大地主纷纷城居,就是中小地主,乃至自耕农也弃耕到城市谋生。③

在江苏,乔启明1926年对江苏昆山、南通调查后发现,地主居乡和居外(应当包括居住在其他乡村者)比例分别是34.1%和65.9%,82.2%和15.8%。④此外,江苏民政厅在1930年春天,曾调查全省1000亩以上的大地主,共有514个,根据这次13个县的调查所得,拥田10 000亩以上的大地主不论江南江北,几乎每县都有。在淮北一带的旱田区域,10 000亩以上的地主每县至少有一两家,比如说萧县的李厚基有田产20 000余亩,邳县有位姓窦的地主有田50 000余亩,其他如阜宁、灌云等县也都有五六万亩以上的大地主。在射阳河以南长江以北的所谓江北贫瘠区域中,中等地主占优势,然而在东台、兴化、泰县、盐城等县中,仍然还是有10 000亩以上的大地主。这些县城中中等地主的情形,大约有田产四五百亩,这些地主甚至更小的,十有八九居住在城市或市镇上,乡村里绝少发现。⑤据费孝通粗略调查,吴县开弦弓村约有三分之二的田底被不在地主占有,村民只占有三分之一。⑥

在浙江,龙游县不但有大地主,中小地主也很发达,不过大都居住在城市或市镇上,在农村中的比较少;崇德无大地主,中小地主多数住在城里或镇

---

① 金陵大学农学院农经系编印:《鄂豫皖赣四省之租佃制度》,1936年,第72~77页。
② 乔启明:《江苏昆山、南通、安徽宿县农佃制度之比较以及改良农佃制度之建议》,《农林丛刊》第30号,1926年5月。
③ 赵世昌:《合肥租佃调查》,见萧铮主编:《民国二十年代中国大陆土地问题资料》(第58辑),台北成文出版社1977年版,第29963页。
④ 乔启明:《江苏昆山、南通、安徽宿县农佃制度之比较以及改良农佃制度之建议》,《农林丛刊》第30号,1926年5月。
⑤ 行政院农村复兴委员会编辑:《江苏省农村调查》,商务印书馆1935年版,第3~4页。
⑥ 费孝通:《江村经济——中国农民的生活》,商务印书馆2005年版,第134页。

上,在农村中的很少很少;海宁地主特别多,因为海宁交通便利的关系,几乎20%的人经商在外,所以他们的土地多佃种于人,而自己离开了农村,向都市去谋生活了,这些人绝大部分为中小地主;在东阳调查时发现祀产甚发达,地主大都在城中,因此农村中所见到的尽是贫无立锥之地的农民;永嘉是一个有大地主的地方,但这次的6村调查中,地主却未被发现多少,原因很简单,无非由于调查的区域仅涉及到农村而未到城市而已。① 在嘉兴县高照乡各阶层共使用土地11 285.35亩,其中5400.03亩为外乡业主所占有,而外乡业主所占土地中以地主土地最多,计4425.04亩,②占总使用土地面积的3.921%。另一个对嘉兴县塘汇乡两个村外籍业主居住地的统计如下:

表2.12　南阳、徐王两村外籍业主住址统计表 ③

外籍业主居住地点	南阳村		徐王村	
	户数	百分比	户数	百分比
城市	34	44.7	39	52.0
小镇	17	22.4	29	38.7
乡下	24	31.6	3	4.0
未明	1	1.3	4	5.3
合计	76	100.0	75	100.0

由上表可以看出,在嘉兴县的外籍业主中住在城市和小镇上的业主占了1/3强,在徐王村甚至达到了90%,也就是说外籍业主绝大部分是住在城镇中的。

吴兴县的南浔镇不仅是吴兴有名的富镇,也是浙江省有名的富镇。镇里有闻名的八大家,他们的资产有几户在三千万以上,论到土地,自然以千顷计。④

---

① 行政院农村复兴委员会编:《浙江省农村调查》,文海出版社(台北)1999年版,第18、126、157、8、175页。

② 华东军政委员会土地改革委员会:《浙江省农村调查》,1952年刊印,第84、88页。

③ 华东军政委员会土地改革委员会:《浙江省农村调查》,1952年刊印,第102页。

④ 刘怀溥:《浙江崇德县农村视察记》(1934年12月),载于陈翰笙、薛暮桥、冯和法编:《解放前的中国农村》(第三辑),中国社会科学出版社1989年版,第359页。

在湖北,据1928年7月对湖北阳新县18个村的调查,不在地主(主要为城居地主)比例高低不一,九门高达97%,军山村、怀仁里村均为30%,另有1个村为15%,3个村为10%,其他村居外者则较少。①据同时期对武昌县农村的调查,发现不在地主比例也相当高,胡家大树、白马堆不在地主比例高达80%,戴家湾30%、东兴洲50%、涂家沟55%、马庄70%。②另外,金陵大学农经系在1935年对湖北15个县农村租佃关系进行调查,其资料显示,湖北省的不在地主所占比例为17%。③当然,这个比例也偏低,原因亦为居乡地主中包括了一部分不在地主。

云南省昆明县"在农村内地主很少,原因是地主大都居住在城市里"。根据对昆明县558户农家的调查,"计不在地主32户,占总户数5.74%",这里"所谓的不在地主,是指高居昆明市区之业主而言,彼辈不在乡村,调查较难,仅从佃农口中探悉之"。玉溪县"在农村内的地主占少数,乃是普遍的情形,他们大都是住在城市的"④。

广西省岂宁县"地主仅占了总户数的1%,而且并不是大地主。龙州没有地主而且有自耕农和佃农,这显然说明地主没有居住在村里。且各县半自耕农和佃农所租的田地,其数字超过了调查所得的地主所有的田亩,就可知尚有地主在外"⑤。

上述各种调查尽管范围小,但具有一定的代表性。浙江、江苏、四川等县商品经济较为发达,不在地主比例较高,而云南、广西等省商品经济发展相对滞后,不在地主的比例较低,然为数也不少。中国南方地区不在地主存在规模之大,在一些研究中均有反映,如珀金斯根据农村复兴委员会和日本人的调查,推算出陕西、江苏、浙江、广西和云南8省37个村落中的出租地,四分之一为本

---

① 赵学诗编辑、叶雅各审订:《阳新县农村调查统计说明书》,《湖北建设月刊》第1卷第9期,1929年3月20日。

② 叶雅各编辑、赵学诗计算:《武昌县农村调查统计说明书》,《湖北建设月刊》第1卷第7期,1929年1月20日。

③ 金陵大学农学院农经系编印:《鄂豫皖赣四省之租佃制度》,1936年版,第72~77页。

④ 林定谷著:《昆明县租佃制度之研究》,成文出版社1977年版,第327页。

⑤ 行政院农村复兴委员会编:《广西省农村调查》,文海出版社(台北)1999年版,第53页。

村所有,四分之三为外村所有。① 另外,徐畅根据国民政府实业部中央农业研究所对江苏、浙江、湖南、湖北、安徽、江西六省农户离村的调查数据进行合理推算,认为南方几省城居地主的数量十分庞大和惊人。据1933年调查,全国全家离村农户总数高达1 920 746户,江苏、浙江、湖南、湖北、安徽、江西六省全家离村户数分别为189 118、73 444、147 511、220 977、144 649、95 853户。② 据该调查,1933年江苏、浙江、湖南、湖北、安徽、江西六省地主离村户数,占离村农户总数比例分别为16.2%、17.7%、26.6%、20.4%、18.7%和27.4%。③ 徐氏以此计算,认为江苏、浙江、湖南、湖北、安徽、江西六省地主离村户数分别为30 637、12 910、39 238、45 079、27 049、26 264户,总计为181 177户。④ 上述繁多的各种调查以及研究,均说明近代以来中国南方地区存在大量的不在地主。

二、华北地区不在地主的比例

20世纪前期,中国南方地区存在大量不在地主的事实已被诸多调查所证实。那么,华北地区的不在地主阶层又是怎样的情景呢?一直以来,诸多研究认为在华北村落中难觅地主之踪影,甚至有"无地主村"之说法,诚然,该地区以自耕型土地所有形态为主要特征,但并不意味着华北农村社会中地主阶层的缺失,之所以出现上述之说法,正是因为以往忽略了不在地主阶层的存在。这些观点的出现,都源于资料的缺乏。民国期间,国内各种组织、团体以及个人对华北地区进行了繁多的调查并形成数量可观的资料,然而,能够体现不在地主阶层的资料屈指可数。然笔者发现,20世纪三四十年代,日本人在华北实地调查而形成的诸多资料,不乏关于不在地主阶层方面的记载,下表便是根据日本满铁调查资料整理出来的华北地区35个自然村落的情况。

---

① [美]德·希·珀金斯著,宋海文等译:《中国农业的发展(1368~1968年)》,上海译文出版社1984年版,第117页。

② 《各种农民离村之百分比》,《农情报告》第4卷第7期,1936年7月15日。

③ 《各种农民离村之百分比》,《农情报告》第4卷第7期,1936年7月15日。

④ 徐畅:《二十世纪二三十年代华中地区农村金融研究》,齐鲁书社2005年版,第469页。

表2.13 华北33个自然村落租佃情况表

村名＼类目	总耕地面积(亩)	租地占耕地面积	在村地主数	资料来源
1 昌平县阿苏卫	1527	?	0	满铁冀东地区农村实态调查班:『冀东地区内二十五箇村农村实态调查报告书』上,1936年,第7~9、12、13页。
2 平谷县胡庄	2400	10%	0	满铁冀东地区农村实态调查班:『冀东地区内二十五箇村农村实态调查报告书』上,1936年,第39~137页。
3 丰润县焦家庄	2502	9.2%	0	满铁冀东地区农村实态调查班:『冀东地区内二十五箇村农村实态调查报告书』上,1936年,第72~148页。
4 平谷县大北关	2438	8.2%	0	南满州铁道株式会社:『冀东农村实态调查报告书统计篇:第一班平谷县』,大连:满铁1937年,第2~5页。
5 恩县后夏寨	2530	3.6%	0	中国农村调查刊行会:『中国农村惯行调查』第四卷,岩波书店1981年版,第10、459页。
6 香河县后延寺	5012	?	0	满铁冀东地区农村实态调查班:『冀东地区内二十五箇村农村实态调查报告书』上,1936年,第59~156页。
7 蓟县纪各庄	1575	0	0	满铁冀东地区农村实态调查班:『冀东地区内二十五箇村农村实态调查报告书』上,1936年,第9~202页。
8 遵化县卢家沟	2497	10%	0	满铁天津事务所调查科:『遵化县卢家寨农村实态调查报告』,天津:满铁1936年,第39~136页。
9 顺义县沙井村	1182	17.2%	0	中国农村调查刊行会:『中国农村惯行调查』第一卷,岩波书店1981年版,第76页;第二卷,第58页。
10 惠民县孙家庙	1037	24.4%	1	中国农村经济研究所:『山东省惠民县农村调查报告』,北京:中国农村经济研究所1939年,附录,2~15页。
11 满城县眺山营	1230	5.5%	0	北支那开发株式会社调查局:『劳动力资源调查报告』,北京:北支那开发株式会社调查局1943年,第18~41页。
12 通县小街	2692	41.2%	1	满铁天津事务所调查科:『北支那における绵作地农村事情』,天津:满铁1936年,第33~116页。
13 密云县小营村	3025	34.5%	3	满铁冀东地区农村实态调查班:『冀东地区内二十五箇村农村实态调查报告书』上,1936年,第64~75页。

续表

类目 村名	总耕地面积	租地占耕地面积	在村地主数	资料来源
14 丰润县东鸿鸭泊	1143	19.2%	1	满铁冀东地区农村实态调查班:『冀东地区内二十五箇村农村实态调查报告书』下,1936年,第47~132页。
15 玉田县龙窝	524	10.50%	0	满铁冀东地区农村实态调查班:『冀东地区内二十五箇村农村实态调查报告书』下,1936年,第12~24页。
16 获鹿县马村	4209	24.2%	0	北支经济调查所编:『农家经济调查报告:获鹿县第二区马村』,南满洲铁道株式会社,1939年,第81~87页。
17 丰润县米厂	2237	34.6%	0	南满洲铁道株式会社:『第二次冀东农村实态调查报告书统计篇:第三班丰润县』,大连:满铁1937年,第1~88页。
18 昌黎县前梁各庄	1564	36%	5	南满洲铁道株式会社:『第二次冀东农村实态调查报告书统计篇:第四班昌黎县』,大连:满铁1937年,县,第1~93页。
19 栾城县寺北柴村	2053	66.8%	0	中国农村调查刊行会:『中国农村惯行调查』第三卷,岩波书店1981年版,第5页。
20 昌黎县中两山	2000	18.5%	1	满铁冀东地区农村实态调查班:『冀东地区内二十五箇村农村实态调查报告书』下,1936年,第75~264页。
21 枣强县杜雅科	1558	10%	0	满铁天津事务所调查科:『北支那における绵作地农村事情』,天津:满铁1936年,第17~116页。
22 历城县冷水沟	4200	5%	0	中国农村调查刊行会:『中国农村惯行调查』第四卷,岩波书店1981年版,第9、76~175页。
23 高唐县祁寨	2245	3.4%	0	北支那开发株式会社调查局:『鲁西绵作地带の一农村に於ける劳动力调查报告』,北京:1943年,第1~98页,付录表1。
24 玉田县小王庄	1036	20%	0	满铁冀东地区农村实态调查班:『冀东地区内二十五箇村农村实态调查报告书』下,1936年,第95~288、298、311、313、320页。
25 玉田县芝麻堼	676	5.3%	0	满铁冀东地区农村实态调查班:『冀东地区内二十五箇村农村实态调查报告书』下,1936年,第12~42页。
26 石家庄市东焦	1459	30%	0	华北综合调查研究所:『石门市近郊农村实态调查报告书』,北京:华北综合调查研究所1944年,第26~128页。

续表

类目 村名	总耕地面积	租地占耕地面积	在村地主数	资料来源
27 济南市南权府庄	279	15%	0	華北交通株式会社:『鉄路愛護村実態調査報告書』,華北交通株式会社1940年,第16~101頁。
28 抚宁县邴各庄	1200	45%	2	満鉄冀東地区農村実態調査班:『冀東地区内二十五箇村農村実態調査報告書』下,1936年,第95~320頁。
29 乐亭县柏庄	1860	30%	0	満鉄冀東地区農村実態調査班:『冀東地区内二十五箇村農村実態調査報告書』下,1936年,第91~120頁。
30 昌黎县侯家营	2979	12.1%	1	中国農村調査刊行会:『中国農村慣行調査』第五巻,岩波書店1981年版,第5、33頁。
31 宁河县胡庄	1943	47.5%	0	満鉄冀東地区農村実態調査班:『冀東地区内二十五箇村農村実態調査報告書』下,1936年,第91、93~94、115、120頁。
32 临榆县黑汀庄	1799	72.7%	0	満鉄冀東地区農村実態調査班:『冀東地区内二十五箇村農村実態調査報告書』下,1936年,第60~396頁。
33 良乡县吴店村	1100	54.5%	0	中国農村調査刊行会:『中国農村慣行調査』第五巻,岩波書店1981年版,第6~7、412頁。
34 高密县四三里庄	433.93	82.3%	0	北支経済調査所編:『小麥の生産・消費・販売とその事変前後の変動—山東省高密縣・青島市膠縣農村調査成績を中心として』,満州鉄道株式会社1942年版,第3~4頁。
35 宋村	1740.7	85%	0	南満洲鉄道株式会社調査部:『北支農村概況調査報告:彰德縣第一区宋村及七里店』,日本評論1940年版,第9~10頁。

由上表可知,华北地区的35个自然村落中,除去1个没有租佃土地的村落和2个租佃土地不明的村落外,平均每个村落租佃土地占耕地面积约为27.86%,但是在村地主只有14户,而且,这地主并非都是富裕之家,或是因缺乏劳动力,或是因不便耕种,或是为了急需用钱,将自己少量的土地出租,余下的出租者皆为不在村落内部居住的地主。诚如黄宗智所言:"在华北平原很多村庄根本没有地主。华北地主主要是居住在城市之中的不在村地主。那些在村地主往往只拥有较少的土地,而在许多村庄,甚至连这种小地主都不存

在。"①这一结论在一些其他经过实地调查的村庄得到了证实。在柯鲁克夫妇的《十里埔》一书中,靠近河北武安县的这个村庄就没有在村地主。

此外,中国学者们所做的调查也提供了足够多的证据。据对河南省洛阳、陕州两县抽样调查,居乡地主与居外地主的比例分别为86.5%和12.5%。②如果说洛阳和陕州地主城居比例较低的话,南阳地区的地主城居比例可就要高多了,冯紫岗、刘端生描述道:"南阳地主和别的地方地主一样,都集中到城市里。"由于地主、富农,甚至中农"急速向城市迁移,因此南阳城中由两万多人一下子增加到四万多","在直径不到二里的小小的城里,一百亩以上的地主竟多至五百余家。这些地主们多是从各乡跑来的,他们每家都有几百亩地"。③新乡、滑县、许昌、镇平、辉县等县的调查同样表明地主大多数城居。新乡、滑县一带的地主"近年来……相率搬到城里居住,所以乡村中的地主成分相对的少",特别是在许昌,"稍有田产的地主多半住在城里"。④在河南南部和中部的镇平、邓县地主也多数居住在城里,乡村很少见到。⑤陕西省渭南县,"五年来(1928~1933)这四个村子的土地所有权减少了。例如,该村1928年有地5527.2亩,1933年有地4577.3亩,减少了949.9亩,占1928年的17.19%。土地减少了,但是土地到哪里去了呢?住在农村里的地主差不多是小地主,他们典卖土地的能力是很少的,能够典卖土地的,是住在城镇里的大地主和中地主"⑥。

华北地区较之于其他地区存在一种特殊的、数量庞大且占地规模惊人的不在地主阶层,即旗人不在地主。清代耕地的类型多样,据《大清会典》,凡田地之别,有民田,有更名地,有屯田,有灶地,有旗地,有庄田,有悬赏地,有牧地,有监地,有公田,有学田,有赈田,有卢田。⑦其中,旗地为清代所特有的土

---

① [美]黄宗智著:《经验与理论:中国社会、经济与法律的实践历史研究》,中国人民大学出版社2007年版,第97页。

② 孟光宇:《洛阳、陕州之租佃制度》,见萧铮主编:《民国二十年代中国大陆土地问题资料》(第65辑),台北成文出版社1977年版,第34175页。

③ 冯和法编:《中国农村经济资料续编》(上册),黎明书局1935年版,第201页。

④ 行政院农村复兴委员会编:《河南省农村调查》,商务印书馆1934年版,第5页。

⑤ 行政院农村复兴委员会编:《河南省农村调查》,商务印书馆1934年版,第90、108页。

⑥ 行政院农村复兴委员会编:《陕西省农村调查》,台北文海出版社1999年版,第6、9页。

⑦ 《大清会典》(光绪朝)卷一七《户部》。

地形态,源于盛京。所以《大清会典》中的"旗地"指盛京十四城旗人所种之地,及近京圈地征收旗租者。清王朝入主中原之后,旗人大肆圈占土地,清统治阶层实行此措施目的多多,一为安全考虑,让满族人拱卫京师;二为维护满族人的特权地位,酬谢参战的八旗人员,并作为他们的生产资源以保障他们的生活。清政府早年推行的圈地政策,一时间掀起了圈地之风,故清代文献中的八旗旗地之语频现。"旗地"之意也随即扩展为旗人所拥有之田地。旗人不习农事,在旗地的经营上多采用租佃的经营方式。"我朝定鼎之初,虽将民田圈给旗人,但仍系民人输租自种,民人自种其地,旗人坐取其租,一地两养,彼此相安,从无异说。"①旗人有直接招佃出租者,而某些拥有大量土地的旗人出于管理旗地的需要,在皇庄、王庄、官庄以及一般旗地都设置了庄头一职,进行管理。无论直接招佃出租还是设庄头经营,旗人地主多居住于城镇之中,与其所有之土地多处于不同社区,故为不在地主阶层中的特殊类型。

　　根据王钟翰先生的研究,清朝的旗地存在严格的等级身份制,可分为三类:皇庄,又称官庄,属于皇帝的私产,包括内务府官庄,盛京户部、礼部、工部官庄及三陵所属官庄;王庄,即八旗宗室王公的庄田;八旗官兵丁旗地,又称一般旗地,系八旗官员占有的土地和八旗兵丁按丁分给的土地。②旗地不仅有身份制的特征,而且面积惊人,通过几次大规模地圈占和投充,在近畿方圆300里以内的州县遍布旗地。在圈地之州县,旗地的面积竟大于民田。经过统计,直隶省的旗地占顺治末年全国土地5 493 576顷的4.32%,占当时直隶全省土地159 772顷的52.59%。③如"直隶地方,顺天、保定、永平、宣化、河间、天津等处,膏腴之地,多被旗圈,所剩之田,非山冈水洼,即沙咸瘠薄,小民零星承种,鲜有田连阡陌之家"④。东安县"顺治元年原额地三千二百四十二顷八十四亩七分六厘。内除二年三年四年圈去地一千九百四十七顷四十五亩七分三厘,又顺治四年镶黄旗下投充焦春茂带去三百五十三顷七十二亩五分七厘,又康

---

① 孙嘉淦:《八旗公产疏》,《孙文定公奏疏》卷四,第33页。
② 王钟翰:《清代旗地性质初探》,《文史》,1981年第6期。
③ 高宗敕:《清朝文献通考》卷五,商务印书馆 1936年版,第4904页。
④ 孙嘉淦:《蠲免事宜疏》,《孙文定公奏疏》卷八,第32页。

熙二十一年拨给内务府设立庄头屯地三十五亩……实在民地四百九十六顷四十五亩八分四厘四毫"①。满城县"原有民地二千二百九十顷四十三亩七厘一毫,乃清初旗下圈占民地及带地投充之地为数竟达二千一百七十七顷八十六亩二分五厘七毫,其存剩之地仅一百十二顷五十六亩八分一厘四毫而已"②。宝坻县"顺治元年原额民地六千八百九十顷六十四亩七分二厘,内除二年三年四年圈去地四千四百一十七顷三十六亩八分八厘五毫,又三年四年六年七年投充带去地一千五百一十五顷三十二亩三分四厘六毫,实存民地五十七顷九十五亩四分八厘九毫"③。蓟县"实圈占八千三百四十七顷七十九亩四分六厘七毫,共存民地二千一百一十五顷三十八亩九分二厘三毫四丝。民旗两地相较为四与一之比"④。密云县"康熙六十一年,量定民地。前明原额二千七百三十三顷四十三亩二分零。自顺治九年后,年次圈丈、并投充带去沙庄、水冲等地二千一百五十一顷四十一亩三分零,实存地六百七十三顷四十五亩四分零"⑤。玉田县"原额民地五千二百一十六顷八十八亩……顺治二年以后,圈拨旗下屯田,投充勋戚食采,只剩民地六百一十七顷五十一亩"⑥。唐县"县境,山居十之五,水居十之二,平原仅十之三四。除城堡、村落、道路、寺观分占外,垦田无多,腴者又半属旗地,民之瘠盖可知也"⑦。房山县"自皇清定鼎,三辅悉为从龙采地,房(山县)之土,与房之民,与房之赋,皆十耗其七"⑧。雄县,"县在明代,原额民地四千四百五顷七十六亩九分一厘三毫八丝。清初,八旗圈占地已达三千五十六顷零,又投充带去地六百一十八顷零,计共三千六百七十五顷零。姚志谓:'雄其虚存版籍',非过言也。至康熙九年,共退出一

---

① 乾隆《东安县志》卷六,《田赋》。
② 陈宝生修,陈昌源纂:《满城县志略》卷六,台湾成文出版社1969年出版,第5页。
③ 洪肇林修,蔡寅斗纂:乾隆《宝坻县志》卷五,台湾成文出版社1969年版,第260页。
④ 徐葆莹修,仇锡廷纂:《民国蓟县志》卷五,台湾成文出版社1969年出版,第489页。
⑤ 民国《密云县志》卷四之二,第3~4页。
⑥ 光绪《玉田县志》卷十三,第2~4页。
⑦ 光绪《唐县志》卷一,第14页。
⑧ 民国《房山县志》序二,第1页。

千一百四十八顷零,实存一千八百七十九顷零"①。

近畿附近的旗地面积在顶峰时曾达到十七万余顷,但经过旗地制度的变迁,至清末民初,河北省有各式旗地约十六万顷,占全省农业用地的15%。数量庞大的旗地具体到各县情况不一,可通过顺天府密云县、良乡县和保定府满城县的比较为证。

表2.14 民国初年河北各县旗地情况表

府县名		地目	数量	C+D/A
顺天府	密云县	A 明代民粮地	2733顷74亩余	84.5%
		B 民国二年县内民粮地	422顷74亩余	
		C 旗租地	744顷	
		D=A−B−C(旗圈地、黑地)	1566顷69亩良	
	良乡县	A 明代民粮地	2918顷24亩余	83%
		B 光绪十五年前后县内民粮地	497顷26亩余	
		C 旗租地	466顷58亩余	
		D=A−B−C(旗圈地、黑地)	1954顷40亩	
保定府	满城县	A 明代民粮地	2290顷43亩余	58.2%
		B 民国二年县内民粮地	958顷39亩余	
		C 旗租地	880顷72亩余	
		D=A−B−C(旗圈地、黑地)	451顷32亩	

资料来源:1914年《密云县志》卷四之二田赋考,1924年《良乡县志》卷三赋役志,1931年《满城县志略》卷六县政田赋,台湾成文出版社《中国方志丛书》。转引自王立群:《民国时期河北旗地变革研究1912~1934》,博士论文(未刊稿),第32~33页。

关于旗地在华北地区的具体情形,我们亦可以触及最基层社区进行考察。顺义县沙井村,距顺义县城约2公里,光绪年间该村共有田地11顷,其中旗地6~7顷。②辛亥革命前后,该村旗地残留情况具体如下图:

---

① 民国《雄县新志》卷三,第1页。
② [日]中国农村调查刊行会:『中国农村慣行调查』第二卷,岩波书店1981年版,第487页。

附图一　辛亥革命前后顺义县沙井村的旗地分布状况

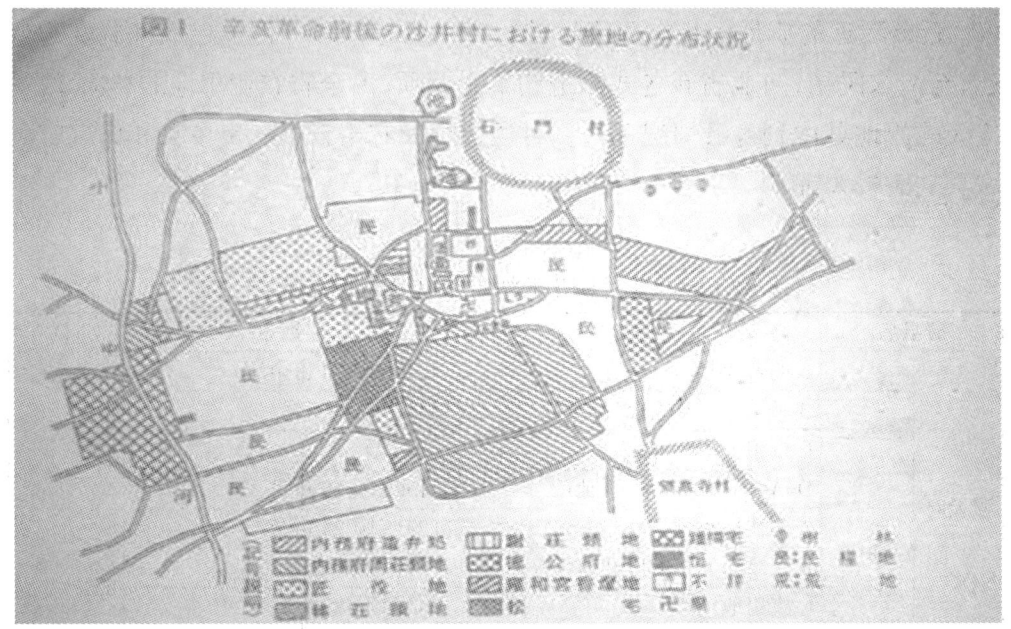

资料来源：[日]中国農村調査刊行会：『中国農村慣行調査』第一卷卷末，岩波書店1981年版。

在这个村里,租种旗地的佃户包含了自耕农、自耕兼佃农,也有地主、富农。如沙井村的杜荣,在清末年间耕种村内外散在的内务府地、匠役地的同时,自己也拥有民粮地,而且总计多达7顷。其中,村外的耕地让佃户耕种,村内的耕地雇佣村民耕种。内务府造办处的催头李汉源,是匠役地、周庄头地的佃户,但他同时又拥有民粮地,其数量在光绪年间为两顷左右。据沙井村村民杜祥言,该社区内的旗地有匠役地、周庄头地、钟杨宅地、雍和宫地、菊宅地、松宅地等,其中,匠役地四五十亩,钟杨宅所有地三十亩,周庄头所有地八十亩,松宅地八九十亩,菊宅地百亩,雍和宫所有地四亩。①旗地的地租比之于民田地租较低,其中,最高的属内务府造办处地租银两钱(两吊);周庄头地无差别每亩均为一吊;菊宅地较为复杂,下等田每亩八百钱、中等田每亩一吊、上

---

① [日]中国農村調査刊行会：『中国農村慣行調査』第二卷,岩波書店1981年版,第452~453、487頁。

等田每亩一吊二百钱；松宅地无差均为每亩一吊二百钱；匠役地每亩四五百钱；钟杨宅一吊二百钱。①另一方面，民粮地的田赋银二分，民粮地的租佃费六吊。由此看来，民国初年的旗租是普通田赋的五倍乃至十倍，是普通民地租佃费的十分之一到五分之一。

良乡县吴店村的旗地情况与沙井村稍有不同，除内务府地之外，仪亲王、恭亲王等王庄的土地存在于该社区内，成为本社区的一大特征。本社区约七成的耕地为旗地。若追溯至光绪年间的话，该社区的土地基本为旗地。②

上述之调查虽不能准确反映出华北地区不在地主阶层的确切比例，但是为我们勾勒出了当时该地区不在地主阶层的大致轮廓，足以表明该地区存在大量的不在地主。

三、南北不在地主比率差异

20世纪初期以降，农村问题成为中国近代积贫积弱的重要原因。该认识形成之后，国内的许多学者、学术团体以及政府机构，乃至于国外学者和学术团体对各地农村现状包括土地问题进行了广泛的社会调查。这些调查的动机和目的有别、调查范围不同、调查方法各异，但大量的资料表明，不在地主阶层的规模和分布上，呈现出了南高北低的特点。详细情况可见下表。③

---

① ［日］中国農村調査刊行会：『中国農村慣行調査』第二卷，岩波書店1981年版，第452、487頁。
② ［日］中国農村調査刊行会：『中国農村慣行調査』第三卷，岩波書店1981年版，第377~378、478~481頁。
③ 由美国学者珀金斯所著的《中国农业的发展（1368~1968年）》中第119~120页的表格改制而来。

表2.15　不在地主分布情况表（20世纪30年代）

省份	地点	出租耕地占耕作土地面积的百分数	从外租进土地占耕作土地面积的百分数	资料来源
河北	遵化	8	2	《农村实态调查报告》（《华北经济资料27号》），第72~82页。
	密云	36	-5	《农村实态调查报告》（《华北经济资料29号》），第24~36页。
	丰润	34	27	《农村实态调查报告》（《华北经济资料5号》），第73~74页。
山东	泰安	23	12	《农村实态调查报告》（《华北经济资料15号》），第74、82页。
	青岛	14	3	《农村实态调查报告》（《华北经济资料7号》），第15、25页。
	潍县	78	63	《农村实态调查报告》（《华北经济资料17号》），第127页、附录。
河南	许昌	14	12	农村复兴委员会：《河南省农村调查》，第22、24~25、64、65页。
	辉县	40	16	
	镇平	58	-53	
陕西	渭南	6	3	农村复兴委员会：《陕西省农村调查》，第24~25、65、99页。
	凤翔	6	5	
	绥德	40	32	
江东	太仓	93	91	《农村实态调查报告》（《上海满铁调查资料第35号》），附表。
	常熟（一）	80	70	《农村实态调查报告》（《上海满铁调查资料第34号》），附表。
	常熟（二）	82	69	农村复兴委员会：《江苏省农村调查》，第51~52页。
	松江	87	85	《农村实态调查报告》（《上海满铁调查资料第48号》），1940年，第50~51页。
	无锡	31	19	《农村实态调查报告》（《上海满铁调查资料第50号》），1941年，附表。
	南通	33	2	《农村实态调查报告》（《上海满铁调查资料第51号》），1941年，附表。
	启东	64	62	农村复兴委员会：《江苏省农村调查》，第51~52页。
	盐城	28	28	
	沛县	50	46	

续表

省份	地点	出租耕地占耕作土地面积的百分数	从外租进土地占耕作土地面积的百分数	资料来源
浙江	崇德	34	16	农村复兴委员会:《浙江省农村调查》,第34、89、128、139、143~144、188页。
	东阳	69	67	
	龙游	45	−29	
	永嘉	68	43	
广西	苍梧	34	18	农村复兴委员会:《广西省农村调查》,第49~50、90~91、106页。
	邕宁	5	5	
	柳州	15	13	
	桂林	37	28	
	龙州	13	13	
云南	昆明	47	46	农村复兴委员会:《云南省农村调查》,第96~97、106~107、199、255页。
	禄丰	29	14	
	玉溪	41	30	
	马龙	26	23	
	开远	90	88	
	永善	44	29	费孝通、张之毅:《乡土中国》,第76、222~223、237页。
	泸水	35	13	

资料说明:表中负数指村民将所有土地出租给村外的农民,而这些土地多位于外村。

由上表可知,华北地区的河北、山东、河南、陕西四省出租耕地面积占耕地面积平均为29.75%,不在地主出租土地占耕作土地面积平均为19.4%。南方地区的江苏、浙江、广西、云南四省出租耕地占耕地总面积平均为47.2%,不在地主出租土地占耕作土地面积平均为37.88%。显而易见,从租佃制度的角度来说,南方高于北方,从不在地主阶层的空间分布来说,亦是南方地区明显高于北方地区。另外,进一步分析可知,这种南北差异之下掩藏着一区域之内、一省之间甚至一县之中各地方之间的巨大差别。河北省与山东省不在地主出租土地占耕作土地面积分别为11.33%、26%,二省之间有两倍多的差距。一省之内,这种差距亦很明显,如山东省的青岛与潍县不在地主出租土地占耕作土地面积的比例分为3%、63%,二个地方的差距竟达21倍之高。中国当时租佃制度区域分布的情况也与不在地主阶层的情况相似,①而且从上表中可以看出,各地方租佃比率的高低与不在地主比率的走向基本一致。

关于中国租佃制度的区域性差异,学者们做了各种不同的解释,大致有以下几点:自然条件的优劣、灾害程度的大小、人口压力的强弱、公有土地(官田、学田、寺庙田、族田、义田等)的多寡、②农家负债数额的大小和商业化程度的高低、宗族制度的兴衰、国家赋税的轻重、③政治法律制度的保障与否④以及地权分配的不同,⑤等等。夏明方关于这个问题在深入分析的基础上,赞同珀金斯和黄宗智提出的中国租佃制度南北差异的奥秘在于自然环境的观点,并通过诸多事例进行有力的说明。⑥关于不在地主阶层分布的区域性差异,学者们尚未论及,笔者认为不在地主制作为租佃制度的构成部分,其差异的致因应与租佃制度的情形相似,但也存在不同。中国租佃制度的区域性差异的众多原因也是不在地主阶层分布不同的原因,但导致不在地主阶层区域分布差异的主要因素与租佃制度不尽相同,即自然环境并不能构成主导因素而应是自然环境与商业化程度高低的合力。

不在地主形成的主要途径在本章第一节中已详细论述,在分家析产、地权交易、空间流动三种形成方式中,相较而言,土地交易尤为重要。简单地说,土地交易的产生需要两个因素,即造成土地所有者出售土地的条件和引起土地购买者购买土地的条件。近代以来,尤其是20世纪前期,华北地区的土地交易的主要原因在于自然环境,如1920年华北地区逢大旱,仅直隶顺德府在饥馑期间就有187500亩的土地易主,占所有耕地面积的13.44%;⑦1928年关中大饥,咸

---

① 夏明方:《民国时期自然灾害与乡村社会》,中华书局2000年版,第203~207页。
② 国民政府主计处统计局编:《中国租佃制度之统计分析》,1942年版,第5~27页。
③ 秦晖:《"关中模式"的社会历史渊源:清初至民国》,《中国经济史研究》,1995年第1期。
④ [美]德·希·珀金斯著,宋海文等译:《中国农业的发展(1368~1968年)》,上海译文出版社1984年版,第114页。
⑤ 成汉昌编著:《20世纪前半期中国土地制度与土地改革》,中国档案出版社1994年版,第49页。
⑥ 夏明方:《民国时期自然灾害与乡村社会》,中华书局2000年版,第211~214页。
⑦ 北京国际统一救灾总会编:《北京国际统一救灾总会报告书》,1922年印行,第15页。

阳、泾阳、三原、高陵、临潼五县灾民出售的土地，据调查，即占各该县农田总面积的20%；①1943年在大饥荒袭击下的中原农村，土地兼并的浪潮也异常之汹涌，据河南人的估计，灾荒最严重的县份，农民丧失土地不下20%。②华北地区的自然灾害较南方更为严重，若以此推之，华北地区不在地主阶层的分布率应高于南方地区，但实际情形与之相背。这种情况与珀金斯分析中国南北区域的租佃率差异相似，"凡是自然的或人为的灾难频繁的地方或者极其穷困的地方，土地的转让数就应该最大。既然大多数农民是贫困的，经常需要举债，那么各地的租佃率就应该长期在稳步上升。……随之而来的又应该是华北的租佃率应该最高，因为那里的自然灾难最严重。由于华北有许多地方缺乏灌溉，黄河的泛滥又很频繁，那个地方作物产量的波动很大，要比长江流域这类地区大得多。这样在北方农民就时常陷于饥馑状态之中，因此也更可能借助于举债来渡过他们的难关。这样也就可能丧失他们的土地。可是正是在华北，那里的租佃数是最少的"③。这种现象之所以出现，缘于商业化程度不同。南方的商业化程度高于北方，关于此点是毋庸置疑的。不在地主阶层的分布与商业化间的密切关系，可从不在地主阶层的形成条件（第一章第一节）和不在地主的村落与城市间的距离（第六章第三节）得到证实。基于此，笔者认为中国南北地区不在地主阶层规模的差异主要是由自然环境和商业化程度的高低所导致的。诚然，这里所谈的，并非是"放之四海而皆准"的铁律，不能排除和忽视其他因素的作用，但是，它却呈现了一般性的趋向，与其他因素相较，其运用的范围要广泛的多。

从南北区域上来看，华北地区不在地主阶层的规模不及南方地区，但这个群体与华北乡土社会的关系纷繁复杂且对该地区农村的影响亦是不容小觑的。若论不在地主阶层对华北乡土社会的影响，有个重要问题需提前解决且难

---

① 陈翰笙：《崩溃中的关中的小农经济》，《申报月刊》第1卷第6期，1932年12月。

② 貊光华：《灾荒下土地集中现象与灾后应有之措施》，《银行通讯》（河南）第4卷第3、4期合刊，1943年。

③ [美] 德·希·珀金斯著，宋海文等译：《中国农业的发展（1368~1968年）》，上海译文出版社1984年版，第116~117页。

以逾越的，即不在地主与乡土社会认同。这个问题在深层面牵涉到了不在地主与社区资源间的关系，此关系与不在地主阶层对乡村经济、乡村政治、城乡关系等方面有着密切的关联。所以，本书在探讨不在地主阶层影响力问题之前先阐述不在地主与村民认同的问题。

第三章 CHAPTER THREE

不在地主与村民认同

本章讨论的不在地主与村民认同包括以下几个方面内容。首先,乡土社会各个村落间居民认同观念的存在,即"外村人"与"本村人"。这种不同称谓仅是言语上的差异,还是具有深层的现实意义?其次,乡土社会认同的基准是什么?各村落间的村民认同标准是否相同?如若不同,差异何在?通过各种途径形成的不在地主是否具有村民身份?

其实,对乡土社会村民认同观念的探讨具有一定的学理意义。20世纪三四十年代,中国乡村史研究业已发端,乡土社会一时成为吸引时人眼球的地方,然这种研究的热情并未推动该项研究走向持久和深入,便销声于"具有极强历史指向性的社会性质大论争和高度关注政治、军事、事件史研究的趋向之中"[①]。近年来,

---

[①] 王先明:《中国近代乡村史研究及展望》,《近代史研究》,2002年第2期。

随着中国近代史研究和社会史研究的深入和拓展，乡村史则日益成为其中的一个重要的研究领域，成果斐然。纵观这两个时段的乡村史研究，无论是民国时期立志于改造乡村、拯救乡村的学术心态，还是在近些年对中国乡村社会结构的历史性变动及其在城市化进程中乡村社会独特境遇的学术关怀之下诞生的研究成果，关注点集于乡村社会结构、社会权力、乡村文化建设、乡村经济和乡村婚姻、家庭、人口与风俗等问题，对于乡土意识、农民意识与农民心理层面的专题研究较少。①这缘于介入此研究领域的学者和系统利用的资料甚少。鉴于此，不在地主与乡土社会认同的探讨有助于揭示乡土社会中农民意识的研究。

本书主要利用《中国农村惯行调查》中与"村民认同"相关性较强的调查资料来阐述上述问题，这部分资料中的绝大部分已被日本学者旗田巍运用于中国村落共同体问题的讨论，笔者重新运用这部分珍贵资料来探讨华北村落社区中不在地主与村民认同的问题。

---

① 周晓虹：《传统与变迁——江浙农民的社会心理及其近代以来的嬗变》，生活·读书·新知三联书店1998年版；张鸣：《乡土心路八十年：中国近代化过程中农民意识的变迁》，陕西人民出版社2008年版；程歗：《晚清乡土意识》，中国人民大学出版社1998年版；渠桂萍：《华北乡村民众视野中的社会分层及其变动（1901~1949）》，人民出版社2010年版。

第一节　本村人与外村人

华北乡土社会各村落中的居民将自己村的人称作"本村人",将他村的人称为"外村人",以示区别。乡土社会的人们并不认为所有居住于村落社区内部的居民都是本村人。如果问本村居民,到底哪些人拥有村民身份,我们就会发现当地对于本村人和外来人有着明显的区别。但这种区别与法律上的认定不同。从法律观点看,一个人只要在某地居住三年以上,他就成为当地社区的一名成员。①可是在农民的意识里,这样的人并不是真正的本村人。②从这点可以看出,"本村人"并非单指在本村居住的人,该称谓的获得应具有一套认定资格。不具备这些资格者,即使居住于该社区之内也不会被冠以"本村人"的头衔,只有符合认定资格的人才会获得"准入证"而享有"本村人"的称谓。

两种称谓的不同,不仅是简单语言层面的差异,亦不只是心理层面上的不同,而是其本身具有更多的现实生活意义,即"本村人"在村落社区的现实生活中,拥有"外村人"不能享有的特权以及必须承担的各种义务。也就是说,"村民身份"与社区空间内的有形或无形资源间有着密切的关系,那么,这些

---

① 《人口登记法》,1931年12月12日。
② 费孝通:《江村经济——中国农民的生活》,商务印书馆2005年版,第37页。

"资源"具体是什么呢？笔者将以《中国农村惯行调查》中的沙井村为主要素材对此问题展开讨论。当然，细观《中国农村惯行调查》主要调查的六个村落，各村居民在村民认同观念上存在难易之别，本章关于"本村人"与"外村人"的讨论以村民认同观念较易的河北省顺义县沙井村为素材。在该村落社区中，由"外村人"向"本村人"的身份转变较易，纵使在这样一个村落社区之中，"本村人"和"外村人"间的区别仍是十分鲜明，且现实生活中有着明显的差异。所以，在村民身份转化较难的社区中，"外村人"与"本村人"间的区别理应更加显著。概而言之，"本村人"与"外村人"在村落社区内现实生活意义上的不同，主要体现在四种权力上，即社区经济和政治权力，社区活动的参与权，社区公共物品的使用权，亲属称谓。

一、社区经济和政治权力

本书的社区经济和政治权力是指公会地的佃耕权和先买权、村民所有地的先买权、村费的承担权、选举权。

村落社区公共所有的土地称为"公会地"。这些公会地原本均是庙产，民国后成为村的公有地。公会地基本用于佃耕，其对社区居民家庭生活的重要性可以透过沙井村的租佃情况体现出来。在沙井村出租土地者仅有两人，此二人不属于阶级话语中依靠地租生活的地主，出租乃无奈之举，一户急需钱救急，一户因耕种不便。这种情形下的村民在村落内部难觅得租地，故欲求佃耕之地只有两个途径，一是外村人（主要是县城人），一是公会地。①另外，公会地的重要性亦表现于其在村落租佃土地中的比例，据满铁调查，1942年的沙井村公会地占到租佃土地面积的18%。通过上述分析，不难看出公会地对于沙井村居民的家庭经济的重要性。关于公会地出租的对象虽无明文规定，但依村落社区一直沿袭的惯习，公会地的佃农多为本村人。倘若社区内部居民没有佃耕意愿，才会将公会地佃于外村人耕作。如前所述，沙井村用于佃耕之地匮

---

① ［日］中国農村調査刊行会：『中国農村慣行調査』第一卷，岩波書店1981年版，第75頁。

乏,抱有佃耕意愿的人颇多,因此,公会地佃于外村人的事例不存在。①简而言之,本村人较外村人具有优先佃耕公会地之权力。公会地为村落社区之公共财产,一般而言,多会用于佃耕,其收入则会作为村费,以备社区开销之用。假若遇村费周转失灵而又集资无果,则会出售公会地以解燃眉之急。沙井村公会地买卖的交易尚无记载,将来出售的可能性亦不大。即使村落遇到突发事件必须要出售公有地,也必然会先在本社区内部寻找买家,倘本村落村民都无购买之意愿,才会在外村寻找购买者,也就是说,本村人具有公会地的优先购买权。②

　　土地对于乡土社会的居民来说,既是生存之母,又是财富之母,当然也是家庭最好的遗产之一,所以,农民作出交易土地的抉择都会慎之又慎。但是,小农家庭在遇到周期性事件(冠婚葬祭)、突发性事件(摊派、土匪)、长期经济窘迫等情况会致使其出售土地。农民交易土地会依旧俗按照一定的顺序。卖主(或中人)先在同族中寻找买主,若同族中无购买意愿,则在社区内部寻找,本社区内部居民亦无购买意愿,再向外社区寻找买主。略而言之,遵循"同族→本村人→外村人"的顺序寻找购买对象,但这并不意味着上述的顺序固定不变。某些社区内的居民也会根据地价的高低变动出售的顺序,不卖于同族而卖于族外人、不卖于本村人而卖于外村人。这表明随着商品经济的发展,经济理性开始走向主导地位,传统的土地交易顺序逐渐出现裂痕。可是,无视同族或本村人而卖于外村人的做法与传统的道德惯习相抵触,同族人往往会借用已呈现裂痕的"优先购买权"将已售土地用等同价格买回,在《中国农村惯行调查》中不乏这样的事例。另外,即使外村人给予本村人更高的购买价格,本村人难以用同等价格与其相争而只能见土地交易成功,此情况下的本村人也并不情愿接受这种无视传统习俗之举,因此,多会对违背者进行责难。土地优先购买权虽已失去严格的制约,即使打破传统的束缚也不会受到正式处罚,但是先卖于本村人的惯习依然存在于乡土社会。③

---

① [日]中国農村調査刊行会:『中国農村慣行調査』第二卷,岩波書店1981年版,第97、488頁。
② [日]中国農村調査刊行会:『中国農村慣行調査』第二卷,岩波書店1981年版,第97、488頁。
③ [日]中国農村調査刊行会:『中国農村慣行調査』第一卷,岩波書店1981年版,第55、224頁。

乡土社会中的权力,毋庸说中国历代王朝,纵使力图控制基层社区权力的民国政府,也只能实现对县一级的官方控制,而对乡土社会的控制基本借助于传统的内生权力组织。这些社区领袖人物可凭借自身占有的经济资本、社会资本、文化资本、象征资本中的一项或几项登上乡土社会的政治舞台。可是,实际情况并非如此简单,拥有乡土社会权力生成资本者有掌管某社区权力的欲望,可往往未必能够如愿以偿。问题在于其是否拥有选举权。如以社区的权力核心村长一职为例,根据县政府的规定,20岁以上且在村里居住一年以上者遂享有村长的参选举。①但是,长久以来,沙井村的惯习要求凡投票的村民只能将选票投于具有本村村民身份的人,这与在社区内居住时间的长短无必然之联系,此缘于村民资格有一套多重的衡量标准,居住时间为其中一个参量而已。如不具有村民身份的小学老师,长期居住于社区内,但因是外村人不仅无投票权,更无参选权。民间惯习与官方规定相悖的现象在华北地区普遍存在,前文所言的土地交易的传统惯习便是佐证,在社区权力方面亦有如此现象。本社区的选举关于参选者的居住年限无明确的时间限定,此与县政府居住时间的规定不符,另外,县政府虽明文规定每户人家可同时有几人参加选举,可是,沙井村的传统惯习限定每户只一人有投票权,这个人便是户主。②本村人和外村人在获得村落权力的机会上存在明显的差别,即参选者必须具备村民的身份。不然,投票权难以获得,更难言选举权了。

"本村人"与"外村人"称谓的区别不仅体现于两种不同身份在村落社区的政治、经济权力上的差异,亦表现于村落各种负担的承担上。村落的经济负担大致有田赋、摊派、村费等。田赋一直以来是国家的一种赋税形式,尽管民国十七年(1928年)将其划为地方财政,其无论有何种之变动,体现的是村落基层上级的经济行为,不能完全彰显社区内部的经济活动,摊派亦然。如实体现村落社区经济活动的是村费,村落社区内部的行政运行、教育开展、治安维持等方面需要相当数目的资金支持。一直以来,此项费用由本村人根据社区内部的惯习或商定来分摊。社区居民拥有的土地无论位于何处,均属于居民所在

---

① [日]中国農村調査刊行会:『中国農村慣行調査』第一卷,岩波書店1981年版,第148頁。
② [日]中国農村調査刊行会:『中国農村慣行調査』第一卷,岩波書店1981年版,第96~97頁。

的社区村费征集范畴。近年来(时为1941年),政府颁布"属地"政策,沙井村受"属地主义"政策的影响,村费征收原则稍有变动。然而,在华北地区的自然村落之中,传统的征税形式依然被保存下来,村费(金钱、现物、力役)仍由村民来负担,在沙井村以外的村落,除了良乡县吴店村,均有体现。因此,社区经济活动的费用由本村人来担负,外村人不具有担负的责任。

二、社区活动的参与权

社区活动的参与权,主要指庙会与祈雨。

《礼记》有云:"凡治人之道,莫急于礼。礼有五经,莫重于祭。"因此,"祭祀之道,自生民以来则有之矣",祭祀活动一直以来是中华民族的一项传统风俗,亦是人类社会早期普遍存在的近似于宗教的形式。祭祀仪式在乡村社会生活中更是不可或缺的内容,而庙会活动则是具有仪式效应的一项重要活动。因此,在中国的农村中遍布了庙宇,①正如一国外学者所说:"关于中国任何事情的描述都未必完全与历史事实相一致,唯一符合历史事实的描述便是政府在各个村落中普及庙宇之事。"②华北各村落中亦散布了各种形式的庙宇,如同日本各村落中处处可见的神社一样,其具体情形可见下表。

---

① [日]旗田巍:『廟の祭礼を中心とする華北村落の会:河北省順義縣沙井村の辦五会』,小林弘二编:『旧中国農村再考:変革の起点を問う』,アジア経済研究所1986年版,第111页。

② [日]A·H·スミス著,塩谷安夫、仙波泰雄訳:『支那の村落生活』,生活社1941版,第160页。

表3.1　华北六村中的庙与庙神

村名	庙名	庙神	备考
沙井村	观音寺 五道庙	前殿:老爷,药王;中殿:二郎,土地,虫王,青苗,普贤,观音,文殊,财神,龙王,老爷;后殿:普贤,释迦,文殊 土地,虫苗,二郎,地藏菩萨,五道老爷,龙王,财神	别名:大庙。神像全部为泥塑 别名:小庙。地藏王,九圣祠神像画在庙壁上
寺北柴村	观音庙 真武庙 三官庙 五道庙 关帝庙	观音 真武,周公,桃花女 三官大帝 土地,牛王,山鬼,判官,五道神 关帝	庙中已无神像和供桌
冷水沟庄	玉皇庙 三圣堂 关帝庙 观音堂	玉皇大帝,三官(天官、地官、水官) 老子,孔子,如来佛;财神,牛王,土地神 关帝 观音	玉皇庙内有三官堂 三圣堂内有土地庙
后夏寨	真武庙 龙王庙 土地庙 白衣庙	镇武大帝 龙王 土地神 观音菩萨	真、镇同音 两年前拆毁 别名:菩萨庙
侯家营	老爷庙 五道庙	关帝,财神 山神,土地爷,小鬼,判官,农神	别名:财神庙,西大庙 别名:土地庙,以前有画的神像
吴店村	关帝庙 无道庙	关帝,龙王,(娘娘),菩萨 虫王,龙王,关帝,土地,青苗,马王,财神	有的回答者中无娘娘 别名:七圣神祠

资料来源:根据『中国農村慣行調査』第1~5卷制作而成。转引自石田浩:『解放前の華北農村社会の一性格』,『関西大学経済論集』第32卷,第2~3号。

华北乡村不仅村庙多,而且庙会活动频繁。沙井村有观音庙,每年有五回祭礼仪式。祭祀当天,众村民带着供物、线香,齐集于庙庭之内,礼毕后一起会食。农民参加庙会多为看热闹。虽时过境迁,但沙井村的李清源依然清晰地记得12岁时(1894年)村中庙会活动的热闹场面:"在庙会上有开光,还有说书的、唱戏的,好不热闹。"①同县的河南村,有农历正月初九天仙宫的戏剧表演,正月初十关帝庙的果祭、龙王庙的祭祀,阳历四月十八日观音庙的祭祀,等等,每到祭祀村民们便会集结于庙前举行各种仪式,其场景非常热闹,其中最为社区居民所喜爱的是戏剧表演。②该县的板桥村,在关帝、释迦、观音等祭日之时,本村的村民会在庙前烧香会食。以前,栾城县寺北柴村在观音老母的祭日有戏剧表演。良乡县吴店村的村民,每年六月二十四日在关帝庙前烧香会食。恩县后夏寨,每年三月三日真武庙有祭祀活动,以前是戏剧表演,如今为烧香。昌黎县侯家营,每年的六月二十四日和九月十七日,村民会集于财神庙举行祭祀并会食。③

乡土社会中的祭祀活动固然多且热闹,但参加祭祀仪式者必须具备村民身份。无论男女、老少、贫富,纵是村落中食不果腹而被村民忽略的贫困农民,或是长年累月在外务工而很少在村内居住之人,又或是大字不识之人,享有村民身份的人均可参与祭祀仪式,享受乡土社会中为数不多的大型活动。但是,不具有村民身份的外村人不享有参加之权力,即使当事人与本村关系甚密,如乡村教师,凭借着占有乡土社会中较为稀缺的文化资本而素为村民尊敬且与村民甚是熟悉,然其不具备村民身份,故无权参与该村的祭祀仪式。④另外,村庙的祭祀仪式一直沿袭传统习俗,由香头或首事人等十几人主持,担任此职者必须拥有村民身份,这是成为村庙祭祀主持者的首要条件。

乡土社会中另一个常见的活动仪式是祈雨。面朝黄土背朝天的小农多以农业生产为家庭经济的主要来源,农业收成好坏与降水的多少有着密切关系,每遇久旱无雨之时,村落便会组织祈雨活动。黄土北店:"雨量缺乏是本社区常常遇到的一大问题,于是祈雨的仪式便颇为复杂隆重。一遇旱灾,村中领

---

① [日]中国農村調査刊行会:『中国農村慣行調査』第一卷,岩波書店1981年版,第130、131頁。
② [日]旗田巍:『廟の祭礼を中心とする華北村落の会:河北省順義縣沙井村の辦五会』,小林弘二編:『旧中国農村再考:変革の起点を問う』,アジア経済研究所1986年版,第111頁;[日]中国農村調査刊行会:『中国農村慣行調査』第五卷,岩波書店1981年版,第193頁。
③ [日]旗田巍:『廟の祭礼を中心とする華北村落の会:河北省順義縣沙井村の辦五会』,小林弘二編:『旧中国農村再考:変革の起点を問う』,アジア経済研究所1986年版,第111~112頁。
④ [日]中国農村調査刊行会:『中国農村慣行調査』第一卷,岩波書店1981年版,第130~131、173頁。

袖便协议请龙王。"①在沙井村组织的祈雨仪式上,村民们皆须入庙烧香磕头,头戴柳条做的帽子,然后自发地排队抬着龙王绕村行走,有时游到周围的村落。②寺北柴村每年都要举行祈雨活动。③在冷水沟,祈雨是全村唯一性的大型仪式,在村落生活中占有非常重要的地位。④"娱乐方面,亦甚淡薄,演戏赛会,均属罕见。"因此,作为乡土社会中重要的社区活动之一的祈雨仪式,对参加者有着严格的身份规定,即参加仪式者只限定于本村人。⑤

三、社区公共物品的使用权

社区公共物品的使用权指的是,官坑采土权、公共器具的使用权、水坑和空地的使用权、义地的使用权。

20世纪前期,华北地区"人"与"地"之间的关系日趋紧张已是不争的事实。据满铁调查,40年代的沙井村,全村可用于农业经营的土地已开垦殆尽,但人均拥有土地约2.5亩(按照当时生活标准,人均最低需要5亩土地),因此,社区内的居民为了维持家庭经济将能用于耕种的土地基本都开发殆尽,类似的情况遍布于华北地区的村落。土地的作用不仅限于农事耕作,社区居民在建造房屋、炼造房瓦、制造土粪、垒砌牲圈、重修墙壁时,这些都需要相当数量的泥土。所以,各个村落社区内都设有公共采土的地方,村民称其为"官坑"、"官土坑"。凡本社区内的居民如有需要即可使用,可是,外村人不享有使用权。⑥官坑的土被利用而形成很大、很深的坑,成为蓄水池,农民称其为"水坑"。农民

---

① 黄迪:《清河村镇社区:一个初步研究报告》,燕京大学社会学系《社会学界》第10卷,1938年。
② [日]中国农村调查刊行会:『中国农村惯行调查』第一卷,岩波书店1981年版,第220页;[日]中国农村调查刊行会:『中国农村惯行调查』第二卷,岩波书店1981年版,第104页。
③ [日]中国农村调查刊行会:『中国农村惯行调查』第三卷,岩波书店1981年版,第152页。
④ [日]中国农村调查刊行会:『中国农村惯行调查』第四卷,岩波书店1981年版,第31、43、56、57、390页。
⑤ [日]中国农村调查刊行会:『中国农村惯行调查』第一卷,岩波书店1981年版,第220页。
⑥ [日]中国农村调查刊行会:『中国农村惯行调查』第一卷,岩波书店1981年版,第157页。

往往将其作为粪池,同样,本村人享有使用权,外村人则缺乏这项权力。另外,村庙周围有大片空地,称为"广场",多为放置土粪或作为打谷之场所,其使用权只限于本村人。①

梯子、墙板、夯、桌子、碾子、砥石等社区公共物品,在使用权上亦有严格之规定。在沙井村,村民在生产、生活中如需使用上述物品时,告之于村公所的行政人员便可使用,即使不缴纳村费的村民亦可享有此项权益。但外村人意欲使用,须先同亲近的本村人言语,再由其向村长请示,获得许可后方能借用。②此外,社区为无墓地的贫穷农民提供掩埋遗体的地方,称作义地。本村人可自由利用,然外村人禁用。③

四、亲属称谓

在中国传统的乡土社会中,无血缘关系的人们在拟亲族制中,称谓是基于辈分而非年龄的。这种不同于一般情况的称谓,当下依然存在。惯以同族关系或亲族关系的称谓相互冠之,此谓一种拟亲族制。这种现象不仅存在于顺义县沙井村,在华北地区的其他被调查村落中均有实例。该称谓的获得与年龄、地位、财产等无直接关联,是基于一定惯习的亲族称呼。如某年轻的人称年老的村长为"甥",村长称其为"伯父",此因年轻人在拟亲族秩序中相对于村长处于"伯"的位置(村长的父亲和年轻人是兄弟关系)。拟亲族秩序和亲族秩序一样具有世袭性,称作"街坊辈分"或"乡间辈分",这种关系不仅存在于本社区内,和外社区较亲近的朋友间也经常使用,但是,一般来说拟亲族制普遍用于本村人间,不论同族性强的村落还是同族性弱的杂姓杂居的村落均有此现象,通过拟亲族关系将社区村民联系在一起。④

---

① [日]中国農村調査刊行会:『中国農村慣行調査』第一卷,岩波書店1981年版,第219~220頁。
② [日]中国農村調査刊行会:『中国農村慣行調査』第一卷,岩波書店1981年版,第141~143、219頁。
③ [日]中国農村調査刊行会:『中国農村慣行調査』第一卷,岩波書店1981年版,第142頁。
④ [日]中国農村調査刊行会:『中国農村慣行調査』第一卷,岩波書店1981年版,第132頁。

以上分析了顺义县沙井村中"本村人"与"外村人"的现实生活，发觉两种不同身份的农民不仅仅是言语上的区别，在社区政治和经济权力、社区活动的参与权和社区公共物品的使用权上存在明显不同。在村落社区中，存在着只有本村人才能参加的生活空间，"本村人"和"外村人"在乡村社会的生活中具有实质性的区别。类似情况亦存在于沙井村以外的其他村落。当然，村民认同观念的存在，并不意味着"本村人"的生活可与"外村人"的生活空间相脱离。在限定外村人参与的生活空间之外，外村人在生活、生产的诸多方面与本村人保持着不同程度的关系，如金融、贸易、买卖、租佃、雇佣、打工、结婚，等等，与之相隔将无法顺利生活。

第二节　村民身份认同的条件

满铁在华北区域主要调查的六个村落，关于村民意识中的认同资格的条件大致由以下几个要素构成，房屋、土地、墓地、居住时间、世代、家族成员。在讨论各村的村民认同资格前，有必要对上述认同要素先展开一番细致的探讨，为何这些要素成为华北地区村民的认同要素呢？弄清这个问题，才便于理解华北各村的认同资格。

一、乡土社会社区认同的基准

20世纪30年代，费孝通先生对开弦弓做调查时指出："人们并不认为所有住在村里的人都是本村人。如果问本村居民，哪些人是本村的，我们就会发现当地对于本村人和外来人有着明显的区别。但这种区别并不是法律上的；从法律观点看，一个人只要在某地居住三年以上，他就成为当地社区的一名成员。可是在人们的眼里，这样的人并不是真正的本村人。"①在说明本村人和外村人区别时，费先生通过具体的事例发现外村人的共同特点，他们都是移民，

---

① 费孝通：《江村经济》，《费孝通文集》第二卷，群言出版社1999年版，第17~18页。

从事某种特殊职业。但费先生并未发现外来人究竟需要在本村住多久才能算作本村人。①"外来人的孩子,虽生于本村,仍像其父母一样,被视为外来人。由此看来,并非完全根据居住期的长短来确定这种区别的。"②在研究中,费先生指出本村人作为一个群体具有一定的文化特色,主要有三个鲜明的特点,"(1)本村人说话时,吐字趋于腭音化,例如'讲'、'究'等等。(2)妇女不下田干活。(3)妇女总是穿裙子,甚至在炎热的夏天也穿着"③。这些语言和文化差别只要存在,在村落社区内部往往被视为外村人,不能真正融入到社区生活、活动之中。另外,费先生又指出,外来户都不是农民,而"全部从事某种特殊职业"。外来人的最明显的标志是他们没有土地,"仅这一事实就足以说明,区别是有其深远的经济后果的"。④这是已有研究成果中首次涉及到近代中国乡土社会村民认同观念的学术著作,此后鲜有学者深入关注该问题。

费孝通一直强调居住时间不能视为获得村民认同资格的必要条件。"很多离开老家漂流到别地方去的并不能像种子落入土中一般长成新村落。他们只能在其他已经形成的社区中设法插过去。如果这些没有血缘关系的人能结成一个地方社群,他们之间的联系可以是纯粹的地缘,而不是血缘了。这样血缘和地缘才能分离。但是事实上在中国乡土社会中却相当困难。我常在各地的村子里看到被称为'客边''新客''外村人'等的人物。在户口册上也有注明'寄籍'的。在现代都市里都规定着可以取得该地公民权的手续,主要的是一定的居住时期。但是在乡村里居住时期并不是个重要条件,因为我知道许多村子里已有几代历史的人还是被称为新客或客边的。"⑤

那么,村民认同资格是什么？这个问题一直为费孝通所注意,诚如他自己所言:"我在江村和禄村调查时都注意过这问题。'怎样才能成为村子里的人',大体上说有几个条件。第一是要生根在土里:在村子里有土地。第二是要

---

① 费孝通:《江村经济》,《费孝通文集》第二卷,群言出版社1999年版,第18页。
② 费孝通:《江村经济》,《费孝通文集》第二卷,群言出版社1999年版,第18页。
③ 费孝通:《江村经济》,《费孝通文集》第二卷,群言出版社1999年版,第19页。
④ 费孝通:《江村经济》,《费孝通文集》第二卷,群言出版社1999年版,第19页。
⑤ 费孝通:《乡土中国》,三联书店1985年版,第104页。

从婚姻中进入当地的亲属圈子。"费孝通同时指出,这几个条件的获得并不容易,"因为在中国乡土社会中土地并不充分自由买卖。土地权受着氏族的保护,除非得到氏族的同意,很不易把土地卖给外边人。婚姻的关系固然是取得地缘的门路,一个人嫁到了另一个地方去就成为另一个地方的人(入赘使男子可以进入另一地方社区),但是已经住入了一个地方的外客却并不容易娶得本地人作妻子,使他的儿女有个进入当地社区的机会。事实上大概先得有了土地,才能在血缘网中生根"①。因此,寄居于社区的人,没有真正融入村落社群亲属关系网络之中,其只能算是社区中的边缘人,他们常常得不到作为社区居民应该享有的权利,也常常被社区居民视为外人,不被人所信托。在亲密的乡土社会里,这些人被刻上了"陌生人"的烙印。

通过费孝通的研究以及前面所述的"本村人"与"外村人"在现实生活中的差异可知,农村社区的村民认同对于乡土社会生活来说极其重要,因此,在农民的话语中存在"本村人"与"外村人"的区别,并不是如法律规定的那么简单。源于乡土社会的村民认同观念,必然蕴藏着浓厚的乡土气息和烙有乡土的特征。费氏研究中的江村和禄村可能本村人的认同资格较为简单,故其在研究中简单概括为两点,一为土地,在生活的村落中拥有土地;二为亲属关系,如要成为本村人就要借助于现有或创造某种途径嵌入到该社区亲属关系网络之中。看似简单的两点却揭示了乡土社会中的认同基准——血缘与地缘。满铁调查的华北村落的村民认同观念较为复杂,具体将在后面论及。其实,构成村民认同要素的房屋、土地、墓地、居住时间、世代和家族成员是血缘与地缘的外在表现形式,进而言之,农民意识中的村民认同观念的形成与村落的构建方式存在着必然之联系。

二、血缘认同:家族、墓地、世代

"血缘,严格说来,只指由生育所发生的亲子关系。"②所以,血缘是与生俱

---

① 费孝通:《乡土中国》,三联书店1985年版,第105页。

② 费孝通:《乡土中国》,三联书店1985年版,第101页。

来的，正因这种天生性、非选择性，让任何一个人无法选择自己的父母、居住的地区、生活的环境、家庭成员以及处于某种血缘关系网络之中等。自古以来，在以农业为主的中国，血缘关系一直都是一种非常重要的社会关系。一般来说，家庭是由直系亲属组成的生产和生活的最基本单位，也是最基础的血缘关系纽带。在某块土地上居住的核心家庭，随着家庭成员不断的繁衍，该家庭成员会越来越多，再通过婚姻和生育，形成了人数众多的家族。形成一定规模之后，在经济等原因的致使下，大家族会分成若干的小家庭，但这些小家庭多会围绕着本家择近而居，形成了聚族而居的局面。"族者何也？族者凑也，聚也，谓恩爱相流凑也，上凑高祖，下凑玄孙，一家有吉，百家凑之，合而为亲，生相亲爱，死相哀痛，有合聚之道，故谓之族。"[1]所以，宗族是由诸多拥有血缘关系人的聚合体。同一个宗族或几个不同的宗族聚居在一起形成了自然村落。那么，华北地区的自然村落中的宗族情况如何呢？

关于华北地区的宗族研究，以往多持不发达的论调。当然，这种观点现在依然存在于学术界之中，然而，某些学者借助扎实的实证研究对上述论点提出了质疑。如杜赞奇以满铁《中国农村惯行调查》为基本素材，在充分利用资料且细致研究的基础上，他认为宗族在华北村庄的公共事务中是最基本的参与单位，宗族的权威在同族祭祀、纠纷、土地买卖等方面都有表现。杜赞奇尤其注意到华北官方地域组织与宗族之间复杂的关系。另外，他敏锐地发现，国家政权深入村庄，影响甚至改造了宗族和村庄的权力网络。他还发现宗族和宗教两种意识和组织在华北村庄中共存的现象。[2]最近，Myron Cohen通过对河北新城县杨满撒村的坟墓、清明祭祀和新年礼仪等以父系血缘关系为核心的诸现象的研究，对自弗里德曼以来根据南方宗族形态为模型建立起来的宗族概念给予了批评。他指出，北方的宗族缺乏像南方宗族那样大型的族产，但是不能以此作为评判宗族存在与否的唯一依据，通过对上述现象的研究表明该村落在没有大型族产的情况下，该村落中宗族意识非常强烈的体现于各现

---

[1] 《白虎通》卷三，乾隆甲辰抱经堂版。
[2] [美]杜赞奇著，王福明译：《文化、权力与国家——1900~1942年的华北农村》，江苏人民出版社2004年版。

象之中,足可代表了另一种普遍存在的宗族形态。①

也有学者对杜赞奇的研究提出质疑,认为在华北的村落中,相同的外显姓氏符号并不能说明他们一定是同一个宗族。这就是说,存在同姓不同宗,同姓不一家的情况。他们以满铁调查的后夏寨村为例,指出杜氏的宗族论是一种理想化的建构。②当然,其所言同姓未必同宗有道理。另外,华北宗族缺乏强有力的组织,同时在地方社会中的作用不如南方宗族重要,这些均不可置否,但不能仅以此否定宗族在华北地区中的存在以及忽视其在农村中的作用。

华北地区的农村,单姓村有限,多是杂姓聚居。但是,各村落中往往同姓居民占有很大的比例。

在河北省栾城县中,共143个村庄,其中有60个村庄的半数人口属于同一宗族,具体情况如下表所示:

表3.2 河北省栾城县同宗人口数

百分比	村庄数	百分比	村庄数
50%~59%	26	80%~89%	4
60%~69%	10	90%~94%	4
70%~79%	9	95%~100%	7

资料来源于:[日]中国農村調査刊行会:『中国農村慣行調査』第三卷,岩波書店1981年版,第5頁。

以上表同一宗族占到村落总户数95%的村子为例,宋家庄全村97户皆为宋姓;寺下村29户中28户为董姓;八里庄68户中67户为李姓;苏丘村195户中191户为崔姓;西懂铺村100户中95户为李姓;康家庄64户中61户为刘姓;前岗头村106户中100户为郭姓。这些事例,足以说明华北乡土社会,缺乏单姓村,但某个宗族在村落中占到绝对优势的村落确实不少。

---

① Myron L.Cohen,"Lineage Organization in North China",The Journal of Asian Studies 49 NO.3(August1990):509~534.

② 兰林友:《庙无寻处——华北满铁调查村村落的人类学再研究》,黑龙江人民出版2007年版,第200页。

其实,在满铁调查的诸多村落中,这种现象较为普遍,如河北丰润县米厂村,社区内有董、周、韩、李、魏、侯等姓氏,其中董姓占到70%。①河北省顺义县侯家营村,共114户,其中,侯姓84户(占全村总户数的73.7%)、刘姓10户、王姓6户、陈姓5户,此外,孔、齐、萧、傅、池、李、方、费、叶姓各为1户。②良乡县内,张家庄,张姓约占50%;詹家庄,刘姓占到50%;王家庄,高姓约占33%;吴店村,郭姓约占30%。③山东省恩县后夏寨村,有王、马、吴、李、魏等11个姓氏,其中,王姓51户(39%),马姓30户(23%),吴姓18户(14%)。④栾城县寺北柴村,有4大姓,即郝(53户)、徐(24户)、刘(22户)、赵(20户)。⑤

那么,这些同姓之人是否同宗呢?我们可以从华北地区村落的起源进行探讨。华北平原开垦较早,但由于天灾人祸(旱灾、水灾和皇朝更替之间的连年战争,皆可造成赤地千里,荒无人烟),村落几经兴灭。现在华北平原的村落,其起源大多只可追溯到明代,而且多为山西移民建立。20世纪三四十年代满铁调查的村庄之起源如下表。

表3.3　满铁调查各村移民之年代、移出地及移民理由

调查村	移民年代	出身地	移民理由
沙井村	明代、元代	山西省洪洞县	河北地多人少
寺北柴村	400年前	山西省洪洞县	明初燕王扫北后人口大减
冷水沟庄	明洪武年间	河北省枣强县	山东地广人稀,朝廷鼓励向此移民
后夏寨	明永乐、万历年间	山西省洪洞县	很久以前,红头军来临,大肆杀掠
侯家营	明永乐年间	山东省柳州(?)	战乱令原居民死亡殆尽,山东人迁入
吴店村	清初期	南方	——
顺义县	清初期	山西省	清初人口大减,清朝鼓励向此移民

---

① [日]南満州鉄道株式会社:『冀東農村実態調査報告書統計篇:第二班豊潤縣』,大連:満鉄1937年,第5页。

② [日]中国農村調査刊行会:『中国農村慣行調査』第五卷,岩波書店1981年版,第5页。

③ [日]中国農村調査刊行会:『中国農村慣行調査』第五卷,岩波書店1981年版,第6页。

④ [日]中国農村調査刊行会:『中国農村慣行調査』第四卷,岩波書店1981年版,第10页。

⑤ [日]中国農村調査刊行会:『中国農村慣行調査』第三卷,岩波書店1981年版,第6页。

续表

调查村	移民年代	出身地	移民理由
冯家庄	明永乐年间	山西省洪洞县	燕王定都北京,迁民以实畿辅
吉祥寺乡	明代	山西省	——
路村	——	山西省洪洞县	——
大吕村	明永乐年间	山西省洪洞县	因为山西人口稠密而河北人口稀少

资料来源:根据『中国農村慣行調査』第1~6卷制成,转引自石田浩:『解放前の華北農村社会の一性格』,『関西大学経済論集』第32卷,第2~3号。(注:此处为原始资料,调查者也认为"柳州"有误,故用问号标出。)

同一时期,日本学者山县千树对华北村落之抽样调查亦表明,大多数村庄始于明代,其中不少村庄由山西洪洞县移民建立。

表3.4 华北各村的移民年代及移出地

村 名	移民年代	出身地
河北省昌黎县前梁各庄	明永乐年间	山西,河北省河间县
河北省丰润县米厂	明永乐二年	河北省正定县
河北省平谷县大北关	明正德年间	不详
河北省遵化县庐家寨	明初	不详
河北省密云县小营村	明初	山西省洪洞县
河北省平谷县夏各庄	明初(推定)	不详
河北省平谷县小辛寨	明初(推定)	不详
河北省蓟县纪各庄	不详	不详
河北省玉田县龙窝其他	明初	河北省北部
河北省丰润县焦家庄	金(约800年前)	陕西省
河北省乐亭县柏庄其他	——	——
河北省抚宁县邴各庄	清初(300年前)	不详
河北省庆云县黄花马村	明初	山西省洪洞县
河北省庆云县县城	明初	山西省朔县
河北省河间县柳洼村	明初	山西省洪洞县
河北省天津县咸水沽	明成祖时代	江南
河北省天津县南羊坞头村	明初	山东省蓬莱
河北省天津县西大梨园坨村	明成祖时代	山西省大同府
河北省宁津县洼赵庄	明洪武年间	河北省迁安县
河北省宁津县王家窑村	明永乐年间	山东省即墨县
河北省沧县感化屯	明末	——

续表

村　名	移民年代	出身地
河北省沧县望海市	明初（推定）	浙江省绍兴府
河北省景县郑家小营	明永乐年间	山西省洪洞县
河北省景县高庄	明永乐年间	山西省洪洞县
河北省盐山县曾家庄	明初	山东省
河北省盐山县辛店镇	明中期	山东省
河北省盐山县牟家庄	明永乐末年	不详
河北省东光县县城（东南营街）	明初	山西省陵川县
河北省东光县厦子郭庄	明初	山东省即墨县
河北省东光县县城东关	明永乐年间	山东省即墨县
河北省青县河东村	北宋徽宗年间	山东
河北省青县李家营	明永乐年间	山西省洪洞县
河北省青县西河头村	明中期	浙江省
河北省大城县牛村	明永乐年间	山西省洪洞县
山东省安丘县岈山庄	明永乐初年	山西省洪洞县
山东省济南近郊南权府庄	明嘉靖二十年（400年前）	河北省枣强县
山东省潍县高家楼村	明初（推定）	山西省
山东省惠民县孙家庙庄	明末	不详
山东省青岛近郊西韩哥庄	明初（推定）	不详
山东省泰安县涝洼庄	辽会同年间（1000年前）	不详
山东省桓台县昝家庄	明初	河北省枣强县
山东省黄县——	明初	安徽省北部
山东省掖县——	明初	四川省
河南省彰德县宋村	——	山西省

资料来源：山县千树：『華北に於ける現存諸部落の発生』，转引自石田浩：『解放前の華北農村社会の一性格』，『関西大学経済論集』第32卷，第2~3号。

　　根据满铁调查资料可知，这些迁居华北的各姓氏或是单姓，或是同宗之人一起从原居地迁入华北某地并繁衍生息，不断地壮大，最终形成了村落。不可否认，当时各村存在住户，但根据满铁资料可以看出，在天灾人祸的双重作用下，华北村落的原始居民已所剩无几，近代的自然村落基本是由迁入者繁衍而来。如以丰润县米厂村为例，调查时该村落中居住的752人中，董姓一族546人，该村落共120户，董姓82户，约占总户数的70%，这些董姓均为本村第一代居民董廷玺的后代。董姓一族是明朝永乐二年从山东河山府中山县迁来的,最初迁入地为距米厂村以北二十五里的董各庄,清朝康熙末年才迁到米厂村的。当时,该村落原始居民为林姓和樊姓,社区内的土地为三个姓氏所占有,但林氏和樊氏逐渐衰败,调查时村落中已无二氏的后裔。①这个村落并非特例,在华北地区有相似情形的村落很多,如栾城县寺北柴村、昌黎县侯家营,这些足以说明华北地区村落中的同姓大多属于同一宗族。

若论宗族在华北地区中的作用,村落中同姓占有的比例只能为其外在的表象,终究要考察宗族在村落生活中到底发挥怎样的效用。

首先,祭祀活动中的宗族意识很强。在寺北柴村的各宗族中,郝氏一族为最大的宗族,在满铁调查时,此族已经分为5门。郝氏一族并不富裕,全村户均拥有土地面积为14亩,郝氏一族中拥有土地最多的两户也不过分别为60亩和35亩,70%的家庭占有的土地量未到14亩,即使这样一个不富裕的宗族,在春节祭拜祖先时,全族一起参加,其他节日时,同族亦是集体行动。该社区中其他几个宗族在春节和清明祭祖扫墓都是全族成员一起,而且其中3个宗族在寒食节时还聚会,俗称"父子会",同族中成年男子聚集一处共进寒食(冷饭)。依旧俗宴会时按辈份和年龄长幼排列座次,族中辈分最高、年龄最长者(族长)坐于长桌北端,族中辈分和年龄最小者坐于桌子南端。祭祀和宴会均需一定的经济开支,较为贫穷的寺北柴村宗族则通过各户集资的办法来解决。②侯家营,除去那些仅有一两户的小姓之外,侯、刘、王、陈4族于清明节时集会于族墓前祭祖,称为"坟会"。刘姓在寒食节时除祭祖外还聚餐,其经费来自于该族的"入会金"所得的利息。自19世纪60年代起,侯氏家族亦有清明会的固定资金,清明时杀3头猪祭祖,仪式结束后会餐。③山东省的后夏寨,各宗族每年

---

① [日]南満州鉄道株式会社:『冀東農村実態調査報告書統計篇:第二班豊潤縣』,大連満鉄1937年,第1頁。

② [日]中国農村調査刊行会:『中国農村慣行調査』第三卷,岩波書店1981年版,第6、156、113、128、28、43、75、90、156、140~141、134頁。

③ [日]中国農村調査刊行会:『中国農村慣行調査』第五卷,岩波書店1981年版,第5、31、109~110、81、83、84頁。

正月初二会上坟祭祖，称为宗祖会。魏氏一族在上坟祭祖后会聚餐，吴氏一族虽不聚餐，但此族保有族谱，这在满铁调查的诸多村庄中并不多见，该族谱由同族成员轮流保管。①

其次，日常经济活动中宗族意识亦强烈，这主要表现在四个方面，分家析产、借贷经济行为、租佃经济行为和土地交易。

分家析产是农家重要的周期性家庭事件，也是容易产生矛盾且不易调和的繁琐之事。分家之时，寺北柴村的族长往往会到分家现场，充当见证人的角色，其实更为重要的作用在于保证分家析产的经济行为能够顺利实现；侯家营，在分家析产方面，仍然需要族长同意画押；山东省的后夏寨，族长往往被请为调解人。

在借贷的经济行为方面，寺北柴村的族长又扮演着中人和保人的角色；侯家营，同族成员之间借贷往往无息，即使对一年或一年以上的借款收取利息，其利息率比向族外人借钱低10%；②山东省的后夏寨，同族内的借贷较为普遍，而且，土地交易发生于五服之外的须签立契约，若将土地卖与五服之内的同族成员，则不需签立契据。③

在租佃经济行为方面，寺北柴村，上世纪30年代末期，村长、保人和族长（或门长）共同保释那些无力交纳地租或逾期未还借款而被拘押的佃户。依照中国的法律，债权者有权没收破产债户的一切财产，包括衣服，甚至房屋场院。此时，一无所有的债（佃）户往往求救于自己的同族，后者也尽其所能帮助他化解燃眉之急。如果一个地主（不论其属于哪个宗族）向佃农要求高于常规的地租，则佃农所在的一族就会联合起来拒绝租种该地主的土地。例如，在1931年，当物价下跌之时，宗族联合其成员，成功地迫使地主降低货币地租。有时为了壮大自己的队伍，佃农还将同姓（但不一定同族）的人联合起来。④侯家

---

① ［日］中国農村調査刊行会：『中国農村慣行調査』第四卷，岩波書店1981年版，第10、410、440、478頁。

② ［日］中国農村調査刊行会：『中国農村慣行調査』第五卷，岩波書店1981年版，第25頁。

③ ［日］中国農村調査刊行会：『中国農村慣行調査』第四卷，岩波書店1981年版，第482、502頁。

④ ［日］中国農村調査刊行会：『中国農村慣行調査』第三卷，岩波書店1981年版，第97~98頁。

营,宗族往往将族田(如果有的话)租给同族中较贫者,由他象征性地交点地租或仅为清明祭祖提供点祭品和香火;①山东省的后夏寨,一般来说,租佃关系建立时,佃户须交纳一定的定钱,俗称"码钱",同族内的租佃不需此举,同族中土地较多者,亦往往出租给同族之人,在实行分成制的租佃关系中更是如此,因为分成制要求租佃双方互相信任,不然,则有佃农谎报收成之虞。②

在土地交易中,宗族的权威表现得更为明显。在所有调查过的村庄中,若有人出售土地,同族之人有优先购买权。诚然,有时此权被忽视,但在寺北柴村,同族先买权得到严格的执行。如果有人在未通知同族之人或以同样的价格(指同族出价)将土地售于族外之人,该宗族有权宣布此项交易无效。③满铁调查人员为证实此点是否是普遍现象,曾关于此事特意访问了栾城县商会会长:"问:如果一个人未征求宗族意见而出售土地,此项交易会被宣布无效吗?答:是的。开始碍于情面(人情),后来约定成俗。至于为何如此,我也弄不清楚。如果一个村民不首先征求同族人的意见便把土地卖给族外之人,同族人有权阻止。这种风俗出自人性,后来成为族权的一部分。虽然对官府来说,不管将土地卖与谁,只要填写官契(交纳契税),交易便算合法,但同族先买权一直被延续下来。"④另外,侯家营的土地买卖,宗族希望族中成员(若出卖土地)将土地卖给同族之人,若将土地卖与族外之人,则买主应请卖主、中人以及卖主同族部分成员吃饭。在更早以前,则尽其所能宴请更多的人,通过宴请,使其买卖得到公认,以免卖方宗族运用其习惯权力挑起争端。⑤

另外三个村落,沙井村、冷水沟、吴店村,其宗族在村落社区中的作用不及上述几个村落,但这并不等于说在以上三个村中宗族势力毫无作用。事实上,冷水沟的李氏家族不仅有族谱,而且有祠堂。⑥

---

① [日]中国農村調查刊行会:『中国農村慣行調查』第五卷,岩波書店1981年版,第72、84、168頁。
② [日]中国農村調查刊行会:『中国農村慣行調查』第四卷,岩波書店1981年版,第468、471、478頁。
③ [日]中国農村調查刊行会:『中国農村慣行調查』第三卷,岩波書店1981年版,第250、253頁。
④ [日]中国農村調查刊行会:『中国農村慣行調查』第三卷,岩波書店1981年版,第289頁。
⑤ [日]中国農村調查刊行会:『中国農村慣行調查』第五卷,岩波書店1981年版,第72、84、168頁。
⑥ [日]中国農村調查刊行会:『中国農村慣行調查』第四卷,岩波書店1981年版,第72~136頁。

综上所述，华北地区村落中的宗族尽管不拥有像中国南方宗族那样庞大的共同财产，但是宗族在村庄生活中仍起着重要的作用，同族成员之间在社会和经济活动中不缺乏协作之事，这在祭祖、借贷和土地买卖上表现得最为明显。由此可见，在华北乡村社会中，以宗族为代表的血缘团体仍占重要地位。也正因此，华北乡土社会中民众非常重视血缘关系，血缘关系也自然而然地成为村民认同资格的重要标准。

以男性为中心、以血统为纽带、同一男性的后代组成的家庭以及若干个这样的家庭所构成的宗族，都是建立在血缘关系基础之上的。血缘关系构建而来的自然村落，是由同一宗族下的若干个家庭成员聚居于同一个区域内形成的，因此，家庭成员是否在村落中居住也就成为该村落的村民认同资格的要素。

世代，这里是指祖辈长居于此地（三辈或五辈）。中国传统文化的一大特色，便是在家庭和宗族内部存在严格的辈分等级制度。辈分是血缘关系的梯阶，表示了中国同族关系的基本秩序，人的名字、分家时财产分配比例、坟墓的排列位置等，都是严格按照同族内的辈分关系运作的。这种世代意识也深深地浸入到村民认同资格方面。尤其是五代和五服，体现了以服丧制度为中心形成的同族内远近关系的用语。这样一来，以血缘关系构建而来的村落中，祖辈是否居住于该村落成为本村人认同的资格，明显表现了同族意识。

墓与世代的情境相似。墓地并不是农民各自的行为，往往是同族成员共同行为的结果。同一个宗族未必只有一个墓地，宗族成员们可能散居于各处，并各自拥有墓地，可是，同一社区之内的同姓宗族成员常常共用一个墓地。下葬时，根据死者在同族内的辈分采用相应的形式、流程进行埋葬。这时的死者并不是作为家族一员而是宗族中的一员。墓地的管理则多由同族成员负责，而且，同族成员一起举行祭祀仪式。因此，墓地通常指本族的墓地，也就是说，在某个社区内部拥有墓地，表明同族成员也在此村落中居住。以有墓地作为本村人资格的重要条件，就是以有同族成员居住该村作为重要条件。这也表现了强烈的同族意识。

在华北传统乡土社会中，以血缘关系为纽带聚居形成的自然村落，其创建伊始就笼罩在这种关系之中。直至民国时期，血缘关系依旧深深影响着村落社区的居民，这种影响也体现于村民认同资格上，而与血缘关系有着密切关联的家庭成员、世代和墓地也自然而然地成为村民认同资格的要素。

三、地缘认同：土地、房屋、居住时间

毋庸讳言，血缘关系是自然村落形成的重要方式，可并不是唯一的方式。一般而言，中国的自然村落大致有三种类型：单一家族村落、亲族联合体村落和杂姓移民聚居村落。①

单一家族村落的早期形态是以血缘关系为纽带聚族而居的氏族部落，家族以大家庭的形式出现。随着不断地繁衍生息，若干小家庭不断从中分离出来，成为特定地缘范围内相对独立的生产、生活单元，单一家族分户聚居的村落就逐渐形成。这种村落的各个家庭都以同一父系血缘关系相联系，家长或族长就是村落的头人，"村内人口都是家口，村落性格和父系血缘关系形成的亲族特点完全一致"，"村落宗族势力极强，对内对外关系都有家族职能的特点"。②从整体来看，典型的单一家族村落数量不多，其在后期的发展过程中往往会因接纳亲缘关系或地缘关系的其他成员而逐渐发生形态的转化。

亲族联合体村落是由具有姻亲关系的几个大家族在同一地缘氛围内联结而成的亲族聚居村落，它往往是在单一家族村落的基础上因联姻关系而逐步发展形成的。这种村落聚落中各个家庭之间的关系网络较为复杂，村务管理处于相对不稳定的状态之中，"常常出现亲族之间在村内事务上的争执，彼此关系或联合或斗争，在主持村务方面往往表现出不同亲族势力的宗派性。但是在村外事务上，彼此往往形成一体以维护整个村落的利益"③。这类村落在历史上普遍存在，且分布广泛，其家族之间的势力联合或宗派较量至今仍对村落生活产生着不容忽视的影响。

---

① 乌丙安：《中国民俗学》，辽宁大学出版社1999年版，第180~182页；陶立璠：《民俗学》，学苑出版社2003年版，第211~212页。

② 乌丙安：《中国民俗学》，辽宁大学出版社1999年版，第181页。

③ 乌丙安：《中国民俗学》，辽宁大学出版社1999年版，第182页。

杂姓移民聚居村落则是由原先并无亲族关系的多个家族或若干个体家庭联结而成的多姓杂居村落,其形成的原因往往与政治决策、军事战争、商业贸易、自然灾害等带来的移民迁徙有关。较之前两种村落形态,这种村落的宗族势力相对弱小,由地缘所造成的相亲关系或邻里关系在村落形成早期较为突出,村落事务多以共同协商的方式获得解决,村落中德高望重的长者往往在调解村落内外关系方面具有集体认可的权威性。当然,随着个体家庭的不断发展壮大以及不同家族之间通婚关系的逐步建立,这类村落中也会形成规模不等的家族组织和姻亲集团。

从村落形成过程来看,这三类村落中,单一家族村落、亲族联合体村落是建立在血缘关系基础上的,而杂姓移民聚居村落则是在地缘关系的基础上自然发展而成的自然村。①在传统乡土社会中,由血缘关系发展起来的聚族而居的家族——宗族组织是我国村落的主要形式。从华北地区村落形成的历程而言,这三类村落都存在,其中,杂姓移民聚居形成的村落数量不可小觑。在《中国农村惯行调查》主要调查的六个村落中,吴店村和沙井村两个村落便是杂姓移民聚居而形成的村落,吴店村共有村民70户,郭姓15户、禹姓7户、杨姓6户、王姓6户、赵姓4户和李姓4户,其他各姓1到2户。②沙井村有村民72户,李姓14户、杨姓14户、张姓10户、刘姓7户、杜姓7户和赵姓6户,其他诸姓1到2户。③日本人进行的其他调查也提供了诸多的证据,如宋村76户居民,高姓4户、张姓6户、杨姓10户、孙姓3户、周姓5户、王姓2户、邰姓6户、李姓7户、郭姓10户、孟姓2户,其他21户。④

---

① 这里的"自然村"是与"行政村"相对的村寨聚落类型。前者指的是在血缘和地缘关系的基础上发展形成的自然村落,在地理上有着明显的聚落界限;后者则是一种行政管理单位,它可以是一个自然村,也可以是由多个自然村结合而成的行政区划联合体。"自然村"体现了村寨聚落作为基本社会单元的生活空间属性,而"行政村"则更多地体现了农村行政管理体制下的行政组织关系。本书讨论的村落属于"自然村"的范畴。

② [日]中国農村調査刊行会:『中国農村慣行調査』第五巻,岩波書店1981年版,第463~464頁。

③ [日]中国農村調査刊行会:『中国農村慣行調査』第一巻,岩波書店1981年版,『戸別調査集計表』。

④ [日]南満洲鉄道株式会社調査部:『北支農村概況調査報告:彰徳縣第一区宋村及七里店』,日本評論1940年版,第20頁。

杂姓移民聚居形成的村落是建立在地缘关系基础上的，这种社会关系是由于人们长期生活在一定的空间内，在生活和生产的过程中结成的一类社会关系，如邻里、同乡等关系。"地缘关系是指人类社会的区位结构关系或空间与地理位置关系。"[①]地缘关系是有级别的，不同的国家和地区的地缘关系的划分有差异，有三级、四级、五级以至于更多级别。我国通常将地缘关系划为七个级别，大致而言为"国家—省—市—县—乡—村—邻里"。本书所指的地缘关系便是其中的一个级别——村，这个村是自然村落。

传统乡土社会中的地缘关系的构建，并不简单的指居住于同一区域之内，也不是现代社会中仅凭籍贯便能建立起的同村、乡、县、市、省、国的地缘关系，它的构建需要人们在同一社区内，经过长期的生产和生活逐渐建立起各种性质的社会关系，并形成"休戚与共"、"守望相助"的共同意识。在乡土社会中，血缘关系是最原始的社会关系，而且这种关系是与生俱来而不需要建构的，可是，地缘关系与之相比，具有"后天性"，需要通过一定的方式进行搭建，这就需要长时间的往来，一般来说，这种关系多在日常生活中形成。传统的自然经济造成每个农家经济十分脆弱，居住于同一社区内的居民彼此间的经济依赖性强，在家庭经济遇到周转失灵时，多会求助于社区居民。尤其家庭周期性大事（婚丧嫁娶）出现时，往往是全村出动，协助当事者处理事务。一直以来，华北地区天灾人祸不断，村民间相互扶助共渡难关更不可少。因此，村民之间的人情味十分浓厚，也就有了农民意识中的"远亲不如近邻"的观点。村落社区内的每一个人都追求睦邻友好的地缘关系，每一个人都因地缘关系而得到实惠。久而久之，长期生活的村落内产生出社区共同意识，如集体娱乐、修庙搭桥、祭祀活动等均是群策群力的活动，形成了"百里不同俗，十里不同风"独具社区特色的地缘文化。这种地缘关系产生的社区意识体现在每一个社区成员身上，成为无法割舍的情愫。具备这种意识，则需在社区内部居住一定的时间，真正拥有社区居民的身份才能实现。所以，华北乡土社会中的居民，将居住时间作为村民资格的认同要素。

---

① 郑航生：《社会学概论新修》，中国人民大学出版社1998年版，第83页。

人类最基本的要求是生存,在这个得以满足的情况之下,才能繁衍生命,再而从事其他形式的社会活动。在自然经济占据主导地位的传统社会中,人们满足生存需要的最基本手段就是从事农业经营,向土地索取生活的基本资料。聚族而居和各种社会关系构建的最初动因便是在生产力低下、生产工具落后的传统时代,单凭几名家庭成员难以实现农业经营,需要更多的人彼此间的互助合作,所以,有了聚族而居和各种类型的社会关系。人们的聚族而居和各种社会关系借助于生产资料——土地形成了地缘关系,进而出现了自然村落。马克思曾分析古代所有制形式时指出,"土地本身,无论它的耕种、它的实际占有会有多大障碍,也不妨碍把它当作活的个体的无机自然,当作他的工作场所,当作主体的劳动资料、劳动对象和生活资料"①。因此,土地是构成村落的"无机自然",是不可分割的。如此一来,传统农村社区也自然将土地视为村民资格认同的要素。

在村落社区内的居住时间和拥有土地成为村民资格认同的要素,房屋也应成为村民资格认同的要素。这是因为长时期在某个社区内居住和耕作土地都需要一个固定居住场所。反之,在社区内部拥有房屋某种程度上能够反映房屋的拥有者有意在该社区内居住和成为居民中一员。所以,居住时间、土地、房屋成为华北地区村民认同的资格。

乡土社会居民意识里的六个认同要素,如若细致考量,会发现它们之间有着诸多的联系,甚至彼此间在某些条件下可以互相转化。这是因地缘关系与血缘关系在村落形成过程中难以有清晰的界线。基于血缘关系构建的村落,在稳定的传统乡土社会里,交通的不发达,生产力的低下,人们没有必要也无能力奔走他处,所以,大部分居民在同一个村落中终老一生。但是,随着社区内人口的不断增加,对土地压力增大,人与地之间的关系日趋紧张,血缘关系也失去了聚居的效力,这势必会引起社区内一部分生活难以为继的居民移居到其他地方。尤其,近代华北人口流动性的增大,对传统农村社会形成的血缘关系网络给予了严重的冲击。这些流动人员挣脱了迁出地那种无处不在、无

---

① 《马克思恩格斯全集》第46卷(上卷),人民出版社2004年版,第475页。

所不包的血缘网络的包裹,在迁入地他们被视为异己分子,冠以"新客"和"外村人"的称谓,并在户籍上注明他们是"寄籍"。他们的到来,也冲击了当地原有的血缘关系。在1912年一份族谱写道:"吾族他徙,人客之,亦犹他方之徙吾族者,吾客焉。既客矣,何画乎尔别也。别者何?恶乱族也。恶乱族,不屏之,有说乎?势不能,非同胞之义也……"①移居他处的农户,嵌入到了无血缘关系的村落社区内,或是通过长期的生产和生活,在迁入的社区内拥有了土地和房屋,繁衍了后代,与原有居民建立了地缘关系,最终获得了社区居民的身份;或是通过与原村民联姻的形式获得村民身份。可见,血缘关系建立的村落中存在地缘关系。

地缘关系通常有两种,一是邻里关系,二是老乡关系。传统时代的地缘关系指的是邻里关系。邻里关系是指左邻右舍人与人之间的关系,常以家庭之间的联系为主要表现形式,范围一般为同村之内。这种关系具有封闭性的特点。在传统的农村社区,自然经济居于统治地位,人们的生产和生活都局限于村落社区的空间范围内,缺乏流动性。社区的很多居民往往一生一世都生活于一个空间范围内,故有"生于斯、长于斯、死于斯"之说。诚如乔志强先生所言:"村落成为许多人终生不曾逾越的社会场,他们全部的社会生活和社会活动都被固定在村庄的范围中:村子里几百年来老是这几个姓,从墓碑上去重构每家的家谱,清清楚楚的,一直到现在还是那些人。"②正是这种"熟悉"、没有陌生人的社会,居民间一墙之隔,或几步之遥,交往自然就频繁,因此,村民间的联姻行为也很普遍,甚至某些村落内的居民都有姻亲关系。如此一来,在地缘关系形成的村落中血缘关系也很盛行。

所以说,在乡土社会中,血缘关系和地缘关系是紧密联系在一起的,难以泾渭分明。正如社会学家费孝通总结的,"血缘是稳定的力量。在稳定的社会中,地缘不过是血缘的投影,不分离的……血缘和地缘的合一是社区的原始状态"③。正因如此,血缘关系(家庭、墓地、世代)、地缘关系(居住时间、土地、房

---

① 陕西茂陵《张氏族谱》户口六。
② 乔志强:《近代华北农村社会变迁》,人民出版社1998年版,第697页。
③ 费孝通:《乡土中国》,三联书店1985年版,第2~5页。

屋)成为华北乡土社会中村民认同的两大基准。在具体的村落,居民身份认同中不会以其中的任何一个作为唯一的标准,更不会以一个标准中的一个要素作为衡量标准,往往以二者中的某些要素作为评判标准。

第三节　不在地主与村民认同资格

ERSHI SHIJI ZHI ZHONGGUO

关于华北乡村社会中"本村人"和"外村人"的区别以及村民认同要素在前面已有阐述，本节将以《中国农村惯行调查》中的六个村落（吴店村、沙井村、后夏寨、冷水沟、路家庄、寺北柴村）作为分析的典型村落，具体分析各个村落的村民认同资格。这样做的缘由在于，本村人的认同资格会由于地域的不同而导致其认同的内容存在差异。某些地方会以是否在村落社区内部居住作为评判标准，将居住于社区内的全体成员都视作本村人，不在社区内居住的人皆划为外村人。然而，有些地方对本村人的身份有着严格的限制，居住于社区内的全体成员并非都是本村人，只有符合一系列条件者才是本村人。另外，即使不在村内居住而具备某些条件的人，仍被视为本村人。这种差异性不仅体现于不同的地域上，即使同一地域上的各个村落的村民认同资格亦不相同。根据《中国农村惯行调查》资料将六个村落的村民认同资格要素进行整理（见下表），并依此将这六个村落分为两种类型，一是村民认同资格较松的村落（A），二是村民认同资格严格的村落（B）。

表3.5　六个村落村民认同资格要素表

类型	村名	家族	房屋	土地	墓地	居住时间	时代	村费
A	吴店村	○	×	×	×	×	×	×
A	沙井村	○	×	×	×	×	×	△
B	后夏寨	○	○	○	?	×	×	○
B	冷水沟	○	○	○	?	△	×	○
B	路家庄	○	○	○	○	○	?	○
B	寺北柴	○	○	○	○	○	○	○

说明:"○"表示必要条件。"×"表示非必要条件。"△"表示有时必要条件,有时非必要条件。"?"表示无法确定。

资料来源:转引自旗田巍:『中國村落と共同體理論』,岩波書店1973年版,第154頁。

一、村民认同资格宽松的村落

村民认同资格较松的村落为河北省顺义县沙井村和良乡县吴店村。这里将主要以沙井村展开讨论。该社区的居民将本村人称为"沙井村人",外村人则附上原属村落的名字称为"某某村人",如石门村的人,便称为"石门村人",如若原居住村落不明,则以"外村人"统称之。①关于沙井村村民意识里的认同资格将从三个方面进行讨论,即迁入者的村民身份、迁出者的村民身份、久居于社区者。

(一)迁入者的村民身份

迁居沙井村者能否立即拥有本社区居民身份,可表明该社区村民资格是严格还是宽松。若迁入者完成申请迁入手续后,立即获得社区居民身份,便说明该社区的村民认同资格宽松,反之,则村民认同资格较严格。关于迁居者是否立刻能获得村民身份,沙井村的村民有如下的问答:

"问:迁居者能马上成为本村人吗?答:马上成为本村人。问:房屋不坐落

---

① [日]中国農村調査刊行会:『中国農村慣行調査』第一卷,岩波書店1981年版,第214頁。

于沙井村的迁居者是本村人吗？答：仍然是本村人。问：一直以来，在沙井村留有房屋的人是本村人吗？答：仍然是本村人。问：外来人在本村建造房屋需要得到谁的许可吗？答：不需要许可，随便。问：建造房屋时不需要中人或保人吗？答：不需要。问：外来户想在社区内购买土地呢？答：只要有钱可随意购买。问：在本社区内即使没有坟地，移来后马上能成为本村人吗？答：仍然能成为本村人。"①

根据农民的回答可看出，迁居沙井村的外来户无论是否在社区内部拥有房屋、墓地、土地，移居之后能立即获得社区居民的身份。一直以来，移居的形式多样化，有的迁入者将自己"生活空间"全部移入新社区，在原居住的社区中无房屋、土地、坟墓、家庭成员等；有的则将生活的一部分移入新社区，在原居住社区留有土地、房屋、家庭成员、坟墓等要素中的一项或几项。但此问题对沙井村社区的村民认同问题的探讨不产生影响，乃因该社区村民身份认同资格宽松。所以，迁入者在原居住社区内留有房屋而在本社区内没有房屋和墓地，暂不妨碍其获得沙井村的社区居民身份。迁入后立即能获得村民身份，因此也不存在居住时间的限制。

沙井村社区对迁居者获得村民身份缺乏束缚，可仍然有一部分人难以获得本社区的村民身份。这些人便是长工和浮住。长工往往一年或数年受雇于雇主，如此长时间的雇佣关系则需长工在雇佣期限内住于雇主家或住于社区别处。这样的长工，即使长期居住于本社区内某家也不会被视为本村人。②"浮住"指居住于某个社区之内的亲戚或朋友家，在该社区内部不拥有房屋者。这样的人逗留时间较短，少则一个月，多则数月，通常来说，逗留时间多在一两个月。浮住户不支付住宿费用，饮食也不独立而与朋友或亲戚共餐，③这样的浮住户居住于本社区内也不被视作本村人。④

长工、浮住户不被村民视为本村人，乃因他们并未想在村落内定居而是暂

---

① [日]中国農村調査刊行会：『中国農村慣行調査』第一卷，岩波書店1981年版，第214~215頁。
② [日]中国農村調査刊行会：『中国農村慣行調査』第一卷，岩波書店1981年版，第214頁。
③ [日]中国農村調査刊行会：『中国農村慣行調査』第一卷，岩波書店1981年版，第214、219頁。
④ [日]中国農村調査刊行会：『中国農村慣行調査』第一卷，岩波書店1981年版，第222頁。

时居住,不久便会离去。也就是说,长工和浮住户并无在社区内定居的意图,因此,他们即便居住于本社区内也不被认同为本村人。但如果浮住户支付住宿费用且独立饮食,那么,情况则截然相反,这种人会被视为本村居民。①乡土社会的居民视这样的人为"寄居户",寄居者在村落中生活,和本村人无异。可是,在满铁调查的时候,借社区居民房屋居住者很少,只一家而已。②寄居者被认作本村人是因其有在本村定居的意愿。支付住宿费、独自进行饮食,这都表明其有在本社区定居的意图。一般来说,迁入者在社区内部购买房屋,且家庭成员也在该社区内生活,其在本社区居住的意图不言自明,所以,此类型人立即可获得村民身份。③迁入者多因欠缺建造或购买房屋的资本,才暂居于他人家中,可是,这样的迁入者一有资本便会建造或购置自己的房屋。所以说,与拥有房屋相比,是否愿意在本社区居住显得格外重要。

　　由此可知,沙井村的村民认同资格较为宽松,除了长工和浮住户外,迁入者若在该社区内居住则立即获得村民资格,不存在任何附加的限制条件。因此,外来的迁入者基本上都被视为社区居民,且不存在居住时间的限制。

　　虽说沙井村的村民认同资格获得较易,但是,欲迁居该村者并非谁都可定居于社区之内,它存在一定的申请程序和规则,不符合者则无法定居于该社区,更谈不上获得村民身份。如前所言,该社区的村民身份认同资格宽松毋庸置疑,若迁入申请的审核程序严格,那么,沙井村的村民认同资格不应归为较易而应属严格。沙井村的村民身份的获得情况究竟如何?我们有必要讨论该社区的准入手续。

　　欲从外村迁入沙井村者,通常来说有两个步骤。一是,申请者须向沙井村的保长提出迁入申请并获得保证书。所谓的保证书,指保长对申请者的人品进行考察后的认定书,其效力在于保证入村者的人品。二是,申请者须在沙井村内有介绍人,其作用在于实现申请人与沙井村的保长沟通。一般来说,外村人迁居沙井村,其在沙井村一定会有关系亲密的朋友,那位朋友通常会扮演介

---

① [日]中国農村調査刊行会:『中国農村慣行調査』第一卷,岩波書店1981年版,第219頁。
② [日]中国農村調査刊行会:『中国農村慣行調査』第一卷,岩波書店1981年版,第219頁。
③ [日]中国農村調査刊行会:『中国農村慣行調査』第一卷,岩波書店1981年版,第131頁。

绍人的角色。这两个步骤中,有一项可以省略,这便是介绍人,也就是说,在某种条件下在沙井村内寻求介绍人这个步骤并非不可欠缺。倘若申请迁入者与沙井村内的居民素有交往,其在介绍人不存在的情况下也可直接与沙井村的保长沟通,或是在沙井村内找不到介绍人的情形下,但能与该村的保长沟通,也可让其成为介绍人。①

介绍人的效用在于与沙井村的保长取得联系,为申请迁入者寻找居住的场所,仅此而已。②因此,介绍人仅发挥着中间人的角色,并不具有身份担保人的职责,将来也不需为此负任何责任。

申请迁入沙井村者通过介绍人或本人直接将迁居的意愿告之于保长,保长会为此与数名甲长相谈,对欲迁入者进行考察后作出相应决定。③这里的甲长是指保甲制的甲长。在沙井村,甲长的职位是由长期管理沙井村事务的会首或首事人来充任。保长(村长)也是会首一员。村落的所有事务均由这些会首决定,有关移居方面的事情也自然成为这些人的工作内容。

社区领袖人物们围绕迁入者的讨论内容主要是申请者的品行,品行不好者则拒绝其入村,品行好者方才予以允许。④这里的品行通常指当事者的道德人品,有无恶行,与财富、家世等无任何关联。"问:假设今年有迁入者的话,怎么办?答:迁入者的人品不能判断的时候,不允许其入村。问:由谁对迁入者的人品进行认定呢?答:村长、保甲长、会首们商谈定夺。问:在杜祥家居住的刘振廷何时来到本村?答:去年春天。问:此人入村的时候,村长或会首对其有过考察吗?答:这个人提出欲在本村居住的申请,得到了村长和会首的考察并同意。问:逗留者若在村落中的品行不好,会将其撵出吗?答:会的。问:由谁施行?答:村长或保甲长。"⑤实际上,申请迁入沙井村者被拒绝的例子未曾有过,这并非说该社区的准入考察不严格,乃因申请迁入者多会在申请前对新社区

---

① [日]中国農村調査刊行会:『中国農村慣行調査』第一卷,岩波書店1981年版,第166、214页。
② [日]中国農村調査刊行会:『中国農村慣行調査』第一卷,岩波書店1981年版,第214页。
③ [日]中国農村調査刊行会:『中国農村慣行調査』第一卷,岩波書店1981年版,第214页。
④ [日]中国農村調査刊行会:『中国農村慣行調査』第一卷,岩波書店1981年版,第124、214页。
⑤ [日]中国農村調査刊行会:『中国農村慣行調査』第一卷,岩波書店1981年版,第124页。

的准入标准进行了解,在符合新社区准入标准的情况下才会提出申请,因此,申请被拒者难得一见。

申请迁入者获得入村许可后可迁居沙井村。迁居者不必向近邻问候、送礼物、宴请村民。有的迁入者到村公所问候,也有的不去,这无硬性规定,去与不去乃是当事人的自由。另外,迁居者是否参加村庙的祭祀仪式也是个人的自由,无必须参加村庙祭祀的惯习,因此,迁入者即使缺席祭祀仪式也无任何强制措施令其参加。具体情况如下,"问:迁入者需要带礼物吗?答:不需要。问:迁入者需要挨家拜访吗?答:不需要。有时需要去村公所,这也不一定。问:迁入者需要宴请原居民吗?答:不用。问:迁入者需要拜祭村庙吗?答:不需要。问:迁入者需要出席'办五会'吗?答:参加'办五会'需要交钱,迁入者贫者居多,花钱参加者很少"①。

综上所述,迁入者入村的手续固然存在,可实际执行的较为简单,不存在阻止社区外之人迁居至沙井村的限制,大致和该社区村民认同资格一样,较为宽松。本村人资格的获得和入村申请的手续均较易。可以笼统地说,居住于村内的全体成员均具有本村人资格,这些只算作享有本村人资格的一种表象,迁入者只有以本村人身份融入村落生活,而不是以边缘人的角色在村落中生活,方可谓着实获得了村民身份。

迁居沙井村者不仅能立即获得本村人的身份,而且迁入者和老居民间也不存在差别待遇的问题。关于此点,村民有明确的回答。"问:从他处而来的迁入者与世居于此的居民相比不存在差别待遇吗?答:没有,村民很善良不存在差别待遇。"②这也可以从迁入者的实际生活境况中窥见一斑。迁居者在社区内可以自由的建造房屋、购买土地。"问:外来人在本村建造房屋需要得到谁的许可吗?答:不需要许可。问:建造房屋时不需要中人或保人吗?答:不需要。问:外来户想在社区内购买土地呢?答:只要有钱可随意购买。"③另外,迁入者可以自由地使用村公有地、溜池、采土地、公共器具,与老居民的差别待遇之

---

① [日]中国農村調査刊行会:『中国農村慣行調査』第一卷,岩波書店1981年版,第214頁。

② [日]中国農村調査刊行会:『中国農村慣行調査』第一卷,岩波書店1981年版,第124頁。

③ [日]中国農村調査刊行会:『中国農村慣行調査』第一卷,岩波書店1981年版,第214~215頁。

处不存在。"问:迁入者采土需要得到村公所的许可吗?答:不需要,即使什么不说也可以。问:在迁居沙井村之前,得到过'移居后可以采土'的承诺吗?答:迁居者在沙井村建造房屋需要大量的泥土,在迁入前向该村公所已言明了。问:向谁说?答:村公所的保长。问:迁入者需要向村公会缴纳一定的钱物吗?答:不缴纳也可。"①

迁入者与老住户的无差别待遇也体现在社区大型活动——村庙祭祀上,这更能说明迁入者和老居民在村落生活上的无差别性。沙井村的村庙祭祀一年五回,享有参加权力的只有拥有本村村民身份的人,当然,这里所谓的本村人也包括新迁入者。村庙的祭祀仪式虽说简单,但也是社区中为数不多的大型活动之一,出席者需要缴纳一定的费用。迁入者多为贫穷的人,无力或不愿为此产生开支,所以,新迁入者很少有出席村庙活动的。②不仅是新迁入者,纵使是老居民,也有因无钱而不参加宴会的。

这里的老居民,既指世代居于沙井村的人,也指亲代不居住于本村,本人在沙井村长期居住的人。村庙的祭祀仪式依照一直以来的传统习惯进行,参加者的身份限定于本村人。实际上,参与村庙祭祀仪式的并非是全体村民,而是其中的一部分居民而已。不参加的社区居民并非被拒绝,亦非受血缘、门第等身份制约,参加村庙祭祀的资格平等,完全是居民个人的自由,究其因在于经济因素。也正因如此,参与者并非固而不变,贫穷者积蓄很难,为节省祭祀的花销而不参加,假若贫穷者生活稍微富足就会出席,当然,富者落魄则缺席。一般而言,穷人基本缺席,富裕者通常会出席并成为香头。所以说,在现实生活中,不参与祭祀仪式,或不能参加祭祀的相当多,因经济原因一部分老居民从祭祀仪式中脱离了出来。

不可否认,某些迁入者较为富裕。为了更快、更好地融入到新社区的氛围中,他们在缴纳规定的费用后,便可以参加村庙的祭祀活动。这样的迁入者在村落发展的历史中也存在。新老居民在村庙祭祀活动的无差别上还表现在该

---

① [日]中国農村調查刊行会:『中国農村慣行調查』第一卷,岩波書店1981年版,第214~215、219頁。

② [日]中国農村調查刊行会:『中国農村慣行調查』第一卷,岩波書店1981年版,第214頁。

活动的通知上,在祭祀仪式开始前,村庙的负责人会挨家通知村民并让其出席,迁入户也不例外。这足以说明新老居民间待遇无差别。①新老居民在村庙宴会的坐席顺序上也无差别。沙井村的村庙祭祀宴会的落座顺序无严格的规定,参加者坐在何处均可。②

不仅如此,新迁入者也能成为村庙祭祀仪式的主持者。庙会祭祀仪式的掌管者为香头(会首),沙井村共有十数人。一般来说,香头较普通村民承担更多的会费(约二倍),从上述人中选出代表作为执事人(每年执事的香头,为村庙祭祀活动负责之人),村庙的祭祀仪式将以执事人为中心进行组织。担任香头需出于本人的意愿,若有成为香头的意愿都有机会成为香头。香头较普通村民不止负担更多的会费,而且必须承担一定责任,实际上,自愿成为香头者并不是很多的。也正因此,沙井村对香头的限制并不多,有意愿者并为社区居民就可以成为香头。所以,新迁入者如有成为香头的意愿,在缴纳一定额度的费用后即可成为该村的香头。实际上,新迁入者成为香头的事例也存在,如邢尚德和柳洪旭。③

在乡土社会中,香头并不仅仅是村落社区祭祀仪式的负责人,他们往往与村政的管理也有着诸多关联。如沙井村,一直以来,该村的村庙负责人便是村落中的行政人员,也就是说,香头实际上是村务的行政人员。于是,"香头"一词,既表示是村庙祭祀的负责人,同时也表明是社区事务的管理者(会首、首事人)。一直以来,成为香头者多是社区内富裕的居民,而富裕的居民往往都是香头,贫穷的人成为香头者很少。可以说,富裕阶层凭借着经济资本占据着基层社区的权力阶层,借而支配着村庙和村政。但这种现象并未一直持续,民国以降,随着村落中的事务骤增,村政和村庙祭祀逐渐分离,相对而言,村政较村庙祭祀更为重要。虽然说村政与村庙祭祀呈现分离的趋向,但并未"立竿见影"的体现出来,所以,村务的管理者依旧兼任香头的职位。真正出现分离的是40年代的事情,至此,村政管理者和村庙祭祀的负责人再不可等同而语

---

① [日]中国農村調査刊行会:『中国農村慣行調査』第一卷,岩波書店1981年版,第214页。
② [日]中国農村調査刊行会:『中国農村慣行調査』第一卷,岩波書店1981年版,第215页。
③ [日]中国農村調査刊行会:『中国農村慣行調査』第一卷,岩波書店1981年版,第217页。

了。村落事务的管理者有的不再兼任香头一职，而村庙祭祀的负责人（香头），也不全扮演村政管理者的角色。可是，这种分化并不完全，因为社区内的居民一如既往地将村落事务管理者称为香头。直至满铁调查之时，村庙祭祀的香头和村落事务管理者间依然存在某种程度上的关联。关于村庙祭祀的香头前有言表，迁入者也可成为香头，也就是说，迁入者在沙井村定居后也可以成为村落事务的管理者。

在地缘关系和血缘关系凝结而成的自然村落中，村民们在日常生活中并不是直呼对方其名，多是以血缘关系中的某种亲属称谓称之。如果没有血缘关系的同社区居民，也会按照一定的习惯采用拟亲属称谓称之，这不仅表明村民彼此间关系融洽，也说明该人被视为社区中的一员。那么，新迁入者在入住后立刻能够获得这种称谓吗？从沙井村的资料来看，在街坊的辈分上，新来者在社区定居后即可获得这种亲属称谓。当然，这是对非血缘关系的人采用的一种拟血缘方法，其方法多以介绍人和迁入者的关系为基点。介绍人为沙井村村民，其在沙井村村内会有相应的辈分，若介绍人不是该村村民，可其在沙井村内有朋友，那么，他和沙井村村民间也会有辈分关系。迁入者会以介绍人的辈分关系作为基准，获得相应的辈分称呼。①如介绍人和新迁入者以辈分来论，是兄弟关系。介绍人对村民A以"伯父"称之，新迁入者也对A称以"伯父"。如果对村民B以"侄"称之，新迁入者也将以"侄"称之。

在沙井村，迁入者在定居后即可获得村民身份，而且在村内公共物品使用上与老居民无差别，甚至可以成为村庙祭祀的主持者和村落中的会首，这些都是作为一个社区成员应享有的权力，但一个真正的社区成员还应承担村落的一些义务。一直以来，沙井村的村费、力役的征收以本村居民拥有土地的数量作为标准，凡是本村的村民便有承担的责任，而与土地位于何处无关联，本村人所有耕作的土地全部成为本村征集的对象。所以，当村民迁居后，所有土地征收村费的归属权也发生变动，也就是说，新迁入者和沙井村的老居民一样向村里缴纳村费。可是，1936年以后，"属地主义"颁布后，村费的征集范围固定化，不论是居民迁居，抑或是土地交易而引起土地所有权的

---

① ［日］中国農村調査刊行会：『中国農村慣行調査』第一卷，岩波書店1981年版，第259頁。

变动,村费的征收范围不变动。新迁入者即使成为本村人,也不承担本村村费,而是负担原村落的村费。因此,出现了本村人不承担本村村费的现象。可是,此现象不仅体现于新迁入者身上,社区老居民在其他村落购置土地,这块土地所应承担的村费,归于土地所在的村落而不纳于所有者所在的村落。相反,本村人将社区内的土地卖于外村人,那块土地应负担的村费,一如既往纳于本村。但是,依照旧习而不执行新法规的村落和村民也颇多。这种矛盾的现象尽管存在,但是说明在村费征集上,迁入者和本村人无差别,一视同仁。

上述问题说明,迁入沙井村者不仅获得本村村民资格较易,并且在各个方面与老居民间不存在差别待遇,该村落的村民认同资格宽松。

(二)迁出者的村民身份

在传统乡土社会中,有迁入者也有迁出者,二者皆涉及到村民身份认同的问题。迁出和迁入的情形大致相似,村民身份认同的要素依然是居住时间、家庭成员、土地、墓地等。关于这个问题,沙井村的村民有如下问答:"问:村民们将全家迁出的人称作什么?答:称其为迁入村的村民。问:不称为本村村民吗?答:不说。问:迁出者对于原村落来说,是外村人吗?答:外村人。问:迁出者在原村落拥有房屋,这样的人也不能称为本村人吗?答:是否是本村人与在村落中有无房屋没有关系。问:迁出者在原村落中拥有土地的呢?答:称为外村人。但是,税捐如往昔交于本村的话,仍视其为本村人。问:迁出者在村内有墓地呢?答:仍然是外村人。"①

根据沙井村村民的回答,迁出者纵然在原社区内拥有房屋、土地、墓地,如果家庭成员全体迁出,这样的人会丧失村民身份而被视为外村人。相反,迁出者的家族成员在原社区内居住,迁出者仍会被视为本村人。由此可见,家族成员是否在原村落居住,成为迁出者是否保有村民身份的关键点。

如果迁出者的家庭成员仍留于原社区之内,表明其离村只是暂时的,不久便会返回社区。这样的人虽然离开了居住的社区,但仍然拥有社区的村民身份。外出务工人员亦是如此,其离开居住的村落是谋生所需,纵然其长时间居

---

① [日]中国農村調査刊行会:『中国農村慣行調査』第一卷,岩波書店1981年版,第215页。

住于他乡,原社区的居民仍然视其为本村人。简单地说,有归村定居意图者便是本村人,而携家庭成员迁出社区者,一般则被视作外村人。但是,携全家移居他处者,如果只是暂居一时,归村意图明显的话,仍会被视为本村人。此外,即使在村内有同族、墓地,且长期与原社区居民保持密切来往仍会视其为外村人。①进而说明,迁出者是否保有村民身份的关键点在于其在社区内居住的意愿。

丧失社区居民身份者再也无法融入本村人的情感世界之中,也不再享有社区居民的权力,如村公有地、公共器具等的使用权。此外,村落社区的公共活动亦无法参与,如村庙的祭祀便不能参加。根据沙井村的惯习,不具有村民身份的迁出者(其同族即使是社区的行政人员),一旦成为外村人,则会从村落生活中完全排除出去。与此相反,长年居住于社区之外,平时和村民无交涉,家族成员留在本社区的人,仍被视作是本村人,享有本村居民的一切权力,可以参加村庙祭祀活动。

总体而言,在沙井村,迁入者容易获得村民身份并真正融入到村落的日常生活之中,而迁出者亦容易丧失村民身份成为外村人。这种事例并非河北省顺义县沙井村特有之现象,河北省良乡县吴店村的村民认同情况与其大体一致。

(三)吴店村的村民认同

河北省良乡县吴店村是杂姓聚居的村落,各姓聚居色彩强。社区经营的土地所有权很大一部分集于县城不在地主,村民佃农化倾向明显,社区居民为维持家庭经济外出务工者甚多。

首先,迁入者的村民身份。根据村民的回答,迁入者在新社区内可以不拥有房屋和土地,但家族成员必须一起迁居于新社区,否则此人不能获得村民身份。②所以说,家族成员成为迁入者获得村民身份的关键。家族成员一起迁入新社区表示欲在新社区扎根、落户,并非在新社区暂住,这一点成为迁居者获取新社区村民认同的必要条件。这可以从一些具体的事例得到印证,现根

---

① [日]中国農村調査刊行会:『中国農村慣行調査』第一卷,岩波書店1981年版,第122頁。
② [日]中国農村調査刊行会:『中国農村慣行調査』第五卷,岩波書店1981年版,第422頁。

据《中国农村惯行调查》中吴店村迁入者的资料整理出下表。

表3.6 河北省良乡县吴店村迁入者的基本情况表

姓名	原居住地	居住时间	土地	房屋	职业
王春	县城	8~9年	无	无	农业·短工
国永顺	易州	十数年	无	无	看庙
贺启明	牛家场村	十数年	有	无	农业
杨集廷	固村	1年	无	无	农业
王廷贵	高佃村	十数年	无	无	农业
赵德荣	南公村	7~8年	无	有	农业
张福林	长羊村	4~5年	无	无	苦力

资料来源：[日]中国農村調査刊行会：『中国農村慣行調査』第五卷，岩波書店1981年版，第422頁。

由上表可知，这些迁入者较为贫穷，无一户在新社区内同时拥有房屋和土地，大部分二者皆无，在该社区内拥有房屋者仅是从南公村迁来的赵德荣，余下各户租赁他人的房屋，在社区内拥有土地者也仅一户，即从牛家场村迁来的贺启明。从职业上来看，基本上为佃耕他人的土地从事农业经营。①这些人皆获得了吴店村的村民身份，由此可以看出，在吴店村，土地和房屋并不是获取村民身份的必要条件，而家庭成员是否一起迁入新社区则为必要条件。

吴店村社区的准入手续也很简单，与沙井村相似，迁入者需要介绍人，而这些人多由迁入者的亲戚或朋友来充任。一般来说，村落社区内部无亲戚或朋友，外村人也不会有迁入的意图，这是中国人深受血缘、地缘关系影响的一种体现。亲戚、朋友成为介绍人，他们代申请迁入者向本村的保长申请迁入的许可。申请者获得准入许可后迁入本村。保长按照长期以来的惯习将迁入者

---

① [日]中国農村調査刊行会：『中国農村慣行調査』第五卷，岩波書店1981年版，第422頁。

登记于村落的户口册。这样一来，入村手续便完成了。可见，吴店村的入村申请是多么的简单了。迁入者不需携带着礼物拜访四邻，但是要拜访社区的保长或甲长，此仅为情感的表达且不需携带礼物。①

社区迁出者的村民身份也如同迁出者的情形，资格丧失较易。携家庭成员离村者即丧失了村民身份。即使在社区内置有土地，迁居后也丧失了村民身份，如在城内某校担任校长的村民，分家后得到三四十亩土地，因迁居县城而丧失了村民身份。②此点，与顺义县沙井村相似。

其次，在村费的负担上。吴店村与沙井村有着显著的差异。吴店村的村费征收是以该社区界限内的土地为标准，界限内耕作的土地，无论所有权归于哪个村庄，村费皆纳于本村。本村人耕作界限内土地，村费将缴纳于本村，如果耕作社区外的土地，村费则纳于外村。其他调查的诸村落与该村落不同，均以本村人所有土地作为征收的对象，不论土地位于何处，应摊的村费皆纳于土地所有者所属的社区。

二、村民资格严格的村落

村民资格较沙井村和吴店村严格的有，山东省恩县后夏寨村、山东省历城县冷水沟和陆家庄、河北省栾城县寺北柴村，以下将逐一展开。

（一）山东恩县后夏寨

后夏寨村位于交通不便的内地，社区居民的谋生途径主要是农业，副业收入几乎没有。在这个村落中，迁出和迁入者难得一见。数十年来，也没有一个迁入者。因此，社区内的居民皆是世代居于此的老户。③但是，该村落居民去东北和临近县城务工者颇多。这些务工者大多只身外出，家族成员仍居于社区内，这表明了他们只是暂时离村而已，不久便会归村。在《中国农村惯行调查》资料中，笔者未曾发现该村外出打工者携全家离开的例子。究其原因，该社区

---

① [日]中国農村調査刊行会：『中国農村慣行調査』第五卷，岩波書店1981年版，第422~423頁。
② [日]中国農村調査刊行会：『中国農村慣行調査』第五卷，岩波書店1981年版，第422頁。
③ [日]中国農村調査刊行会：『中国農村慣行調査』第四卷，岩波書店1981年版，第400~401頁。

居民或多或少都拥有土地与房屋,①无意外之事不会轻易"舍弃"。该村缺乏迁入、迁出者,所以,本村人和外村人具体区别的事例难觅,只能根据村民们的话语来探析该村村民的认同资格。外村人(异乡人)欲迁入该社区,需要保证人,由保证人向本社区的保长、甲长申请,获得准入许可后方可入村。申请者迁入时不需要向该村缴纳钱物,入村即成为本村人(当乡人),一直以来,迁入者和老居民间不存在差别待遇。②

　　本村人虽对迁入者以同村居民视之,但迁入者需要满足一定的条件,即土地和房屋。"问:如果迁入者无土地和房屋,此人能被认为是本村人吗?答:不拥有土地和房屋者,不是本村人。"③可以看出,如果不拥有土地和房屋的外来者,不能成为本村人。土地和房屋能成为该社区的村民认同资格的必要条件,乃与该社区的实际经济情况有着密切的关联性。后夏寨村并非富裕的社区,但是这个社区内的居民或多或少都拥有一定数量的土地和房屋。"问:村落内的居民都拥有土地吗?答:村落内的居民都拥有土地。……问:村落内的居民都拥有房屋吗?答:是的。"④另外,该社区居民均有家族墓地。其中,土地作为经济资本在实际的村落生活中成为获取社区权力的重要条件,如村长(保长)的选举,全体村民(各家的家长或哪个代理)进行投票,投票者只限于土地的拥有者,因此,在村民中有这样的话语,"有土地即拥有选举权,无土地即无选举权"⑤。正是这个村落的经济环境,规定迁入者需要在社区内拥有房屋、土地、墓地,方可通过社区的准入门槛获得村民资格。⑥

　　前面已言的顺义县沙井村和良乡县吴店村,村民认同资格较为宽松,土地和房屋不是村民认同的构成要素,在这两个社区内即使二者皆无,如果迁入者的家庭成员均迁入于本村即获得村民的资格。与这两个村落相比,在后夏

---

① [日]中国農村調査刊行会:『中国農村慣行調査』第四卷,岩波書店1981年版,第403~404頁。
② [日]中国農村調査刊行会:『中国農村慣行調査』第四卷,岩波書店1981年版,第400頁。
③ [日]中国農村調査刊行会:『中国農村慣行調査』第四卷,岩波書店1981年版,第400頁。
④ [日]中国農村調査刊行会:『中国農村慣行調査』第四卷,岩波書店1981年版,第400頁。
⑤ [日]中国農村調査刊行会:『中国農村慣行調査』第四卷,岩波書店1981年版,第404頁。
⑥ [日]中国農村調査刊行会:『中国農村慣行調査』第四卷,岩波書店1981年版,第401頁。

寨的村民认同条件中，土地和房屋是必要条件，所以说，该社区的村民认同资格相对较严。

土地和房屋作为该村村民认同的条件，不仅与该村落经济状况密不可分，而且其中也另有蕴意。土地和房屋在乡土社会是财富的象征，不易获得，尤其是以农业收入为主要经济来源的农民更是难以获得，因此，在某个社区内拥有土地和房屋，可以表明该迁入者有在此村落中定居的意向。

(二) 山东省历城县冷水沟和陆家庄

冷水沟在几个样本村落中可谓是个大村落，该社区共有农户370户，居民大部分为自耕农，无不耕作的地主，其中，自耕农兼佃农25户。该社区多水田，而且副业兴盛，可称得上是富裕村落。另外，农闲期外出务工者较多。社区内的居民将本村人称为"本庄人"，居住三代以上并在社区内拥有墓地者被认为"世居"，这样的人，即使贫穷至不拥有房屋，借居于他人的房屋，仍然会被视作本村人。①在满铁调查时，社区内居住的人大都是世居，皆拥有村民资格。村民将外村人称为"外庄人"。

迁入者须在冷水沟社区内寻找保证人，通过保证人向庄长申请入村的许可。保证人将欲迁入者的籍贯、职业、经历、与本人的关系等自然情况详细告之于庄长，并对迁入者的人品进行保证。如迁入者有偷盗等不良行为，保证人负有保证责任而需进行赔偿。②庄长在收到申请后，会与保长商谈，再决定允许申请者入村与否。保甲制不盛行之时，庄长同"段"的"首事"商谈。③所谓的"段"指住宅区划，该社区由八段构成，每段的负责者为首事。

迁入者通过保证人提出申请，被拒绝的情况很少，可能不符合申请条件者不会申请。庄长如果给予准入许可，申请迁入者便可以移入社区。④可是，迁入者移居于新社区之中，并非意味着此人已获得了新社区的村民身份，只有满足一定的条件才能拥有村民身份。迁入者若在新社区内部拥有房屋和土地，

---

① [日]中国農村調査刊行会：『中国農村慣行調査』第四卷，岩波書店1981年版，第19、23页。
② [日]中国農村調査刊行会：『中国農村慣行調査』第四卷，岩波書店1981年版，第22页。
③ [日]中国農村調査刊行会：『中国農村慣行調査』第四卷，岩波書店1981年版，第22页。
④ [日]中国農村調査刊行会：『中国農村慣行調査』第四卷，岩波書店1981年版，第22页。

即成为本村人。因此,房屋和土地是该社区居民认同资格的必要条件。然而,迁入者多为贫乏之人,绝大多数难以在入村伊始就在新社区拥有房屋和土地。所以,这些人取得准入许可迁至冷水沟,也不是本村人,是以"寄庄户"冠之。所谓寄庄户,即在庄中寄居。调查时共有10户寄庄户,具体情况如下表所示。①

表3.7　冷水沟寄庄户情况表

姓名	职业	居住时间	姓名	职业	居住时间
姜某	卖烧饼	数年	田某	鼓手	数年
王某	鼓手	数年	马某	汉医	未满1年
崔某	卖杂货的	未满1年	董某	卖杂货的	未满1年
刘某	编锅盖的	数年	吴某	卖馍馍的	未满1年
陆某	卖肉的	未满1年	陈某	铁匠	数年

资料来源:[日]中国農村調査刊行会:『中国農村慣行調査』第四卷,岩波書店1981年版,第22頁。

寄庄户转换为本庄人有两种方式。一是在新社区内拥有房屋和土地。②迁入者在社区之内拥有房屋和土地,入村即可成为本村人,这是理所当然的事情。可是,贫穷的迁入者拥有土地和房屋是何等不易?因此,冷水沟中的寄庄户通过此方式获取村民资格的例子,只有杨氏、程氏、刘氏三户。③二是长期居住于社区内且与村民关系十分密切。寄庄户在本社区内长期居住,自然而然地被认为是本村人,另外,多年在社区内居住的寄庄户,在日常的生产和生活中会与周围的社区居民形成一定的社会关系,若与其中的任何一家交往密切,也会被认为是本村人。这种方式要求寄庄户在村落中需居住相当长的一段时间,三四年尚不足以获得村民身份,一般要经过十年以上才能获得村民

---

① [日]中国農村調査刊行会:『中国農村慣行調査』第四卷,岩波書店1981年版,第22頁。
② [日]中国農村調査刊行会:『中国農村慣行調査』第四卷,岩波書店1981年版,第22頁。
③ [日]中国農村調査刊行会:『中国農村慣行調査』第四卷,岩波書店1981年版,第23頁。

身份。①这就要求寄庄户有良好的品行,否则情况会更为复杂,只有在村落内长时间居住且与村民关系亲密者才可实现从外村人到本村人的身份转换。这足以体现冷水沟村民认同资格的严厉。

凡是迁入者在新社区内拥有土地和房屋,便可获得村民身份,若不具备这个条件,迁入者则须在村内居住十年以上且与村民形成亲密关系,否则难以实现边缘人到社区居民的转变。这无疑彰显出土地和房屋在该村村民资格认同上的重要性。

关于迁出者的村民认同,一般而言,携家庭成员迁居他乡者即丧失了村民身份。即使在村落内拥有墓地而携家庭成员迁居者亦丧失村民资格。家庭成员全体移居他乡而多年未归者,在某种条件下仍会被视作本村人。此条件为迁出者在原社区内拥有土地和房屋,且缴纳田赋、摊款(派)。②这里所谓的"田赋",是指土地所有者向国家(具体是县里)缴纳的地税。"摊款",则是指土地所有者向村庄缴纳村费,这除了社区使用的经费外,也包括经由村缴纳于县里的摊派。1928年之前,田赋属于国家财政的一部分,其后划归为地方财政。村民们根据田赋账簿上登记的土地面积和税额,将田赋直接纳于县里,或由庄长收齐一并缴于县里。县公署将田赋缴纳的通知书下达到庄长,再由庄长分发给村民。③因此,田赋是基层社区以外的经济行为,不能反映社区内部的经济行为和状况。如果说有联系也只体现在田赋征收的范围有时会成为摊款的基础。摊款倒是与村落经济的联系十分紧密,并且对村落经济有着更深层次的影响。摊款以村民拥有的土地为征收基准,对拥有土地的社区居民课以赋税。所以说,村民认同资格的重要条件——土地并不仅表示迁居者有定居的意图,且与村落社区的摊款联系在一起。换而言之,是否承担村费也成为获取村民身份的重要因素。

满铁调查之时,陆家庄社区内的居民皆为世居,最近的迁入者也要追溯到十六七年前。该村落外出务工人员相当多,然无迁出者。④这个村落中,缺乏大

---

① [日]中国農村調査刊行会:『中国農村慣行調査』第四卷,岩波書店1981年版,第23页。
② [日]中国農村調査刊行会:『中国農村慣行調査』第四卷,岩波書店1981年版,第23页。
③ [日]中国農村調査刊行会:『中国農村慣行調査』第四卷,岩波書店1981年版,第18、270、280页。
④ [日]中国農村調査刊行会:『中国農村慣行調査』第四卷,岩波書店1981年版,第353页。

土地所有者,每位居民基本上都拥有面积不等的土地,大部分是自耕农。

根据村民们的回答,迁入者获取新社区的村民资格至少需要在该社区内居住七八年,另外,还要具备以下这些条件,土地、房屋、墓地、生有子女。这说明,该社区的村民资格认同很严,需要同时具备上述要素中的几项才能获取村民身份。如在陆家庄社区居住长达数年之久,但在社区内不拥有房屋、土地、墓地,这样的迁入者亦不能获取村民身份。① 另外,墓地有时也成为获得村民资格的重要条件,倘若在陆家庄社区内拥有房屋、土地,却无墓地,这样的迁入者也不能获取村民身份。墓地成为村民资格认同的重要因素,一方面是因为在基层社区内的居民观念中,墓地象征着迁入者有在本社区定居的意图,② 另一方面是因为墓地的存在表明家族成员也居住于本社区之内。

(三)河北省栾城县寺北柴村

寺北柴社区共有居民140户,社区居民中有无地户,或佃耕的农户,但这些人皆为本村人,也就是说,村民身份与社区内是否拥有土地无直接关联,凡是居住于社区内便为本村村民。③ 在社区内即使拥有很多土地,可居住于其他社区者则为外村人,这说明调查时居住于本村的居民皆具有村民身份。

在社区居民的意识中,世居者和迁入者间存在着鲜明的差异。如村庙中的石碑上(同治八年,1869年)刻有一段关于村落中范氏的文字:"民国以前只有一户,……本来不是寺北柴村人,从他处迁居而来,来自何处不知。在村内已居住三代。范氏的墓地可以为证。"④ 这说明,范氏很久以前便迁入该社区,且三代居于本村,并拥有墓地,然而,在村民的意识里范氏仍为外来者。此外,关于现任村长(郝国梁),本社区居民说:"现任村长的祖辈从北长村迁来,村长为郝氏的第五代,至今仍被村民称为北长人,其后代则为寺北柴村人。"⑤ 郝氏五代居住于寺北柴村,且郝国梁身为村长,即使如此其也被认为是外村人,未

---

① [日]中国农村调查刊行会:『中国农村惯行调查』第四卷,岩波书店1981年版,第355页。
② [日]中国农村调查刊行会:『中国农村惯行调查』第四卷,岩波书店1981年版,第355页。
③ [日]中国农村调查刊行会:『中国农村惯行调查』第三卷,岩波书店1981年版,第34页。
④ [日]中国农村调查刊行会:『中国农村惯行调查』第三卷,岩波书店1981年版,第56页。
⑤ [日]中国农村调查刊行会:『中国农村惯行调查』第三卷,岩波书店1981年版,第39页。

真正拥有该社区的村民资格。以上"本村人"与"外村人"的区别事例,说明了该社区的村民认同资格的严格。

现在居住于社区内的全部居民皆为本村人,但并非仅因他们居住于社区内部。这点可以从该村村民的回答中反映出来,"问:寺北柴村人在邻村岗头村建造房屋并居住,那这个人是哪村人? 答:即使迁入岗头村也是寺北柴村人。问:若迁入岗头村已数年,在这段期间一次也未回过寺北柴村的话,这个人也被认为是本村人吗? 答:仍然是本村人。问:这个人的孩子呢? 答:孩子是岗头村人。问:那么,这个人不能获得岗头村人的资格吗? 答:当然不能,只居住于岗头村,不能获得该村村民资格。"①上述回答说明,不居于社区内者也可能拥有村民资格,也就是说,满铁调查时的寺北柴村内居住的人都是本村村民,并非因为其居住于本村,而是其具备了某些条件,才拥有了村民资格。

那么,在寺北柴社区具备哪些条件才能获得村民资格呢? 社区居民关于这个问题的认识,莫衷一是,分歧甚多。大致有以下几种观点,迁入者在村内建造房屋并定居于此,也不能获得本村人资格,享有村民身份者为其下一代;②迁入者须在社区内生活五代,不然难以获得本村人的资格;③迁入者在社区内同时拥有房屋、土地、墓地,另外,其家庭成员皆居住于社区内,即可获得本村人资格。迁出者在村内如果无土地、房屋、墓地,则丧失本村人的资格。可是,房屋和土地即使没有,若在原社区内保有墓地,且与原社区的联系从未断过,迁入者难以获得迁入地村民资格,但保有原社区的村民身份。值得注意的是,迁出者即使在村落内有墓地,可不来拜祭也犹如不曾拥有墓地,此人也丧失了村民身份。④迁入者在社区内居住三代以上,且建有墓地,就可获得本村人资格。⑤

如上所述,关于本村人的资格,村民们的观点不一致。然而,他们的观点中

---

① [日]中国農村調査刊行会:『中国農村慣行調査』第三卷,岩波書店1981年版,第35頁。
② [日]中国農村調査刊行会:『中国農村慣行調査』第三卷,岩波書店1981年版,第35頁。
③ [日]中国農村調査刊行会:『中国農村慣行調査』第三卷,岩波書店1981年版,第39頁。
④ [日]中国農村調査刊行会:『中国農村慣行調査』第三卷,岩波書店1981年版,第46頁。
⑤ [日]中国農村調査刊行会:『中国農村慣行調査』第三卷,岩波書店1981年版,第45頁。

有共趋的一面，即墓地和世居，这是村民资格认同的重要条件。这点成为寺北柴村与前几个村落(除陆家沟村)明显不同之处。①此外，还有土地、房屋，家庭成员。

墓地和世代在寺北柴村成为村民认同资格的重要条件在于二者皆体现了一种血缘关系，这也说明了村民资格的认同要素与村落的形成方式有着密切的关联性。前面已言，寺北柴村是个宗族意识很强的村落，在这个社区生活的居民既拥有村民资格同时更是宗族中的一员，相对而言，宗族意识高于村民意识，所以，迁入者欲获得村民资格必须先要成为社区宗族中的一员。②该社区的郝氏村长便是实证。因此，宗族意识强烈的寺北柴村将血缘关系的表现形式——墓地和世代作为村民认同资格。

寺北柴村的这种严格的资格认同条件限制了村落社区的村费征集和承担者的范围。该社区的村费由本村村民承担，至于土地位于何处便退为次要问题，本村人名下拥有的土地、出租地以及典耕地都成为本村的村费征集对象。③这里的本村人严格限制在具有村民身份的人，因此，无论迁居何处，作为本村人必须要承担原村落社区的村费。"世居不满五代者，其即使移居他处，仍享有原村落的居民待遇，同时也要承担原村落社区的摊款。"④如调查资料中有这样一则问答可作为例证，"问：从寺北柴村迁到岗头村居住已三年，该人向哪个村落缴纳摊款呢？答：仍然向原村落缴纳。"⑤

通过对寺北柴村的村民资格认同的讨论，可以发现在宗族意识强烈的村落中，村民身份认定资格彰显着很强的宗族意识，继而能体现宗族关系的世代和墓地成为重要的认同要素。寺北柴村的村民资格认同很严，便是缘于宗族意识的强烈。

---

① ［日］中国農村調査刊行会：『中国農村慣行調査』第三卷，岩波書店1981年版，第45頁。
② ［日］旗田巍：『中国村落と共同体理論』，岩波書店1973年版，第160頁。
③ ［日］中国農村調査刊行会：『中国農村慣行調査』第三卷，岩波書店1981年版，第45頁。
④ ［日］中国農村調査刊行会：『中国農村慣行調査』第三卷，岩波書店1981年版，第45頁。
⑤ ［日］中国農村調査刊行会：『中国農村慣行調査』第三卷，岩波書店1981年版，第45頁。

三、不在地主与村民身份

关于六个村落的村民资格认同的讨论，显而易见，社区不同，其认定资格亦有殊，大致而言，有宽松和严格之别。之所以有上述区别，乃与各个村落的实际情况有着深层次的关联，尤其是日益壮大的不在地主群体与村民资格认同的宽松与严格有着直接的关系，故形成了鲜明对比的两种类型社区。

我们可以先看两种类型村落的经济状况。A类型的村落为吴店村和沙井村，B类型的村落为寺北柴村、冷水沟、后夏寨和陆家庄。

A类型：吴店村社区经营土地面积为1100亩，其中，600亩为不在地主所有，其中包括行政人员、县城的商人。这些所有权外流的土地原为社区居民所有，因天灾人祸而逐渐转移到社区之外的人手里。该社区共有70户居民，其中，自耕农3户、地主2户（1户为户主外出打工，1户为妇人）、佃农6户、自耕农兼佃户50户，①可见，吴店村社区的村民绝大部分依赖于租种这些地权外流的土地来维持家庭经济。社区内的居民大多数只是小块土地的所有者，并且处在逐渐丧失土地而佃农化的过程之中，所以，该社区的居民佃农化趋向日益明显。沙井村的经济状况稍好于吴店村，但地权外流现象依然严重。该社区经营土地面积为1182亩，社区居民拥有的土地面积仅约为680亩，地权外流的土地是佃耕还是自种不定，故难有清晰的统计，但满铁调查时共有166亩用于佃耕，足见，不在地主占有土地之多。该社区共有居民70多户，其中，无地户15户，占农户总数的21%，10亩以下者为27户，占农户总数的39%，另外，经营土地超过能够维持最低生活标准的25亩以上者仅为10户，占农户总数的13%。②

B类型：后夏寨村共有居民130户，大土地所有者和无地者不存在，村民或多或少地拥有面积不等的土地，平均每户拥有土地20亩。总体来说，土地不足

---

① ［日］中国農村調査刊行会：『中国農村慣行調査』第五卷，岩波書店1981年版，第413頁。

② ［日］中国農村調査刊行会：『中国農村慣行調査』第一卷，岩波書店1981年版，《沙井村概况》。

以维持家庭生活,但分配较为均衡。①冷水沟是有着370户居民的大村落,村落内也无大土地所有者,但是土地皆无者很少,大部分居民是拥有10亩左右土地(这里的亩是大亩,1亩相当于其他村落的2.5亩)的自耕农。概而言之,这个村落贫富差距不大,是一个较为安稳的村落。陆家庄有村民131户,缺乏大土地所有者,占有土地最多者也不过40亩,大部分居民拥有10亩左右,土地皆无者仅2户,是以自耕农为主的村落。寺北柴村共有140户居民,土地皆无者为6户,10亩以下者为77户。该村村民经营的土地面积为1377亩,其中,627亩以典的形式抵押给居住于县城的不在地主,所以,该村平均每户拥有土地不足10亩。地权大量外流导致村民唯有依靠租种土地维持家计,资料显示,该村村民租种抵押给不在地主的土地为486亩,租种不在地主所有土地为885亩。②

从两组不同类型的村落经济状况可以看出,除了寺北柴村外,不在地主多的村落为村民认同资格宽松的村落,反之,则为村民认同资格严格的村落。在村民资格认同条件中,前者村落不将房屋和土地作为认同条件,后者则将其作为认同条件。不在地主和村民认同间的关系不是一种巧合而是存在着必然联系的。

传统社会尤其在农村社区,房屋和土地是农民居住的场所与生存的来源。以农业收入作为唯一经济来源的农家,不拥有25亩以上土地,积蓄对其来说只能是一种奢望,因为这些土地的农业收入尚难满足基本的正常家庭经济需求。所以说,土地和房屋在传统的农村社区是一种财富的象征。尤其在以自耕农为主而纯佃农不发达的华北地区,土地的拥有与否与家庭经济状况有着直接的联系。小农家庭也往往视其为生命,不会轻易出售土地和房屋。但是,农民在缺乏积蓄的情况下遇到了资金融通问题,百般无奈中会用其解决燃眉之急。一般来说,农户首先会典地借钱,在无力偿还债务的情况下则会出卖抵押地或将其归债主所有。如果借助土地也无法摆脱眼前的困境,农户则会出售自己的居所。因此,房屋和土地丧失者多为贫农,尤其是不拥有房屋者,往往

---

① [日]中国農村調査刊行会:『中国農村慣行調査』第四卷,岩波書店1981年版,第402、459、462、469頁。

② [日]旗田巍:『中国村落と共同体理論』,岩波書店1973年版,第53~55頁。

更加清贫。

如此说来，房屋和土地较之其他村民认同要素更易成为贫富水平衡量的标尺，尤其是贫穷阶层辨别的重要指标。在六个村落中，二者皆无者也能成为村落社区内的居民，也就是说，极贫阶层亦能拥有社区居民的身份。资料显示，无论哪个村落中都存在数量不同的清贫者。但是，在村民资格认同方面，A类型的村落将房屋和土地缺失者仍视为社区居民中的一员，而在B类型的村落中，则被排除在社区居民之外。A类型村落中的居民多为贫者，如吴店村，村民每户经营的土地面积不足十亩，村民多数为20亩以下的小土地所有者，其中不足十亩的农家就占到农户总数的40%。根据当时的社会状况，一个五口之家维持最低生活得需要25亩左右的土地，所以，该村落居民的贫穷程度可想而知了。因此，相当一部分农民，在经营农地之外，多依靠外出务工，做长、短工勉强维持生计。调查者们甚至称其为是华北地区最为贫穷的村落。这个村落中的迁入者们同时拥有土地和房屋者很少，多为拥有零星的土地，很少有人拥有房屋，二者皆具者不存在。但是，这些人却能获得村民身份，说明伴随着吴店村的逐渐贫穷化，村民身份的认同日趋宽松，如果携全家迁入者可立即获得村民身份，相反，携全家迁出者则立即丧失村民身份，房屋和土地从村民认同条件中脱离出来，不再是村民资格认同的要素。

这里有必要对寺北柴村进行专门讨论，从村民的经济状况和地权外流情况来看，该村与A类型村落较为接近，却归为B类型村落。究其原因，在于该村地权外流中包括很大一部分的抵押地，这与吴店村有很大差异。抵押地充当借贷关系中的保证物具有赎回的可能性，尽管这种可能性较低，但是，土地的所有权还是归村民所有。所以，寺北柴村逐渐向A类型村落靠近，可尚不属于该类型村落。该村民的认同资格较为严格，携全家迁入，并拥有房屋、土地、墓地以及承担村费，另外，几代人世居于此的迁入者才能获得村民身份。

村落经济状况与村民资格认同有着密切的关联。简而言之，贫穷的村落，村民认同资格宽松；富裕的村落，村民认同资格严格。而不在地主群体对村落经济状况有着巨大的影响（详见第四章），所以说，不在地主群体与村民资格认同的松与严，存在着必然的联系。

不在地主阶层影响到村民认同的要素，然这个阶层又具备某种村民认同要素，那么，这个群体在与其相关联的村落中是否拥有村民身份呢？这是个很值得探讨的问题，缘于其与乡村经济和乡村权力有着深层次的关联。

不在地主群体的形成方式多样，不同形成方式的不在地主的村民资格认同也不同。因此，这里将根据不在地主的形成方式来讨论其村民资格。

首先，地权交易形成的不在地主。城市居民通过直接购买土地或缘于借贷而成为不在地主。这类不在地主，在土地所在的村落中，往往只拥有土地，拥有房屋者极少。他们居住于城市之中，不用说家庭成员，就是不在地主本人也不会迁入土地所在的村落，尤其在战争不断、土匪肆虐的民国时期，逃离农村都恐来不及，不在地主迁居农村的现象则会成为一种罕见的景致。因此，这类城居地主仅凭拥有的土地是难以在六个村落中获得村民身份的。另外，土地交易方式形成的居住于外村的不在地主，则更是难以获得村民身份。因为，这类不在地主在居住的村落中已获得村民身份，丧失了在其他社区获取村民身份的机会。

其次，社会流动形成的不在地主。这类不在地主的村民身份认同问题较为复杂，因此，这里只能针对各种情况作以简单说明，若切实讨论不在地主的村民身份问题则需要根据其具体情况进行具体判断。居住于乡土社会中的居民，在某种原因的致使下由原居住的村落，迁居到另一个村落，成为了不在地主。如果迁入到A类型的村落中，不在地主在携全家迁入后即可获得村民身份，但是，这也存在问题，如果迁出者的原村落类似于A类型的村落，那么，这位迁移的农户可以随着移居立即丧失原社区的村民身份而获得新社区的村民身份。可是，迁出村落类似于宗族意识很强的寺北柴村，迁出者不可能马上丧失原社区的村民身份，那么，这个农户能获得迁入村的村民身份吗？相似的问题也出现于农户移居到B类型的村落，如果迁出村落为A类型的村落，这个迁移的农户可以随着移居立即丧失原社区的村民身份，但是能否获得新社区的村民身份，则要取决于其具备的认同要素；如果迁出村落为B类型的村落，这个迁移的农户便不可随着移居立即丧失原社区的村民身份，且迁入者需要满足新社区的认同要素才能获得村民身份。

社会流动形成的不在地主的另一种情况，即居住于农村者迁居到城市。这个问题与前面的情况相比，看似较为简单，却也十分复杂。如迁移农户从A村落迁出,无论其在迁出村落中有无土地、房屋、墓地等,凡是家庭成员一起迁出就丧失了村民资格。如果迁移户从B村落中迁出,迁出者有可能一时难以丧失村民身份。

不在地主的村民身份如要根据整理出来的标准进行判断的话,复杂程度可想而知了。但根据资料体现出来的实际情况较为简单,土地交易形成的不在地主因其已居住于某个社区之内,因此,基本上难以获得土地所在地的村民身份。另外,迁居形成的不在地主中,村落间的迁移,多是举家迁移,纵然根据迁出村落的认同标准保有村民身份,但徒有虚名而已,他们只是在承担所有土地的田赋上与原村落有联系。迁出者自身不愿也不可能得到原社区居民的认同或凭借经济资本获取村落的权力,此外,迁出者更不愿承担原村落的经济负担,多会采用各种方式进行逃避。城乡间的迁居与村际间的迁移相似。现通过沙井村的一个实例来进行印证。该社区的居民邢尚德,为顺义县城某商店的掌柜。1939年他携全家迁入顺义县城,村中的房屋贷于朋友,土地亦租于此人。关于他的村民身份,沙井村村民是这样认定的。"问:邢尚德是本村人吗？答:本人不在村内,可是家族成员在村内。"①此外,有的村民将土地视为村民身份认同的要素。"问:邢尚德的家庭成员住在村内吗？答:家族成员不在,可是,在村落中拥有土地,因此是本村村民。问:如果其将村落内的房屋和土地出售后,他还是沙井村村民吗？答:如果没有房屋便不是村民。"②其他村民也有相似的回答。③如按照村民的观点,邢尚德为沙井村村民,但调查资料显示,这仅为虚名而已。在社会交往方面,迁居城市之后的邢尚德只与佃农有往来,与原社区的其他居民基本断绝来往。在社区经济负担方面,邢尚德只缴纳所有土地的田赋,不承担村费。在社区权力方面,邢尚德虽还保有会首职位,但他不仅在社区事务处理上未曾发挥过作用,甚至连社区领袖人物的聚会也不曾参加过。这些都足以说明了迁居后的邢尚德的村民身份只是一种虚名而已。

---

① [日]中国農村調査刊行会:『中国農村慣行調査』第一卷,岩波書店1981年版,第215页。
② [日]中国農村調査刊行会:『中国農村慣行調査』第一卷,岩波書店1981年版,第131页。
③ [日]中国農村調査刊行会:『中国農村慣行調査』第一卷,岩波書店1981年版,第136页。

通过调查资料可知晓在农民的意识里存在着富有乡土气息的村民认同观念，而且华北区域内各村落的村民认同观念存在差异，但是这种认同观念在乡土社会中具有广泛的现实生活意义和"深远的经济后果"①，其牵涉到乡土基层社区权力、社区经济、社区公共生活和社区传统惯习，即社区资源。不在地主群体的村民身份具备与否，牵涉了基层社会的社区资源，近代以来，不在地主阶层不符合乡土社会村民认同的条件而未能获取社区"准入证"，但未跨过社区门槛的不在地主阶层的规模性形成对基层社会有着诸多影响。在乡村经济方面，不在地主阶层对乡村经济有着深远的负影响，乃至于影响到乡村发展的趋向。在乡村政治方面，不在地主阶层影响到乡村权力的生成机制进而牵动基层权力的变动。以下两章便围绕不在地主阶层与基层社会的经济和权力关系方面展开论述。

其实，乡土社会村民认同观念的存在与社区资源的变动密切相关，凡遇社区资源紧张或重新调整之时，村民认同观念便在实际生活中发挥着难以估量的效用。中国共产党以改造农村，进而改造中国社会为内容的土地改革运动，改革内容之深刻，社区资源调整之广泛，均是前所未有的。在土改过程中，冲突和纠葛不仅体现于地主富农与贫雇农的阶级对立上，还表现在本村人与外村人的利益冲突。在田家会村的土改中，出现了"驱逐外来户现象非常严重"的情况，即使土改工作团做了大量劝解工作，"大家也要赶走"外村人。②此足以彰显乡土社会中孕育而生的认同观念在村落社区资源调整情况下所具有的巨大实际意义。因此，在乡村史研究中触及到社区资源问题时应对村民认同观念给予高度关注并展开深入研究。

---

① 费孝通：《乡土中国》，三联书店1985年版，第19页。
② 王先明：《中国近代社会文化史续论》，南开大学出版社2005年版，第321页。

第四章 CHAPTER FOUR

不在地主与乡村经济

关于中国近代农村经济，学界存在多种观点，有"衰退论"、"增长论"、"停滞论"、"内卷论"、"发展与不发展"和"非平"等说。且不论这些不同认知哪个更接近历史事实、更具合理性，上述莫衷一是的观点无疑从一个侧面表明了当时农村经济状况令人堪忧，可谓是危机重重。这不仅是社会问题、政治问题，亦是一种学术问题，引起了政界和学者等多方面的关注，因而，长期以来，关于农村经济危机致因的探讨成为前沿问题之一。民国时期，关于农村经济整体衰败致因的讨论，如各政治团体和学者所述，致因繁多，但在地主阶层对乡村经济的阻碍作用上形成了共识，①故地主阶层对乡村

---

① 刘桐华：《现租佃关系下的中国农村危机》，《行健月刊》第五卷第六期，1934年，第11~24页；黄通：《中国租佃问题及其解决方案》，《大公报》，1936年4月。

经济负影响的观点,广散于数量庞大的各项研究成果之中。地主阶层通过租佃、高利贷等经济手段对农民展开剥削,农民日益被推入贫穷的漩涡之中,进而导致农村全面危机的出现,这种观点不仅盛行于20世纪二三十年代,即使当下学者也多持此种观点。①尤其值得一提的是,关于民国时期乡村地主的离乡居城的现象是乡村经济衰败重要致因的认知,频繁地出现在当下学者的研究成果里,②而且研究呈现日趋深入的局面,如近年来颇为兴盛的"城居地主"的研究就鲜明地体现了这一点。③虽然相关研究成果颇丰,但仅为略有涉及,失之过简,未能深入探讨,因此,该问题的研究空间依然巨大,如上述研究成果中均未注意到"不在地主"这个特殊群体的构成类型对乡村经济的影响存在差异,只一味追求整体性的阶层研究或部分性阐释。固然,这些研究给予我们诸多启迪,但简单的论述却掩盖了地主阶层对乡村经济影响的复杂性、多变性,难以反映复杂、动态之历史面相。所以,本章将通过借贷、租佃、摊派三个方面,阐释不在地主与乡村经济的关系,亦要论及不在地主的不同构成类型对农村经济影响上的差异性问题。

---

① 千家驹编:《中国农村经济论文集》,上海书店出版社1990年版,第251页;王友明:《革命与乡村——解放区土地改革研究:1941~1948(以山东莒南县为个案)》,上海社会科学院出版社2006年版,第23页;李金铮:《近代太行山地区的高利贷——20世纪二三十年代为中心》,《近代中国乡村社会经济探微》,人民出版社2004年版,第331页。

② [美]马克·塞尔登著,魏晓明、冯崇义译:《革命中的中国:延安道路》,社会科学文献出版社2002年版,第13~17页。

③ 黄敏、慈鸿飞:《城居地主与近代江南农村经济》,《中国农史》,2006年第3期;杨丽霞:《清代城居地主兴起的影响》,《河南理工大学学报》,2007年第3期;曹幸穗:《旧中国苏南城居地主的土地租佃》,《古今农业》,1990年第2期。

第一节　华北乡村的衰败

ERSHI SHIJI ZHI ZHONGGUO

关于华北乡村经济的问题,民国时期的学者就认为,当时的农家经济基本处于"糊口水平",贫穷之深"和革命前的法国相比,恐怕只有过之而无不及",时人惶恐"长此以往,则民族前途,奚堪设想"①。近些年的研究亦指出:和清初的小自耕农相较,20世纪30年代华北村庄的贫农,由于农业的内卷化,过着比往昔更为朝不保夕的生活。②当然,学者们关于中国近代农家生活水平的问题上存在分歧,有"改善"与"恶化"两种观点,其实,这两种观点在上世纪二三十年代就已存在,如卜凯1929至1933年主持的中国农村调查就认为,多数地区的农民生活是提升的,③而英国学者托尼认为,"中国部分地区内的乡村状况,可能实际上已经比两个世纪以前变得更为恶劣了"④。近年来,为此也有过激烈的讨论。⑤饶有趣味的是,上述持不同观点的学者们在引证中,都曾以20世纪二三十年李景汉主持的定县34家调查和123家调查作为证据,基于有此令人迷

---

① 李树青:《中国农民的贫穷程度》,《东方杂志》,第32卷第19号,1935年。
② [美]黄宗智:《华北的小农经济与社会变迁》,中华书局2000年版,第107页。
③ [美]卜凯:《中国土地利用》,成都金陵大学农学院农业经济系1941年版,第657页。
④ [美]韩丁著,韩倞等译:《翻身——中国一个村庄的革命纪实》,北京出版社1980年版,第48页。
⑤ 参见郑起东、慈鸿飞、刘克祥、夏明方等学者的论著。

惑的现象存在,李金铮特撰文进行分析,认为"恶化"与"改善"之说,均不是近代中国农民生活的真实情况,"所谓近代中国农民生活是不断恶化的,的确值得斟酌;反过来,所谓农民生活有明显的改进,也不符合历史事实"①。然而,20世纪前期,华北地区乡村社会经济状况不良的事实是无可置疑的,这主要表现在以下三个方面。

一、村落社区地权外流

　　土地是农业生产的重要生产资料,是农家赖以生存的基石,是农村社区一切信息的反映源。土地作为农家维持生活、延续生命的重要手段,尤其是交易祖上承继下来的土地行为在乡土社会往往被视为"不孝"的同义语,所以,农户不临险境是不会轻易出售土地的。若遇婚丧嫁娶等家庭周期性事件,抑或是天灾人祸,在解决无策的情况下,才会交易土地来化解眼前之困境。一般来说,农家多会采用先典后卖的形式,而且,希望土地交易在社区的内部完成,这样一来,假如家庭经济状况好转便利于赎回土地。然而,村落社区内部有购买能力的居民往往很少,所以,农家多通过中人等途径在社区外寻找买方,实现土地交易。土地交易未在村落社区内部实现,必然会引起村落社区土地所有权的变动,因此,村落社区土地所有权的外流,能够从一个侧面展示该村落经济的状况。概而言之,与村落社区日趋贫困情境相伴的是社区内的土地所有权逐渐外流。关于20世纪前期华北村落社区土地所有权外流的事实,繁多的调查资料可以为其提供足够多的证据。

　　首先,我们可以从日本人深入华北地区实地调查而形成的资料中发现社区地权外流的诸多事例。《中国农村惯行调查》资料经由美国学者研究,引起了国内学者高度关注,当然,更重要的是因为这批资料弥足珍贵,近几年来,学者们利用其研究华北地区的研究成果也日趋增多,因此,关于华北地区问题的讨论,这部资料是不可回避的。那么,《中国农村惯行调查》资料中诸村落

---

① 李金铮:《收入增长与结构性贫困:近代冀中定县农家生活的量化分析》,《近代史研究》,2010年第4期。

的土地所有权外流情况如何呢？

　　河北省顺义县沙井村，该社区经营土地面积为1182亩，其中584亩为外村人或城居地主所有。具体情况如下，县城人占有202亩、石门村人占有126亩、梅沟营人占有18亩，望泉寺人占有200亩，南法信村人占有30亩、北法信人占有8亩。①

　　良乡县吴店村，该社区内共有70多户，经营土地面积1100亩，其中600亩为外村人拥有。这些土地基本都为该社区的居民租种，其中，绝大部分属于不在地主所有，社区内土地的十分之四为城居地主见氏、秦氏、吴氏所有。②

　　寺北柴村，农业经营面积为2053亩，其中1753亩归属于外村人。尤其是北关村人在该村所占土地约占到经营面积的46%。其他原为该社区的土地现在多属于居住于县城的地主所有。③

　　另外，在其他调查的村落中，社区内土地所有权外流的现象亦有很多，如侯家营经营土地面积为2979.25亩，其中208亩属于外村人。④

　　《中国农村惯行调查》为满洲铁道株式会社先后在我国的东北、华北和华东进行的众多大规模调查中最大的一项调查，其实，村落社区土地逐渐外流的现象在日本人对华北地区进行的其他项调查而形成的资料中亦有体现。

　　山东省高密县四三里庄在1936年，农业耕地面积为433.93亩，该社区居民所有土地面积只不过为76.68亩，农业经营耕地的82.3%是佃耕地，大部分属于城居地主单、傅、李家，其余仍属居住于县城的16户小地主。⑤

　　青岛胶县三官庙在1936年，农业耕地及兼营农业的土地面积达371.73亩，该社区所有土地面积为241.93亩，即经营耕地的65.1%是自耕地，佃耕地少数

---

① [日]中国農村調查刊行会：『中国農村慣行調查』第一卷，岩波書店1981年版，第60頁。
② [日]中国農村調查刊行会：『中国農村慣行調查』第五卷，岩波書店1981年版，第413、520頁。
③ [日]中国農村調查刊行会：『中国農村慣行調查』第三卷，岩波書店1981年版，《河北省栾城县寺北柴概况》，第6頁。
④ [日]中国農村調查刊行会：『中国農村慣行調查』第五卷，岩波書店1981年版，《河北省昌黎县侯家营概况》，第5頁。
⑤ [日]北支経済調查所編：『小麥の生產・消費・販売とその事変前後の変動：山東省高密縣・青島市膠縣農村調查成績を中心として』，満州鉄道株式会社1942年版，第3頁。

属于城居地主曾、石、高家,大多数属居住于附近村落的地主。①

其次,当时国内各团体和学者也进行了诸多调查,村落社区内土地外流的现象也较为普遍,以下史料便是有力的证据。

武乡:"阳坡、冯家垴、下西庄历史上就在一个编村。阳坡、冯家垴较富,阳坡大部分为自耕农,租地的仅占少数,多租李凯家的地,冯家垴也大部分为自耕农,除大部分自耕农外,又租入一部土地,租地为城里李板小、魏廷发,圪嘴头郝培兰所有地。下西庄很穷,全部都租入土地,自己无地或仅有数亩土地……土地大部分为圪嘴头郝培兰(180.2亩),城里张又孩(54.5亩),张庆荣(42.7亩),藉非义(40.9亩)所有。"②

晋西北兴县的杏花沟村:"这个村都是贫苦农民,自己没有土地,大部分土地掌握在外村地主手里,……88%是外村的。"③

晋西北兴县的三个自然村:"胡家沟、张家圪台与水磨滩(晋西北兴县)三个自然村,居民中间佃户占绝大部分,……地主大部分在外村(城关)……因租佃关系没有发生在本村,故阶级矛盾不明显。"④

河南省:"近年来中国北部,特别是灾荒区域的农民所有的土地,很快地在那里流入都市地主和商业高利贷者的掌握中去。"⑤"近年来住在乡村的地主,受到了土匪的威胁,相率搬到城里居住,所有乡村中的地主成分相对的少;特别是许昌,稍有田产的地主多住在城里,乡村中的地主仅占村户的1.09%。"⑥

---

① [日]北支経済調査所编:『小麥の生産・消費・販売とその事変前後の変動:山東省高密縣・青島市膠縣農村調査成績を中心として』,満州鉄道株式会社1942年版,第4頁。

② 武乡县委:《阳坡编村土地问题材料》,山西省档案馆,档号:A4-1-3-1。转引自罗朝晖:《富农与新富农——20世纪前半期华北乡村社会变迁的主角》,人民出版社2010年版,第178页。

③ 中共晋西区党委:《土地问题材料汇集——兴县杏花村沟》,1941年,山西省档案馆,档号:A22-1-7-1。转引自罗朝晖:《富农与新富农——20世纪前半期华北乡村社会变迁的主角》,人民出版社2010年版,第165页。

④ 《保德县段家沟自然村的调查报告》,山西省档案馆,档号:A137-1-3-1。转引自罗朝晖:《富农与新富农——20世纪前半期华北乡村社会变迁的主角》,人民出版社2010年版,第200页。

⑤ 行政院农村复兴委员会:《河南省农村调查》,商务印书馆1934年版,第48页。

⑥ 行政院农村复兴委员会:《河南省农村调查》,商务印书馆1934年版,第5页。

上述史实均说明了，20世纪前期，在华北乡土社会中，村落社区的居民处于整体性贫困的状态，导致了土地所有权大量转移到社区外的人手里。乡村整体性的贫困是与城市相较而言的，数量庞大的自然村落在经济层面上的个体性差异是存在的。"在数量如此之大的村庄中，存在着极大的多样性。一些地区几乎没有摆脱自给自足的农耕状态，而其他一些靠近繁华城市的村庄，则依赖已相当商业化了的农业，更何况各村的土地生产率、地租和人口颇不相同。"① 因此，不在地主阶层的构成中包括邻村地主、外村地主。而这种土地所有权与耕种者的分离不仅不利于农业生产，更不利于土地所在地的农民和村落社区，社区内的居民部分成为佃农，在地租和各种经济负担加重的社会环境下，社区居民的贫困逐渐导致该社区经济亦日益衰败，陷入了恶性循环。

二、农家土地占有量

土地作为重要的农业生产资料，是农家生活的主要经济来源，因此，农家土地的占有量能够大体上反映农家的生活状况。我们可以根据维持农民最低生活限度所需的土地亩数进行合理推测，小于这个标准，大致可认为农家经济状况较为贫困。那么，多少亩土地能成为衡量农家最低生活限度的标准呢？关于这个问题，学者们做了诸多论述，如美国学者泰罗认为，五口之家需要耕地25亩，每人平均5亩；② 著名经济学家陈翰笙对30年代华北农业生产的分析研究得出，五口之家需要土地20至30亩，组中值为25亩，每人合4至6亩，组中值为5亩；③ 英国学者百克尔则估计，五口之家需地24.2亩，每人合4.8亩；④ 李树青通过对北京北郊清华园附近农民的调查，认为五口之家最低需要25亩土

---

① [美]吉尔伯特·罗兹曼主编：《中国的现代化》，江苏人民出版社2010年版，第140页。
② 《中国经济评论》资料室：《我国北方各省经济调查》，《中国经济评论》第3卷第2期，1941年；张则尧：《中国农业经济问题》，商务印书馆1946年版，第22页。
③ 汪熙等编：《陈翰笙文集》，复旦大学出版社1985年版，第150页。
④ 李树青：《中国农民的贫穷程度》，《东方杂志》，第32卷第19期，1935年。

地。①上述五种估计相当接近,说明五口之家维持最低生活标准所需要土地25亩,每人5亩。这种惊人的相似不可能是简单的巧合,当离事实不远。另外,《中国农村惯行调查》资料为此提供了很多证据。河北省顺义县沙井村村副张瑞认为;五口之家需要25亩土地且都参加劳动;②河北省良乡县吴店村的村民认为一个五口之家需要25亩土地;③山东省恩县后夏寨,六口之家需要30亩土地;④山东省高唐县祁寨庄的调查显示,一个五口之家必须有至少25亩较好的土地,才能完全靠农业生活。⑤因此,以五口之家需要25亩、人均需5亩土地作为华北地区农民维持最低限度生活所需的土地亩数的标准,是较为合理的。在此基础之上,我们来讨论20世纪前期的华北区域内的农家土地占有量的情况。关于这点,现有资料实难全面且具体地展现出整个区域的情况,但可通过满铁调查的六个主要村落中每户、每人平均占有土地情况进行说明,具体如下表所示。

表4.1 满铁调查六村落中每户、每人平均占有土地情况表

村名 项目	1 沙井村	2 吴店村	3 寺北柴村	4 侯家营	5 冷水沟村	6 后夏寨村
本村村民所有土地亩数	1182	1100	2053	2979.25	4200	2529.6
户数	68	57	140	116	350	130
平均每户耕地亩数	17.4	19.3	14.7	25.7	12	19
人数	394	282	710	680	1800	695
平均每人耕地亩数	3	3.9	2.9	4.4	2.3	3.6

根据以下资料整理制表:

1.[日]中国農村調査刊行会:『中国農村慣行調査』第一卷,岩波書店1981

---

① [日]中国農村調査刊行会:『中国農村慣行調査』第二卷,岩波書店1981年版,第273頁。
② [日]中国農村調査刊行会:『中国農村慣行調査』第二卷,岩波書店1981年版,第92頁。
③ [日]中国農村調査刊行会:『中国農村慣行調査』第五卷,岩波書店1981年版,第6頁。
④ [日]中国農村調査刊行会:『中国農村慣行調査』第四卷,岩波書店1981年版,第10頁。
⑤ [日] 北支那開發株式会社調査局:『魯西棉作地帯の一農村に於ける労働力調査報告』,新民印書館1943年版,統計付録1,表57頁。

年版,第76頁;第二卷,第58頁。

2.[日]中国農村調査刊行会:『中国農村慣行調査』第五卷,岩波書店1981年版,第6~7、412頁;三谷孝編:『農民が語る中国現代史』,内山書店1993年版,第18頁。

3.[日]中国農村調査刊行会:『中国農村慣行調査』第三卷,岩波書店1981年版,第5頁;三谷孝編:『中国農村変革と家族·村落·国家:華北農村調査の記録』第一卷,汲古書店2000年版,第176頁。

4.[日]中国農村調査刊行会:『中国農村慣行調査』第五卷,岩波書店1981年版,第5、33頁。

5.[日]中国農村調査刊行会:『中国農村慣行調査』第四卷,岩波書店1981年版,第325頁。

6.[日]中国農村調査刊行会:『中国農村慣行調査』第四卷,岩波書店1981年版,第10頁。

由上表可知,在满铁调查的六个村落中只有侯家营一村最为接近华北地区农民维持最低生活限度所需的土地亩数的标准。但这里存在一个问题,即社区内的村民和社区外之人所有土地的区分,在以往谈论中国农民土地和农民生活状况等问题时常被忽略,简单地将村落或一个区域的土地与该村落或区域人口进行比较,未曾细究这些土地是否归属于该村民或区域之人。依据调查资料将一个村落之村民拥有的土地亩数进行精确的量化确非易事,但弃繁从简的分析结果必然对该问题的研究带来不良之影响。在前面已言明沙井村、寺北柴村、吴店村、侯家营等村落中土地所有权已经大量转移到社区以外的人手里,但囿于调查资料的完备性,很难将上述村落一一重新进行量化,但这不表明这个问题不存在。如冷水沟社区内的土地部分属于居住于济南的城居地主,这种情况亦存在于沙井村、后夏寨和侯家营三个村落之中。如果将社区外的人拥有土地的数量剔除的话,又会呈现出另一番景象,如以《中国农村惯行调查》能够准确量化的三个村落为例,剔除前后的农户和个人平均占有土地数量分别为,沙井村:17.4、10,3、1.73;吴店村:19.3、8.8、3.9、1.8;寺北柴村:14.7、2.14、2.9、0.42,前后对比,数据变动之大不言自明了。纵使不细究的话,六个村落中未有一个村落符合或超越这个标准。这种情况,在其他地区亦较为普遍的存在,在潍县城南约5华里的高家楼村,该村共85户村民,村庄全部土地经营面积为272.443亩,农作物面积245.37亩,占90%,其中本村居民占地面积为108.228亩,外村人占地约100亩,人均耕地1.92亩,占地最多的农家人均占有土地5.1亩。①

上述数字可以直观的反映出,在华北地区乡土社会中,每户农家、每个人平均占有的土地数量基本都未达到当时维持最低生活标准所需要的土地量,说明当时华北地区的农家生活基本上处于贫困的状态。诚然,这些农民可以通过外出打工、做长短工等非农业方式,来维持家庭生活和延续生命,但事实上,农户的家庭经济状况未有根本的改观,这可从农户家庭收支状况得到印证。

三、家庭收支状况

农民的生活水平状况直接取决于家庭收支情况,也就是说,农家收支是否平衡,是判断农家生活水平的重要标准。关于家庭维持最低生活限度的收入标准,上个世纪二三十年代的一些学者做了估计,有150元、187元、200元、292元、329元等说法。②上述观点本身说明了,难以存在一个统一的标准来衡量农家生活水平的情况,不用言及不同地区,即使在同一个时期内,家庭的最低生活标准也不尽相同。尽管如此,农家收支情况,仍不失为判断农家生活水平的最好途径。下面以沙井村17户农家家庭收支情况来讨论当时华北地区农家的生活状况。

---

① [日]满铁调查部:『潍縣土布業調查報告書』,第159~160页。
② [英]戴乐仁著,李锡周编译:《中国农村经济实况》,北平农民运动研究会1928年版,第62页;张镜予:《中国农民经济的困难和补救》,《东方杂志》第26卷第9号,1929年5月,第18页;柯向峰:《中国贫穷人口之估计》,《新社会科学季刊》第1卷第4期,1931年3月,第176页;李宏略:《数字中的农家生活》,《东方杂志》第31卷第7号,1934年4月;古楳:《中国农村经济问题》,中华书局1930年版,第139页。

表4.2　沙井村17户农家家庭收支情况表,1942年　　　　单位:元

户主姓名	土地数量	总收入	农业收入		副业收入		总消费	地租支出	盈余(+)亏欠(-)
			金额	百分比	金额	百分比			
李濡源	83.6	2084	1844	90.4	240	9.6	1983	0	+101
李秀芳	49.5	962	867	90.1	95	9.9	1045	60	-83
崇文起	1	405	25	6.2	380	93.8	455.8	120	-50.8
张守俊	3.5	745	535	71.8	210	28.2	715	88	+30
任振纲	24	570	570	100.0	0	0	815	0	-155
李树林	10	417	192	46.0	225	54.0	417	0	0
张永仁	46.2	1208	1138	94.2	70	5.8	1276	0	-68
杜守田	18	802	532	66.3	270	33.7	928	96	-186
杜祥	11.5	742	542	73.0	200	27.0	945	100	-203
景德福	35	924	664	71.9	260	28.1	1055	0	+14
杨泽	35	980	935	95.9	45	4.1	1042	0	+53
杨润	23	542	245	45.2	297	54.8	1057	0	-515
张成	16	683	443	64.8	240	35.2	708	49	-74
赵廷魁	14	1399	1199	85.7	200	14.3	439	260	-40
傅菊	0	587	337	57.4	250	42.6	559	160	+28
张守仁	19	563	283	50.3	280	49.7	1233	50	-670
张麟容	25	676	676	100.0	0	0	759	0	+55
合计		14289					16432		-1454

资料来源:[日]中国農村調査刊行会:『中国農村慣行調査』第二卷,岩波書店1981年版,第272~291頁。

由上表可见,在17户农家的年收支中,11户负债,负债农户数约占农户总数的65%。6户农家盈余,约占农户总数的35%。负债的11户农家中,9户农家拥有的土地数量低于维持最低生活标准的25亩以下,仅有2户农家经营的土地面积(约40亩)超过这个标准。按照农家维持最低生活标准(25亩)来推理的话,这两户农家的年收支应该不至于负债而应略有盈余,但事实确是这两户农家的负债额很大,具体为何出现悖于常理的结果,囿于资料的不完备暂难探求,然《十七户农家个别家计调查》显示,上述两户农家用于途径不明的消

费额很大,分别为200元和150元,约占到各自总支出的19%和12%,也正因此,理应盈余的农家出现了额度不小的负债。另外,在6户年收支有盈余的农家中,4户农家拥有的土地数量超过最低生活标准,因此,在正常支出的情况下,这些农家的年收支略有盈余。而剩下2户拥有土地的数量非常少,一户为3.5亩,另一户则完全不拥有土地,那么,为何能年收支有盈余呢?根据资料显示,2户农家分别租入不在地主的20亩和14亩土地,另外,通过经营副业支撑家庭经济,而且副业收入在家庭总收入中所占的比重较大,分别为20%、43%,再加上勤俭有道使得家庭支出在17户农家中基本最低,因此,才有家庭年收支的盈余。

17户农家的家庭收支状况说明了当时农家多数处于贫困的边缘。而且,从一个侧面验证了25亩作为衡量农家经济状况的评判标准基本上是与当时乡土社会的实际情景相符的。另外,表中的副业收入和家庭收支状况又说明了,副业能够作为农业收入不足时的重要经济来源,这也是农民经常采用的办法,从而维持农户的家庭经济,但是,乡土社会终归要以农业为本,尤其是处于当时的社会背景中的农村,副业收入很难从根本上改观农家的家庭经济。

村落社区土地所有权的外流、农户占有土地的数量、农家的收支状况,均说明,20世纪前期,华北地区的农村经济呈现出整体衰败的面貌。这种经济的衰败,并非是乡土社会中下层特有的标签,而是农村社会各阶层整体均有的一种共病。30年代中期,"农村经济比比破产,曩日富农,十九陵替"。[1]陈翰笙在农村调查中发现,近年来河南农村中贫困的程度日益加深,富农变为中农、中农变为贫农、贫农沦为无产者的事实,已似狂涛一般不可遏止。在河北河间一带,一般中农、富农纯以农为业而不兼营商业、高利贷者,也都日趋没落,降为贫农,即使小地主,如不兼营商业、高利贷,亦"多日趋式微"[2]。临城、唐县等地,各阶层农户逐级下降。临城除"一等大农"外,"二等大农"及中农等,日渐衰落,因破产或负债,大半化为小农或无产农。因此,"二等大农"及中农数量大减,小农数量骤增。1932至1936年间,二等大农户数由3%降至不及1%,中农

---

[1] 民国《临清县志》,经济志,"田赋"。
[2] 刘亚生:《外力侵略下的河北河间县农村经济》,天津《益世报》,1937年3月27日。

由65%陡降为23%,而小农和无产农上升到72%。①唐县在二三十年代前,农户各阶层俱全,但近年却发生了变化,富农已很难再看到,中农亦逐渐减少,贫雇农的数量大增。②在阜平县,许多地主也破产没落,农民生活极为贫苦。③沧县姚庄子村,1926至1936年十年间,该社区的地主和有地的农户数量均明显减少。拥有100至200亩土地的农户仅剩余1户,200亩以上的3户地主则全部消失,占地50至100亩的富裕农户从19户减少到16户。全村有地农户总数下降。"该村所有田亩逐渐减少……已向经济破产之道路中迈进。"④30年代时,临清县"统计全境田有百亩者,已落落如星辰矣"⑤。30年代初的河北农村,"全年所得,足以维持全家一年生活者,每村寥寥无几"⑥。在陕西的许多地方同样如此,1919年陕西省占有土地50亩以上的农户占农民户数的15.6%,至1932年,已降到11.8%,至30年代,"除不满10亩的农户激增外,其他的农户都在激急地减少"⑦。

20世纪前期,国家动荡不安和农业经济利润日趋降低,以农业为主要经济来源的农家,其经济状况日趋恶化,最终亦步亦趋的走进贫困的沼泽,难以脱身。并且,这种贫困化是农村各阶层整体性的问题,并没有哪个阶层能够逃脱时代的背景而"独善其身"。当然,贫困的致因是多种的,诚如黄宗智所言,这一地区低产多灾的旱作农业体制的恶劣自然环境,与助长高密度人口的国家体制相交接,造成该地区农民生活的极度贫困化,是本地区社会政治结构形成中的主要生态因素。⑧然而,笔者认为,在乡村社会普遍贫困的致因中,不能小觑不在地主群体对乡村经济的负面作用。

---

① 薛邨人:《河北临城县农村概况》,引自千家驹编著:《中国农村经济论文集》,中华书局1936年版,第497页。

② 刘菊泉:《河北唐县的农村经济概况》,天津《益世报》,1937年1月30日。

③ 李小民:《阜平县农村素描》,天津《益世报》,1935年12月8日。

④ 许宗衡、周秉儒:《沧县姚庄子概况调查》,《津南农声》,第2卷第2期,1936年12月。

⑤ 民国《临清县志》,经济志,"田赋"。

⑥ 《中国经济年鉴》1934年上册,第五章,第199页。

⑦ 钱志超:《陕西农村的破产现状》,天津《益世报》,1936年9月19日。

⑧ [美]黄宗智:《华北的小农经济与社会变迁》,中华书局1986年版,第60页。

第二节　不在地主与乡村借贷

20世纪前期,借高利贷已然为当地农家生活流程中不可缺少的重要组成部分,①因为在这段时期内,华北农村大多数农家的负债率呈现上升趋势,负债程度不断加深,因此,借债便成为家庭生活继续维持的不二选择。关于这方面有官方通报为据,30年代该区域负债农户占调查户数分别为:河北省43%,山东省27%,河南省39%,陕西省48%,山西省49%,负债农户平均占农户数量的41.2%。②这一组数字可能还略微保守,因为各地的调查结果均高于官方的统计。30年代中央农业实验所对全国22省850县的调查结果表明,借钱户占全体农民户数的56%,借粮户占48%。③据1933年晋、冀、鲁、豫305个县的统计,负债农户占到农户总数的57%。④1934年前后,山西平顺县借贷农户更是高达80%以

---

① 王友明:《革命与乡村——解放区土地改革研究:1941~1948(以山东莒南县为个案)》,上海社会科学院出版社2006年版,第23页;李金铮:《近代太行山地区的高利贷——20世纪二三十年代为中心》,《近代中国乡村社会经济探微》,人民出版社2004年版,第331页。

② 全国土地委员会编:《全国土地调查报告纲要》,1937年1月,第50页。

③ 张培刚:《民国二十三年的中国农业经济》,《东方杂志》,第32卷第13号,1935年7月。

④ 张静如、卞杏英编:《国民政府统治时期中国社会之变迁》,中国人民大学出版社1993年版,第170页。

上。①这些数字足以表明,当时的借贷行为在农家经济生活中成为不可割舍的重要环节。贷主通过高利贷的形式对农民进行剥削,是致使乡村经济衰败的重要原因。贷主的构成成分较为复杂,但村落社区外的居民往往也成为社区居民借贷的对象,这种现象的存在促使了社区内土地所有权的外流,许多贷主由此途径成为了不在地主,而不在地主则通过与农民建立的借贷关系对农村施与负影响。

一、社区外居民是借贷的重要对象

"农家经济困难,收不敷之,或虽平时收支勉可相抵,设遇意外势必出于借贷。"②农民家庭借贷需求的诱因很多,在前文有较为详细的言及,在此不再赘言。总而言之,农家在遇到生病、歉收、婚嫁、丧葬等事,大部分需要借钱以渡过难关。但当时的华北地区,借贷途径有限,况且这些途径也尚未能满足有借贷需求的农民。

首先,20世纪前期,华北地区的现代农业金融机构数量有限,且力量薄弱。即使到了30年代中期,银行、合作社在基层社区有相当程度的发展,但二者在农民借贷的来源中占有的比例很有限,如银行资本在华北农民的借贷来源中不过4%,合作社也才4.5%,二者合计占农民借款的8.5%。而且,这些金融机构并不是面向所有农户,如合作社的借贷,只针对其会员。③可见,现代金融的微弱力量难以满足农家借贷的需求。不仅如此,即使作为传统的借贷机构的当铺也不能满足农民借贷。如有学者对阳曲县大盂、黄寨、青龙三村的调查:"三村的金融,除大盂有当铺一座,略可调节外,大底都很滞涩。所以农家借银,利息既高,条件又苛。据我调查:他们必须有二倍以上价值的房屋或地产

---

① 赵梅生:《山西平顺县农村经济概况》,引自千家驹编著:《中国农村经济论文集》,中华书局1936年版,第567页。

② 中国历史档案馆编:《中华民国史档案资料汇编》第五辑第一编《财政经济(七)》,江苏古籍出版社1991年版,第36~37页。

③ [日]中国農村調査刊行会:『中国農村慣行調査』第二卷,岩波書店1981年版,第195页。

作抵押,才能谈到借债。"① 因此,有借贷需求的农户只能通过私人借贷来解决经济问题。

其次,富裕的农家相继迁居城市。富裕者迁居城市的动因繁多,根据当时的调查资料来看,为躲避猖獗的匪患居多,但也有为享受城市的现代生活,或为投资经营利润较高的工商业。关于这个问题,1933年河南省的调查提供了诸多有力的证据。如镇平县腰庄村,10年前还有3顷多地的人家,后因土匪绑票,大都破产,现在较富的人家都住在城里了。许昌县水口张村,5年前因土匪盘踞四乡,小康之家都搬到城里居住。豫南罗山、潢川等县,也因躲避匪乱,中等以上之家都迁到了信阳。② 南阳自1919年土匪骚扰乡间,不仅大地主,就是较有钱的富农、中农也急速向城市迁移。直径不满3里的南阳城,人口由2万多猛增至4万多,其中100亩以上的地主就有500多家。③ 大批的富裕者脱离乡土社会迁居到城市,私人借贷途径变得稀少,这势必影响到原本借贷来源有限的乡村经济。

再次,社会经济环境的颓势导致乡村各阶层的经济地位下降。上个世纪二三十年代,因为农村经济不景气,这种影响力不仅体现在乡土社会的底层日益贫困化,亦表现在一部分地主、富农、商人的经济地位下降,富裕的人群越来越少。据1928、1933年河南许昌5个村的调查表明,地主由5户减至3户,有1户降为贫雇农;富农由21户减至19户,有3户降为中农;中农由94户减至74户,有21户降为贫雇农。④ 河北束鹿、安平、固安等县,商店、钱庄都发生过倒闭的现象。⑤ 山西洪洞、定襄等35个市县也有类似现象,1934年原有商号6757家,倒闭1838家,新增仅153家。⑥ 地主、富农、商人本是村落社区内最常见、最大的放贷者,其经济地位的变动必然会使乡村借贷环境更加恶化,甚至在某些村落中,富者成为了一个缺失的群体。如山东临朐县,"原来的小康之家,现在

---

① 起予:《大盂黄寨青龙镇三村访问记》,《新农村》第3、4期(合刊),1933年9月15日,第11页。
② 行政院农村复兴委员会:《河南省农村调查》,商务印书馆1934年版,第108、119、126页。
③ 冯紫岗等:《南阳农村社会调查报告》,黎明书局1934年版,第21~22页。
④ 行政院农村复兴委员会:《河南省农村调查》,商务印书馆1934年版,第18页。
⑤ 天津《大公报》1933年3月21日、4月16日、5月29日。
⑥ 天津《大公报》1934年9月13日。

也都亏空借贷,所以普通乡间的金融,极不流通,有钱的人太少,三四个村庄里,也找不到一个有存款的人家"①。1933年4月7日天津《大公报》的一篇北方乡村纪实也写道:"在一个比较富足的农村中,要想找几百元钱,那简直成为最困难的事情。"②

最后,残存的富裕者们盛行窖藏之风。如河北清苑县,据1930年105户的样本调查,5户地主平均年货币收入总量为1637.81元,年支出货币总额为1252.55元,"净剩余"385.26元。在年支出中包括借贷资金一项,户均借出110.8元,将此与"净剩余"385.26元相加,就得出每户地主的总剩余资金为496.06元,借出资金占剩余的22.3%。也就是说,地主用于借贷的资金仅占其剩余的1/5强,其余资金多数窖藏起来,处于"沉淀状态",未能转化为借贷资本。③美国记者韩丁1948年对山西潞城县张庄村的调查也发现,地主往往将多余的粮食换成银元,埋在地下,首富申金河就是将一部分钱换成银元埋在后院,剩下的钱才以高利贷方式贷给农民。韩丁认为,这种状况"只会加深和延长经济的停滞,使急需得到发展的乡村不能利用仅有的一点资本"④。在40年代末的土地改革运动中,地富将窖藏的大量银元交了出来,也是一个有力佐证。

正是由于上述问题的存在,乡村社会出现了借贷途径不畅、借贷资金短缺的局面。借贷额度小时,借贷户尚可依赖于地缘、血缘、交际关系来解决资金融通问题。如沙井村,"问:村落内借钱人多少位?答:每十人中有二人。借贷额小时,在村落社区内借贷。问:在村落内借钱的时候,佃农向地主借,还是求助于同族呢?答:不固定。"⑤但是,该社区内部放贷者较为固定,"问:村内谁经常借钱给人?答:张文通和杨源。后者土地少,但在顺义县经营商店。"⑥可是,

---

① 王文甲:《丝价跌落与临朐农村》,《农业周报》第4卷第5期,1935年。
② 一山:《由农村归来》,天津《大公报》1933年4月7日。
③ 参见崔晓黎:《家庭·市场·社区——无锡、清苑农村社会经济变迁的比较研究(1929—1949)》,《中国经济史研究》,1990年第1期。
④ [美]韩丁著,韩倞等译:《翻身——中国一个村庄的革命纪实》,北京出版社1980年版,第31、37页。
⑤ [日]中国農村調査刊行会:『中国農村慣行調査』第二卷,岩波書店1981年版,第195页。
⑥ [日]中国農村調査刊行会:『中国農村慣行調査』第二卷,岩波書店1981年版,第195页。

村落社区往往是经济状态整体不良,所以,社区内部的借贷关系十分匮乏。如沙井村的借贷行为较为普遍,然村落内部的借贷非常少,"问:从村民手里借钱吗?答:有,但非常少。"①关于这点,沙井村原村长的话语更能准确反映当时的情况,村落中120户农家,能够满足自家消费者仅有十户,所以,村落中借钱给他人的情况难得一见,村落中居民有借贷需求时,都向顺义县城中的商店借贷。②这种现象,在当时的华北地区农村较为普遍,如山西"乡村中十有八九都有债务"③,少有农家有余钱用于借贷。即使在村落经济不良的状态下存在经常放贷的富裕农家,可是这些放贷者也时常难以满足居民的借贷需求,"想向村长借贷,但村长资金融通也存在问题,此时,村长会带着当事者去县城的商店借贷,此时的村长成为保证人。"④如有学者所论:"山西农村金融之拮据死滞,无论南北,几达极点。因一元钱致亲友失和者有之,出人命者有之,逃亡他处者有之。欲典当衣物,而当店十之六七业已倒闭,其余维持门面者,因资本缺乏,对当物行市有二三倍之低落。欲典卖田产者,价值低落尤其余事,而找寻主顾而备感困难。至向亲友借贷,更属万难。"⑤

上述情况说明,谋求借贷的农家在该社区内部很难找到放贷之人,尤其在借贷额度大时,更是借贷无门,为解燃眉之急,无奈之下大多求借于社区外之人。⑥社区外之人,指借贷人所在的村落社区之外的村落的居民,或是城市中的居民。诚然这个时期内的农村经济处于整体性衰败是不争的事实,但某些村落可能因为地理资源优越或个人经营方式的缘故,还是存在一些富裕的农家,他们不仅成为本社区内借贷的对象,而且也是附近村落农家借贷所依赖的对象。可是他们并非以此业为主业,只不过是相对较为富裕的农户。城市中

---

① [日]中国農村調査刊行会:『中国農村慣行調査』第二卷,岩波書店1981年版,第195页。
② [日]中国農村調査刊行会:『中国農村慣行調査』第三卷,岩波書店1981年版,第306~308页。
③ 杨木若:《山西农村社会之一斑》,《新农村》1933年第2期,1933年7月15日,第10页。
④ [日]中国農村調査刊行会:『中国農村慣行調査』第二卷,岩波書店1981年版,第195页。
⑤ 杨木若:《山西农村社会之一斑》,《新农村》1933年第2期,1933年7月15日,第6页。
⑥ [日]中国農村調査刊行会:『中国農村慣行調査』第二卷,岩波書店1981年版,第195页。

的放贷者,职业较为复杂,有官员、商人、教师等。无论乡村放贷人,抑或是城市放贷者,其中一些人已经具有不在地主身份,而另一些人因放贷成为不在地主,这些人成为借贷无门的农民的借贷对象。

二、借贷的运作方式

不在地主借贷的运作方式,主要包括借贷建立、信用方式、借贷利率、纠纷解决、借贷期限等内容,此节讨论的内容为借贷关系的建立、借贷的信用方式、借贷期限。

借贷建立,顾名思义是指借贷双方建立起借贷的经济关系。前面已言,借贷者难以在社区内觅得资金融通的对象,所以,他们将搜索的范围扩大至邻村,甚至附近的城市。这往往超越了借贷者的交际范围,需要通过关系网更为庞大者来补足,借贷中人便成为二者交际的中间通道和借贷关系建立的必要环节。如在寺北柴村,"问:村民不委托赵氏或郝氏等中人,而是直接与北关地主商谈借款的事例有吗?答:借贷双方未曾谋过面,所以要拜托赵氏或郝氏,不仅是地权交易,典当也是一样,如果不认识中人,纵使自己多次向北关地主求助,对方也不会借钱。……问:若将出典地卖与承典者即北关地主,出典者与承典者已经很熟悉了,直接去商谈可以吗?答:可以,但地主出价会很低,若委托赵氏或郝氏,会获得远远高于比自己直接去谈的价格。问:如此说来,赵氏或郝氏不仅维护不在地主的经济利益,同时也兼顾寺北柴村人的利益?答:他们并非一味地考虑一方的利益,关系亲密的人向他们求助,他们会尽力向不在地主要更多的资金。问:这样情形下,与中人不熟的村民们自然很难将土地卖与北关的不在地主,而需想法另寻买方吗?答:这种情况也有,但寺北柴社区内有购买力的人很少,所以在土地交易不出去之时,还是要卖与北关的不在地主。此时欲拜托赵氏或郝氏,就需要将他们请到城内的饭店,美酒佳肴招待着,诚恳地说出自己欲卖一些土地,请他们尽量给予帮助,如此一来,他们就成为卖方一伙,不这样做是难以实现自己的诉求的。"[①]吴店村居民在遭

---

① [日]中国農村調査刊行会:『中国農村慣行調査』第三卷,岩波書店1981年版,第281頁。

遇经济困难时，虽也想向城镇里的富户借贷以解燃眉之急，但无奈社区内部缺乏像寺北柴村赵氏和郝氏般合适的中人，所以，无法实现借贷的诉求，"由于村落中缺乏富户，需要在其他社区的富户中寻找借贷对象，虽然县城之中富户颇多，但村民们与城内的地主未曾相识，又缺乏有能力的中人，难以与其建立借贷关系"①。

中人"应允代办之后即将抵押品、利息及其他的条件，先大致的商量妥协，然后再去找有款的富户来提"②。此时的中人，是双方抵押物借贷关系的见证人，证实双方间的契约内容，特别是证实抵押物确实归借贷人所有，如此一来，借贷中人往往也是借贷双方的保证人。保证人的角色，多是关系亲密的朋友，抑或是同族，相对而言，同族人占的比例更高些。当然，这些人并非都可成为保证人，作为保证人最基本的要求是信用，借贷者认同的保证人也需得到贷方的认同，如若贷方不认同，则会让借贷者重新找寻保证人。③在沙井村，有借贷需求的农户一般多会仰仗于拥有一定社会资本者以建立借贷关系。"问：村长经常成为保证人吗？答：经常。问：村长以外的人呢？答：其他人很少成为保证人。问：张瑞呢？答：相对比较，村长更具优势。村长在县城内的关系网较广，所以，村民依靠村长实现借贷。"④保证人作为双方借贷关系的见证者，如果借贷方违反契约或无法缴纳利息时，将由其代为执行。如石门村一农民，借贷后因无力按照契约缴纳利息并归还本金而逃跑，其债务部分由中人代还。借贷户非常贫穷，中人起诉也无济于事，每日只能在逃债归来的借贷户所开设的豆腐房取些豆腐而已。⑤

借贷的信用方式，大致可分为，信用借贷、抵押借贷两类。信用借贷在华北地区并不普遍，这是因为，在动荡的社会环境中，借贷风险很大，仅凭名誉、信用难以让放贷户放心地出贷。何况不在地主与借贷户间的联系较为稀薄，更

---

① [日]中国農村調査刊行会：『中国農村慣行調査』第五卷，岩波書店1981年版，第607页。
② 李景汉：《定县农村借贷调查》，《中国农村》第1卷第6期，1935年3月。
③ [日]中国農村調査刊行会：『中国農村慣行調査』第二卷，岩波書店1981年版，第196页。
④ [日]中国農村調査刊行会：『中国農村慣行調査』第二卷，岩波書店1981年版，第195页。
⑤ [日]中国農村調査刊行会：『中国農村慣行調査』第二卷，岩波書店1981年版，第200页。

难以通过此种方式实现借贷。一般来说,信用借贷多发生于亲族、朋友之间,而且借贷的额度不大,这样的借贷额度多为十元左右,一般来说,五十元以内可能存在无担保的借贷。①

抵押借贷,是以不动产或动产等作为借贷的抵押物。不动产常为房屋、土地,尤以土地抵押借贷为多。土地抵押借贷又分为两种情况:

第一种为一般土地抵押借贷,在华北乡土社会民众的话语中将其简称为"押",即把土地作为债权的一种担保品,债户仍保留对土地的经营权,可以在规定期限内赎回,如届时不还本利,押地由债主处理。

另一种土地抵押借贷的情况为典地,民众话语中简称为"典",即债户将所有土地在借贷期限以内交由债主经营,债户在规定期限之前可以赎回,否则土地归债主所有。但是,也存在签典契,实际形式却如押契的事例,若借贷期限为一年,这个时期内典出的土地由借贷方耕种,在不能返还借贷金额时,土地则由贷主经营。②

土地抵押借贷的两种方式,押在一年后只要交纳利息即可,而典则不可,全部借贷额不缴纳的话,土地则归为贷主。因此,典地价格一般要高于土地抵押价格。另外,两种方式相较,贷主更喜欢后种方式,寄希望于借贷者不能如约交纳借贷金额而土地则归自己所有。③

借贷期限,是借贷运作方式中重要的一项内容。借贷期限不仅因地域的差异以及时间的不同而不尽相同,即使是同一个借贷户向不同的放贷者借贷,其借贷期限有时也不一致。一般来说,在华北地区的借贷期限较短,多为一年。如河北省顺义县沙井村惯例为一年,④另外,太行山地区的武乡县、平顺县的借贷也是多为一年。⑤有调查反映,某些地区的借贷期限有逐渐缩短的趋

---

① [日]中国農村調査刊行会:『中国農村慣行調査』第二卷,岩波書店1981年版,第196頁。
② [日]中国農村調査刊行会:『中国農村慣行調査』第二卷,岩波書店1981年版,第196頁。
③ [日]中国農村調査刊行会:『中国農村慣行調査』第二卷,岩波書店1981年版,第196頁。
④ [日]中国農村調査刊行会:『中国農村慣行調査』第二卷,岩波書店1981年版,第196頁。
⑤ 《山西金融志》初稿上册,第137页;赵梅生:《山西平顺县农村经济概况》,天津《益世报》1934年7月28日。

向,如山西省以前借贷期限为三年,到了30年代初,其期限多为一年了。①

借贷运作方式中另一个重要的内容便是债务清偿。借贷不还者居于少数,"好借好还,再借不难"的民间谚语道出了其中缘由,信誉是借贷成功的重要砝码,如果失信于人,再想通过借贷而实现资金融通则会异常困难,甚至会出现借贷无门的现象。但是,上个世纪二三十年代以后,农产品的经济收益骤降,主要经济来源受阻,困恼于借贷之人很多,无力偿还者更是增加,甚至有债主感言道:"现代的人心全变了,只想借钱不想还钱。"②对于无力偿还的借贷者,债主讨债的方式多样,甚至无所不用其极。在武乡县,某些债主会雇佣流氓、无赖去讨债,结果,债户或立卖家产付足本利,或家产被没收抵债。③黎城县的复和隆号的讨债手段更为瞠目,每年腊月将未能如约还债的农民绑在树上整夜冻着,甚至拴在牲口槽上吃草,以辱其人格。④一般来说,欠债问题出现后,可通过仲裁人解决纠纷,而且借贷关系中存在保证人,亦可进行调节。上述例子较为特殊,不可以偏概全,况且在《中国农村惯行调查》中未曾发现这种极端的例子。不在地主与农民建立的借贷关系,多是金额较大,以土地作为担保的居多。当借贷户不能偿还本金时,则抵押的土地归不在地主所有。

三、借贷对乡村经济的影响

借贷对于乡村经济的影响是矛盾的对立和统一,积极与消极作用并存。积极方面来说,它解决了农户在生产、生活上遇到的经济困难,有利于个体生命的延续和农业生产的进行,暂缓了破产的恶果出现。诚如费孝通先生所言:"单纯地谴责土地所有者或高利贷者为邪恶的人是不够的。当农村需要外界的钱来供给他们生产资金时,除非有一个较好的信贷系统可以提供农

---

① 民国实业部国际贸易局编:《中国实业志·山西省》,1937年版,第101页。
② 赵梅生:《山西平顺县农村经济概况》,天津《益世报》1934年7月28日。
③ 魏宏运主编:《抗日战争时期晋冀鲁豫边区财政经济史料选编》第二辑,中国财政经济出版社1990年版,第1361页。
④ 《新华日报》华北版,1942年12月19日。

民借贷,否则不在地主和高利贷是自然会产生的。如果没有他们,情况可能更坏。"①但其消极作用更要重视,正是这种经济关系的存在,导致了许多农家田宅丧失,卖妻鬻子,甚至完全破产。这里主要从两个方面讨论不在地主通过借贷对乡村经济的负面作用,即利息和抵押物。

  借贷户须向不在地主交纳一定利息。"问:利息多少? 答:每月2分,十元需要付20钱。问:利息是每月支付吗? 答:一年一付。如借贷的期限是2年,第一年只支付利息,第二年末再次支付。"②利率并不是固定不变的,如1937年前,月息在2%~3%之间变动,而1942年通货膨胀使利率升到了5%,有时高达8%。但是,对于农民来说,"只要能借到钱,渡过眼前的生死难关,利率的高低是无暇计及的"③。典当土地的农民不用支付利息,因为得到所典当土地的一方有权在债务归还之前使用土地。典当期限通常是3至5年,但也有典当期更长的情形。借贷户无力偿还借贷金额时,作为担保的抵押物归不在地主所有。借贷双方商定借贷内容,借债人就要拿出一定的不动产作为担保,以防止无力偿还而导致贷方经济受到损害。关于借贷关系中的抵押物是否是必须的,沙井村村民有如下问答,"问:借钱需要担保吗? 答:需要,称作'指地借钱'。问:金额小的时候需要吗? 答:百元以上时需要。金额小时不需要。问:保证人呢? 答:即使金额小时也需要保证人。借贷超过50元以上,保证人必不可少。50元以下,甚至更少的金额,没有保证人也可。"④一般来说,借贷关系与抵押物并不是如影相伴,如借贷额度较小,或是双方间关系非同寻常,或是借贷户拥有较高的信用,可能不存在抵押物一说。但是,借贷户与不在地主发生的借贷金额基本较大,借贷户难凭借信用或关系取得借款,故需要担保物。

  沙井村社区内的借贷金额最多不过100元,几元、几十元居多,100元以上的大笔现金则求助于顺义县城的商人或富户,而此时采用一种叫做"指地借

---

① 费孝通:《江村经济——中国农民的生活》,商务印书馆2005年版,第201页。
② [日]中国農村調査刊行会:『中国農村慣行調査』第二卷,岩波书店1981年版,第195页。
③ 王亚南:《中国半殖民地半封建经济形态研究》,人民出版社1957年版,第4页。
④ [日]中国農村調査刊行会:『中国農村慣行調査』第二卷,岩波书店1981年版,第195页。

钱"的方法进行借贷——大部分农民都用这种方法借钱。①该村落的农民用下面的话语描述抵押,华北地区的农村习惯上将这称作"典"。②

"问:典具体指什么?答:典有两种情况,'典房'(典当一座房子)和'典地'(典当耕地)。一般来说,典地的情况比较常见,当小农家庭经济出现问题急需货币,典当一块价值1000块钱的地,通过典能够借贷的金额大概是400元,这笔钱不用支付利息。偿还债务后典出的土地可赎回来。问:除典当房子和土地的外,还有别的东西,如农具、牲口可以典当吗?答:没有。问:有没有典当牲口的,偿还债务后再赎回来的情况?答:这里没有这种作法。问:中等价格的土地能够典当吗?③答:什么样的土地都能典当,当然,典当好地能借到更多的钱。"④

借贷关系中的抵押物,土地、房屋居多,以牲畜作为抵押基本没有,⑤其中,土地作为抵押物的比例更大。土地成为得到信贷的重要资产项目,是因为其近似于钱的特性,受到放贷者们的青睐。在一个可贷借的资金稀缺、不存在正式信贷制度的农村经济中,出借者的保障只能寄托于一个第三者或中间人身上。但中间人尚不能保证借债者能够还债,因此,抵押物的存在把拖欠债务的可能性降到了最低。清末民初,"典地"的作法非常普遍,乃是因为当时的农民可以很快的赎回土地,可是,到30年代,农民赎回土地越来越困难,如果他不能及时还债,抵押的耕地就不得不出售或作为典当品将所有权交给债主。

栾城县寺北柴村的借贷方式与沙井村颇为相似。小额借贷向朋友借,一般还贷很快,没有利息。大额借贷很难在社区内部实现,所以,不得不多向集镇上的放债人借贷。虽然,县城内的粮栈也多兼放贷的功能,但农民宁愿私下向放债人借钱也不愿向粮栈借贷,这是因为私人借贷的利率相对较低。⑥该村落的债权人大部分居住于社区之外,他们多会先让债务人经营土地,交纳实物

---

① [日]中国農村調查刊行会:『中国農村慣行調查』第二卷,岩波书店1981年版,第209页。
② [日]中国農村調查刊行会:『中国農村慣行調查』第二卷,岩波书店1981年版,第169页。
③ [日]中国農村調查刊行会:『中国農村慣行調查』第二卷,岩波书店1981年版,第171页。
④ [日]中国農村調查刊行会:『中国農村慣行調查』第二卷,岩波书店1981年版,第220页。
⑤ [日]中国農村調查刊行会:『中国農村慣行調查』第二卷,岩波书店1981年版,第197页。
⑥ [日]中国農村調查刊行会:『中国農村慣行調查』第二卷,岩波书店1981年版,第203页。

定额地租。①农民如果按契约逐年交租,可以在2至3年内赎回他的耕地。由于30年代初的歉收,赎回土地成了件难事,农民在用尽办法而仍然解决不了资金周转的问题时,只能将土地出卖或抵给放贷人以获得现金。下面的例子说明上述的情况迫使村民交易他们赖以生存的耕地。村民郝老开于1927年典当了一些耕地,之后几年由于物价下降,尽管省吃俭用,但是,不仅未能积蓄到赎回土地的资本,而且家境更坏了,在束手无策的境况下交易了典当的土地。②村民郝二泥曾为了维持正常的家庭生活将土地出典于不在地主王赞周。当儿子结婚时,因缺钱筹办婚礼,郝将已典当的土地出售给了不在地主。村民郝毛旦的家境更为窘迫,平时便须借钱购买口粮,为此出典了耕地,终因无法赎回而交易了。村民郝老际,有年迈的母亲、多病的妻子、年幼的孩子,农事耕作以及家庭的经济收入完全落在其身上,因此,其家庭负担极重。在其妻子去世时,老际筹办葬礼借了一笔钱,为了偿还债务将以前典当给地主王连贵的土地交易了。1924年,本社区张乐卿的大儿子欲在县城开一家饭馆,向地主林风栖借了一大笔钱。但其投资活动以失败告终,巨额的债务也就无法偿还,为了还债,张氏于1930年将48亩耕地作价1750元典当给了不在地主林风栖。双方协定5年内还债赎地。可是,张氏5年后还是难以还债,他从而沦落为不在地主的一个佃农,每年秋收后向不在地主缴纳一定的定额实物地租来换取耕作权。即使至1941年,张氏依然未能还债,最终不得已将典当的48亩土地卖掉一部分。③张氏与社区内其他村民相较算是富人,但他也要为获得借款而典当土地。所以,20世纪40年代的寺北柴村,村中68%的农户靠租佃经营,其中只有9%的佃农租种本村人的土地,91%的佃农租种外村人的土地,这些人大部分是城居地主。这些佃耕之地原本属于本村人,但因连年歉收,不断向城市居民借贷,往往是无力偿还,无奈之下将抵押土地所有权转移给城市居民。④

冷水沟村在《中国农村惯行调查》调查的村落中,是一个比较富裕的村庄,

---

① [日]中国農村調査刊行会:『中国農村慣行調査』第三卷,岩波書店1981年版,第76頁。
② [日]中国農村調査刊行会:『中国農村慣行調査』第三卷,岩波書店1981年版,第260頁。
③ [日]中国農村調査刊行会:『中国農村慣行調査』第三卷,岩波書店1981年版,第260頁。
④ [日]中国農村調査刊行会:『中国農村慣行調査』第五卷,岩波書店1981年版,第321頁。

这个村庄既没有经受过歉收的痛苦，也没有受到战争的负面影响，佃农的人数亦较为固定，负债的农民也很有限。①在借贷方面，总的来说，没有大笔的放款或还款流入流出，也就是说，在村民记忆所及的年代里，社区内居民的借贷多是发生在村民之间。②可是，尽管这样一个相对富裕的、负债有限的村落，也经常需要在社区之外寻找放款之人。这种情况多是借款额度很大的情况。200元以上的借款就需要农民到济南向高利贷者或金融机构借贷，如二十多户农家就曾向济南银号贷款二三百元。③借贷额大就需要以不动产作为担保，借贷期限之前可以赎回，但大部分土地在典当之后，由于出典主不能及时偿还债务赎回自己的土地，抵押出去的土地就会被卖掉，④一般多被债主购买。

恩县后夏寨村，该村落的贷款的程序与前述三个村庄大体相似。10至20元的小额借款向朋友或亲戚借，短期内即可偿还，多是几周之内就结束了借贷关系，这样的借贷不付利息。但是，借贷额度会因为礼仪或突发事件而骤增，每户人家都可能在某个时间为了一个葬礼或婚礼一次就花掉150至300元钱，或者说是它全年收入的1/5~1/4，⑤购买种地用的耕畜和农具，或家里有人生病时买药，都迫使农户去借钱。这样超过50元的大额贷款则需向一个较富裕的村民借贷，但更多是向县里的银号或高利贷者借贷，这时则要以土地作为贷款的担保品，贷款必须在一年内归还，利息率为每月2%或3%。⑥1937年以前，农民还能够从集镇上的银号贷款，但1937年之后这些银号都由于战争而破产。农民不得不比从前更多地依靠商人和高利贷者的贷款。而且，该村落负债之人呈现增加的趋势，到1942年，每10户农民中就有8户负债。⑦如果农民在秋后

---

① ［日］中国農村調査刊行会：『中国農村慣行調査』第三卷，岩波書店1981年版，第125頁。
② ［日］中国農村調査刊行会：『中国農村慣行調査』第四卷，岩波書店1981年版，第200頁。
③ ［日］中国農村調査刊行会：『中国農村慣行調査』第四卷，岩波書店1981年版，第217頁。
④ ［日］中国農村調査刊行会：『中国農村慣行調査』第四卷，岩波書店1981年版，第217頁。
⑤ ［日］中国農村調査刊行会：『中国農村慣行調査』第四卷，岩波書店1981年版，第218頁。
⑥ ［日］中国農村調査刊行会：『中国農村慣行調査』第四卷，岩波書店1981年版，第220頁。
⑦ ［日］中国農村調査刊行会：『中国農村慣行調査』第四卷，岩波書店1981年版，第221頁。

没有偿还贷款，债权人就找到中间人提醒债务人尽快还债。如果农民拖欠债务，债权人就要获得先前指定作为担保品的土地。即使是70至80元的小笔债款没有归还，债权人也有权拿走土地所有权。在恩县这种做法称为"当地"。① 1942年，在全村3100亩耕地中，约500亩典当给了别的5个村子。②

这种借贷制度，一定程度上满足了农户购买所需商品，或是生产资料，抑或资金融通的需要，但正是该借贷制度让借贷者的土地逐步地落入供给资金且生活在集镇上的一小部分人手里。甚至有些农民因借贷丧失田宅，卖妻鬻女，从而陷入了崩溃的边缘，乃至完全破产。辽县上武村李伏兆的例子，详细说明了债户的破产过程。他于1931年借天兴成商号80吊钱，到1934年折算为75元。李以2亩好地折价55元偿还，还欠利洋20元，作本生息。到1936年结算时为137元，李又以4亩地作价107元还债，仍欠利洋30元，又作本生息。1938年，李出卖房子101元还债，仍欠利洋30元，继续作本生息。到1939年，李卖掉女儿70元，偿还后仍欠20元。前后8年的时间，李家最终变得"房无一间地无一垄"了。③又如武乡县一债户，借120元为母亲办丧事，最终被债主没收了一处院子、13亩地，还给债主做了一两年长工。④在辉县，农民当出的土地有四五成乃至七八成赎不回来，终归地主所有。⑤平顺县一个债主仅1933年就没收了债户数百亩土地。该县老甲郊村有60户，1932至1934年三年间，20至24岁的男子有13人卖掉了老婆。⑥临城县也是如此，"中小农之负债者，利息日加，卖田不得，积年累月之后，其全部田亩不难为贷利毒蛇，盘剥以尽"，全县200多个小村，1935年初已有40多户破产。⑦博爱县西金诚村更甚，因借高利贷破产者达142户，占负债

---

① ［日］中国農村慣行調查刊行会：『中国農村慣行調查』第四卷，岩波書店1981年版，第205页。

② ［日］中国農村慣行調查刊行会：『中国農村慣行調查』第四卷，岩波書店1981年版，第205页。

③ 《新华日报》（华北版）1942年2月9日。

④ 山西省地方志编纂委员会办公室编：《山西金融志》初稿上册，1992年版，第1137页。

⑤ 张锡昌著：《河南农村调查》，载于薛暮桥、冯和法编：《〈中国农村〉论文选》（上），北京出版社1983年版，第56页。

⑥ 赵梅生：《山西平顺县农村经济概况》，天津《益世报》1934年7月28日。

⑦ 薛邨人：《河北临城县农村概况》，天津《益世报》1935年5月25日。

户的75%。①其他各地债户破产的例子尚多，不再赘述。②也正因为此，才流行"一债十年害，一年借下十年的债"，"饿死不做贼，穷死不借债"的民谚。

不在地主通过放贷，不仅获得了利息，而且在农民无力还债时，抵押土地的所有权亦归其所有，这些土地并不用于自耕而多是贷给农民，坐收地租，进而借贷关系又引起了租佃关系。

---

① 太行革命根据地史总编委会：《太行革命根据地史料丛书：土地问题》，山西人民出版社1987年版，第171页。

② 参见《新华日报》（太行版）1944年7月11日、1945年2月7日、1945年6月23日等。

第三节 不在地主与乡村地租形态

华北地区的农家在资金融通出现障碍时,多会以土地为抵押物向社区外之人借贷,无力偿还借贷则抵押的土地归债主所有,而债主自己耕种的较少,多是将土地出租,租户多是该社区的村民,或是原土地所有者。因此,形成了华北地区较为特殊的租佃关系场景,即租佃关系大多建立在不在地主和土地所在地的农民之间,不在地主进而通过租佃关系对土地所在地的佃户和村落施以经济上的影响。

一、地租的形态

据上世纪30年代中期的调查显示,华北地区农村的地租形态以货币地租、实物定额地租和实物分成地租为主,当然,还有少量的劳役地租存在。三种主要的地租形态在各省中所占的比例有差异,如河北与山东两省而言,在河北省租佃土地的农民中约3/5交纳货币地租,而山东省则为1/5;河北省约1/5的租地农民交纳定额地租,山东省则略高于1/3;河北省只有16%的租地农民交纳分成地租,而在山东省则有2/5的租地农民交纳这种地租。可见,上个世纪30年代,河北省的货币地租较为普遍,山东省则是实物分成地租占统治地位。这些数字并非固定不变，可能随着年代的不同，抑或物价上涨，抑或货币贬值等因素而有所变动。

任何一个地方，乃至于一个基层社区之内，都不存在统一的地租形态，而往往是三种形态地租并存。在河南省各种地租中，实物额租占10%，分成租占79.8%，货币地租占5.8%；①山西省的实物额租占46.2%，分成租占26.7%，钱租占27%；②河北省的实物额租占26.1%，分成租占19%，帮工佃种占16.4%，货币地租占29.1%；③山东省实物额租所占比例最大，在各种地租中占62.5%，分成租占13.3%，货币地租占16%，折租占5%。④以省为单位尚不能说明情况的话，我们可以将目光移至最基层的社区——村落，进行印证。在沙井村，佃农租佃土地交纳货币地租占统治地位，但也存在佃农交纳实物分成租的例子；寺北柴村，按照种植的作物种类交纳实物地租的农户居多，可亦存在实物分成租；冷水沟和后夏寨等村落的情况也大体与上述村落相似，不同的地租形态存在于同一个村落之中。

那么，不在地主与佃农建立的租佃关系中存在几种地租形态？各种地租形态又会呈现何种比例？现存关于各地区地主阶层整体地租状况的调查繁多，可是，在这些调查之中按地主阶层构成类型形成的统计资料十分有限，并且，调查的空间范围多以村落社区为基础，因此，在不在地主与佃农间地租形态的问题上，描绘出某县的具体面貌尚难，更不可能揭示出华北地区的整体面相。但我们可以借助一些典型的基层社区窥见当时不在地主和佃农的地租形态之一斑。具体事例见下表。

---

① 金陵大学农业经济系编：《豫鄂皖赣四省之租佃制度》，1936年版，第44页。
② 《中国经济年鉴》第7章，1936年版，第27~29页。
③ 《中国经济年鉴》第7章，1936年版，第27~29页。
④ 《中国经济年鉴》第7章，1936年版，第51~58页。

表4.3　满铁调查村落中不在地主和佃农地租形态的一般情况表

项目 \ 村民户数	1 丰润县 米厂村	2 平谷县 大北关村	3 昌黎县 梁各庄
不在地主	24	17	13
货币地租	19	14	12
实物分成租	8	1	
实物定额租	2	2	2

资料来源：

1.南满州铁道株式会社：『第二次冀東農村実態調查報告書統計篇：第三班豐潤縣』，大連：满铁1937年。

2.南满州铁道株式会社：『第二次冀東農村実態調查報告書統計篇：第一班平谷縣』，大連：满铁1937年。

3.南满州铁道株式会社：『第二次冀東農村実態調查報告書統計篇：第四班昌黎縣』，大連：满铁1937年。

从上表可知，满铁调查下的几个村落，不在地主和佃农的地租不存在统一的形态，而是三种形态地租并存。其中，货币地租在三种地租形态里占据绝对的优势，米厂村为79.2%，大北关村为82.4%，梁各庄为92.3%。无论实物分成租，还是实物定额租，均未超过4%。货币地租何以成为不在地主和佃农间最主要的地租形态呢？

首先，货币地租是当时的地租形态发展的一种趋向。传统时代的地租以实物地租为主，近代以来，在商品经济大潮的带动下，货币地租开始迅猛的发展，尤其是清末民初以来，在华北地区农作物商品化、经济作物种植面积的扩大化、农村手工业也发展迅速的影响下，货币地租也越来越普及。史建云先生认为，有些地方还残留着从实物地租向货币地租转化的痕迹，"同一个地主同一块耕地，可以今年采用货币地租，明年又采用定额地租；一些货币地租实际是实物定额地租按市价折合货币交纳，极个别情况下，有分成地租折为现金交纳的现象。"①但是,这种现象在华北地区很难一见。

其次,不在地主居住于土地所在地的村落社区之外的社区,甚至居住于相距甚远的城市之中,如若采用实物地租,不仅运输不便,并会产生一定的费用,这种费用由谁负担对于双方而言都是一种不小的负担。尤其是当时社会不靖,诸种国内军事势力相争不断,国外势力不断入侵,与混乱局面相伴的便是在夹缝中猖獗的土匪,实物地租在运输途中招致土匪打劫的现象时有发生,为此不仅导致经济受到所害,更有甚者失去了性命。所以,不在地主不愿去收租,佃农更不敢送租。

最后,不同构成类型的不在地主采用货币地租形态的目的也稍有差异。通过土地交易形成者,其购置土地的初衷或为了获得经济利益,抑或出于长期维持家庭经济消费的需要。抱有这种初衷者,更多的是希望获得货币,倘若获得实物地租,不在地主势必要经过市场环节转化成货币,如此一来,即需要一定的时间,又可能受到市场经济的影响而招致损失,故多采用货币地租。而移居成为不在地主者,采用货币地租的原因中也包含社会环境不良的因素,但更多是为了货币,移居城市者为维持生活所需,而移居其他村落者多继续从事农业,相对实物更亦需货币。所以,不在地主与佃农间多采用货币地租。

二、货币地租的地租额和地租率

华北地区的货币地租多采用预租的方法,也就是说,佃农往往会带着租金与地主或是中人商谈租佃事情,租佃双方确立租佃关系的同时,佃农立即交付预租。这种预租方法常用于不在地主和农民建立的租佃关系。各地区环境有别,货币地租的地租额也就参差不齐,如河北省,20年代庚等地货币租最低者每亩只有0.1元,甲等地最高者可达到15元。②山东青岛李村区货币地租最高者达每亩18元。③这种现象遍及华北各地,具体租额见下表。

---

① 史建云:《近代华北平原地租形态研究——近代华北平原租佃关系探索之一》,《近代史研究》,1997年第3期。
② 据河北省政府秘书处编的《河北省省政统计概要》(1930年)所载《河北省各县田租额数统计表》。
③ 李宗黄:《考察江宁邹平青岛宁县纪实》,正中书局1935年版,第171页。

表4.4　华北地区货币地租额

省别	县别	每亩租额	县别	每亩租额	县别	每亩租额
山东省	章丘 平阴 博兴 肥城 胶县 海阳	8—12元 3—6元 2—3元 5元 4元 4元	禹城 邹平 齐东 鄄城 惠民 阳水	4—5元 1.8—3.8元 6元 2—5元 3—7元 5—8元	昌邑 东平 桓台 寿张 高苑	4—5元 4元 3—5元 5元 3—5元
河北省	清丰 赵县 衡水	3—6元 2—5元 3元	邯郸 平谷 密云	1—2元 2—5元 2元	宛平 定县	2—4元 2元
山西省	阳曲 交城 汾阳 孝义	3—4元 1—2元 3.5元 1—2元	阳城 沁县 平陆 永济	1.5元 1—2元 4元 3元	临晋 谢县 忻县	2.5元 2元 2—5元
河南省	辉县 汲县 修武 许昌	2.1元 4元 5元 4元	新乡 镇平 考城 开封	2元 2元 2元 5元	林县 巩县 南阳	3元 4—5元 2—4元

资料来源：

1.山东省,《中国实业志》(山东省)第2编第1章,第41~46页。

2.河北省,1936年编《中国经济年鉴》第7章,第60页。

3.山西省,《中国实业志》(山西省)第2编第1章,第33~53页。

4.河南省,《河南省农村调查》第69页;1935年续编《中国经济年鉴》第7章,第59页。

从上表中可以看出,不同省份间的货币地租额存在差异,即使同一省内各县间的货币地租额亦不同。那么,不在地主与佃农货币地租的情况是否与上述情形相同,还是另有一番景象呢?下表是根据典型村落整理出来的不在地主和佃农货币地租的具体情况。

表4.5 满铁调查村落货币地租情况表

村 名	不在地主姓名	每亩租额	不在地主姓名	每亩租额
米厂村	王伯安 李宝琛 刘玉兰 王桂芳 王家常 王恩普 董恩祥 王文顺 杜文广 董某	1.2—6元 0.8—7元 3.5—4.5元 3.5—6.8元 3—5元 2.42—4元 8—10元 4元 7.5元 2元	李景文 李四文 齐永兴 田某 暮百年 高某 董瑞林 董氏（祭田） 富成有	5元 2.2元 6元 4元 9元 2元 5元 2—3.75元 5元
梁各庄	白洪一 傅世珍 王锡珍 百鹤一 傅景林 赵金良	1.16—2.6元 2元 1.85—2元 1.8元 1.88元 1.7元	张科纯 张殿弼 曾氏 张树铺 张盖臣 张树一	2元 1.5元 2元 2元 2元 2.67元
大北关	张重楼 张德元 张玉楼 郭大田 陈宝先 张遇臣 某湘民	3元 3—3.75元 4.16元 3元 2.67元 4.33元 9元	陈某 黄中元 王某 杨来德 张明 陈某	3元 4元 4元 3元 2.85元 3元

资料来源：

1.南满州铁道株式会社：『第二次冀東農村実態調査報告書統計篇：第三班豊潤縣』，大連：満鉄1937年。

2.南满州铁道株式会社：『第二次冀東農村実態調査報告書統計篇：第一班平谷縣』，大連：満鉄1937年。

3.南满州铁道株式会社：『第二次冀東農村実態調査報告書統計篇：第四班昌黎縣』，大連：満鉄1937年。

由上表可见，三个典型村不在地主与佃农的货币地租额不尽相同，甚至差异很大，这可能与租种土地的等级，或与佃耕地的农作物有关系。一般来说，在地主不提供土地以外的农业生产要素的情况下，土地的等级越高则地租越高,相反亦然;种植经济作物要比种植非经济作物的地租高,纵使租种同一个不在地主的土地,因为上述原因致使地租额也不相同。不在地主和在村地主在地租额上是否存在不同之处,囿于现有的资料尚不充分,暂难进行讨论,但仅从上述两个表格中的地租额来看,差异虽有但不会很大,因此,姑且认为地主阶层的不同构成类型在地租额上大致相同。由此,可以从地租额与当时地价间的比例看不在地主对佃农家庭经济的影响程度。根据现掌握的河北省部分县的调查资料,将各地租值占地价的百分比列出于下。

表4.6 从租值占地价的百分比看地租的剥削率

县村别	地价亩元	租值亩元	租值占地价百分比
保定	50	2.5	20
平谷县夏各庄小辛庄	40	5	12.5
香河县后延寺	40	4	10
遵化县卢家寨	40	4.5	12.5
滦县八里桥庄	40	4.5	11.1
昌平阿苏卫	25	2	8
蓟县纪各庄	20	2	10
玉田县龙窝六村	50	5	10
乐亭县马头庄	30	4.5	15

资料来源:

1.天津《益世报》民国二十四年11月30日。

2.满铁冀东地区农村实态调查班:『冀東地區內二十五箇村農村實態調查報告書』上,1936年,第280页。

3.满铁冀东地区农村实态调查班:『冀東地區內二十五箇村農村實態調查報告書』下,1936年,第26、202、240、295、365页。(注:此表中的某些原始数据不准确,有待考证,但不妨碍本书中问题的探讨。)

从上表情况可知，河北地区各县不在地主的租值占到当时地价的10%以上，足可以反映出其对佃农家庭经济影响的重要性，而且这种影响力有增强的趋势。原因在于战争等不稳定因素的影响，货币地租额并不固定，有增长的趋势。如顺义县的沙井村，村民杜祥租种县财政科长言绪的七亩土地，从1937年建立租佃关系到1942年，六年之中，地租一直上涨，依次为18元、25元、30元、60元、85元、100元，①地租增长了五倍多。张守俊租种地主张义臣的20亩土地，来年的地租额将会是今年的四倍。②傅菊租种地主张氏十亩土地，1941年地租为56元，到了1941年地租为168元，和去年相比增长了三倍。③地租增长的现象不仅表现于私人土地，就连村公会的土地地租亦是如此。如村公所六亩土地，1939~1941年，由村民杨永才、张起先后租种，地租一直为24元，然而，1942年，崇文起租种时地租涨到90元，④增长了三倍多。

三、实物地租的地租额和地租率

实物地租可分为两种，即实物分成地租、实物定额地租。华北地区的实物分成租分布较为广泛，几乎遍及每一个县，俗称繁多，有分种、佃地、种地、客种、伙种，等等。分配比例由双方商谈决定，或依照地方惯习。由于各地的惯习不同，有的地方，地主除了提供土地外，多少承担一部分农业生产的费用，诸如牲畜、大型农具、运输工具、种子、肥料等，有时还贷给佃农生产资金；有的地方，除了土地之外，地主不向佃农提供任何农业生产需要的东西。近代华北区域的实物分成租的分成比例多样，有二八（佃户得20%，地主得80%）、三七、四六、五五、倒四六（佃户得60%，地主得40%）、倒三七，等等，极少数地方佃户只得一成。⑤

---

① [日]中国農村調查刊行会：『中国農村慣行調查』第二卷，岩波書店1981年版，第161頁。
② [日]中国農村調查刊行会：『中国農村慣行調查』第二卷，岩波書店1981年版，第28頁。
③ [日]中国農村調查刊行会：『中国農村慣行調查』第二卷，岩波書店1981年版，第99頁。
④ [日]中国農村調查刊行会：『中国農村慣行調查』第二卷，岩波書店1981年版，第124頁。
⑤ 史建云：《近代华北平原地租形态研究——近代华北平原租佃关系探索之一》，《近代史研究》，1997年第3期。

地主和佃户间具体的分成比例，则要与租佃双方各自承担农业生产的费用、土地的等级、种植的农作物等有关系，也与各地惯习有关。细而言之，地主和佃农在农业生产中的投入情况大致可分为三组。一九、二八、三七这三种分成方式为一组，其特点是除耕地外，其他主要生产资料均由地主提供，如畜力、运输工具、大农具、种子、肥料等，有时包括佃户住房。这一组分成一般说来，地主对于佃农的农业经营活动干涉较多，佃农经营的独立自主程度较低。

倒四六和倒三七是又一组分成方式，这一组的特点是，地主除耕地外，一般不再提供其他生产资料，有时提供种子，也就是说租佃双方各出一半种子，但收获后要先除去种子再按比例分成，有的地方收获后，凡地主出种子者，需双倍扣除，实际等于佃户自己出种。倒四六分成的情形稍多，倒三七较少见，实行这类分成的一般为较贫瘠或易受灾害的土地。

华北农村最常见也最复杂的是四六分成和五五分成。这一组之中，既有地主提供大部分生产费用的，又有主佃双方分担生产费用的，还有生产费用完全归佃农承担的。我们看几则实例：

河北省深泽县的梨元村，地主不提供任何资本，收获物粮柴均由主佃均分；南营村地主供给一半种子和肥料，收成亦是粮草对半分。①

河北南皮县的租佃方式有大种地和小种地两种。大种地，佃农寄居地主房屋，除交租之外，尚要为地主服一定劳役，除麦种由主佃均摊外，其余作物的种子、肥料及一切耕作事务均出于佃户，收成主佃各半。小种地佃农自有住房，无需为地主服役，其他一切则与大种地相同。②

山东省临朐县，牛、种、肥料均由地主出，收成后地主每亩除留2斗（俗称地粮食），余者主佃均分（临朐亩系大亩，约合市亩3亩左右）。③

临沂、郯城等县有一种"干锄地"，地主播种后把地交佃户锄草收割，粮食对半分，草归地主。地主不但承担了全部生产资料，而且负责耕种时的劳力。这种干锄地只用于种植谷子和高粱，当地这两种作物的耕作所需劳力很多，

---

① 韩德章：《河北省深泽县农场经营调查》，《社会科学杂志》第5卷第2期，1934年6月。
② 赵文登、刘树鑫修纂：《南皮县志》卷2，1932年。
③ 周钧英、刘仞千修纂：《临朐续志》卷15，1935年。

一般要锄四遍,虽是五五分成,如按短工工资计算,佃农所得还不足工钱。①

范县与前几个县相反,佃户自养牛、马等大牲畜,地主亦分谷物之半,不过其余柴草等全归佃户。②

临清县一般租佃三七分成,间有主佃平分者,则牛、马、种子、肥料所需由主佃共任。③

河南省项城县,佃户自备牛车种子者,五五分成;地主出种子者四六分成;地主备牛车饲料者三七分成。④

南阳县,一切资本劳力均由佃户负担者收成对分,地主提供大部分资本者三七或二八分。⑤

尉氏县,田主供子种肥料者三七分,不供者四六分。⑥

淮阳县,农具牲畜由佃农自备,肥料均摊,产品均分;若农具牲畜由田主提供,产品三七或四六分。⑦

泌阳、永城,种子肥料均摊,收获均分。⑧

宁陵,一切费用由佃户负担,收获均分。⑨

从上述的地租形态可以看出,地主在农业生产环节不提供牲畜、种子、工具、肥料等的情况下,租佃双方间在收获物的分配上,较多地采用五五分成或四六分成。

实物地租的另一种形态是实物定额地租,在华北地区如同分成租一样,拥有多种称谓,如租地、赁地、稞地、包租、粮租、谷租、米租、清稞租等不同名称。实物定额租与分成租相比更为简单,租佃双方在租地之初,会根据农作物的

---

① 华东军政委员会土地改革委员会编:《山东省农村调查》1952年刊印,第62页。
② 张振声、余文凤修纂:《范县志》卷2,1935年。
③ 张树梅修纂:《临清县志》卷8,1934年。
④ 张镇芳、施学舜修纂:《项城县志》卷5,宣统三年石印本。
⑤ 冯紫岗:《南阳农村社会调查报告》,上海黎明书局1934年版。
⑥ 《河南统计月报》第1卷第2期,1935年2月。
⑦ 《河南统计月报》第1卷第4期,1935年4月。
⑧ 《河南统计月报》第1卷第6~7期,1935年6~7月。
⑨ 《河南统计月报》第2卷第1期,1936年1月。

品种及产量商定每亩应交的租额。农作物收获后,佃户依照约定之数目交纳即可,当然,也存在根据农作物的产量来确定租额的。不管具体的租额如何确定,在近代华北各地有关定额租制的史料中,无一例表明地主除土地外,尚提供任何其他生产资料,其地租额不会高于分成租。①

  不在地主居住地与土地所在的村落在空间上有一定的距离,实物地租对租佃双方着实存在不便,故其多采用货币地租形态,但是,不在地主家庭也需要粮食,所以,不在地主群体中有一部分人采用实物地租。那么,不在地主与佃农构建的租佃关系中,租佃双方按照什么比例分成呢?这个分配比例与租佃双方在农业生产上的投入有着密切的关联性,投入多者在收获物的分配上占有的比例较大,反之则较小。借助土地交易成为不在地主的群体中,城居地主居住于城镇之中,多从事商业、工业、教育等非农职业,这些人不悉农事或无暇顾及农业生产,所以,为佃农提供牲畜、农业工具、肥料等生产资料者少之又少。如沙井村的不在地主中,无一户为佃农提供生产资料。通过移居成为不在地主者,一部分移居到城市,在土地所在的村落中可能还留有农业生产工具,甚至依然拥有房屋,但这样的事例较少,诚然有将其房屋和农具让佃户居住和耕种,可在收获物的分配上采用五五分成,其余未给佃农提供任何农业经营上的资助,其分配比例也大致相同;另一部分不在地主移居到邻村或相距较远之村落,这部分人迁居到其他地区仍然依靠经营农业生活,因此,在迁居之时便将农业生产工具等带走,鲜有将农业生产工具等提供给佃农者,其分成比例大致亦是均分。关于不在地主与佃农在实物地租的分配比例,可以通过下表体现出来。

---

  ① 史建云:《近代华北平原地租形态研究——近代华北平原租佃关系探索之一》,《近代史研究》,1997年第3期。

表4.7 满铁调查村落实物地租情况表

村名	地租形态	不在地主姓名	每亩租额	不在地主姓名	每亩租额
米厂村	定额	刘玉兰 孙怀哲	5斗 2斗		
米厂村	分成比例	王伯安 李宝琛 王家常 孙耀中	5:5 5:5 5:5 5:5	郑洪奎 宋邦严 刘继相	5:5 5:5 5:5
梁各庄	分成比例	傅世珍	5:5	王锡三	5:5
大北关	定额	张玉臣	2.5斗	王继贤	2.5斗
大北关	分成	符运广	5:5		

资料来源：

1. 南満州鉄道株式会社：『第二次冀東農村実態調査報告書統計篇：第三班豊潤縣』，大連：満鉄1937年。

2. 南満州鉄道株式会社：『第二次冀東農村実態調査報告書統計篇：第一班平谷縣』，大連：満鉄1937年。

3. 南満州鉄道株式会社：『第二次冀東農村実態調査報告書統計篇：第四班昌黎縣』，大連：満鉄1937年。

上表可以说明，在不在地主的实物地租中，实物分成租的比例为五五分。实物定额地租有两种情况，即2斗和5斗，前者佃耕地亩产量为7.3斗，租值占产量的27%；在后者的三个租佃关系中，米厂村的佃耕地亩产量为12斗，租值占产量的42%，而大北关村的佃耕地亩产量为6斗，租值占产量的42%。因此，总体来说不在地主和佃农在实物地租的分配上大致为五五或四六分。

实物地租对农民家庭经济的影响可以从地租额与佃耕地产量的比例表现出来，具体情况见下表。

表4.8 晋冀鲁豫四省租额占产量的百分比

省别	县别	每亩产量	每亩租额	租额占产量的百分比
山西省	汾阳	11.2斗	8斗	71
	长子	5.6斗	4斗	71
	赵城	16.9斗	15斗	88
	蒲县	5.6斗	2斗	35
山东省	泰安一区	468斤	280斤	59
		468斤	200斤	42.8
	惠民县	5.4斗	5斗	92
	第一区	5.4斗	3斗	59
河北省	丰润县	5.8斗	3.2斗	55
		8斗	5斗	62
	平谷县	5.8斗	3斗	51
		6斗	3斗	50
河南省	淮阴县			39
	上蔡县			35
	信阳县			51

资料来源：

1.山西省,民国实业部国际贸易局编：《中国实业志·山西省》第2编,第29~54页；第4编,第17~21页。

2.山东省,北支経済調査编：『北支農村概況調査報告（一）惠民縣第一区和平郷孫家廟』,南満洲鉄道株式会社1939年,第126、129、166页；『北支農村概況調査報告（二）泰安縣第一区下西隅郷澇漥庄』,南満洲鉄道株式会社1940年,第100、103、144页。

3.河北省,南満州鉄道株式会社：『第二次冀東農村実態調査報告書統計篇：第三班豊潤縣』；『第二次冀東農村実態調査報告書統計篇：第一班平谷縣』,大連：満鉄1937年。

4.河南省,金陵大学农业经济系编：《豫鄂皖赣四省之租佃制度》,第49页。

从表中可知，在调查的十五个县中，有11个县的租额占到产量的50%以上，占调查总县数的73%；一个县的租额占到产量的40%，占调查总县数的6.6%；三个县的租额占到产量的35%~40%，这占调查总县数的21%。这些数据均表明，佃农辛苦耕耘一年的农作物产量，有相当一部分要以地租的形式转移到地主阶层，余下部分才成为整个家庭生活的重要来源，足见，地主阶层占有的地租对佃农的家庭经济有着重要的影响。

不在地主通过借贷关系占有乡土社会的土地，再将土地出租给当地的农民，或与土地原主人建立起租佃关系，借助这种经济关系获得货币地租或是一定比例的农作物。从经济资本的流向上来说，地租是由农村流入城市，而且是单向流动，无形中减少了农户家庭以及农村的货币存量，给农村经济带来了深远之负面影响。

第四节　不在地主与乡村经济负担

国家之赋役,地方之捐输,兵车徭役均出于乡村。[①]乡村是整个国家及地方的经济源泉。国家和地方借助各种形式的正税与附加税攫取乡土社会的经济资源且呈现增强的趋向,尤其是清末民国时期,国家权力在整合基层社区的过程中,村落社区的开销呈几何式增长。这些经济负担将按一定的比例摊到各县,再到村落,多以土地量为征收的标准,最后落于农民的肩上。以往的研究注意到地主阶层"转嫁"负担的现象,但未言明该现象多出现于哪种类型的地主,更未细言如何"转嫁"、"转嫁"了什么。本节将就上述问题,从村费、摊派两个方面试以阐述。

一、村费

"村费"一词,古已有之,称谓多样,如摊派、青苗费、乡经费、摊款、会费等。[②]其中,将"村费"与"摊派"等同而语,在于其征收都是以土地数量为依据,并

[①]　民国《临清县志》,经济志,"田赋"。
[②]　[日]中国農村調査刊行会:『中国農村慣行調査』第一卷,岩波書店1981年版,第20、21、31、52頁。

且村落社区费用和国家、地方的摊派在征收时为了便利（多次向农民征收容易引起反感），故常常归在一起征收，如此一来，村民便将二者互相称谓之。但二者间的区别不能忽视，村费主要用于村落社区内部一切周期性经济活动以及突发事件（如土匪勒索），而摊派基本上是国家、地方、各军事势力根据各自需求临时性向村落征收的款项、劳役、实物等。另外，这里存在以往研究中未曾关注到的问题，即二者均是以土地为征收标准，但是土地所有者不在本社区内居住，尤其是将土地出租的不在地主，在村费和摊派的负担上存在差异，故将二者分开讨论。

有的学者认为，近代赋税费征收存在着黑洞。这无疑是正确的。这一黑洞就是村费。村费虽早已有之，但起初并非成为农民的主要经济负担之一，促成其地位演变要归结于清末民初以来国家权力对乡土社会的整合。官方权力向基层社会的渗透过程，给村落社区带来了诸多开支，"至民二十七年复改联合村为编村，未几倭寇压境，人心惶惶，迄伪县属成立，政令烦杂，颇难应付。村闾长而外，更增加多人维持村务，村费超前百倍，或数百倍，凡百人民，鲜不受其酷虐，甚或刺之以刃，或毙之以枪，肆意侮辱，重重压迫。且赋敛无度，十室九空，疮痍满目，民不聊生，教育虽未中断，而文化道德多被摧残"①。当时的村费内容繁杂，大概有村公会的办公费、学校的相关教育经费、治安费用、役员报酬以及其他临时性费用（招待费）等。②办公费用指的是纸张费、笔墨费、煤炭费、煤油费、茶叶费、家具费、书报费、会议费和差旅费等。③学校的经费包括，教师的工资、辅助人员（卫生、炊事员、采购员等）的工资、学校备品费（煤、纸、书籍、粉笔、石油、茶、火柴、掸子等），这些费用均由村落来承担，县里不给予任何资助。④为维持社区的安定而设的自卫团，其费用主要有兵丁费、防卫设施费、武器弹药费、训练费等。⑤村公会工作人员的薪酬包括村长、

---

① 赵政民主编：《山西文史资料全编》第10卷，第109~120辑，1998年版，第434页。
② [日]中国農村調査刊行会：『中国農村慣行調査』第一卷，岩波書店1981年版，第76頁；[日]中国農村調査刊行会：『中国農村慣行調査』第五卷，岩波書店1981年版，第22頁。
③ [日]中国農村調査刊行会：『中国農村慣行調査』第一卷，岩波書店1981年版，第158頁。
④ [日]中国農村調査刊行会：『中国農村慣行調査』第一卷，岩波書店1981年版，第93頁。
⑤ [日]中国農村調査刊行会：『中国農村慣行調査』第一卷，岩波書店1981年版，第100、103、158頁。

事务员、书记、清洁员等的工资。①各种开支所占的比重有差异,一般来说村公会的办公费用比较少,用于接待警察和县里的招待费最多。②根据沙井村村长杨源及村民的回答,1940年沙井村的村费细目如下,教育费用310元,办公费用220元,招待费200元,治安费用270元。③清代时的村费很少,对农民来说并不是负担,可是,民国时期的村费不断增长,30年代前期村费大致四五百元,但到了1939年增长到九百元,1941年更增至一千七八百元。④以往学界对县级以下的财政(即区、乡、村财政)研究不够,因此对近代农民负担水平众说纷纭。而实际上,村费在近代农民负担中占着极大的比重。有的县甚至达到田赋的几倍。清末,山西省汾阳府"每亩敛钱至三四百文,较之正供钱粮其多两三倍"。而河北省通县垡头村在国民政府统治时期每亩地收会粮合老法币三毛钱。⑤

村费的征收时期不固定,一般来说,一年两次,即麦秋和大秋。⑥而且,村费是一种强制性收取的行政费用。如山西省汾阳县"自光绪十二年起照定章通年水田每亩一百二十文,旱田每亩七十文,不得稍有逾越"⑦。村费虽然可能包括戏钱和看青费,但与戏钱、看青费又有区别。其区别即在于戏钱和看青费带有自愿性,而村费完全是强制性的。"国家丁赋且有蠲缓之日,村庄社费反无延缓之时。"⑧

一般来说,村费以拥有土地的亩数作为征收标准,但并不意味着土地所有者皆是征收的对象,因为佃耕地的情况较为特殊,而且在村地主和不在地

---

① [日]中国農村調査刊行会:『中国農村慣行調査』第一巻,岩波書店1981年版,第158頁。
② [日]中国農村調査刊行会:『中国農村慣行調査』第一巻,岩波書店1981年版,第76、113頁。
③ [日]中国農村調査刊行会:『中国農村慣行調査』第二巻,岩波書店1981年版,第342~343頁。
④ [日]中国農村調査刊行会:『中国農村慣行調査』第一巻,岩波書店1981年版,第186頁;[日]中国農村調査刊行会:『中国農村慣行調査』第二巻,岩波書店1981年版,第342~344頁。
⑤ 中共通县县委宣传部选辑:《通县牛堡屯地区村史家史选编》,《地主奸商的巧取豪夺——牛堡屯公社垡头地主高文庆的剥削史》,1964年编印,第244页。
⑥ [日]中国農村調査刊行会:『中国農村慣行調査』第一巻,岩波書店1981年版,第131頁。
⑦ 朱采:《清芬阁集》卷9"禀抚宪","乙酉夏"。
⑧ 朱采:《清芬阁集》卷9"禀抚宪","乙酉夏"。

主的情况亦存在差异。在村地主的佃耕地,租佃双方共同协商承担村费的份额,地主承担村费的情况居多。如小店村的村费每亩三元,地主和佃农商量决定由谁负担,有时地主负担全额,有时地主和佃农各承担半额;①沟东村,有佃耕地时,地主承担7角,佃农负担8角;②东府,地主和佃农商量村费承担的份额;③前鲁各庄,村费由地主承担,佃农不负担;④土地属于佃耕地时,地主有时不负担而是由佃农承担,租佃双方间的承担关系由双方商定;⑤下坡屯,地主和佃农共同承担村费;⑥张家庄,地主和佃农折半承担村费是当地的惯习。⑦当然,地主不承担村费而由佃农承担的村落也存在,但是这样的村落很少,在笔者掌握的资料中,只有张喜庄一村而已。⑧其实,顺义县财政科工作人员的回答能够从一个侧面证实这个事实,在村费上,在村地主和佃农各承担一半。⑨不在地主在村落社区拥有土地,按照征收标准理应缴纳村费,但事实却不是如此,不在地主基本不承担村落社区内的开支。如土地位于辛庄、红寺村,佃耕地在村费的负担上,村落内部地主承担四成,佃农负担六成,而不在地主的情况下,佃农负担全额,不在地主不承担。⑩不在地主何氏在沙井村拥有土地并出租于该村村民,但其只承担田赋而不担负村落内的一切费用。⑪村落社区内的地权不断外流,同时村费开支却在不断增加,这些负担最终落在社区内拥有土地的居民肩上。对于有地的农民来说,这无疑是一种沉重的经济负担,直接影响到了农家经济,进而对村落经济产生了

---

① [日]中国農村調査刊行会:『中国農村慣行調査』第一卷,岩波書店1981年版,第4頁。
② [日]中国農村調査刊行会:『中国農村慣行調査』第一卷,岩波書店1981年版,第11頁。
③ [日]中国農村調査刊行会:『中国農村慣行調査』第一卷,岩波書店1981年版,第10頁。
④ [日]中国農村調査刊行会:『中国農村慣行調査』第一卷,岩波書店1981年版,第11頁。
⑤ [日]中国農村調査刊行会:『中国農村慣行調査』第一卷,岩波書店1981年版,第20頁。
⑥ [日]中国農村調査刊行会:『中国農村慣行調査』第一卷,岩波書店1981年版,第31頁。
⑦ [日]中国農村調査刊行会:『中国農村慣行調査』第一卷,岩波書店1981年版,第32頁。
⑧ [日]中国農村調査刊行会:『中国農村慣行調査』第一卷,岩波書店1981年版,第16頁。
⑨ [日]中国農村調査刊行会:『中国農村慣行調査』第一卷,岩波書店1981年版,第52頁。
⑩ [日]中国農村調査刊行会:『中国農村慣行調査』第一卷,岩波書店1981年版,第6頁。
⑪ [日]中国農村調査刊行会:『中国農村慣行調査』第一卷,岩波書店1981年版,第224頁。

不良影响。

二、摊款

20世纪前期,国家政权在权力强化的过程中,农民的负担日益加重,尤其体现于缺乏限制的摊派。摊派增加是清末民初特有之现象。诚然此时田赋及其附加亦有增加,但摊款较之于田赋及附加有其明显的特征,即摊款随意性强,尤其是临时性摊款。国家政策促使下的地方政权机器迅速扩张,地方事务也相应增多,尤其是社会秩序失范下的军事摊派,皆取于农民,正因此地方政府和村公会(所)毫无例外地将增加摊派作为解决之有效手段。

因此,20世纪20年代以后,略有增加的田赋,对于农民来说已是很大的经济负担,①但让他们最畏惧的是摊款。摊款与田赋不同之处,还在于歉收之年,农民可以向县里申请减免田赋,在核实确凿后,县公署会减少田赋额,甚至不收田赋,但是,摊款却未有减免或少纳的现象。实际上,田赋表面上是减少或减免了,可往往会在下一年的摊款中加入减免的田赋款,对农民进行追加征收。

摊款在民国之后,成为国家和地方常用的征收方式。国家和地方行政费用增加是摊派次数增多、摊派款额增加的重要原因,但这也与当时的物价上涨有着不可割舍的关系。通货膨胀加上地方政府要聘用一定规模的自卫团、警察和地方政府职员,开销的增加也是难以避免的。因此,1911年以前,摊款还是一种极为少见的税收,②但十年之后,摊款逐渐取代了田赋成为财政的主要收入来源。历城县在1940年,岁入的最大来源是摊款;③栾城县在1940年,

---

① [日]中国農村調査刊行会:『中国農村慣行調査』第二卷,岩波書店1981年版,第297、438~439頁。

② [美]马若孟著,史建云译:《中国农民经济:河北和山东的农民发展,1890~1949》,江苏人民出版社1999年版,第130页。

③ [美]马若孟著,史建云译:《中国农民经济:河北和山东的农民发展,1890~1949》,江苏人民出版社1999年版,第114页。

岁入的最大来源亦是摊款,是田赋及附加的2倍。①而且,摊款增长的速度令人咋舌,甚至有的地方的摊款成几何式增长。如冷水沟,1937年前,该村每年平均摊款4000元左右,到1940年,该村一年交纳了1.2万元摊款,短短几年时间,摊款增长了3倍。②我们可通过顺义县的岁入窥见摊派在县财政中地位之一斑。

表4.9　1931、1940年顺义县岁入项目

岁入项目	1931年	1940年
	占收入的百分比	
田赋和田赋附加	31	9
临时摊派(摊款)	37	49
对农民	30	36
对商人	7	13
屠宰税和市场牌照税	12	21
其他收入和赋税	0	21
合计	100(共67 000元)	100(204 778元)

资料来源:[日]中国農村調査刊行会:『中国農村慣行調査』第二卷,岩波書店1981年版,第327頁。

从上表中可知,短短的9年间里全县的财政收入增长3倍,这些费用主要用于行政和警察的开销。19世纪90年代,顺义县的财政收入九成来自于田赋,③而20世纪20年代以后,田赋和田赋附加虽有增加,④但财政收入的大源已转向摊派,1940年摊派占到该县岁入的一半左右。⑤这种现象在华北区域较为普

---

① [日]中国農村調査刊行会:『中国農村慣行調査』第三卷,岩波書店1981年版,第459~470頁。
② [美]马若孟著,史建云译:《中国农民经济:河北和山东的农民发展,1890~1949》,江苏人民出版社1999年版,第111页。
③ 《顺义县志》第6卷,第2~3页。
④ [日]中国農村調査刊行会:『中国農村慣行調査』第二卷,岩波書店1981年版,第324頁。
⑤ [日]中国農村調査刊行会:『中国農村慣行調査』第二卷,岩波書店1981年版,第324頁。

遍,《中国农村惯行调查》资料提供了很多证据。1940年河北省栾城县的财政收入中摊款几乎占到一半;①同年,山东省历城县的财政收入最大来源是摊款,摊款41%的支出用于宪兵、县警备队和县警察;②1941年山东省恩县的财政收入90%来自田赋和摊款,后者占了最大的份额。③另外,摊款征收的次数、时期和额度均不固定。如以沙井村为例,该村在上个世纪30年代初,每年只征收一次摊款,而且额度不大,但是到了1940年,沙井村一年之内交纳了四次摊款,摊款额较之30年代成倍增长。④

由上述可知,20世纪前期,摊款已然成为地方财政收入的主要来源,且有增加之趋势。这些摊款会按照一定的比例摊分于各个村落,那么,摊派在村落财政中到底处于何种位置呢?《中国农村惯行调查》为我们提供了当时的情况。20世纪40年代初期,侯家营村的60%的财政收入用于支付摊款。⑤1937年前冷水沟村每年平均摊款是4000元左右,⑥到了1940年,该社区一年缴纳了2万元摊款,⑦那一年的摊款是田赋额的4倍。这说明,当时的摊款业已成为村落财政的主要支出,相似情况亦出现于其他满铁调查的资料之中,见下表。

---

① [日]中国農村調查刊行会:『中国農村慣行調查』第三卷,岩波書店1981年版,第459~470頁。
② [日]中国農村調查刊行会:『中国農村慣行調查』第四卷,岩波書店1981年版,第273頁。
③ [日]中国農村調查刊行会:『中国農村慣行調查』第四卷,岩波書店1981年版,第523頁。
④ [日]中国農村調查刊行会:『中国農村慣行調查』第二卷,岩波書店1981年版,第338~339頁。
⑤ [美]杜赞奇著,王福明译:《文化、权力与国家——1900~1942年的华北农村》,江苏人民出版社2004年版,第158页。
⑥ [日]中国農村調查刊行会:『中国農村慣行調查』第四卷,岩波書店1981年版,第35頁。
⑦ [日]中国農村調查刊行会:『中国農村慣行調查』第四卷,岩波書店1981年版,第34頁。

表4.10　冀东3个村农民纳税概况（1936年）

税项	大北关	米厂	前梁各庄
田赋附加	181	24	185
摊款	231	1043	356
契税	15	35	?
牲畜税	24	12	9
牙税	?	?	34

资料来源：

1.南满州铁道株式会社：『第二次冀东农村实态调查报告书统计篇：第三班丰润县』，大连：满铁1937年。

2.南满州铁道株式会社：『第二次冀东农村实态调查报告书统计篇：第一班平谷县』，大连：满铁1937年。

3.南满州铁道株式会社：『第二次冀东农村实态调查报告书统计篇：第四班昌黎县』，大连：满铁1937年。

上表数据表明，摊款已成为村财政收入的重要部分，远远超过了以前村财政大宗的田赋及附加，甚至是田赋及附加的5倍。

关于摊款，顺义县财政局负责的官员有如下之描述。

问：什么是摊款？

答：举例来说，在某一年为全县岁入和岁出编制预算时，如果岁入不足，负担就要落在农民和商人头上。这就叫做摊款。"摊"的意思是平均分配，"款"的意思是一笔钱。用来弥补赤字的金额按照商人1／3、农民2／3的比例分摊。

问：把商人看作一个整体，他们的摊派份额是怎样在所有商人之间平均分配的？

答：首先把这笔负担分摊到本县的每个集镇。顺义镇的份额是30％，杨各庄、牛栏山、李遂镇和李家桥的份额各是35％、25％、8％和2％。我不知道每个商人交纳的实际金额，因为财政局不管各镇商会在会员之间分摊负担的方法。

问：假定赤字为1000元，这笔数额中有多少落到农民头上，多少落到商人头上？

答：农民全体交700元，8个区每个都要分摊。所有8个区征收的一样多。每个区又摊给每个村一份,但每村交纳的比例不一定是同样的。我不知道每个村交纳的确切比例。①

上述问答告诉我们,地方摊款由农民和商人共同担负,而且分摊的比例有定。其实,我们都知道这些摊派大都落在农民身上,也成为农民最大的负担。②据统计,1931年摊款负担的4/5落到了农民头上。尽管这位顺义县的财政官员不知道每个村交纳的确切比例,但透漏出了每个村遵循着一定的摊派比例的事实。摊款是警察的主要职责,故摊款的征收由其执行。当然,警察并非直接下到农村社区挨家征收,而是由各区的警务分所下令让所有保长到区里报到,讨论县里摊款在各村间的具体分配比例。③

每个区内的村落承担摊款的比例基本一定,如以顺义县第一区为例,该辖区内的村落摊款具体分配的比例为下表所示。

表4.11　顺义县第一区各村庄摊款比例

第一组	每组村庄	第二组	每组村庄	第三组	每组村庄
大东庄 39.00	胡各庄　10.50 大东庄　6.00 赵古营　5.50 平各庄　8.00 小东庄　9.00	杜各庄 39.00	梅沟营　6.00 杜各庄　12.00 仓上村　5.50 石各庄　5.50 军　营　10.00	南法信 39.00	南法信　14.00 望泉寺　10.00 沙井村　6.00 刘家河　3.00 石门村　6.00
第四组	每组村庄	第五组	每组村庄	第六组	每组村庄
仁和镇北会 39.00	仁和镇　20.00 北上坡　4.50 小孙各庄　3.50 萧家坡　4.80 西马坡　6.20	河南村 39.00	河南村　38.00 梅沟营　1.00	大营村 39.00	大营村　16.00 秦卷村　2.00 向阳村　19.00 姚卷村　2.00

---

① [日]中国農村慣行調查刊行会:『中国農村慣行調査』第二卷,岩波書店1981年版,第323页。
② [日]中国農村慣行調査刊行会:『中国農村慣行調査』第二卷,岩波書店1981年版,第324页。
③ [日]中国農村慣行調査刊行会:『中国農村慣行調査』第二卷,岩波書店1981年版,第338~339页。第一区有41个村庄。第39页有一些资料说明一笔摊款是在41个村庄中分配的。如果这笔摊款平均分摊给每个村庄的话,每村应交纳的平均数额本应是16.7元。沙井是一个又小又穷的村子,而分配负担的根据是纳税的能力,所有以井村只交11.5元。

续表

第七组	每组村庄	第八组	每组村庄	第九组	每组村庄
衙门村 39.00	衙门村 13.00 妙尔村 5.00 泥河村 5.00 良正卷 10.50 三家店 5.50	马卷村 39.00	马卷村 18.00 武卷村 1.88 荆卷村 6.00 姚店村 6.00 白各庄 6.00 良正卷 1.00	东海洪 39.00	北法信 14.00 南　卷 7.00 刘家河 3.00 东海洪 8.50 庄头村 1.50 西海洪 4.00 泥　河 1.00

资料来源：[日]中国農村調査刊行会：『中国農村慣行調査』第二卷，岩波書店1981年版，第338頁。

各村的保长们领到区里按比例摊到的款项，回到各自社区与村公会成员商议征收的标准，确定每户应征收的数额。一般来说，摊款基本依据村民们拥有的土地面积分摊，这种做法是华北地区大部分村落遵循的惯习。当农民接到交纳摊款的通知后，他们把钱交到保长手里，后者再将征收到的摊款送到警察局。商会的情形大致如此，每个集镇的商会以同样的方式接到摊款的通知，然后每个商会讨论怎样在其成员中平均分配这笔摊款。①每个商人在指定的时间交纳规定的款额。

华北地区的摊款方式大致相同，如历城县和栾城县摊款的征收方式相同，"栾城县摊款的征收方式与顺义县相同。警察根据各村的纳税能力确定它们负担的税款。然后村长和董事会向所有耕种土地的农民征收，对耕种典当出去的土地的佃农和租种土地的佃农制订不同的税率"②。

众所周知，一个村落的贫穷是多种因素所导致的，如社会秩序失范、经济环境恶劣、村落资源枯竭、人地关系紧张、非农业收入缺乏，等等，但笔者认为不在地主阶层在摊派日益成为地方以及村落主要财政来源的情境下，其承担

---

① [日]中国農村調査刊行会：『中国農村慣行調査』第二卷，岩波書店1981年版，第350~351頁。

② [美]马若孟著，史建云译：《中国农民经济：河北和山东的农民发展，1890~1949》，江苏人民出版社1999年版，第94~95页。

与否势必会影响到村落经济状况的好坏。一般而言，承担摊款的每个村庄的比率基本有定，但这个比率的确定较为随意，并不是基于村落承担摊款能力的考虑，乃是根据按花户编造的田赋红簿来征收，统计伊始或许能够准确反映地权信息，但随着时间的推移，乡土社会的地权处于不断地变动之中，而相应的统计则显得滞后，多少年未有更新，因此，它不能反映一个社区内所有居民实际的耕地亩数。如同清理全国土地是封建政府的美好构想一样，清晰丈量全国土地从未实现。"清廷为确证新的土地税曾企图实行一次土地丈量。在山东和河南，政府官员试图清丈土地，但是他们很快就承认这种工作极为困难，因为无主地或者未垦辟的荒地实在太多了。他们争辩说，这些土地应当在有民户垦种的时候才能作为土地登录在册，然后起征地税，这样才能鼓励新的所有者将土地投入生产。1663年，政府第三次试图推行全国范围内的土地丈量，但是官员们终于放弃了他们的努力，因为无法从土地所有者手中获得足够的土地记录，而丈量未开垦荒地的工作又耗费过大并十分困难。"①因此，"或许多达1/3甚或2/5的土地所有者从不纳税，因为他们向来未曾登记他们开垦或购买的土地。随着时间的推移，当政府由于军事危机而需要更多的税赋岁入时，官员们也只是简单地在既定地税的对象范围内追征附加税。"②

村落社区的田赋红簿亦是如此，其与社区内居民占有的实际土地数量不一致。如甲村摊款份地会随着本村居民所有土地的增减而有变动，村落中的居民将土地售于外村人则该村征收摊款的土地量便会减少，可是承担的摊款额却并未相应的缩减。究其因在于地权的转移并未将相应的摊派随之转移，而是继续由该村来分摊，也就是说，同样摊款额不得不由土地减少状态下的甲村担负，这无疑是加重了该村的经济负担，成为影响村落经济状况好坏的因素，因此不在地主群体占有土地的数量与村落经济状况间存在着密切的关联性。

以《中国农村惯行调查》所重点涉及的六个村落为分析对象，据参与实地调查的日本学者所言以及利用上述调查资料形成的研究成果可知，六个村落

---

① [美]吉尔伯特·罗兹曼主编：《中国的现代化》，江苏人民出版社2010年版，第115页。
② [美]吉尔伯特·罗兹曼主编：《中国的现代化》，江苏人民出版社2010年版，第117页。

相较而言,沙井村、吴店村、寺北柴村三村为贫穷之村落。细而究之,吴店村最为贫穷①、沙井村次之②、寺北柴村较为富裕。笔者根据《中国农村惯行调查》制作了20世纪40年代六村落中地主阶级情况的表格。

表4.12　20世纪40年代满铁调查六村落阶级构成中地主阶级情况

村名 项目	1 沙井村 (顺义县)	2 后夏寨 (恩县)	3 寺北柴 (栾城县)	4 冷水沟 (历城县)	5 侯家营 (昌黎县)	6 吴店 (良乡县)
耕地面积(亩)	1182	2530	2053	4200	2979	1100
户数	67	130	132	370	116	57
在村地主数	0	0	0	0	1	0
租地占耕地%	17.2%	3.6%	66.8%	<0.5%	12.1%	54.5%

资料来源：

1.[日]中国農村調査刊行会：『中国農村慣行調査』第一卷,岩波書店1981年版,第76頁；第二卷,第58頁。

2.[日]中国農村調査刊行会：『中国農村慣行調査』第四卷,岩波書店1981年版,第10、459頁。

3.[日]中国農村調査刊行会：『中国農村慣行調査』第三卷,岩波書店1981年版,第5頁。

4.[日]中国農村調査刊行会：『中国農村慣行調査』第四卷,岩波書店1981年版,第9、76~175頁。

5.[日]中国農村調査刊行会：『中国農村慣行調査』第五卷,岩波書店1981年版,第5、33頁。

6.[日]中国農村調査刊行会：『中国農村慣行調査』第五卷,岩波書店1981年版,第6~7、412頁。

根据上表,满铁调查的六个村落的租佃关系绝大部分是与不在地主建立

---

① "我们调查的村落中(包含正文中六村),最为贫穷的是顺义县沙井村。"见旗田巍：『中国村落と共同体理論』,岩波書店1973年,第54頁。

② 冷水沟、沙井、寺北柴、后夏寨四个村落中,沙井村最为贫穷。见[美]马若孟著,史建云译：《中国农民经济：河北和山东的农民发展,1890~1949》,江苏人民出版社1999年版,第135页。

的。三个较为贫穷的村落，不在地主出租的土地占全村耕地面积分别为17.2%、54.5%、66.8%，较为富裕的三个村落分别是12.1%、5%、3.6%。这种现象与村落经济状况相暗合，但这不是巧合而是说明二者间存在必然之联系。

另外，倘若按照上表不在地主在各村落出租土地的数量来直接衡量村落经济状况，其贫穷度从高到低依次应为寺北柴、吴店村、沙井村，这与当时村落的实际情境不符。笔者认为，究其原因在于各村中不在地主阶层构成类型所占的比例不同。具体可参见下表。

表4.13 沙井村、吴店村、寺北柴村不同类型的不在地主占有土地情况表

项目 数目 地主	1 沙井村 （1182亩）		2 吴店村 （1100亩）		3 寺北柴村 （2053亩）	
	土地数	占耕地面积%	土地数	占耕地面积%	土地数	占耕地面积%
城居地主	87亩	7.36	600亩	54.5	102亩	5
村居地主	77.5亩	6.5	41.2亩	3.7	1007亩	49

说明：

1.不在地主的土地数量指其所有的土地数量。

2.村居地主指的是邻村和外村地主，不包括本村地主。

资料来源：

1.[日]中国農村調査刊行会：『中国農村慣行調査』第一卷，岩波書店1981年版，第76頁。

2.[日]中国農村調査刊行会：『中国農村慣行調査』第五卷，岩波書店1981年版，第、6~7、635~636頁。

3.[日]中国農村調査刊行会：『中国農村慣行調査』第三卷，岩波書店1981年版，第5頁。

由上表可知，三个村落中城居地主和村居地主出租的土地占全村耕地面积的百分比从高到低分别为吴店村、沙井村、寺北柴村，寺北柴村、沙井村、吴店村。上述数据尚难直接表明村落的贫穷程度与不在地主构成类型之间的复杂关系。我们稍作分析，便可发现二者间的关联。满铁调查的六个村落中最为贫穷的吴店村，城居地主拥有土地的数量以及占其村耕地面积的比例居诸村

之首,城居地主既不承担摊派又不担负村费,全由吴店村及村民来负担,其村落经济状况在上述诸村中最差也理所当然。沙井村与寺北柴村的情况较为复杂,两村中城居地主拥有土地的数量以及占其村耕地面积的比例相差无几,但村居不在地主拥有土地的数量以及占其村耕地面积的比例差距甚大,村居不在地主承担一半的摊派,另一半则由该村村民负担,如此推测,沙井村的经济状况应较好于寺北柴,然而情况却相反。探其原因,寺北柴村的耕地大量转移到村居地主手中,但其拥有高收益的经济作物——棉花,且植棉生产已经很专业化。20世纪30年代,棉田占到了耕地面积的70%,棉花交易的收入尚可维持小农家庭的生活。这说明,村居不在地主以及城居地主对村落经济的影响巨大,但村落经济状况的影响因素具有复杂性,倘若将其概括为一种因素是危险的。然而,不能就此否定不在地主对农村经济状况影响的重要性,因为寺北柴村的例子较为特殊,其他五个村落中经济作物不是缺失就是种植面积不可与寺北柴村同日而语,其中后夏寨棉花的最大种植面积也未超过10%。

另外,城居地主和村居不在地主对村落影响的不同,可通过寺北柴村和吴店村的对比得到印证。寺北柴村的棉作能够弥补地权外移造成的经济困难,而吴店村以赴北京等地打工作为解决途径,因此,两村经济环境大体相同。吴店村与寺北柴村的城居地主和村居不在地主、村居不在地主与城居地主在各村耕地占有的比例大致相同,但城居地主较多的吴店村更为贫穷。因此,二者较之,村居不在地主对村落经济恶化的影响轻于城居地主。

综上所述,不在地主出租土地占耕地比例的高低可以说是当时各村经济状况的晴雨表。这说明不在地主的增多,是村庄村落经济恶化的致因之一。

不在地主与乡村经济的关系亦体现于其对农家经济的影响上,这主要表现在地租和摊款的承担上。20世纪前期的中国乡村经济整体处于衰败,农民整年"日出而作、日落而息"的辛苦耕作换来的仅是温饱而已,可是,自然灾害频发、战乱不断、土匪猖獗、冠婚葬祭等招致的经济困境让难有积蓄的农民将传统的财富体现物——土地逐渐售于不在地主。如此一来,村民将农业收入的半成以地租的形式让渡于不在地主,而且还要负担国家、地方的各种税款。尤其是在国家权力不断尝试深入地方的情况下,行政、警察、自卫团的开销巨大。摊派分派到各个村落,可是,不在地主在摊派的负担上存在差异。城居地主只负担田赋。① 村居不在地主在摊派负担上，按照本村每亩公款额，半额纳于土地所在村，半额纳于本村。② 村落一般以土地作为各种摊派征收标准，城居地主和村居不在地主较多的村落，摊派大部分由土地所在地的农村、农民负担。不仅是摊派，村费的征收亦是如此，20 世纪前期华北地区的各个村落的开销骤增，这样对于经济环境不佳的农村来说，无疑是雪上加霜，因此，不在地主对租种其土地的农家经济状况具有极强的影响力。这可以通过沙井村八户租种不在地主土地的农户家庭收支状况来考察其影响的效果。

表4.14　沙井村8户租种不在地主土地的农家收支状况　1942年

户主姓名	租地数量(亩)	总收入(元)	地租支出(元)	摊款(元)	不在地主影响占收入比例
李秀芳	5	962	60	5	6.7%
张守俊	20	745	88	20	14.5%
杜守田	6	802	96	6	12.7%
杜祥	7	742	100	7	14.4%
张成	7	683	49	7	8.2%
赵廷魁	20	1399	260	20	20%
傅菊	14	587	160	14	29.6%
张守仁	5	563	50	5	9.7%
合计	84	6483	863	84	14.6%

资料来源：[日] 中国農村調査刊行会：『中国農村慣行調査』第二卷，岩波書店 1981 年版，第 270~291 頁。

由上表可见，沙井村八户农民租种不在地主的土地，其承担地租和摊款占农家总收入的比例中，最小的 6.7%，最高的 29.6%，平均为 14.6%。其实，这个比例已不小，但此比率还不能准确反映不在地主对农家经济的影响程度。原因有三：其一，农家收支中用于租种不在地主土地的农业开销（种子、肥料等）未包括在内。其二，摊款有经常性摊款和临时性摊款两种，经常性摊款较为稳

---

① [日] 中国農村調査刊行会：『中国農村慣行調査』第五卷，岩波書店1981年版，第417頁。
② [日] 中国農村調査刊行会：『中国農村慣行調査』第一卷，岩波書店1981年版，第6頁。

定,但临时性摊款却富于变化且差距甚大,如沙井村1931年和1940年的摊款额分别为337.1元、1238.08元,其差距近四倍,假若再加上村费,其差距更大。上表中的摊款乃是一种经常性摊派,因此,摊款在农家经济的比重很低,倘遇地方政府或军事事件临时摊款出现即会骤增。其三,不在地主不承担土地所在地村落之村费,与民国时期的国家权力重建相伴而来的是村费的"与日俱增",上表并未能反映出村费增加的趋势。因此,不在地主对该村经济的影响远超此标准。

沙井村在满铁调查的六个村落中,不在地主占有土地的比例不及寺北柴村和吴店村的一半,可八户农家,多依靠副业维持家庭经济,尽管如此,有六户农家经济还是出现赤字,后两村之情形便可想而知了。这种资本积累较难的情况,会直接影响到小农家庭农业的再生产,勿用说扩大农业生产规模,就是要维持现有农业生产状况也须借助于借贷。借贷行为成为农民生活不可或缺的一部分,如此往复,该地区的小农家庭必然陷入恶性循环之中,实难告别贫困,这足以体现出不在地主对农家经济影响之甚了。

20世纪前期,社会秩序失范、自然灾害频发、苛捐杂税沉重以及家庭周期性事件等因素致使小农家庭依靠借贷维持基本的生活和农事生产。当时具有放贷能力者或为城镇居民,或为从事商业的居乡地主,社区内部缺乏放贷者,因此,偿还债务机率很小的情况导致了作为抵押物的土地转移到了不在地主手里,丧失土地的农民则成为不在地主的佃农。如此一来,地权外流的社区及其居民便会陷入难以摆脱贫穷的泥沼之中,究其因,在于社区居民或要支付数目不菲的高利贷利息,或要交纳高额的地租,又要在土地减少的情况下承担骤增的摊派和村费。所以,不在地主的规模性形成导致了小农家庭的经济更加贫困,进而左右了华北地区乡村发展的趋向——农村经济的衰败。

第五章 CHAPTER FIVE

不在地主与乡村权力

在中国共产党未掌握国家政权之前,国家权力一直停滞于县而未真正渗入基层社会,①这为居住于乡土社会的基层群体提供了角逐的空间。作为乡村基层社会领袖的必备条件,财富、地位、文化、人品等因素在个人迈向村落领袖的道路上扮演了何种角色,这些因素在历史演变过程中,尤其是20世纪前期的社会变迁过程中是否具有较强的稳定性,无疑是乡村政治研究中的重要内容之一。关于这个问题,杜赞奇在探究国家政权向基层扩张时,认为:"在晚清时期,为了保护社区利益,乡村领导与国家政权及其代理人进行了长期而艰

---

① 杜赞奇和黄宗智在研究华北农村基层权力结构后都认为,20世纪以前,清代国家政权没有直达乡村社会,至少以正式行政机构和官僚编制的标准来衡量是如此。[美]杜赞奇著,王福明译:《文化、权力与国家——1900~1942年的华北农村》,江苏人民出版社1995年版;[美]黄宗智:《华北的小农经济与社会变迁》,中华书局1986年版。

苦的讨价还价。但即使在受到财政和行政双重压力之时,他们与正统秩序仍保持一致,因为,在文化网络之中,他们作为地方社会领袖的法统与帝国政权是分不开的。20世纪的国家政权现代化运动迫使乡村领袖与传统文化网络逐渐脱离关系而越来越依赖于正规的行政结构。但是,国家政权的深入所产生的正式与非正式压力是如此繁重,除个别人为捞取油水而追逐职权外,大部分乡村精英都竭力逃避担任乡村公职。"①无疑,国家政权重建影响到了乡村社会的权力结构,但未必是唯一的诱发因素,草根社会权力生成要素间的变化乃由多种因素造成,其中,不在地主便是诸多重要因素之一。本章将讨论不在地主与基层权力生成要素间的深层关系,同时将讨论不在地主阶层与乡村权力间的关联。

---

① [美]杜赞奇著,王福明译:《文化、权力与国家——1900~1942年的华北农村》,江苏人民出版社1995年版,第205页。

第一节 乡村权力生成要素

国家权力在乡土社会的控制力十分有限,但乡土社会并未处于秩序紊乱的状态,之所以如此,乃因乡村社区有内生的一套社会权力体系,进而按照一定的逻辑和运行模式有条不紊地组织本社区的生产与生活。那么,民国时期的华北乡村居民凭借哪些因素获得国家政权未能充分掌握的乡土权力?不同的因素在权力获得的过程起了何种作用?笔者本节借用布迪厄文化社会学与社会分层相结合的社会分层理论,即经济资本、文化资本、社会资本和象征资本,作为分析民国时期华北地区乡村权力生成要素的分析工具。①布迪厄的社会分层理论是在分析现代资本主义的法国社会时产生的,而本书讨论的华北区域内的村庄与理论产生的原型间存在诸多不同,四种"资本"的内容与表现形式差异甚大,故文中的四种资本将根据华北乡土社会权力生成要素的实际

---

① 借助布迪厄的理论探讨乡土社会权力的研究已经开展,如渠桂萍:《华北乡村民众视野中的社会分层及其变动(1901~1949)》(人民出版社2010年版)。笔者受其启发,在研究中亦利用此理论探讨基层社区的权力与各种资本间的关系,然笔者的着力点在于不在地主群体与权力生成资本间的关系,进而发掘该群体与乡村权力间的关系,尤其是不在地主对权力生成要素的影响。另外,笔者发现该理论着实是探讨乡村权力与生成要素间关系的崭新工具,但其中存在"空间"问题,这一问题恰好体现于不在地主这个群体之中,故该问题亦是本书要阐述的问题之一。

情况而重新赋予其新的内容与表现形式,进而揭示该区域内基层社会的居民借助了哪些因素迈入权力阶层的整体面貌。

一、经济资本与村落权力

经济资本为布迪厄诸多重要概念之一,但较之于其他概念论述得相对较少。在布迪厄的资本理论中,经济资本相当于一般经济学意义上的资本概念,即可以直接或间接转化为货币的资本,"是以财产权而被制度化"的资本形式,是个人拥有和支配的所有物质形态资本的总和,是一种制度化的产权形式。布迪厄先从物质资源方面来量度经济资本,认为其包括货币、房屋、各式交通工具、土地、酒店、工厂,等等,后又超越经济学意义的一般经济意义从社会学意义上,认为其在某些场域中是一种社会存在,是权利互动的一种媒介。布迪厄是如此界定经济资本的,"指直接的经济资源,是由生产的不同因素、经济财产、各种收入及各种经济利益所组成的。不同社会的经济资本,具有不同的特性。农业社会中的经济资本,服从于往年经济相关的特殊规律;资本主义经济的经济资本,则要求严格的合理化的估算"①。

本研究借鉴布迪厄关于经济资本是个人拥有和支配的所有物质形态财产权以及"不同社会的经济资本,具有不同的特性"的基本思想,认为在华北传统乡村社会中,经济资本体现为社区成员所拥有的所有物质财产权的总和,具体表现形式主要有以下几种:土地、房屋、牲畜、农具、家庭收入。其中,生存、财富之母——土地,可谓是经济资本最主要的表现形式。土地之所以如此重要,不仅因其是财富积累的手段、守业的可靠方式,更重要的是它超越了本身一般意义上的物质价值范畴,成为衡量其占有者的社会地位之重要标尺。草根社会生活中的居民,只有拥有了土地才能在血缘网中生根,同时,会认为与其他的村民一样处于平等的地位,而无地农民则经常会在各个方面受到歧视。②足见,"在村庄中,家庭地位很大程度上取决于其拥有的土地的多

---

① [法]高宣扬:《布迪厄的社会理论》,同济大学出版社2004年版,第149页。
② 费孝通:《乡土中国:生育制度》,北京大学出版社1998年版,第72页。

寡"①。《中国农村惯行调查》资料显示,华北村落中的领袖阶层,大多数拥有一定数量的土地。

河北省顺义县沙井村:村落的领导阶层为村长(乡长)、村副(副乡长)、会首组成的村公会。一直以来,土地多寡与村领导阶层间存在密切的关系,这可以通过担任过村长、副村长的土地拥有量反映出来。村长:杜如海,70亩;杨振林,130亩;李珍,140亩;李汉源,80亩;李振英,40亩。副村长:赵祥,140亩。②我们不难看出沙井村的历届村长、村副,多是社区内大土地所有者。一般来说,在沙井村土地占有量少者不能成为村长、村副,③土地的多寡已然成为跻身乡村领导阶层的重要条件,杨源便是因占有大量土地而成为副乡长。④会首的情况亦是如此。沙井村的几位权要人物李濡源、杨源、张瑞,均是该村中拥有土地数量较多者。⑤对于村中权力阶层与经济资本间的关系,我们可以通过沙井村公会人员的土地占有情况窥见一斑。

表5.1 沙井村公会成员占有土地情况表,1941年

姓名	继承父辈的耕地(亩)	占有耕地(亩)
赵廷魁	20	14
李濡源	16	76
张永仁	20	46.2
杨泽	35	35
杨正	35	40
杨润	110	110
李秀芳	?	49.5
杨源	30	40
张瑞	?	16
杜祥	?	11.5

资料来源:[日]中国農村調査刊行会:『中国農村慣行調査』第一卷,岩波

---

① [美]杨懋春著,张雄等译:《一个中国村庄:山东台头》,江苏人民出版社2001年版,第29页。
② [日]中国農村調査刊行会:『中国農村慣行調査』第一卷,岩波書店1981年版,第123~124頁。
③ [日]中国農村調査刊行会:『中国農村慣行調査』第一卷,岩波書店1981年版,第126頁。
④ [日]中国農村調査刊行会:『中国農村慣行調査』第一卷,岩波書店1981年版,第100頁。
⑤ [日]中国農村調査刊行会:『中国農村慣行調査』第一卷,岩波書店1981年版,第187頁。

書店1981年版,第124頁及付録。

从沙井村公会成员拥有土地的数量,可以看出沙井村的权力阶层虽在土地拥有量上存在差异,但都是土地的拥有者。草根社会的领袖阶层与经济资本间的密切关系,亦可借助后夏寨、冷水沟、侯家营三村的实际情况得到印证,具体见下表。

表5.2 后夏寨村庄长、保长任职期和土地所有

庄长或保长	当选时间	任职年限	土地数量(亩)
吴玉衡	1942年2月	——	30
王庆龙	1940年7月	1.5	30
王文庆	1938年中	2	——
吴玉林	1937年	1	30
王宝垣	1929年	8	50
李仆	1922年	7	30

资料来源:[日]中国農村調査刊行会:『中国農村慣行調査』第四卷,岩波書店1981年版,第404頁。

表5.3 冷水沟前村公会成员及其拥有的土地

首事或村长	土地数量(亩)
1925年前的首事或村长	
李相龄	80
李凤贵	20
李凤节	70
李文汉	50
杨立德	30
仁德轩	50
王维善	40
杨翰卿	80
闾邻,1928~1939年	

续表

首事或村长	土地数量(亩)
任福增	40
李永祥	26
李喜池	40
李兴长	40
李凤辈	18
李长海	8
李凤坤	20
杨立权	10
李忠浦	20
王起贵	60
谢长增	18
张增俊	35
杜延年	20+
程振声	6
1939年后的保甲	
李凤坤	—
张增俊	—
刘喜彻	—
任福裕	27

资料来源：[日]中国農村調査刊行会：『中国農村慣行調査』第四卷，岩波書店1981年版，第25頁。

表5.4　侯家营会头(1928~1929)及村长、副(1914~1942)的土地占有情况

	姓名	拥有土地(亩)	姓名	拥有土地(亩)
会头 1928~1929	侯荫堂	80	侯宝臣	50~60
	刘万举	100+	侯凤昌	20
	侯显扬	100+	侯绰然	20
	侯心一	20	王指升	20
村长	侯荫堂(1914~1917)	80	侯宝臣(1928~1932)	60

续表

	姓名	拥有土地(亩)	姓名	拥有土地(亩)
村长	侯显扬(1917~1921)	150	侯大生(1932~1936)	80
	刘子馨 a(1921)	170	侯全五(1936~1939)	160
	侯恩荣(1921~1926)	70~80	刘子馨(1939~1941)	170
	侯宝田(1926~1928)	70	侯元广(1942~)	150
村副	侯尔臣	30	孔子明	31
	侯恩荣	70~80	萧惠升	60
	侯永和	70		

资料来源：[日]中国農村調査刊行会：『中国農村慣行調査』第五卷，岩波书店1981年版，第8~9、41~48、56~57頁。

a.对刘子馨第一次任村长的时期记忆不确，见[日]中国農村調査刊行会：『中国農村慣行調査』第五卷，岩波书店1981年版，第41、42~43、56~57頁。

由上述可知，满铁调查的后夏寨、冷水沟、侯家营的领袖阶层与沙井村的情况大体相似，社区中的基层领袖，都拥有一定数量的土地，这表明基层权力的获得与经济资本——土地之间，有着密切的关联性。

乡土社会的权力阶层与经济资本间的关系，我们也可以通过草根领袖人物的家庭经济状况的变动，尤其是土地数量减少而导致其与社区权力中心的脱离来印证。沙井村会首的变动情况无疑对此是一种很好的说明。杨永才的父亲曾担任会首一职，永才在民国十九年继承父业成为社区的会首，后家庭经济衰败退出会首行列，成为社区内的老道。①赵廷魁的父亲曾是社区的大会首，廷魁以前亦是大会首，后来由于生活不济沦为了佃农，也无余暇担任会首的工作了。②与会首相同，在村长的行列中，其成员亦随经济地位的起伏而波动。从清末开始，李氏一族基本上控制着村长职位，据李氏后代李清源讲，其祖父时家有土地200亩，其父亲有土地100亩，而到自己一辈时仅剩下20亩地

---

① [日]中国農村調査刊行会：『中国農村慣行調査』第一卷，岩波书店1981年版，第44、153頁。
② [日]中国農村調査刊行会：『中国農村慣行調査』第一卷，岩波书店1981年版，第188、256頁。

了。随着财产锐减,李氏家族的成员不再担任村长,甚至连首事也当不上了。①1924年前,杜氏有六七十亩土地,在李氏家族之后杜如海当了村长。杜如海的儿子杜守义曾经继承父业当了村长,但因为杜如海死后办丧事并与兄弟杜守田分家而变穷了,杜守义中途就不当村长了。②

综上所述,土地是草根社会中的居民迈向本社区领袖阶层的重要砝码,乡土社会中拥有土地的居民众多,但并非土地的拥有者都能获得社区的权力。原因在于土地数量少的居民,为维持家庭经济已经处于劳心劳累的状态,无暇顾及村中事务,另外,村落社区中的领袖阶层并未得到官方的认同,只为内生于草根社会的非官方权力阶层,因此,其无法享受政府的工资待遇而只算作名誉职位,社区也不提供固定的薪俸。所以,只有拥有一定数量的土地者在无家庭经济压力的情况下才有可能成为村落中领袖人物。

20世纪三四十年代,河北省侯家营公认的最有权势与地位的几位村庄领袖,也都是村中的富有之人。村民说:"民国初年会头居于村民之上,决定各种事情。"③刘子馨拥有土地170亩,是村中五位最富有者之一;萧惠升拥有土地60亩,再加上他在政府任职的收入,自然属于村中富者的行列。④"在民国初年他(萧)任村长时,非富有之人是不能担任会头的。"⑤村中另一位有地位的领袖孔子明,他表面上并不富有,只有20亩地,但他人脉很广。1940年,孔氏从一个日本公司那里租得50亩肥沃田地,雇佣两个人来耕种,⑥其经济地位也在一般村民之上。正如沙井村村民李清源所说:"没有闲工夫的人是不可以当会首的。"⑦

---

① [日]中国農村調査刊行会:『中国農村慣行調査』第一卷,岩波書店1981年版,第138頁。
② [日]中国農村調査刊行会:『中国農村慣行調査』第一卷,岩波書店1981年版,第138~139頁。
③ [日]中国農村調査刊行会:『中国農村慣行調査』第五卷,岩波書店1981年版,第7~8頁。
④ [日]中国農村調査刊行会:『中国農村慣行調査』第五卷,岩波書店1981年版,第42頁。
⑤ [日]中国農村調査刊行会:『中国農村慣行調査』第五卷,岩波書店1981年版,第14、42頁。
⑥ [日]中国農村調査刊行会:『中国農村慣行調査』第五卷,岩波書店1981年版,第17、24、32、39、42頁。
⑦ [日]中国農村調査刊行会:『中国農村慣行調査』第一卷,岩波書店1981年版,第126頁。

"闲暇在中国传统的匮乏经济中并不是大家可以享有的。"①河北省吴店村：清末民初，绅董、董事、会首等人，均是社区内富裕者。②20世纪40年代吴店村最有影响力的村领袖是赵权。他在吴店村的经济地位颇高，在村中拥有土地40亩，而多数村民只有8到10亩的土地。③山东省冷水沟：冷水沟首事人通常是村中的领袖，村长杜凤山说："首事是土地多、有能力的人，全部由世居的人担任。"④

那么，占有多少土地的草根居民才能跻身为本社区领袖阶层呢？我们可以通过沙井村、后夏寨、冷水沟、侯家营四个社区领袖阶层的土地占有状况进行讨论。四村的具体情况见下表。

表5.5 沙井村、后夏寨、冷水沟、侯家营四村的领袖阶层的土地占有状况

类目 村名	25亩以上 （人数）	25亩以下 （人数）	不明 （人数）	总计 （人数）
沙井村	7	3		10
后夏寨	4		1	5
冷水沟	14	9	3	26
侯家营	19	4		23
合计	44	16	4	64

资料来源：根据『中国農村慣行調査』第一、四、五卷整理而成。

如上表所示，四村领袖阶层共64人，其中，拥有土地数量25亩以下者约占30%，而25亩以上者占到近70%，显而易见，拥有土地数量25亩以上者成为村落社区权力阶层中一员的可能性颇大。这一现象之所以出现，乃因华北地区内

---

① 费孝通：《皇权与绅权》，《费孝通文集》第5卷，群言出版社1999年，第480页。
② [日]中国農村調査刊行会：『中国農村慣行調査』第五卷，岩波書店1981年版，第420页。
③ [日] 中国農村調査刊行会：『中国農村慣行調査』第五卷，岩波書店1981年版，第445、520、430、535页。
④ [日]中国農村調査刊行会：『中国農村慣行調査』第四卷，岩波書店1981年版，第25页。

的一个五口之家维持最低生活水平至少需要25亩土地,唯有超过这个标准的农家才有可能不为家庭经济所累,有余力为村落社区服务。

上述分析我们可以看到,村庄的领袖阶层大都是拥有一定数量土地的富裕农户,他们在社区内的地位建立于经济实力基础之上。经济资本固然是乡村社会权力获得的重要前提,但是,我们不能轻率地视经济资本为唯一因素。在村落社区内占有土地最多者未必就是村庄领袖。如冷水沟杨姓的农民,家有土地百亩有余,可谓是社区内最大的地主,但其在社区内被居民视作普通农户。① 寺北柴村的郝白子、徐老起、赵老际,三人均是该社区内占有土地最多者,而且各自土地的产出足以支撑全家的开销,但他们在社区内被冠以"财主"、"资产家",他们在村落中的地位远不如土地占有量相对逊色的张乐卿。② 后夏寨的王耀光,民国初年占有一百亩以上的土地、二座望楼,但经济资本并没有转化为地位和名望,仅为村落中的富户。③ 村落社区内拥有大量土地的居民即使凭借雄厚的经济资本迈入村落社区的权力中心,也不过是徒具虚名而已。如沙井村的李秀芳,因其占有大量土地,15岁时便成为村中的会首,但在会首们商谈事情时,他片言不语,不仅如此,他在社区事务落实过程中也未发挥作用。张守仁和邢尚德也因占有经济资本成为会首,但是村落内的会议基本都不参加。④

可见,在华北地区的农村,经济资本是村落居民获得社区地位、权力的重要因素,但是仅凭经济资本还是难以获得并长期维持其领袖地位。那么,村落的权力阶层还通过占有哪些资本而成为社区内的领袖呢?以下将借助布迪厄的文化资本、社会资本、象征资本的理论,来探讨经济资本外的诸要素与村庄领袖阶层的关系。

---

① [日]中国農村調査刊行会:『中国農村慣行調査』第四卷,岩波書店1981年版,第3、8頁。
② [日]中国農村調査刊行会:『中国農村慣行調査』第三卷,岩波書店1981年版,第37頁。
③ [日]中国農村調査刊行会:『中国農村慣行調査』第五卷,岩波書店1981年版,第501頁。
④ [日]中国農村調査刊行会:『中国農村慣行調査』第一卷,岩波書店1981年版,第98、131頁。

二、文化资本和村落权力

文化资本是布迪厄的资本理论中的一个重要概念。布迪厄的文化资本又称为信息资本,是借鉴和扩展了马克思资本概念的一个社会学概念。布迪厄将其区分为身体文化资本、客观化文化资本和制度化文化资本。身体化的形态,以精神和身体的"持久性情"的形式;客观化的形态,以文化商品的形态,这些商品是文化留下的痕迹或理论的具体体现,或是对这些理论、问题的批判,等等;制度化的形态,这是一种被区别对待的客观化形式,例如教育文凭完全是以文化资本的形式由权威机构授予,并成为一种具有保证的资历认证。①

布迪厄的身体文化资本指的是"肉体化的秉性"。"所有我称之为场域的社会世界,包括艺术场域、科学场域及哲学场域等,都要求介入到其中的每个人,务必掌握这些场域的运作规则。这也就是说,必须具有特种的生存心态,而这些生存心态,是他们在以前的社会化过程中和在他们的场域实践中获得的。越是高度专业化的场域,越是要求具有科学和技术理性的场域,诸如经济场域或科学场域本身,都要求某种接近于肉体化和感性化的特殊秉性;这是一种藏而不露的掌握场域运作的实际本领,是属于感知和理解的范畴的微妙能力;凭借它们,可以掌握场域中的非常重要的问题。"②具体来说,在各个场域中的行动者内化的实践逻辑在身体的姿态、动作、谈吐以及习惯,已经化为身体和感觉的秉性,并成为行动者区别于他人的标尺,是行动者在场域中制定和采用策略的依据。

布迪厄认为的客观化文化资本,"在物质和媒体中被客观化的文化资本,诸如文学、绘画、纪念碑、图片、书籍、词典、工具机器,等等"③,可以看作是一种经济资本的特殊存在形式。布迪厄将制度化文化资本又称作体制化的文化

---

① 包亚明主编:《文化资本与社会炼金术:布迪厄访谈录》,上海人民出版社1997年版,第202页。
② [法]高宣扬:《当代法国思想五十年》(下),中国人民大学出版社2005年版,第521页。
③ 宫留记:《布迪厄的社会实践理论》,河南大学出版社2009年版,第126页。

资本,是指在学术上得到国家合法保障的、认可的文化资本,具体表现为行动者拥有的学术头衔和学术资格,①"例如教育文凭完全是以文化资本的形式由权威机构授予,并成为一种具有保证的资历认证"②。

华北乡村中的"文化资本",较布迪厄的理论相对简单,乡土社会中的文化资本存在两种表现形式,即身体化的文化资本、客观化的文化资本。进而言之,身体化的资本表现为行为、举止、生活方式、品德等个人行为习性;客观化的文化资本则表现为知识,这里的知识包括文字知识、礼仪知识、经验阅历。下面,我们就乡土社会中的文化资本与村落权力阶层的关系进行探讨。

物质形态的文化资本与村落权力阶层的关系,主要表现为文字知识。文字知识缘何能成为获取权力的重要因素之一,关键在于其是乡土社会中一种稀缺性的社会资源。这种稀缺性可以从当时华北村落的文化水平状况窥见一斑。如沙井村的整体文化水平在当时中国的农村是较高的。该村曾有私塾,现有公立小学。村落中的男性,很多能读、能写自己的名字,但能阅读报纸、杂志者几乎没有,而且就学率很低,即使入学,粗识文字也便退学了。村落中的女性,大字不识,基本都是文盲。③冷水沟,虽然90%的人都会写名字,识字的人占80%,但普通村民没时间接触更多的文化知识,因此,所识的字几乎忘记了。④寺北柴村是《中国农村惯行调查》所调查的几个主要村庄中最穷的村子,村中大概只有10%的人识字。⑤冀东成年人的识字情况的统计如下,"1931年通县、三河、宝坻等10个县成年不识字的比率占到76.8%,……这种成年人的文盲比率即使到30年代中期仍然居高不下"⑥。罗兹曼曾总结到,直到1949年,他们中

---

① 宫留记:《布迪厄的社会实践理论》,河南大学出版社2009年版,第127页。
② 包亚明主编:《文化资本与社会炼金术:布迪厄访谈录》,上海人民出版社1997年版,第202页。
③ [日]中国農村調査刊行会:『中国農村慣行調査』第一巻,岩波書店1981年版,第76頁。
④ [日]中国農村調査刊行会:『中国農村慣行調査』第四巻,岩波書店1981年版,第16頁。
⑤ [日]中国農村調査刊行会:『中国農村慣行調査』第三巻,岩波書店1981年版,第50、53、144、250、275、278~279頁。
⑥ 傅建成:《家族与家庭》,载于魏宏运主编:《二十世纪三四十年代冀东农村社会调查与研究》,天津人民出版社1996年版,第407页。

的"大部分无疑是文盲"①。以上,无疑表明20世纪前期,华北乡土社会中的农民,接受教育者的人数十分有限。

这种现象出现的直接原因在于乡村儿童就学率低。一直以来,教育是处于社会底层民众改变生活和自身命运的有效手段,可是,这一时期为何出现如此之高的失学率呢?民国期间的学者,在对当时乡村教育关注下而进行的调查,为我们探求其产生的原因提供了重要的线索,具体如下表:

表5.6 山西部分乡村学龄儿童失学原因的调查(1934年) ②

项目 村名	全村失学儿童	家贫无暇入学	百分比	家长不愿	百分比
文水城子村	9	9	100		
平遥曹家堡	11	11	100		
祁县东左墩	20	16	50	4	20
太谷阳邑村	20	10	50	10	50
沁源阎寨	15	15	100		
长治男池村	32	32	100		
安泽唐城镇	283	189	66.8	94	33.2
中阳尚家峪	90	30	33.4	60	66.6
灵丘下关	64	55	85	9	15
右玉口前村	32	28	87.5	4	12.5
山阴西沟村	62	62	100		
清源西马峪	21	18	86	3	14
静乐大夫庄	80	65	81.25	15	18.75
阳曲南路村	20	16	80	4	20
朔县新磨村	115	60	52	55	48
平定南寺乡	12	10	60	2	17
黎城段家庄	57	49	86	8	14
怀仁何家堡	20	17	85	3	15
襄垣故县村	110	80	73	30	27

(注:此表中的某些原始数据不准确,有待考证,但不影响本书中问题的探讨。)

---

① [美]吉尔伯特·罗兹曼主编:《中国的现代化》,江苏人民出版社2010年版,第537页。
② 转引自王先明:《变动时代的乡绅——乡绅与乡村社会结构变迁(1901~1945)》,人民出版社2009年版,第92页。

从上表中可以看出,乡村儿童就学率低的原因,在于两个方面,一为家贫无暇入学,二为家长不愿意让子女入学。其中,家贫失学者居多。故调查者面对这种境况曾感叹云:"当农村破产之目前,农民救死抚亡之不暇,奚遑送子弟入学!况进而推究家长又何以不愿送子弟入学。其家长顽固,不知教育之重要乎?抑学校办理不善,教师教导不良,收效极小,令父兄失望,不愿送子弟入火坑乎?一经深究,即知最重要者,则为毕业之后,仍不免务农,甚至为差役,反不如不学之为经济也。家长因经济困难,无力供给子弟读书,因而'不愿'送其子弟入学,必占此项之绝对多数,故家长之'不愿',仍为经济之贫困压迫使然也。总之因家贫不能入学者,一般说来,当占百分之八十上下也。"①

关于家庭经济状况与受教育程度的正相关关系,可以通过具体的村落进行再审视。如山西省保德县段家沟村,富裕农家子女的入学率高达100%,而家庭经济贫困的农户子女入学率很低,其中贫农子女的入学率仅为三分之一。见下表。②

表5.7　1942年山西省保德县段家沟村不同阶层的学龄儿童入学情况表

阶层	学龄儿童数	经常入学数	强迫入学数	入学率	不入学原因
富农	5	3	2	100	—
富裕中农	10	2	5	70	因放羊不能入学
中农	14	2	7	64.3	因放羊不能入学
贫农	16	6	—	37.5	因家穷不能入学

教育是社会下层民众改变自己命运轨迹的有效手段,这个道理农民并非不知,虽希望自己的子女借此手段而避免走上和自己相同的悲惨命运,但是,这就需要在经济上作出牺牲,承受巨大的经济负担。同时,获得这种资源需要有足够的闲暇时间,"没有长时间的闲暇不必打算做读书人"③。为保证正常的

---

① 宋寰震:《山西乡村教育概况之调查》,《中国农村》1934年7月15日出版。
② 《保德县段家沟自然村调查报告》,山西省档案馆,档号:A137-1-3-1。转引自罗朝晖:《富农与新富农——20世纪前半期华北乡村社会变迁的主角》,人民出版社2010年版,第200页。
③ 费孝通:《皇权与绅权》,《费孝通文集》第5卷,群言出版社1999年,第480页。

家庭生活已经"疲于奔命"的农民,还指望子女在家务和劳动中充当辅助劳力,因此,无论是时间还是经济,受教育对于乡土社会中的民众来说是一种奢侈。在乡村之中,"能受私塾教育之儿童,在村中亦是比较富有之子弟。其他贫农子弟,只有望门兴叹耳"①。

乡土社会的农民受经济因素的制约可以放弃受教育的机会,但不能摆脱教育对自己生活等诸多方面的影响。因为,文字知识不仅是人们相互交流的一种工具,而且在草根社会中发挥着诸多功用。概而言之,主要体现在日常生活中的四个方面,即喜丧、技术、商业和争讼。在乡土社会小农家庭的日常生活中存在与文字相关的各种知识,如"用于喜丧,即指遇到季节或私家周期性事件,诸如新年、得子、婚嫁或送丧时,需要书写春联、贺联、喜联、丧联等。在这些场合,自然少不了要请当地的教书先生。还有讲诵才子遇佳人、民间传说和鬼怪狐仙之类的故事,这些故事一般还再反复转述给更广泛的听众"②。所谓用于技术方面,即指看得懂工匠或农用技术的说明书,搞懂廉价日用大全的一般性著作中所包含的技术知识、历书,给每户农家详尽地罗列一年四季的节气和注意事项。③所谓用于商业或争讼,"这包括商业性的和家庭之间的契约关系,如买卖、记账、典当、租佃契约、过继和领养等,还包括官方文件,如布告、户口登记、完税等,并包括用于纠纷以及由此而引起的诉讼事项"④。毛泽东回忆说:"我13岁时,终于离开了小学堂,开始整天在地里帮长工干活,白天做一个全劳动力的活,晚上替父亲记账……他(我父亲)想让我熟读经书,尤其是在一次打官司时,由于对方在法庭上很恰当的引经据典,使他败诉之后,更是这样了。"⑤还有一个事例能很好地诠释文字知识的重要性,秦老窑是个佃户,原名不详,他有4个女儿2个儿子,全家人均目不识丁,因其多年来一直住在村外一座破烂的土窑里,人们都叫他秦老窑。一年春分,他因交不起地

---

① 陈伯庄:《平汉沿线农村经济调查》,交通大学研究所1936年版,第49页。
② [美]吉尔伯特·罗兹曼主编:《中国的现代化》,江苏人民出版社2010年版,第189页。
③ [美]吉尔伯特·罗兹曼主编:《中国的现代化》,江苏人民出版社2010年版,第169~170页。
④ [美]吉尔伯特·罗兹曼主编:《中国的现代化》,江苏人民出版社2010年版,第189页。
⑤ [美]埃德加·斯诺著,董乐山译:《西行漫记》,三联书店1979年版,第109页。

租,托人到银利钱居(翟城的一家小银行)借了50元钱。当他请地主家的管家帮写契约时,这个管家欺负他不识字,故意把50元写成了100元,在念给秦老窖时,仍是50元。过了一段时间,秦老窖东拼西凑了50元到银利钱居还钱时,老板拿出契约,一定要秦老窖还100元。他去问地主管家,管家不承认。从地主管家那儿回到家,老窖一气之下便病倒在床,乡亲们都知道老窖吃了亏,可谁也没有一点办法。①

上述情况均表明,与文字、礼仪有关的各种知识在村民生活的各个层面中扮演着重要角色,诚如有学者所言:"文字在中国不单纯地是一个互相交际的工具,而是一种护身符和利器,……用朱德的话说,'由于收税人、官吏和士兵尊重或害怕受过教育的人,所以我们家就决心送一个或更多的儿子去上学'。"②正因此,这也使得乡土社会中极为匮乏的文化资本的作用超出其本身的实用性而具有身份性的特征,成为获得草根社会权力的重要因素之一。关于这个方面,《中国农村惯行调查》为我们提供了诸多的证据。

在沙井村的村民心中,读书人的地位最高,③其意见也易被村民接受,故而往往成为村落社区内居民寻求帮助的对象。如周树棠是村中最有学问的人,④他成为村民有事经常商量的对象。在《中国农村惯行调查》中有下述之问答:"问:村民为了商量各种各样的事情来你家吗?答:来。问:来商量哪些事呢?答:商量有关吵架、田地房产的纠纷等。问:给别人代写过书信吗?答:写过。问:普通的人都来拜托你吗?答:来过。问:村民中不会写信的人多吗?答:多。问:看不懂信的人多吗?答:多。问:念给他们听的事也有吗?答:有。问:给孩子讲过自己的见闻吗?答:经常讲。问:经常在学校里说给孩子们听吗?答:没有。问:是在哪儿说给他们听的?答:在家里说给自己家的孩子听。问:给别人的孩子讲过吗?答:给他们讲过有关过去的风俗人情等。问:什么时候,在什么

---

① 秦老窖,翟城村老人张起口述,李志惠笔记提供。转引自王先明:《变动时代的乡绅——乡绅与乡村社会结构变迁(1901~1945)》,人民出版社2009年版,第250~251页。
② [美]吉尔伯特·罗兹曼主编:《中国的现代化》,江苏人民出版社2010年版,第189页。
③ [日]中国農村調查刊行会:『中国農村慣行調查』第二卷,岩波书店1981年版,第105页。
④ [日]中国農村調查刊行会:『中国農村慣行調查』第一卷,岩波书店1981年版,第106页。

地方讲的？答：平常经常讲，庙会的时候没有讲过，把孩子们叫来给他们讲北方现在很冷，但在南方已经开始耕种了等。"①村落社区内文化资本稀缺，但社区内居民的生活又离不开文化资本，所以，文化资本的占有者往往成为社区内尊敬和崇拜的对象，进而成为社区内领袖人物的可能性颇大，纵观沙井村内的会首们，大多是过去的私塾生。②

侯家营村落领袖人物的情况与沙井村相似。刘子馨是该村落内最有名望的村庄领袖，他的履历表明他是该社区内文化资本的拥有者。从1919到1929年期间，刘曾担任过昌黎县高级小学教师，1929到1936年任县的教育委员，1936年回到村中，1939年至1942年任村保长，之后担任泥井小学校长。③萧惠升也是该社区内最有声望与权势的领袖人物之一。他曾在县城上小学，最后毕业于锦州的一所高级中学。据说他精通法律知识，因而很会打官司，是泥井镇的一位地痞镇长唯一惧怕的人。④另外，社区内的另一个领袖人物孔子明，也是村中最有知识的人之一。虽然孔仅在社区内的私塾读过几年书，但是，从私塾毕业之后还自学了很多经书，如《诗经》、《百家姓》、《三字经》、《大学》、《中庸》、《论语》、《孟子》、《告子》、《易经》、《左传》等。此外，他还练就一手好书法。他在15岁时曾去过东北，在一家钱铺当经理，这使他不仅拥有书本上的知识，还有丰富的阅历知识。村民们认为他懂得很多，口才极佳。⑤与萧惠升相比，本社区内的孔子明可谓是社区内的文化领袖，《中国农村惯行调查》中有如下记述，当孔子明把调查员带到萧惠升家时，调查员发现萧家的人将自家的许多书误以为是孔子明的。孔子明指着萧家的书向调查员介绍他所读过的书目时，态度也非常平静，好像这些

---

① ［日］中国農村調査刊行会：『中国農村慣行調査』第一卷，岩波書店1981年版，第160頁。
② ［日］中国農村調査刊行会：『中国農村慣行調査』第一卷，岩波書店1981年版，第120頁。
③ ［日］中国農村調査刊行会：『中国農村慣行調査』第五卷，岩波書店1981年版，第42頁。
④ ［日］中国農村調査刊行会：『中国農村慣行調査』第五卷，岩波書店1981年版，第5、37、38、41、51、58、131、258頁。
⑤ ［日］中国農村調査刊行会：『中国農村慣行調査』第五卷，岩波書店1981年版，第17、24、32、37頁。

书原本就是他的。①他在乡村社区内是位学识渊博的人，是侯家营社区内担任中人次数最多的人，也是社区内纷争的主要仲裁人，并且还被村民认为是出任村庄公职人员最合适的人选。1934年从奉天回村后，尽管他并不情愿出任社区领袖，但他还是先后担任过乡长、副保长和保长。②

除了沙井村、侯家营之外，在满铁调查的其他部落中，领袖人物占有文化资本的事例亦普遍存在。寺北柴村，前村长张乐卿对村中的权要人物概述道："村中有权势的人以前除了村长、前村长，还有十几人，他们有半数会读会写，并且有一定的财产。"③最具代表性的领袖人物张乐卿，乃该村社区中富有董事的后代，也是村中最有学问的人之一。他曾跟随村中秀才郝昌露读过私塾。村民们在新年、结婚、葬礼时需要写春联、喜联、丧联，经常求助于张乐卿。1931年后，他在家中开办小学，讲授《论语》和《孟子》，此外，他还以中医身份免费为村民治病。④冷水沟最有威望的村庄领袖为小学校长谢星海，是社区内纠纷的仲裁者之一。他凭借着拥有乡土社会稀缺的文化知识，经常为村民代笔写东西、代读书信，被村民视为人格高尚的人。⑤村中另一位有威望的老人李登翰，经常读书看报，给年轻人讲故事，受到村民的尊敬。⑥后夏寨最有威望的村庄领袖王葆钧，其父为前清秀才，本人也考中过秀才。他曾当过私塾教师，是社区内的医生。他虽然并不十分富有，但因其学识渊博而受到村民的尊敬。⑦吴店村最有影响力的人物赵权则是城中的中学校长。⑧赵权无疑是一位文化权威，否则是难以胜任县城小学校长职务的。社

---

① ［日］中国農村調査刊行会：『中国農村慣行調査』第五卷，岩波书店1981年版，第37页。
② ［日］中国農村調査刊行会：『中国農村慣行調査』第五卷，岩波书店1981年版，第32、57、206、258页。
③ ［日］中国農村調査刊行会：『中国農村慣行調査』第四卷，岩波书店1981年版，第31页。
④ ［日］中国農村調査刊行会：『中国農村慣行調査』第三卷，岩波书店1981年版，第50、53、144、250、275、278~279页。
⑤ ［日］中国農村調査刊行会：『中国農村慣行調査』第四卷，岩波书店1981年版，第15、54、49页。
⑥ ［日］中国農村調査刊行会：『中国農村慣行調査』第四卷，岩波书店1981年版，第66页。
⑦ ［日］中国農村調査刊行会：『中国農村慣行調査』第四卷，岩波书店1981年版，第401页。
⑧ ［日］中国農村調査刊行会：『中国農村慣行調査』第五卷，岩波书店1981年版，第445页。

区内另一位受人尊敬的领袖禹铎是村小学校长,他亦因其学问而被村民信任。①河北黄土北店村:"会头没有一个不识字,考其教育背景,多数都曾念过多几年的私塾或学校。"②在某些村落中,文化资本是村落社区内会首资格不可或缺之要素,如顺义县于辛庄的会首资格,识字是众多因素中的必要因素,不识字者不可成为村落中的领袖人物。③

由此可以看出,20世纪前期的华北村庄,草根社会领袖阶层多是文化资本的占有者。这种文化资本的水平有限,即使在传统教育体制中也算不上高层次,更何况是在新学体制下?尽管如此,他们所掌握的文字知识、礼仪知识等,在乡土社会中的作用已然超越文化层次的评价体系。草根社会的文化资本占有者,借助这一稀有资源在社区内部扮演着纠纷的调节者、交易的中间人、文化的传播者、打官司的代言者、祭祀的主持者等角色,通过这些角色在社区内建立起自己的威信和地位,成为社区内的领袖人物。

文化资本的另一种形式则为社会经验,这种生活经验是传统中国乡村社会的一种"地方性知识"④。"地方性知识"不仅是乡村村民长期生活实践的结晶,体现了基层社会正常运行的规范原则,而且渗透着国家意识形态在乡村社会的实际运作规则,可谓"大文化传统"与"小文化传统"相互碰撞的成果。因此,拥有这种资源需要长期的沉淀,需要在生活中不断的积累,年长者的生活经验、社会经验较年轻者更加丰富。关于这一点,学者们在研究中已有体现:"在同等层次上,年纪大的就比年纪轻的说话分量重,如果村子小到了连个秀才也没有,那么也许就是长老们说了算。"⑤"(老人)在一个保守和僵固不变的社会里,在生与死、播种和收获的问题方面经验最丰富,懂得如何处

---

① [日]中国農村調査刊行会:『中国農村慣行調査』第五卷,岩波書店1981年版,第510页。
② 黄迪:《清河村镇社区——一个初步研究报告》,燕京大学社会学系:《社会学界》第10卷,1938年。
③ [日]中国農村調査刊行会:『中国農村慣行調査』第一卷,岩波書店1981年版,第5页。
④ [美]克利福德·吉尔兹,王海龙等译:《地方性知识——阐释人类学论文集》,中央编译出版社2000年版。
⑤ 张鸣:《乡村社会权力与文化结构变迁1903~1953》,广西人民出版社2001年版,第10页。

理。况且在血缘环节上老人最接近受尊敬的祖先。"①杨懋春在论及山东台头庄时也谈到:"年龄本身并不是当领导的条件,……'经验'这一含混的概念是人们认为当领导不可缺少的,它们与年龄密切相关。……以前和现在一样,领导资格是一种看不见摸不着的东西,但渐渐与某些特征相关——年龄、财富、学识。"②这种现象在《中国农村惯行调查》中也有反映。沙井村社区的居民关于村长资格的问答就是如此。"问:村长是通过选举选出来的吗?答:都是通过选举。虽然选票不似现在,但村民们通常推选受人尊敬的人为村长,在年龄上一般是以年长者居多。问:年轻人也可以吗?答:比较少。"③这可以从下面的事例中得到证实,20世纪30年代,沙井村杨振林和杨源竞选村长之时,双方拥有的土地数量都是一顷多,但据社区居民回忆,由于杨源比较年轻,所以杨振林就竞选胜利成为村长。④于辛庄的会首资格,在年龄上是有要求的,20岁以上者方可享有参选权,一般来说,年过四十者居多。⑤冷水沟最有威望的村庄领袖多数为年长者。在社区居民的意识里,他们认为有学问的老年人德高望重,是社区内各种纷争的仲裁人,这些年长者是社区重要的祈雨仪式活动的组织者和策划者,他们与社区成员一起在玉皇庙举行祈愿仪式时位于队伍最前面。⑥侯家营社区内成为中人者,年龄通常是30岁到60岁的年长者,年轻者难担此任。⑦

乡土社会中的居民借助于品德、经验、知识等文化资本在各自社区内部树立了自己的权威,赢得了该社区内其他居民的尊敬和信赖,成为领袖人物。

---

① [英]莱芒·道逊著,金星南译:《中华帝国的文明》,上海古籍出版社1994年版,第179页。
② [美]杨懋春著,张雄等译:《一个中国村庄:山东台头》,江苏人民出版社2001年版,第179页。
③ [日]中国农村调查刊行会:『中国农村惯行调查』第一卷,岩波书店1981年版,第97页。
④ [日]中国农村调查刊行会:『中国农村惯行调查』第一卷,岩波书店1981年版,第123页。
⑤ [日]中国农村调查刊行会:『中国农村惯行调查』第一卷,岩波书店1981年版,第5页。
⑥ [日]中国农村调查刊行会:『中国农村惯行调查』第四卷,岩波书店1981年版,第32页。
⑦ [日]中国农村调查刊行会:『中国农村惯行调查』第五卷,岩波书店1981年版,第209页。

三、其他资本和乡村权力

  本章里的其他资本,系指社会资本和象征资本。布迪厄的社会资本指的是"实际的或潜在的资源集合体,那些资源是同对某种持久性的网络占有密不可分的,这一网络是大家共同熟悉的,得到公认的,而且是一种体制化关系网络,或者,这一网络是同某个团体的会员制相联系的,它从集体性拥有资本的角度为每个会员提供支持,提供给他们赢得声望的'凭证'"①。"某个人或者是群体,凭借拥有一个稳定又在一定程度上制度化的相互交往、彼此熟识的关系网,从而积累起来的资源总和,不管这种资源是实际存在的还是虚有其表的。"②布迪厄的"社会资本"的概念表明,个人通过社会交往或相互熟识而建构起独特的社会网络,再通过这个网络掌握的资源为其他人提供服务。在华北乡土社会中,某些人借助职业、亲族关系、社会交往等途径,构建起自己的关系网络,利用社区外的广泛社会关系获取社区外部的资源,进而满足社区内民众的需求,这是村庄领袖获得声望和地位的有效方式之一。关于这个方面,《中国农村惯行调查》为我们提供了诸多个案。

  在侯家营,村庄领袖之一的萧惠升,毕业于东北锦州第二中学高级班,曾担任过县政府的电话局局长,1938年回到侯家营。这种在乡土社会可盼不可求的职场经历使其在县城内拥有广泛的社会关系,正如该社区居民所言,他"读书的朋友多,在电话局工作的同事多"。另外,萧惠升精通法律知识,善于打官司,连泥井镇的痞棍镇长齐畅庭都十分畏惧他。因此,村民们也很重视他的话,他是社区内最重要的纷争仲裁人之一。他当侯家营的校董时,去各村为学校募捐款项。周围村庄如果有纠纷的话,他经常去调和。③另外,孔子明,虽然并不富裕,只有十几亩土地,但他的人脉很广。1940年,他从一家日本公司那

---

  ① 包亚明主编:《文化资本与社会炼金术:布迪厄访谈录》,上海人民出版社1997年版,第202页。
  ② 包亚明主编:《文化资本与社会炼金术:布迪厄访谈录》,上海人民出版社1997年版,第203页。
  ③ [日]中国農村調査刊行会:『中国農村慣行調査』第五卷,岩波書店1981年版,第39、49頁;[日]三品英憲:『近代華北村落における社会関係と面子——「中国農村慣行調査」の分析を通して』,『歴史学研究』,2010年第9期。

里租的50亩肥沃田地,雇佣两个人来耕种。他是村中当中人次数最多的人。①刘子馨是侯家营最富有的村庄领袖。他的履历也表明他与县镇有着广泛的联系。他先后当过昌黎县高级小学教师、县教育委员、保长、泥井小学校长。②侯家营的中人主要由村庄领袖担当,普通人担任中人的事例几乎没有。75岁的老人侯长恩说,经常当中人的人都是在村里当过村长或副村长,对世上各种事都很有经验的人。这些人不仅经常当土地交易和典当的中人,也是社区内打架纠纷的仲裁者,一般都是社区里有名望的人。③

在吴店村,最有影响的人是赵权,他教的学生在良乡县以外的房山、涿县当老师,这些县的人也知晓他的名字。抗战后,他迁居到县城,并成为一所小学的校长。④赵权在担任校长的职业生涯中所累积起来的社会资本是显而易见的,正因此,虽然迁居到县城,他在原社区内仍有相当大的影响力,"村里有大事发生的话,仍去他那儿拜托他"⑤。

在沙井村,20世纪40年代最有声望的村领袖之一杨源,他在县城内有着广泛的人际关系,凭借这种社会资本,他经常帮助社区居民到顺义县城的放账铺借钱,并且能以较低利息借到更多的资金。⑥张瑞也是该社区三四十年代的村庄领袖之一。其父张文通是沙井村社区内第一个带领村民去北平打工、做蜜供的人,与北京的点心店建立了良好的合作关系。他的父亲年迈后,张瑞凭借聪明才智,维持了这种社会关系,继续带领社区内的三四十名年轻人在冬天休耕时赴北平务工。⑦

除《中国农村惯行调查》之外,在《晋西北名人传略》资料中,大量的事例均有力地证明了社会资本与社区权力间的关系,如下述个人传记资料:

---

① [日]中国農村調査刊行会:『中国農村慣行調査』第五卷,岩波書店1981年版,第17、32、37、42、206、208頁。
② [日]中国農村調査刊行会:『中国農村慣行調査』第四卷,岩波書店1981年版,第445頁。
③ [日]中国農村調査刊行会:『中国農村慣行調査』第五卷,岩波書店1981年版,第239頁。
④ [日]中国農村調査刊行会:『中国農村慣行調査』第四卷,岩波書店1981年版,第445頁。
⑤ [日]中国農村調査刊行会:『中国農村慣行調査』第四卷,岩波書店1981年版,第445頁。
⑥ [日]中国農村調査刊行会:『中国農村慣行調査』第二卷,岩波書店1981年版,第195、210頁。
⑦ [日]中国農村調査刊行会:『中国農村慣行調査』第二卷,岩波書店1981年版,第23頁。

王修缮，临南县王家坪自然村人，他能笼络小资本家，和各阶层都有来往。1940年与村长秦庞文处得很好，村长曾包庇他不出粮。他还成立了"文昌会"，召集本地有文化的人参加，每年二月三日开会并会餐。

丁梦庚，……过去接近有钱有势的人，如孙文清、郭守英，李广、李万、孙利仁，现在还接近郭守晋等，过去地位比较高些，住村附近30里内的人民都信任他，现在在住村周围15里内的村庄老百姓中还很有威信。因为他家有钱有势，他父亲丁立山是阎锡山的朋友，其兄丁伯清当过省议员。

吕齐周，宁武三区人，与当地名流孙文粹、孙文清、武推元均相交甚好，在本村周围十余里之群众中有威信，为本区第三个大绅士，全区有三分之二的人相信他，听他的话。

丁巨忠，他的社会关系很复杂，与绅士巨商及敌占区大买卖大商人均保持联系，他的亲戚都是地主、富农成分的人。

丁兆熊，五寨店坪人，高小毕业后在家务农，他接触大商人，是个大商业资本家，现任岢岚警备大队长，与大商人李永清、李西高关系甚密，与五寨伪县府秘书亦相好。①

山西名绅刘大鹏的社交网络也可以进一步说明社区领袖人际关系网的阶层化与封闭性特征，如下述史料："余友乔穆卿，东里村人，其馆改为育英学堂，仿照现行学堂章程，以算法为重，兼教体操，皆西法也。"②"今日陈寅庵设席待客，邀予而往。因调停渠道之事，而李家庄……等十村长副今日送匾到寅庵家。"③"巳刻，余诣晋祠文昌宫赴会，宣儿随之。今日祀文昌，晋祠、赤桥、塔院、长巷、北大寺等村文人皆于今日集于文昌宫，宴于五云亭，名曰衣裳会。"④"天龙山圣封住持僧正光在晋祠朝阳洞驻，上午来拜年。"⑤资料表明，刘大鹏

---

① 《晋西北名人传略》，山西省档案馆馆藏档案，档号：A22-1-4-1，第3、4、35、36、41、43页。转引自渠桂萍：《华北乡村民众视野中的社会分层及其变动（1901～1949）》，人民出版社2010年版，第85～86页。

② 刘大鹏标遗著，乔志强标注：《退想斋日记》，山西人民出版社1990年版，第141页。

③ 刘大鹏标遗著，乔志强标注：《退想斋日记》，山西人民出版社1990年版，第297页。

④ 刘大鹏标遗著，乔志强标注：《退想斋日记》，山西人民出版社1990年版，第148页。

⑤ 刘大鹏标遗著，乔志强标注：《退想斋日记》，山西人民出版社1990年版，第566页。

交往的成员大致都属于地方社会较有地位的富裕家户、名望人士,如渠甲、村长、区长、县长、旧有功名之绅士、富商、高僧、教师等。正因为刘大鹏所拥有的广泛的社会资本,在他生活不济之时,靠友人的资助得以渡过难关:"牛锡纯友人遣其号伙送来白面三十斤、中面三十斤,为赠我之物,予家正叹无米为炊,我友悯予穷困矣,突来赠面,俾我不饿,惠莫大焉。前既赠我大洋三元,今日又赠面,此恩此德,将来何以酬报?"①刘大鹏在日记中记录了他利用社会关系救助了另一位被县署关押的朋友:"张资深因清源高白镇粮店倒闭,亏累五、六千吊之债,被债主于本月十八日从清源会场诱到县署控押,署中请予来此保释,仍转求旧友,秦润堂入署关说,立即递进保状开释出来,遂于午后偕归王郭村。"②

临县甘泉村郭缙绅,"当他任财政局长时,曾往来与本县绅士之间,当其任三高校长时,致力于教育工作,因为三区地方上没有像他这样在社会上显露头角的人,一般村民对之颇尊敬,但当其避居家中以后,外人赖不上他的帮助,威信已渐失掉。"③临县兔坂村人乔文斌,抗战前该村一切对外交际由他父亲乔仲清负责,并与区长关系密切,在兔坂村地位极高。"晋西事变"后其父死去,他自己不善交际,所以地位就一落千丈,群众开始不十分尊重他了。④

不难看出,在华北区域的乡土社会中,村庄领袖多是社会资本的占有者,他们借掌握的社会资本形成社区内其他居民无法建立的社会关系网络,这个网络既能为社会资本的占有者带来经济效益,同时,也能满足社区内部其他成员的各种需求。如此一来,社会资本的拥有者在民众中确立了自己的权威,进而踏上村落社区的权力舞台。

我们再看"象征资本",布迪厄认为它是"用以表示礼仪活动、声誉或威信资

---

① 刘大鹏标遗著,乔志强标注:《退想斋日记》,山西人民出版社1990年版,第527页。
② 刘大鹏标遗著,乔志强标注:《退想斋日记》,山西人民出版社1990年版,第193页。
③ 《晋西北名人传略》,山西省档案馆馆藏档案,档号:A22-1-4-1,第13页。转引自渠桂萍:《华北乡村民众视野中的社会分层及其变动(1901~1949)》,人民出版社2010年版,第91页。
④ 《晋西北名人传略》,山西省档案馆馆藏档案,档号:A22-1-4-1,第1页。转引自渠桂萍:《华北乡村民众视野中的社会分层及其变动(1901~1949)》,人民出版社2010年版,第91页。

本的积累策略等象征性现象的重要概念。声誉或威信资本有助于加强可信度的影响力,这类资本是象征性的……它是通过无形或看不见的方式,达到比有形和看得见的方式更有效的正当化目的的一种'魔术般'手段和奇特的竞争力量。"①他认为象征资本在中国文化中"根深蒂固","从我读到的关于中国的著述中,那些有关'荣耀'、'面子'等各类声望意识,让我觉得'象征资本'不仅存在于中国社会,而且十分重要"。②华北村落的领袖阶层,多是社区内有名望之人,享有较高的声望,是社区内居民敬重的对象,拥有较高感召力,也因此,他们才成为村落中的权力阶层。关于这一点,《中国农村惯行调查》资料可以说明。

侯家营的保长孔子明说:"活着时,为了给那人撑面子就送块匾,这是习惯。"③侯家营的数位村庄领袖都曾收到过村民所赠送的匾额,这足以证明了这一阶层与象征资本的密不可分性。萧惠升曾先后收到了两块匾额。一块是由侯家营村民发起,以38村联合的名义所赠送的匾额,主要是表彰他成功地调解了一场可能发展为诉讼的争端。另一块是因为村学款项紧张时,他到别的村庄发起了募捐学款的活动。萧惠升先后收到了两块匾额,充分展示了他无人能及的声望与"面子"。④

侯瑞文家门前也悬挂着一个牌匾,据孔子明说:"收匾的人曾是昌黎县的公家人员,地位较高,当时县里征粮时,如果村民没有钱,他就替村民垫上;村民有了纠纷,就替村民说合,阻止他们打官司,为此收到了村民赠送的牌匾。"⑤

在清末民初担任过村长的侯寿山也曾因为帮助过村庄内外的乡民而受到了数村联名赠送的匾额。⑥

沙井村社区赵廷奎的祖父、父亲均为会首,赵氏家族是社区内有名望的家族。⑦

后桥村中吴家是最具实力、最富名望的家族,村落会首中吴姓最多。

---

① [法]高宣扬:《布迪厄的社会理论》,同济大学出版社2004年,第151页。
② 布迪厄、张静、于硕:《P.Bourdieu教授访谈录》,《中国社会科学季刊》1998年秋季卷,第148页。
③ [日]中国農村調査刊行会:『中国農村慣行調査』第五卷,岩波書店1981年版,第37頁。
④ [日]中国農村調査刊行会:『中国農村慣行調査』第五卷,岩波書店1981年版,第5、39、38、41頁。
⑤ [日]中国農村調査刊行会:『中国農村慣行調査』第五卷,岩波書店1981年版,第38頁。
⑥ [日]中国農村調査刊行会:『中国農村慣行調査』第五卷,岩波書店1981年版,第37頁。
⑦ [日]中国農村調査刊行会:『中国農村慣行調査』第一卷,岩波書店1981年版,第99頁。

萧家颇的原村长吴治中,他的父亲和祖父便是村长。①

与刘大鹏处于一个社交圈内的村庄领袖陈寅庵则因调停水利纷争而收到了附近十村所赠送的匾额,当时赠匾的场景十分隆重,给收匾人带来了无上的荣光:"今日陈寅庵设席待客,邀予而往。因调停渠道之事,而李家庄……等十村长副今日送匾到寅庵家。鼓乐旌伞作为前导,周游四街,令众周知。"②刘大鹏则因为"父子登科"而收到近百名乡邻共同出资制作的匾额:"里人送'父子登科'匾额以贺之,拟于翌日鼓吹悬挂家门,已成不能辞之势……且备些便饭以待邻里乡党,在家饮者百十余人,共坐二十一席,出钱制匾者九十三名……"③

关于象征资本与乡村权力阶层的关系,《晋西北名人传略》资料为我们提供了诸多证据,如下表所列:

表5.8　晋西北领袖精英与象征资本④

姓名	地区	象征资本
乔之旺	临县四区兔坂人	全区人对之既崇拜又畏惧,认为是了不起的人物。
郭郊业	临县四区小甲头号行政村	社会活动能力很强,临南县四区到北临县四区八区一带很有望。
王修缮	临南五区后小峪五王家坪	穷人很信任他。
郭树棠	临县一区前甘泉人	在老百姓眼里,是了不起的家庭,了不起的人,说什么就是什么,没人敢惹。
郭缙绅	文水西南社	三区地方上一般村民对之颇尊敬。
丁梦庚	宁武二区人	住村附近三十里内村民信任他。
丁巨忠	宁武二区吴家沟人	是本区第一个有名望的人,善于团结各阶层,特别是穷苦的人,在各阶层群众中有很大的威信。
陈明甫	宁武二区吴家沟人	在本县具有相当威信,特别在中下层群众中威信大。
武双和	宁武壩沟人	有十几个村子老百姓团结在他的周围,都很拥护他。
温中和	五寨老虎背人	当地人称之为"山大王",没人敢惹他。
王淑身	神池三区贺职村人	在神池有声望,当地各阶层都认为他是一名"公正"、"清高"有学问的绅士。

① [日]中国農村調査刊行会:『中国農村慣行調査』第一卷,岩波書店1981年版,第192頁。
② 刘大鹏标遗著,乔志强标注:《退想斋日记》,山西人民出版社1990年版,第297页。
③ 刘大鹏标遗著,乔志强标注:《退想斋日记》,山西人民出版社1990年版,第118页。
④ 《晋西北名人传略》,山西省档案馆馆藏档案,档号:A22-1-4-1。转引自渠桂萍:《华北乡村民众视野中的社会分层及其变动(1901~1949)》,人民出版社2010年版,第92~94页。

从以上的分析可以看出，象征资本与社区内的领袖阶层存在密切的关系，这主要体现在乡土社会中的"面子"、"名誉"等无形的资本。乡土社会中的权威缺乏官方制度的支持，因此，他们权威的树立首先要拥有好的社会评价，即声望、面子、荣誉等，如果缺乏这些无形的资本而仅靠经济，社区权力的获得是难以实现的。所以，村落社区中的领袖人物大多是拥有较高的声望、名誉与面子的人。

最后需要说明，村落社区内的领袖人物的形成与其拥有经济资本、文化资本、社会资本、象征资本有着密切的关系，但往往不是某个资本单独起作用，而是多种资本相互作用的结果。这是因为各种资本之间存在深层次的联系，难以独立的在乡土社会中树立起自己的威信和地位。细而言之，文化资本的取得需要充足的时间和经济能力，这就需要经济资本作为支撑。布迪厄对二者的关系概括如下，文化资本是"同经济资本一起，构成一切社会区分的两大本原则。现在社会的特点，就是文化资本同经济资本一样，在进行社会区分的过程中，扮演了非常重要的角色。现代社会中的个人或群体，其社会地位和势力不能单靠其手中握有的经济资本，而是必须同时掌握大量的文化资本。只有将经济资本同文化资本结合起来，并使两者的质量和数量达到显著的程度，才能在现代社会中占据重要的社会地位、并获得相当高的社会荣誉。"①再说社会资本，其主要内容为社会关系，这一网络关系的构建需要大量的时间和经济投入，如布迪厄所说："社会资本的再生产预先假定了社交活动不间断的努力，假定了交换的连续性，在那些交换中认同感被无休止地肯定和再肯定。这个工作，包含了时间与精力的花费，并直接或间接地花费了经济资本。"②另外，象征资本，其主要表现方式为"面子"、"名誉"等无形资本，而这种无形资本的获得需要经济资本、文化资本、社会资本其中一个或几个资本形式作为支撑。斯科特曾说："只有在富人们的资源被用来满足宽泛界定的村民们的福利需要的范围内，富人的地位才被认为是合法的。只要表现得慷慨大方，富裕村民就能免受流言飞语的非议。他们被期待着主办铺张排场的婚礼庆典，以

---

① [法]高宣扬：《布迪厄的社会理论》，同济大学出版社2004年版，第149页。
② 包亚明主编：《文化资本与社会炼金术：布迪厄访谈录》，上海人民出版社1997年版，第205页。

显示其对亲属邻人的宽厚仁爱,还要主办地方宗教活动,还要接收超过平均家庭人口数的侍从和雇员。富人被要求做出慷慨行为并非没有补偿。它有助于提供富人的日益增长的威望,在其周围集聚起一批充满感激之情的追随者,从而使其在当地的社会地位合法化。"① 因此,华北村庄领袖们大多是经济资本、社会资本、文化资本、象征资本等多种资本的占有者。

侯家营的萧惠升,他虽然不是社区内最富裕的,但他所拥有的60亩土地,给他提供了参与社区经济事务之外的诸多领域活动的物质条件。此外,他在外读书与任职的经历,不仅使他获得了文化资本,亦累积一定的社会资本。凭借这些资本,他以擅长打官司而闻名于社区内外,并以此获得了38村送他的匾额,甚至是泥井镇长唯一惧怕之人。②

刘子馨是侯家营最富有的社区领袖。作为最具权威的社区领袖之一,不仅因其富有,更重要的原因是他在文化教育领域所累积的文化资本与社会资本。在1919到1929年间,刘曾任过昌黎县高级小学教师,1929到1936年任县的教育委员,1936年回到村中,1939至1942年任村保长,之后担任泥井小学校长。刘子馨有着当县教育局委员的经历,同县城中的官员相结识,凭借这样的一种社会资本,他曾联合村中另外十几位有势力的人,共同策划,扳倒了浪费村款的村长侯大生。③

沙井村最负声望的领袖李濡源,是社区内最富有的人之一。他还具备丰富的中医知识这样一种文化资本,借此声名远扬。此外,他是社区内会首成员中的核心人物之一,在社区公务活动中也积累了相当高的社区声望。④

寺北柴村的村庄领袖张乐卿,其经济实力由于种种原因不断下降,但直至20世纪40年代,他仍为社区内最富裕的家户之一。张乐卿在社区内还具有相当

---

① [美]詹姆斯·C.斯科特著,程立显等译:《农民的道义经济学:东南亚的反叛与生存》,译林出版社2001年版,第54、55页。

② [日]中国農村調査刊行会:『中国農村慣行調査』第五卷,岩波書店1981年版,第5、38、39、41頁。

③ [日]中国農村調査刊行会:『中国農村慣行調査』第五卷,岩波書店1981年版,第18、42頁。

④ [日]中国農村調査刊行会:『中国農村慣行調査』第二卷,岩波書店1981年版,第98頁;[日]中国農村調査刊行会:『中国農村慣行調査』第二卷,岩波書店1981年版,第107、189~190頁。

高的文化权威,他经常给村民代笔、念信。张氏还精通四书五经,村长卸任后在家中开办了私塾。张氏是社区内最有"面子"的人之一,是社区唯一被邀请参加所有婚丧大事的人,在借贷中他又是村中最有说服力的中人。①

可见,村庄领袖是多种资本的占有者,也因拥有多种资本在乡土社会中成为了领袖人物。那么,凭借多种资本走上社区政治舞台的社区居民以何种身份处理社区事务来施展自己的才能、发挥其领导作用呢?

---

① [日]中国農村調査刊行会:『中国農村慣行調査』第三卷,岩波書店1981年版,第53、250、275、278~279頁。

第二节 乡村社区的权力派：村长、会首

关于中国传统时代乡土社会的治理，韦伯的概述可以代表学界的观点，"可以毫不夸张地说，中国的治理史乃是皇权试图将其统辖势力不断扩展到城外地区的历史。但是，除了在赋税上的妥协外，帝国政府向城外地区扩展的努力只有短暂的成功，基于其自身的统辖力有限，不可能长期成功。这是由统辖的涣散性所决定的，这种涣散性表现为现职官吏很少，这决定于国家的财政情况，它反过来又决定财政的收入。事实上，正式的皇权统辖只施行于都市地区和次都市地区。"①清末"新政"以来，尤其是20世纪前期，国家权力不断地努力向基层社区扩张，但囿于民族国家问题尚未解决，所以这种尝试并未引起乡土社会治理方式的根本性改变，华北村落的日常运作依然不仰仗于官方权力，而是依靠村落内生的非官方权力的一种自治活动。这种非官方权力建立在经济资本、文化资本、社会资本、象征资本为内容的乡土社会资源之上，借助于上述一种或几种资本得以掌握草根社会权力的村落领袖人物，在国家权力触角未能扎根的乡土社会中，扮演着村落社区秩序正常运行维持者的角色。

---

① [德]马克斯·韦伯著，洪天富译：《儒教与道教》，江苏人民出版社2003年版，第77页。

一、绅士与村落社区的权力

长久以来,学者们认为在官方权力支配有限的基层社区,绅士承担着乡土社会秩序正常运作的重任,"在传统的社会结构中,绅士是封建社会的主干力量,尤其在地方社会中,绅士阶层居于不可动摇的统治中心"①。那么,由农民话语形成的《中国农村惯行调查》资料中的绅士是否与学术视野下的讨论一致呢?我们讨论的这个时段内的绅士,在村落社区内生权力中处于何种位置呢?

学术界关于绅士阶层的研究成果繁富,学者们根据自己的研究旨趣和理解对绅士群体给予界定并以此界定来利用资料、解决学术问题。费正清认为:"中国的士绅只能按经济和政治的双重意义来理解,因为他们是同拥有地产和官职情况相联系的。根据中国传统的说法,狭义的士绅地位仅限于那些通常通过考试取得功名的人。"②张仲礼在研究19世纪中国绅士时指出,绅士集团成员应为功名、学品、学衔和官职的获得者。③可见,张氏的绅士定义是以"功名"作为基本依据的,也得到很多学者的认同,如美国学者迈克尔认为:"功名,只有功名,才能确立绅士的身份。"④近年来,日本和美国的学者在大量实证研究中发现,许多绅士并不一定享有功名,而是借助于土地占有、宗族特权以及对地方事务(如义仓、善举、赈灾等)的控制获得的。⑤关于绅士的界定,王先明认为,近代绅士较之以往,已经被社会"赋予了更多的属于时代的东

---

① 王先明:《中国近代社会文化史论》,人民出版社2000年版,第115页。
② 费正清:《美国与中国》,商务印书馆1987年版,第27页。
③ [美]张仲礼著,李荣昌译:《中国绅士:关于其在19世纪中国社会中作用的研究》,上海社会科学院出版社1991年版,第1页。
④ 张仲礼:《中国绅士的收入》,上海社会科学院出版社2002年版,《序言》;陈兴德:《二十世纪科举观之变迁》,华中师范大学出版社2008年版,第20页。
⑤ 徐茂明:《江南士绅与江南社会(1368~1911)》,商务印书馆2004年版,第19页。

西"①。他通过查阅近代大量官私文献资料,发现近代绅士有以下几类构成:具有生员以上的科举功名者、由捐纳而获得"身份"者、乡居退职官员、具有军功的退职人员、具有武科功名出身者。②他进而总结到,绅士集团是"一个处于封建官僚集团之下、平民之上的独特的社会阶层"。③

那么,草根社会居民的话语系统是否与学术视野下的绅士相吻合呢?我们可以借助于《中国农村惯行调查》资料中关于绅士的记载,探讨一下民间话语中的绅士。

沙井村,"问:社区内人格高尚的人是谁?答:乡长、张辑五、李如源(李濡源)。问:这些人称作绅士吗?答:以前称乡长、副乡长为绅士,现在没有这种称谓了。"④"问:社区内如有权威者或村长不被称为绅士吗?答:新民会分会会员杨源、张瑞、李濡源、杜祥、赵廷奎、张永仁、杨泽、杨润、周树棠、吴殿臣、刘长春是绅士。但一般不这样称呼,平时称他们为先生……问:即使有土地者也不被称作绅士吗?答:人们平常一般不用绅士这个称谓,绅士是个旧称呼。"⑤"在村民不识字的年代里,村民们通常将代表村民管理社区事务的人称作管事人,将富裕且人格高尚者称作董事或绅士。"⑥"绅士便是社区内领袖人物,如现在乡长一样的角色。"⑦该社区的小学教师赵斌关于"绅士"的问题有如下之回答,"问:过去称作什么,都有哪些人?答:绅士指有学问且能够商谈公众事务者。问:这些人称作乡绅吗?答:与绅士一样。问:绅士都是有钱人吗?答:有学问且人格高尚的人,与金钱的多少无关系。问:沙井村有绅士吗?答:现在没有。问:李濡源不是绅士吗?答:只是人格高尚而已。因为没有学问,所以不能称其为绅士。"⑧

---

① 王先明:《近代绅士:一个封建阶层的历史命运》,天津人民出版社1997年版,第12页。
② 王先明:《近代绅士:一个封建阶层的历史命运》,天津人民出版社1997年版,第8~11页。
③ 王先明:《近代绅士:一个封建阶层的历史命运》,天津人民出版社1997年版,第19页。
④ [日]中国農村調查刊行会:『中国農村慣行調查』第一卷,岩波書店1981年版,第96頁。
⑤ [日]中国農村調查刊行会:『中国農村慣行調查』第一卷,岩波書店1981年版,第90頁。
⑥ [日]中国農村調查刊行会:『中国農村慣行調查』第一卷,岩波書店1981年版,第174頁。
⑦ [日]中国農村調查刊行会:『中国農村慣行調查』第一卷,岩波書店1981年版,第192頁。
⑧ [日]中国農村調查刊行会:『中国農村慣行調查』第一卷,岩波書店1981年版,第96頁。

后夏寨的马会翔,关于"绅士"的回答:"问:如果想让村长辞职,谁代表村里去办这件事? 答:当时的村民代表不固定,本社区一般由像王葆钧那样有学问、有名望的人临时代表村里。……问:本村人世代有财产且有名望,特别受尊敬的人有吗? 答:没有。问:虽然没有钱,但受尊敬的人有吗? 答:有,当医生的王葆钧就是。问:他为何受到尊敬? 答:其父亲是秀才,他本人也在清末东昌府应考成为秀才,但没有当官,在私塾当老师,十年前回到本村当了医生。问:社区居民将那些受尊敬的人称做什么? 答:称作先生,也叫秀才,如果没有钱,就不叫绅士。"①马会翔对绅士阶层的评价标准如下:"问:社区里存在有钱的绅士吗? 答:没有。邻村前夏寨有两名绅士,李氏(百亩)、柴氏(百亩),也把有钱人叫做财主。问:财主为村里垫付钱的情况有吗? 答:没有,即使村民困苦,也没有垫过钱。问:怎么成为财主的? 答:因为人少地多。问:财主借钱给村民吗? 答:财主担心村民的偿还能力,所以绝不外借,即使是前年的凶年,财主也不借钱给村民。问:一般将百亩以上土地的人称做财主或绅士吗? 答:是的。问:以前本村有财主吗? 答:王庆昌的祖父王耀光是财主。四十年前拥有一百亩以上的土地,并有两个望楼,他虽然有钱,但在村里没有势力,因为他不为村里出钱。问:王氏的土地是如何积累起来的? 答:祖辈传下来的。"②概而言之,在马会翔的评判体系中,拥有百亩以上土地的人,即使没有势力与声望,也叫做"绅士";有学问,受尊敬的人,没有钱,就不能叫做"绅士",只叫先生。③

在民国时期乡民残留的记忆中,关于"绅士"的界定非常繁杂,如沙井村的村民赵斌认为"绅士"与金钱无直接关系,而后夏寨的马会翔却认为"绅士"必须是拥有百亩以上土地的财主。甚至在同一村落之中,村民们对绅士一词的理解也不尽相同,如以沙井村为例,该村的小学教师赵斌,认为村中无"绅士",而同属沙井村且担任村长的杨源,却将沙井村数位新民会成员归为"绅士"。"问:把村里有权力的人,比如像村长那样的人称做绅士吗? 答:新民分会

---

① [日]中国農村調査刊行会:『中国農村慣行調査』第四卷,岩波書店1981年版,第401、406頁。
② [日]中国農村調査刊行会:『中国農村慣行調査』第四卷,岩波書店1981年版,第401頁。
③ [日]中国農村調査刊行会:『中国農村慣行調査』第四卷,岩波書店1981年版,第401、406頁。

会员杨源、张瑞、李濡源、杜祥、赵廷魁、张永仁、杨泽、杨润、周树棠、吴殿臣、刘长春是绅士,虽然是乡绅,但一般还是叫做先生。……乡绅这个词即使是在外村也是知道的。"①

草根社会话语体系中的绅士的界定不仅复杂,而且与学术视野下的绅士定义有一定的距离。如沙井村的李濡源,其经历与特征与学术视野中的村庄"绅士"基本相同,以下是李濡源的个人小传:"李濡源是村中最受尊敬的人,他任会首时间最久,尽管他的祖父、父亲皆为村庄领袖,但濡源是靠自己的勤劳发家致富的。民国初年,他只有二十亩土地,但到了30年代,其拥有的土地已增加到七十余亩。他是村中最富有的人之一,亦是社区中的会首,参与村庄的各种公务。同时,他还是一位中医,经常给人治病并不收取报酬。在方圆50里内,无人不晓他的大名。此外,他也是村内或村际间争端的一位重要调解人。"②由此可见,学术视野下的李濡源是一名绅士,但是,同社区内居民却将其排除于绅士群体之外。该村的小学教师赵斌对有关"绅士"问题的回答如下:"问:李濡源不是绅士吗?答:只是人格高尚而已。因为没有学问,所以不能称为绅士。"③再如,后夏寨的王葆钧,其身份更符合学术定义下的绅士,他是前清的秀才,另外,他是社区内最有学问的人,担任过医生、教师等职,也正因此,黄宗智认为他是满铁调查的六个主要村庄中唯一一个得到过功名的绅士,④然而,同属该社区的马会翔会因其没有钱而不视其为绅士。

不仅如此,在乡土社会居民的表述中,用"绅士"来称呼有权势、有地位、有威望的村庄成员的现象很少,通常多用"会首"、"会头"、"董事"、"当家人"、"村头儿"、"总理"、"有势力者"、"声望家"、"人格高尚者"、"有学问的人"等表述。这种现象的出现,在于以下几点:一是,绅士一词日趋失去荣誉的象征,不再是社会上层人士所追逐的身份。"民国以来凡为绅士者非劣衿败商,即痞

---

① [日]中国農村調査刊行会:『中国農村慣行調査』第三卷,岩波書店1981年版,第90页。
② [日]中国農村調査刊行会:『中国農村慣行調査』第一卷,岩波書店1981年版,第107、189~190页;[日]中国農村調査刊行会:『中国農村慣行調査』第二卷,岩波書店1981年版,第98页。
③ [日]中国農村調査刊行会:『中国農村慣行調査』第一卷,岩波書店1981年版,第96页。
④ [美]黄宗智:《华北的小农经济与社会变迁》,中华书局2000年版,第243页。

棍徒以充,若辈毫无地方观念,亦无国计民生思想,故胥官殃民到处皆然,噫,可慨也已。"①"民国之绅士过系钻营竞之绅士,非是劣衿、土棍,即为败商、村蠹,而够绅士之资格者各县皆寥寥无几,即现在之绅士,多为县长之走狗。"②"现时在县服务之人,绅士而反成痞棍,痞棍而竟成绅士,交通官吏残虐人民,岂非大可忧大可怕之事乎。"③因此,对于为草根社会服务的权力阶层很少再用已经污名化的称谓冠之。二是,绅士阶层受当时社会环境的影响,远离生于斯、长于斯的乡土社会日益成为普遍的社会现象。诸多学者的研究已对此问题给予关怀,民国学者悲笳述到:"各县的县城,大概是一个非常有油水的地方,因为山西的劣绅大半是麇集在县城里的。"④周荣德述道:"凡是来自乡村而上升得到社会地位超过父辈的绅士分子,大部分定居在市镇或城里。"⑤"20世纪前期(自然村)的居民之中,极少具有功名的绅士。他们中的权要人物,多是从事耕作的凡人——中农、富农以及经营式农场主。在极个别的情况下,一个小农的后裔中,有人考中功名,但这样的人,会被吸往'中心地区',移居市镇或县城。那里是绅士、政府机关、大商贾和商店,奢侈品等的聚集地。"⑥故此,由于绅士阶层脱离乡土,在草根社会很难觅得绅士群体,正如魏光奇总结道:"时人回忆1940年河南嵩县的地方情况时,将曾在外做过较高级官员的人士称为'首席绅士',做过县政府各科科长及保安团长、县银行经理、县党部书记、三青团书记的人士称为'中层绅士',做过区长、乡长、镇长、保安大队长的人士称为'乡镇绅士'。"⑦三是,清末民初以降,科举制度被废,以往将"士"作为绅士阶层表征的评判标准已经崩溃,所以,身份特征缺乏整齐划一的明确

---

① 刘大鹏遗著,乔志强标注:《退想斋日记》,山西人民出版社1990年版,第322页。
② 刘大鹏遗著,乔志强标注:《退想斋日记》,山西人民出版社1990年版,第336页。
③ 刘大鹏遗著,乔志强标注:《退想斋日记》,山西人民出版社1990年版,第497页。
④ 悲笳:《动乱前夕的山西政治和农村》,《中国农村》第2卷第6期,1936年6月。
⑤ [美]周荣德:《中国社会的阶层与流动:一个社区中绅士身份的研究》,学林出版社2000年版,第273页。
⑥ [美]黄宗智:《华北小农经济与社会变迁》,中华书局2000年版,第242~243页。
⑦ 魏光奇:《国民政府时期新地方精英阶层的形成》,《首都师范大学学报》(社科版),2003年第1期。

定义,这不仅体现于这段时期内对绅士构成的学术研究中,而且上述草根社会的居民对绅士的评判体系存在多种认知,无疑是个很好的证据。

综上所述,在近代华北区域的乡村社会中,符合学术视野下的绅士阶层缺乏,并且农民的话语体系下的绅士标准莫衷一是,况且"绅士"一词已经不再被广泛的使用。如在沙井村的小学教员赵斌的评价体系中,沙井村社区根本没有绅士。固然,农民话语中也存在"绅士",但这些人基本都是村落中的领袖人物——村长、会首。

二、社区权力派的产生

从古至今,乡土社会的权力组织并非固化不变。尤其在清末民初,国家通过一系列变动基层组织形式的方法来实现对地方社会控制的企图。当国民党在30年代试图把地方行政权力重新集中到县官手中时,县政府没能起到一个政治权力中心的作用已有好几十年了,其结果是,许多问题未获解决,①其绩效往往流于表面,未能从根本上改变草根社会的内生权力的生成方式。侯家营,在村公所成立前,村落社区的领袖阶层为会头,"会头为村民之首,抉择村落社区内一切事务。……因此,社区内事务巨细,均由其决定"②。清末民初,按照县政府的命令成立了村公所,管事者为村正、村副。20世纪30年代,依国民政府闾邻制的要求建立乡制,但只换汤不换药,简单将村正、村副改为乡长、乡副。日军侵入后,村落事务的掌管者又改职称为保长。这种村落社区权力组织形式的变动,在《中国农村惯行调查》主要调查的几个村落中都有体现。冷水沟,清代时的村庄日常事务由首事来处理,充任者为社区内土地多、有能力、世居之人。清末民初按照县政府的命令,村庄成立了村公所,可是,首事制度并未因此而消失,首事们成为庄长的辅佐者。1935年,村庄又实行了闾邻制。首事制度消失,然而首事们摇身一变为里长、甲长。40年代,国民党政府推行保甲制,里长、甲长又改换称谓为保、甲长。后夏寨,清代,村落的权力组织为

---

① [美]吉尔伯特·罗兹曼主编:《中国的现代化》,江苏人民出版社2010年版,第263页。
② [日]中国農村調査刊行会:『中国農村慣行調査』第五卷,岩波書店1981年版,第8~9頁。

首事们组成的"公会"。清末民初,该村和其他村落一样设立了村公所,庄长等村落公职人员均是首事们来充任。保甲制实施以后,仍是依照传统的权力生成要素产生各种不同组织形式的担任者。吴店村、寺北柴村、沙井村的情况大体与上述三个村落基本相同。华北区域的村落组织无论形式如何变动,也不管村落公职人员名称如何改换,其担任者均是社区内经济资本、文化资本、社会资本、象征资本的拥有者。

那么,村落社区内经济资本、文化资本、社会资本、象征资本的占有者,是通过何种方式进入到该社区的权力中心,换言之,他们是如何成为村长、会首的呢?总体来说,村正、村副产生方式有两种,即村民选举、县里任命。会首也有两种产生方式,村长任命、村民选举。

河北省顺义县沙井村通过选举的形式确定村长人选,由县政府任命的事例不存在。"问:村长选举采用投票的方式吗?答:是的。问:由村民集会商谈而决定村长人选的方式有吗?答:有。问:县政府不与村民商谈而提名村长人选的情况有吗?答:没有。"① 该村选举的方式由口头向投票方式转变,这个转变发生于上个世纪的三四十年代,据村民回忆具体时间大致在1927年前后,投票选举的形式运用到村落领袖阶层的选举之中,自此以后,村长的选举均以投票选举取代了口头选举。投票选举,在选权前先将候选者们的名字写在选票(纸条)上,选票由县政府印刷,并采用统一的样式,在村落社区选举当天,参加选举的社区居民当场在选票上标记出自己认为合适的人选,再将选票集中于一处,进行唱票。选票数量不是基于社区内居民数为基准,而是以家庭为单位,也就是说,一户一票。② 一般来说,票数多者为村长,次者为村副。在社区选举的现场,公证员、唱票员、统计员均由县里警察担任,形式与现代选举大体一致,表面上的差异在于当时的条件下未有正规的投票箱,简单地以桌子充当其用。

村落社区内部的选举,社区之外的人不享有选举和被选举的权力,即使居住于社区内部的人也未必都拥有选举和被选举的权力,每个村落社区对于参

---

① [日]中国農村調査刊行会:『中国農村慣行調査』第一卷,岩波書店1981年版,第96頁。
② [日]中国農村調査刊行会:『中国農村慣行調査』第一卷,岩波書店1981年版,第97頁。

选人和选举人都有严格的要求。在沙井村拥有土地的外部居民,既不会获悉选举的信息,也不会收到选票,享有选举权力的身份限制在本社区内的居民。即使长期在社区内部教书育人的教师,因其未拥有社区居民的身份而未被纳入选举之列。倘若社区内居民外出务工而不在家,社区内虽有女性家属留守,但基层权力组织既不通知亦不予以选票,社区惯习规定女性不享有选举权。即使女性是家庭的户主,原则上户主享有选举的权力,但因其是女性,村公会不会告知,更不给其选票。①另外,乞食者不具有投票的权力,他们一般也不会到社区选举现场,即使与会也得不到选票。②理论上来说,社区内部的每户农家都应参加选举,但未必如此。"问:谁参加村长的选举大会?答:全体村民参加。问:每家一人吗?答:一人。"③可是,参加投票的人数一般会少于社区内的户数,不仅因一部分人不具备投票的资格,而且一部分普通村民对于谁任村长并不关心,无论谁出任社区内部的公职,各种负担依然如故缴纳,所以,农民多愿将选举的时间用于农业耕作或是休息,也不愿意出席会议,因此,出现了下面的现象。"问:现任的村长是何时选举出来的?答:大约二十年前。问:当时你参加了吗?答:参加了。问:当时多少人参加?答:20多人。问:当时村落有多少户?答:50户左右。"④

民国时期,按照县政府的规定,村长的选举应每年举行一次,有些村落严格遵循县政府的规章制度行事,虽然如此,村长并非每年都在变化,若村长处理社区内部事务没有大的纰漏,没有引起村民强烈不满,村长可能几年也不会更换。如沙井村,按照县里规定一年进行一次选举,可杨源在村长的位置上待了长达十年之久。"问:村里每年都选举吗?答:每年都选举。民国二十年开始有这项规定。杨源每年都被选为村长,即使现在也是如此。"⑤另外,选举出来的村长,需要上报至县里,一则为了备案,二则考察当选者。"问:村民的选

---

① [日]中国農村調查刊行会:『中国農村慣行調查』第一卷,岩波書店1981年版,第97頁。
② [日]中国農村調查刊行会:『中国農村慣行調查』第一卷,岩波書店1981年版,第97頁。
③ [日]中国農村調查刊行会:『中国農村慣行調查』第一卷,岩波書店1981年版,第96頁。
④ [日]中国農村調查刊行会:『中国農村慣行調查』第一卷,岩波書店1981年版,第128頁。
⑤ [日]中国農村調查刊行会:『中国農村慣行調查』第一卷,岩波書店1981年版,第128頁。

举结果需要得到县里的认可吗？答：需要。问：乡副也是如此吗？答：是的。"①

沙井村的乡长、副乡长由选举产生，首事则不通过选举产生，而多由村长任命，虽事前未经过社区居民的同意，但村民很少为此提出质疑。"问：首事人通过选举产生吗？答：由村长委任。问：村长委任时，需要得到村民赞同吗？答：社区居民遵从村长的决定。问：村民反对吗？答：不反对。"②村民之所以未提出反对意见，是因为村长任命的会首，多是经过自己的深思熟虑后作出的人事安排，村长多依据村落的形势和自己需要的助手寻找合适的人选，这样做便于处理社区的公务。村长可能在每年进行一次的选举中连任失败，而由其指定的会首可能辞职，也可能继续留任。"问：会首由村长任命吗？答：村长任命适合的人选。……问：村长改换了，会首也改换了吗？答：不然，本人想继续留任且得到新任村长的认同就可继续留任。问：村长可以让会首辞职吗？答：可以。会首在缺乏工作能力的情况下会被辞职。"③

河北省顺义县前郝家疃村与沙井村虽同属一县之辖，然村长的产生方式不同。该村的村长表面上由县政府任命，但实际情况却比较复杂。"问：其他村如何？答：由县里任命。问：贵村的村长由县里任命吗？答：村长由县里委任，可是委任的村长与实际村长不同。实际村长每年一换，但县政府不知此事。问：大乡制实施之前，县里委任的村长是谁？答：李树明。问：他何时成为村长？答：事变前。问：李树明拥有很多土地吗？答：实际上此人不存在。问：为何有这种事情？答：通常来说，谁都不想成为村长，另外，也因让某人长期担任村长一职很难，为了逃避责任伪造了此人。……问：县里传唤时，郭氏还是李氏去？答：只要满足县里的要求，无论是李氏还是郭氏没有关系。"④该社区会首的产生方式也与沙井村不同，沙井村的会首是由村长任命，而该社区的会首是由前任会首推荐而产生。"问：会首由谁选举产生？答：到目前为止，卸任的会首会将自己的职位委托给适合人选。……问：会首将职位委托于他人需要与各姓

---

① ［日］中国農村調査刊行会：『中国農村慣行調査』第一卷，岩波書店1981年版，第96頁。
② ［日］中国農村調査刊行会：『中国農村慣行調査』第一卷，岩波書店1981年版，第96頁。
③ ［日］中国農村調査刊行会：『中国農村慣行調査』第一卷，岩波書店1981年版，第99頁。
④ ［日］中国農村調査刊行会：『中国農村慣行調査』第一卷，岩波書店1981年版，第74頁。

代表商谈吗？答：不需要。问：卸任的会首随意决定下任人选吗？答：随意。问：实际上，村长的选举只是会首间的选举吗？答：会首是全村的代表，因此，会首间相谈而不需与村民商谈。"①

侯家营的村正、村副和沙井村的产生方式一致，由选举产生，可是，会头（首）的产生方式却不一致，该社区的会头的产生方式有两种。一是会头推荐式。"问：会头如何产生？答：某个会头如要辞职，会推荐其他人接替自己。"②二是选举式。"问：会头如何产生？答：由村民选举而产生，参加选举需具备以下资格，工作能力强、经营土地面积较其他村民多，上述资格不具备者不能成为会首。问：选举采用何种方式？答：投票，有时也采用商谈的方法。问：所谓的商谈，谁参与商谈？答：每十家一位会头。会头由十家全体商谈决定。问：商谈和投票两种方式，哪个经常使用。答：商谈的方式较为常用，管内户数只有十家，投票的方法较为麻烦。问：会首如果确定了，需要申报到县里吗？答：没有必要上报，县里也不会记录会首的名字。"③

从上述各社区的正副村长和首事的产生方式上看，不仅是不同县间的产生方式可能存在差异，即使同一县管辖下的诸个村落间亦存在差异，这说明了当时国家权力向基层社区渗透的努力成效很有限。这与其执行力度有着密切的关系，同时，也遭遇到村落社区内生权力的抵制，因此，20世纪前期的华北地区的基层社区的实际统治权力集中在以村长、会首为首的非官方认定的草根阶层手中。

日本学者在研究华北乡村社会时，对村落内生权力阶层给予高度关注，如福武直指出，"与其说村里的理事者们的背后有全体村民的积极支持，不如说他们得到一部分上层势力的支援的倾向更强一些。因此，在他们的思想意识中缺乏为了社区居民全体的利益考虑这种领导者的意识，他们的思想意识是受自己的立场乃至其背后的阶层意识制约的。也就是说，因为他们不是全村村民选出来的，所以他们对全体村民的责任意识就比较低，这其中存在有许

---

① [日]中国農村調査刊行会：『中国農村慣行調査』第一卷，岩波書店1981年版，第74~75頁。
② [日]中国農村調査刊行会：『中国農村慣行調査』第五卷，岩波書店1981年版，第11、14頁。
③ [日]中国農村調査刊行会：『中国農村慣行調査』第五卷，岩波書店1981年版，第9頁。

多营私舞弊的机会。……即在统治者与被统治者之间,他们身份上没有任何区别而只是实力不同。因此,被统治者没有那种献身性的从属意识,统治者也没有为村民这些被统治者谋福利并对此加以保护的这种全村代表者的意识,两者的关系只停留在上下支配关系这一点上。"①旗田巍关于一般村民能否参与村政的问题,对于选村长时一般村民究竟拥有多大权力这些问题,都设问详答,持论有据。"在选出村长之前,对于适合当村长的人选村民之间私下都交换过意见,由于意见不同而发生口角的情况也有。但公开表明意见的人却没有,大家都只听从会首的决定。村民们虽都有自己的见解,但由于年长日久被封闭,渐渐地也就失去了表明见解的意欲,养成了盲目服从会首的习惯。"② "总之,一般村民对村庄没有什么发言权,他们被排除到了村政之外了。已经判明,左右村政的就是村公会,他的成员就是少数有资格的会首,这就是中国村落自治的特色。"③日本学者可能以本国村落政治作为参照体系来衡量中国社区内部实力派产生过程,进而判断其在乡土社会中的作用,那么,到底中国基层社区的实力派在乡土社会中的作用是否如日本学者所言,这关键在于他们在各自社区中发挥怎样的作用。

三、社区权力派的权威

一般来说,村长、会首的工作内容主要有两种,即县派事务和村内事务。细而言之,县派事务包括征收田赋的通知、户口调查、学校放假的通知、招兵、植树、维护治安、苦力征集等,其中,从县里直接下达的唯有田赋征收,田赋以外的工作安排通过分局传达。村内事务包括纠纷的仲裁、制定学校经费的预算、摊派的摊分、道路的维修等。村长能自主决定的事,诸如征集三四名苦力,其他的如招兵、植树等事均须同村民商议后定夺。这里商谈的对象不是村落社区内的全体居民,而是代表村民的十余名会首。另外,村长作为社区权力阶层

---

① [日]福武直:『福武直著作集』第9卷,東京大学出版会1976年版,第488~499頁。
② [日]旗田巍:『中国村落と共同体理論』,岩波書店1973年版,第255頁。
③ [日]旗田巍:『中国村落と共同体理論』,岩波書店1973年版,第258頁。

的中心人物，会以村民代表的身份与社区外界接触，如向县里上传民意，当村落治安恶化请求县里给予援助，遇到自然灾害向县里申请免除田赋。村长的工作内容还包括处理本村与其他社区事务，如学校经费、备品、修理、上新设施等问题，如沙井村与其他三个村落共有一个学校，这些自然由四个村落共同负担，具体承担的份额由村长代表村民与其他各村的村长商定。另外，村落治安的维持通常依靠几个相近村落共同联合来实现，各村具体承担的任务将由各村长商讨确定，如治安军为维持安定需要货车，雇车或提供车的数量和费用均由村长代为交涉。①

村长与会首作为村落社区权力阶层的核心，其权威如何？受篇幅限制，不可能将其工作内容逐一展开论述，但我们可以从两个方面进行探讨，一是社区纠纷的处理，二是社区中人的角色。因为这两个方面与社区内的居民生活息息相关，而且，最能体现社区权力派的能力与权威以及其在乡土社会中的作用。

深受儒家传统文化影响的乡土社会，崇尚"无讼"，"听讼，吾犹人也，必也使无讼乎"。②贵和持中、贵和尚中的社会风气成为几千年来中国传统文化的特征。费孝通精辟地总结道："乡土社会是靠'礼'治来维持的，自古以来就有'无讼'的惯习。打官司被村民视为可羞之事，表示教化不够。经常打官司的人无疑是村中的败类。"③外国学者也深有同感："在许多坚持社会理解的人们心目中，对证公堂是鄙下的，为君子所不耻（齿）。"④美国学者德尔克·彼得在研究中国法律传统后，认为："兴讼是道德败坏的标志，而这些人（讼师）就明显地被视为社会稳定的敌人。"⑤这只是道出乡土社会中的民众不愿诉讼的一个方面，"无讼"惯习的形成与血缘和地缘为主的乡土社会关系有着密切的关

---

① ［日］中国農村調査刊行会：『中国農村慣行調査』第一卷，岩波書店1981年版，第97~98頁。
② 《论语》。
③ 费孝通：《乡土中国：生育制度》，北京大学出版社1998年版，第54~56页。
④ ［美］吉尔伯特·罗兹曼主编：《中国的现代化》，江苏人民出版社2010年版，第127页。
⑤ Derk Bodde,"Age,Youth and Infirmity in the Law of Ching China",in Essay on China's Legal Tradition,Princeton University Press,1980,P,149.

联。以血缘为纽带的聚族而居,和世代毗邻的安土重迁的地缘关系,特别是农业社会的经济结构,使得社会成员如同生活在一个大家庭中,枝蔓相连,很少流动。再加上儒家伦理道德学说的渗透与潜移默化,形成了和睦相处、和谐无争的生活准则,以致发生纠纷很少诉诸法律,而是寄希望于纲常礼教的德化作用、族长邻右的调节功能。

华北地区血缘和地缘的表现虽未有南方那样的鲜明,亦缺乏强有力的组织,但是不可否认宗族在华北村庄的公共事务中是基本参与单位之一。人们由于长期生活于同一个共同体之中,日久形成了拟亲族制,因此,社区居民间可以用亲族或拟亲族的辈分串联起来,在这个关系网络中出现的矛盾与纠纷受情面所制很少通过诉讼解决。

再有,诉讼的产生必然要伴以巨大的经济投入。"词讼之兴,初非美事,荒废本业,破坏家财,比比皆是,胥吏诛求,卒徒斥辱,道途奔走,狴狱拘囚。与宗族讼,则伤宗族之恩;与乡党讼,则损乡党之谊。幸而获胜,所损已多;不幸而输,虽悔何及。"①清代汪辉祖叙述了农民因讼累而破产的情景:"如乡民有田十亩,夫耕妇织,可给数口。一讼之累,费钱三千文,便须假子钱以济,不二年必至鬻田,鬻田一亩则少一亩之入,辗转借贷不七年八年二无以为生。其贫在七八年之后,而致贫之故,实在准词之初。"②关于这点,有大量资料可佐证。沙井村,"问:吵架仲裁是重要的事吗? 答:吵架因为钱、土地和房子的事引起的,然后打官司,打官司的话,要花好多钱,很不好办。"③冷水沟,"纷争闹大,告到县里会花很多钱,所以即使对保长的调停不服,也会按保长说的解决"④。历城县路家庄,"问:为什么不想告到县里去? 答:因为费钱,而且需很长时间才能解决,对有钱的人有利,穷人不想这样。"⑤杨懋春在山东台头村的研究中亦指出,"该村庄很少有争端——可能没有——是通过诉讼解决的,甚至陈家夜里

---

① 《妄诉田业》,载《名公书判清明集》卷四,中华书局1987年版,第123页。
② 汪祖辉:《佐治药言·肖事》。
③ [日]中国農村調査刊行会:『中国農村慣行調査』第五卷,岩波書店1981年版,第39頁。
④ [日]中国農村調査刊行会:『中国農村慣行調査』第四卷,岩波書店1981年版,第408頁。
⑤ [日]中国農村調査刊行会:『中国農村慣行調査』第四卷,岩波書店1981年版,第358頁。

遭到邻居袭击这样的案子也不是由法庭解决的。被迫卷入诉讼的村民必须去县城,还要雇律师,随之而来的费用使任何农民家庭都不敢去打官司。寻求法律帮助的家庭十有八九必须花去他们小额财产的大部分,大量的故事和格言都教农民不要打官司。在中国农村地区,私人调解过去是至今仍是最重要的合法途径。"①费正清也曾分析道:"在老百姓当中,打官司对各方都是一场灾难。花在衙门差役身上的钱,可以使被告和原告双方都倾家荡产。"②正因如此,在乡土社会中流传着这样的俗语,"衙门八字开,有理无钱莫进来"。华北民众的话语更为形象地描绘出这种现象,"穷死不做贼,屈死不告状"③。甚至某些地方树碑告诫人们息讼,如曲阜孔庙碑刻"忍讼歌"中的描述更为生动,"世宜忍耐莫经官,人也安然己以安然",虽有麻痹人民安于盘剥压榨的现状,但它揭示出的讼累后果却是社会真实的写照。

　　正因上述原因,华北乡土社会民众间出现纠纷,诉诸法律途径解决的很少,因为"他们处理与别人的关系以是否合乎情理为准则,他们不要求什么权利,要的只是和睦相处与和谐"④。如若出现纠纷,往往成为社区内居民责备的对象。关于这方面的事例,在《中国农村惯行调查》中多有记载:

　　沙井村,"问:村里有为了不让起诉到县里而仲裁的吗? 答:村民知道了纷争的话,为了不让起诉到县里而仲裁,不知道的话就没办法。问:告到县里会被村民斥责吗?答:那当然,村民批评他'为什么悄悄地去县里告状呢'? 问:村落权力阶层进行了仲裁,但当事者的一方不认可仲裁结果,去县里起诉的事有吗? 答:有。问:起诉的一方肯定会被村民指责吗? 答:肯定会被指责。"⑤

　　吴店村,"问:你(冷水沟庄长杜凤山)说的话,村民服从吗? 答:村民们服

---

① [美]杨懋春著,张雄等译:《一个中国村庄:山东台头》,江苏人民出版社2001年版,第162页。
② [美]费正清主编,中国社会科学院历史研究编译室译:《剑桥中国晚清史》,中国社会科学出版社1994年版,第27页。
③ [日]中国農村調査刊行会:『中国農村慣行調査』第四卷,岩波書店1981年版,第12頁。
④ [法]勒内·达维德著,漆竹生译:《当代世界主要法律体系》,上海译文出版社1984年版,第487页。
⑤ [日]中国農村調査刊行会:『中国農村慣行調査』第一卷,岩波書店1981年版,第294頁。

从。因为庄长是在公平的立场调解的,如果不听庄长的话,那即使告到别处,那个人也会输。问:不服从庄长仲裁的人会被村里人排斥吗?答:是的。问:有那种人吗?答:有,有的人不听庄长的话,起诉到县里。问:这些人会被指责吧?答:是的,村民不与他交往。问:起诉时是秘密去告状吗? 答:是的。"①

冷水沟,"不经过村长直接去诉讼有可能遭到村长的训斥。有时诉讼要暗中进行,如果让村民知道就会被仲裁,那样的话,诉讼就变得不可能了"②。

长期居住于同一个共同体之中,居民们在日常生活中的摩擦在所难免,而这些纠纷基本在社区内部得到裁决,这样一来,纠纷成为村落中较为常见且重大的事件,小则当事双方交恶,大则斗殴不息,甚至会危及生命,所以,这成为村落中实力派最常处理的事务之一。正如明恩溥所言:"每个村庄都会持续不断地发生一些事情,它们虽不涉及全体大众但却必须由惯于斡旋的人来处理,他们不仅知道该做什么,而且明白该怎么做。总有一些中国人乐于承担这些事务,比如调解家庭、邻里等纠纷,而头面人物肯定会频繁地被请去处理这些事务。"③村落中的实力派也常常将调节社区内部的纠纷作为自己的一项重要职责。

在沙井村中,纠纷的仲裁者基本为社区内部的实力派——村长、会首。该社区内若有分家、土地划界等问题引起的纠纷,基本由张瑞、崇文起、杨永才、杨源、周树棠等为首的村长或会首从中斡旋进而解决。具而言之,崇文起是沙井村年事最高的会首,一直为村人所尊敬;④杨永才也是社区内的会首,而且是杨姓一族的族长;⑤周树棠曾在外任公职多年,1926年回到社区,旋即成为村长,正是其多年公职经验成为社区居民敬仰的对象,村民遇到吵架、田地房产的纠纷,常常请其裁决;⑥杨源在村长位置上一坐就长达八年之久,成为社

---

① [日]中国農村調査刊行会:『中国農村慣行調査』第五卷,岩波書店1981年版,第424頁。
② [日]中国農村調査刊行会:『中国農村慣行調査』第四卷,岩波書店1981年版,第54頁。
③ [美]明恩溥著,午晴、唐军译:《中国乡村生活》,时事出版社1998年版,第230页。
④ [日]中国農村調査刊行会:『中国農村慣行調査』第一卷,岩波書店1981年版,第124頁。
⑤ [日]中国農村調査刊行会:『中国農村慣行調査』第二卷,岩波書店1981年版,第2頁。
⑥ [日]中国農村調査刊行会:『中国農村慣行調査』第一卷,岩波書店1981年版,第160頁。

区内部以及社区间纠纷的仲裁者。①

寺北柴村,纠纷的调解者亦是社区中的村长,"问:村里引起纠纷的时候,实行调停裁判吗? 答:是的,事变前就有调解委员负责调停,由村长及村里有势力的三五个人担任调停委员。"②

冷水沟,纷争的仲裁人也是村庄中的实力派,"一般来说,有能力的人,品德好的人,任福顺、李佩衡、程相复、杨永波、谢星海等人经常担任纠纷的仲裁者。"③而这些人基本都在村落中担任公职,只有这样的仲裁结果才能得到当事双方认同,下述回答可作为引证,"问:村落中的纷争由首事仲裁吗? 答:是的。问:现在的甲长不仲裁吗? 答:不一定,这要取决于甲长的能力。"④

历城县的陆家庄以及吴店村,社区内部出现地界、婚姻、分家等纠纷,多以村长为代表的社区内的公职人员进行仲裁。⑤

中人又称为居间人,"不是严格的法律意义上的概念,它通常的含义是表明使出借人与借款人互通信息,提供借贷关系成立的可能性的人。"⑥在乡土社会中,土地的买卖及借贷等经济关系往往超越村落社区的范围以及当事人的社会关系网络,甚至与不同质社区——城市居民间进行交易,而经济交易是建立在信息沟通的基础之上,向无交往的当事双方就需要"中人"的角色。一般来说,中人的角色没有严格的限制,谁都有成为中人的机会,但是在现实生活中只有拥有社会资本和经济资本的村庄领袖才能充任。侯家营的情况可以详细的说明这个问题。

侯家营社区的中人主要由村庄领袖担当,普通村民担任中人角色的事例几乎没有。侯家营75岁的老人侯长恩说,经常当中人的人均是在社区里当过村长或村副,深谙人情世故且有经验的人。他们不仅经常当土地交易和典当

---

① [日]中国農村調査刊行会:『中国農村慣行調査』第一卷,岩波书店1981年版,第190页。
② [日]中国農村調査刊行会:『中国農村慣行調査』第三卷,岩波书店1981年版,第30页。
③ [日]中国農村調査刊行会:『中国農村慣行調査』第四卷,岩波书店1981年版,第54、252页。
④ [日]中国農村調査刊行会:『中国農村慣行調査』第四卷,岩波书店1981年版,第49页。
⑤ [日]中国農村調査刊行会:『中国農村慣行調査』第四卷,岩波书店1981年版,第358页;[日]中国農村調査刊行会:『中国農村慣行調査』第五卷,岩波书店1981年版,第532页。
⑥ 戴建志主编:《民间借贷法律实务》,法律出版社1997年版,第109页。

的中人，也参与村中打架时的仲裁，一般都是社区里有名望的人。① 村中有三位受人尊敬的村庄领袖，他们都是"免费"当中人的，受惠的村民向他们表示感谢，常常给他们的小孩一点小礼物。②

三四十年代，较有威望的村庄领袖孔子明，是社区内成为中人次数最多的人。孔子明在每次充当中人之后，基本上没有直接的经济报酬，如下述问答："问：你在村落内经常当中人吧？答：经常当。问：只在土地交易中当中人吗？答：不是。问：典当土地的时候也当中人吗？答：是的。……问：在村里当中人不收钱吗？答：不收钱。问：他们会来送礼吧？答：什么也不送，大多卖地的人都很穷，所以不能向他们要，买方也不送礼，所以没有送礼的，买主只请一次客。"③ 侯家营一位村民欲以40元的价格将已典出的一块沙地卖给承典人，他请求有面子的孔子明为中间人。虽然买主同意了卖主的要求，但是他说："我之所以同意此价是因为照顾到中间人的面子，我知道中人难做，如果我嫌价高而不买此地，便会伤了中人的面子。"④

侯家营另一位领袖人物侯定义对担当刘万臣分家中人的经历甚是自豪，"刘万臣分家时，幸亏有我，在那之前，也有人给他当中人，但因为太难办，没办成，后来他来找我，虽然不想干，但他既然来托我了，我就出面给当。他家财产少，饥荒多，分家前，债主们都涌到他家，说：'还钱之前怎么能分家，分了家的话，谁还还钱呢？'我在双方之间问了好多，调查向谁借了钱，借了多少饥荒，借贷者有多少财产。最后把全部债主叫来，说，'就这点财产，你们从借债最多的顺序开始，不能全部还清，按比例拿走'，就这样解决了问题。如果中人有徇私舞弊的行为是很卑鄙的。"⑤

此外，村庄领袖刘子馨家有170亩田地，是社区内最富有者之一。他经常充

---

① ［日］中国農村調查刊行会：『中国農村慣行調查』第五卷，岩波书店1981年版，第239页。
② ［日］中国農村調查刊行会：『中国農村慣行調查』第五卷，岩波书店1981年版，第268页。
③ ［日］中国農村調查刊行会：『中国農村慣行調查』第五卷，岩波书店1981年版，第204、206页。
④ ［日］中国農村調查刊行会：『中国農村慣行調查』第五卷，岩波书店1981年版，第284页。
⑤ ［日］中国農村調查刊行会：『中国農村慣行調查』第五卷，岩波书店1981年版，第280页。

当不要保证物借贷的担保人,在借款人彻底破产之后,不得不代为还钱。①

侯家营社区的领袖担当中人基本没有什么报酬,如下述问答:"问:给予中人报酬吗?答:没有,地主、佃农都不给中人报酬。问:中人帮双方牵线,也很费事,难道不给他送点礼品吗?答:也不是很麻烦,有时请吃饭,不请也没有关系。问:多是请谁吃饭呢?答:佃农去拜托中人牵线租种土地,但佃农不请客,而且也请不起,由地主来请客。"②

《中国农村惯行调查》中其他几个村落的情况基本与侯家营相似,村庄领袖担任中人并不收报酬。

寺北柴村长张乐卿在谈到借贷中人时说:"如果说承典人觉得贷出款项已为数不小而不愿再加钱时,他将此意告诉中人,中人则将此话转给出典人。但如果我是中人,就不会只做简单的传话筒(即要为出典人多争取一点钱),那样的话,我会觉得脸上无光。"③

沙井村的张瑞说:"中保人一般是免费帮忙的,不收谢礼;没有主动当中保人的,但被拜托的话,也没办法,只好当。"④作为中保人,并非完全没有谢礼,如土地交易成功的话通常买主要送一点礼,但并不足以抵消中保人所承当的风险责任,例如,双方发生了纷争,必须调停。租地户过了交地租期限的三四天还不交纳,保人必须代交。⑤同样,交易土地时的保人也要承担垫付钱款的风险。如顺义县公署收税员说,当土地交易成立了,出现了不履约的情况,或由于土地的来历不明而发生了纷争,中保人负责解决。买主不交钱的话,中保人要催促,否则就必须代为交纳。⑥杜祥是沙井村一位受人尊敬的会首,他曾为一位亲戚作保借钱,该亲戚无力偿还,他因此失去了10亩土地。沙井村另一

---

① [日]中国農村調査刊行会:『中国農村慣行調査』第五卷,岩波書店1981年版,第5、11、41、42~43、132、258頁。

② [日]中国農村調査刊行会:『中国農村慣行調査』第五卷,岩波書店1981年版,第156頁。

③ [日]中国農村調査刊行会:『中国農村慣行調査』第三卷,岩波書店1981年版,第275頁。

④ [日]中国農村調査刊行会:『中国農村慣行調査』第五卷,岩波書店1981年版,第181頁。

⑤ [日]中国農村調査刊行会:『中国農村慣行調査』第二卷,岩波書店1981年版,第181頁。

⑥ [日]中国農村調査刊行会:『中国農村慣行調査』第二卷,岩波書店1981年版,第180頁。

位会首赵廷魁也有同样的经历,他为某人作保,而此人死去后无力归还,赵氏只得代还。①

四、权力阶层的报酬

乡土社会的内生权力属于非官方权力组织,享受不到薪俸,而各社区也未为其提供一定的酬劳,且在赋税等方面亦未享有优惠,至多逢年过节时由全体村民或馈赠礼物,或是宴请,或是象征性的付以酬劳。

沙井村的绅董与会首均是义务职,不享有薪俸。②纵使是杨源,身兼村长、新民会常务委员、小学校长等多职,可都未有固定的薪酬。③为社区服务不仅享受不到工资待遇,亦没有在摊税上有所优惠,"村长既没有工资又没有谢礼,与村民交一样的税,只是在土地交易时收取一定费用,因此,谁也不想当村长"④。不仅如此,社区领袖可能还要为该社区垫付摊款。⑤"副村长必须是富者,县里征税时由村副先行垫付。"⑥也正因如此,很多人视社区公职为畏途,尽量避免担任垫付摊款的职务,如石门村的樊宝山,因会首按照村落的习惯需要代村民先行支付摊款,故避任会首而担村长一职。⑦

冷水沟,首事是村落社区事务的处理者,没有任何报酬,而且在村里经济出现问题时会先行垫付款项。据社区居民回忆,庄长虽为村落事务劳心劳累,也未有报酬。倘若村落内的居民无法缴纳田赋,出于政绩和能力的考虑,这种情况下的会首多会暂为村民垫付。庄长为村落事务奔波,村民们会每年给庄

---

① [日]中国农村调查刊行会:『中国农村惯行调查』第二卷,岩波书店1981年版,第238~239页;[日]中国农村调查刊行会:『中国农村惯行调查』第一卷,岩波书店1981年版,第124、138、139页。
② [日]中国农村调查刊行会:『中国农村惯行调查』第一卷,岩波书店1981年版,第284页。
③ [日]中国农村调查刊行会:『中国农村惯行调查』第二卷,岩波书店1981年版,第17页。
④ [日]中国农村调查刊行会:『中国农村惯行调查』第一卷,岩波书店1981年版,第96页。
⑤ [日]中国农村调查刊行会:『中国农村惯行调查』第一卷,岩波书店1981年版,第131、145页。
⑥ [日]中国农村调查刊行会:『中国农村惯行调查』第一卷,岩波书店1981年版,第123页。
⑦ [日]中国农村调查刊行会:『中国农村惯行调查』第一卷,岩波书店1981年版,第203页。

长一百元的交通费作为象征性的酬劳。①

后夏寨,据马凤祥说,村长、保长皆为义务职,没有报酬。村民也未因其为社区公务耗费精力、时间而给予酬劳或送礼。当村落内有土地交易或分家,保长、庄长充当见证人的角色时,当事人会以肉或点心作为谢礼,但上述行为均是个人行为而不是村落集体性行为,不存在以社区名义给保长、庄长报酬或谢礼的事情。②

吴店村,会首在村落中有唱戏或修葺庙宇时,担任主持者以及费用的征集者角色,征收的方式是依据地亩数量。县里如有摊款,村落中的董事会先将村落摊分的款额先代为缴纳,然后再向村民征收。③

侯家营,社区内的权力阶层,无论是会头(首)还是其他公职人员,都没有薪酬,"问:如何决定会头呢?答:有一名会头想辞职时,就推荐其他人当会头,不推荐的话,他无法卸职。原因在于会头没有报酬,而且事务繁忙,愿担此职者很少。"④"问:会头有一定的报酬吗?答:没有,每年受到三次款待。问:三回?答:第一回,二月份耕作之前;第二回,六月二十日关帝的诞辰;第三回,九月至十月间立冬的时候,即看青费用统计之时。……问:招待的费用由村里支付吗? 答:根据土地的数量征收,例如向土地所有者每亩征收五钱或六钱。"⑤

寺北柴,村庄权力阶层处理社区内事务是义务行为,董事没有任何报酬,且常因担任村落公职而捐款,如张乐卿的祖父曾为村落的首事,关帝庙修建时捐了九千五百文(相当于当时的三亩地的价值)。村长完全是名誉职,只有在两种情况下能得到报酬,一是作为土地交易的鉴证人能收取1%的公证费,二是春节能收到社区居民赠送的礼物。关于此点,曾任过村长的张乐卿说:"村长职责在于为社区成员服务,礼物只是村民对一年辛苦工作的村公职人

---

① [日]中国農村調査刊行会:『中国農村慣行調査』第四卷,岩波書店1981年版,第27、34、265、291、317頁。

② [日]中国農村調査刊行会:『中国農村慣行調査』第四卷,岩波書店1981年版,第406頁。

③ [日]中国農村調査刊行会:『中国農村慣行調査』第五卷,岩波書店1981年版,第420頁。

④ [日]中国農村調査刊行会:『中国農村慣行調査』第五卷,岩波書店1981年版,第13頁。

⑤ [日]中国農村調査刊行会:『中国農村慣行調査』第五卷,岩波書店1981年版,第9頁。

员表示谢意而已。"除此之外,不存在任何公私方面的酬劳。①作为村落公职人员,不仅没有任何收入,而且有时还要为村民垫付各种款项,张乐卿说:"本人任村长期间,县里来催缴田赋,如果村落内居民无法缴纳,就会被绑缚到县里,在贫穷者无力缴纳时,我就得出典或出卖土地代为缴纳,这样的事情出现过好几次,因此,名下拥有的土地数量逐渐减少。"②

以上《中国农村惯行调查》中农民的问答,说明了乡土社会中内生权力组织基本上是一个义务职,即使是村落中的权力核心村长亦是如此,他们不仅不享受薪酬,甚至有时会因这个义务职使自己蒙受经济上的损失。尤其是民国以来,国家和地方向农村攫取经济资源的欲求与日俱增,村落内生的权力阶层更不堪重负,往往将这种义务职视为畏途,富裕的领袖人物纷纷退出村落的政治舞台。

---

① [日]中国農村調査刊行会:『中国農村慣行調査』第三卷,岩波書店1981年版,第29、38頁。
② [日]中国農村調査刊行会:『中国農村慣行調査』第三卷,岩波書店1981年版,第54頁。

第三节　不在地主与乡村权力

ERSHI SHIJI ZHI ZHONGGUO

20世纪前期的华北地区，通过土地交易或迁居而形成的不在地主，与土地所在地的社区权力结构是否有关系？就此问题，本节将从以下几个方面展开讨论，原为社区中的领袖，迁居后而具有不在地主身份特征的居民是否还保有社区权力？在原村落中具有权力生成资本的迁出民是否有享有村落权力的机会？凭借土地交易而形成的不在地主，对土地所在地的权力结构是否存在影响？

一、不在地主与村落权力阶层

在官方权力控制有限的乡土社会中，居民可以通过占有经济资本、文化资本、社会资本、象征资本中的一项或几项成为乡村社会权力阶层中的一员。20世纪前期，伴随着土地交易的频繁、居住区域的变动，不在地主阶层如雨后春笋般"破土而出"，终成为一个数量庞大的群体，该群体多是乡土社会权力生成要素的占有者，那么，该阶层是否因为拥有权力生成要素而掌握乡村社会的权力呢？

不在地主的形成途径在前面已阐述，大致有二途，即居住空间变动和土地交易。首先，我们看一下通过土地交易形成的不在地主与村落社区的权力阶层的关系。不在地主在土地所在的社区中购买重要的财富象征——土地，而成为占有该社区内部经济资源的地主，而且能在异社区购置土地者本身多为富裕者，因此，可以说不在地主应多为经济资本的拥有者。布迪厄的社会分层理论，认为经济资本的占有容易让其所有者获得社会的权力和地位，那么，在土地所在地的村落社区内，不在地主是否依照布氏的理论模式成为社区的领袖人物呢？在沙井村社区，通过土地交易形成的不在地主，并未因其在该社区内占有经济资本便成为社区的领袖人物。究其原因，大致有两个。一是，不在地主无心成为其他社区的领袖。这与不在地主购买土地的初衷有着密切的关系。土地购买者多着眼于经济利益，而并非为了成为没有薪酬的社区领袖，况且成为社区领袖还可能因担负摊派招致经济利益受损。二是，社区领袖固然需要经济资本的支撑，但不等于说经济资本的拥有者都有机会或权利成为社区领袖。晚清民国时期，村落领袖多借助选举的方式产生，参加选举者需要具备几个条件，如拥有土地、识字、工作能力、人品等，上述人均有参与权。但特别值得注意，参加选举者必须是该社区的居民。社区居民身份的获得因村落不同而各有差异，有的村落视社区内土地拥有者为村民，可将其视为唯一条件的村落稀少；有的则需要伴以其他条件，如房屋、坟墓、家庭成员、居住年限等，但通观《中国农村惯行调查》中诸村落，以土地交易形成的不在地主成为土地所在地社区领袖的例子尚未发现。

其次，以迁居而形成的不在地主与原社区的权力阶层的关系。在乡土社会中，迁居的现象时有发生，或在村落社区间，或在城乡间，尤其近代，商品经济的发展形成了"商贾利厚、田亩利薄"的局面。在商业利润的诱牵下，大量的农村人口流入城市从事商业。另外，民国时期，国家威信扫地，各种军事势力相互倾轧，同时土匪滋生，这种动乱的局势威胁到农村富者的生命和财产的安全，促使许多农村居民向城市大规模移居。那么，移居其他社区的居民是否继续享有参与原社区权力的机会，是否还拥有原社区的权力呢？前面多次言及在参与和享有社区权力的诸多条件中，村民资格是必要条件。拥有村民资格后才能凭借权力的四种资本掌握原社区权力的可能，移出的人是否拥有村民资格将是这个问题之关键所在。迁出社区的原居民，因为迁出的时间、家族、土地、墓地等不同，会出现多种情况。以沙井村为例，据该村村民的回答，迁出本社区的原居民是否具有本村人资格，其关键在于家族和房产的问题，具体如下："问：将家族成员全部迁出的人称为什么人？答：以迁入村的村民称之。问：不以原社区的村民称之吗？答：不。问：从原村落社区来看，上述人被视为外村人吗？答：外村人。问：迁出的人，即使在原社区内留有房产也不称为本村人吗？答：和房产没有关系。问：在原村落拥有土地的情况呢？答：外村人。可是税捐如往昔一样，交于本村的情况下被视为本村人。问：在村内有墓地的呢？答：仍然是外村人。问：邢尚德是本村人吗？答：本人不在村内，可是家族成员在村内，是本村人。"①

根据上述回答，在原社区即使拥有房屋、土地、墓地，全家迁出的则是外村人，但只要家族成员居住于原社区就具有村民资格，因此，家族成员是否居住于原村落成为关键点。可是，关于邢尚德迁出后是否具有本村人资格的问题较为复杂，在关于这个问题的调查中，出现了不同的认同声音。"问：邢尚德的家庭成员住在村内吗？答：家族成员不在，在村落中拥有土地。因此是本村村民。问：如果其将村落内的房屋和土地出售后，他还是沙井村村民吗？答：如果没有房屋便不是村民。"②相似的认同观念亦出现在其他农民的问答之中。③上述的认同观念中，认为社区内即使没有家族成员，如若有房产也是本村人。可见，邢尚德是否具有本村人资格较为复杂，但此问题并非本书讨论的范围，况且，邢尚德的例子极为特殊。邢尚德为顺义县城商店的掌柜，起初只身居于店内，家族成员都留于村内，本人也时常回村。1939年携全家迁入城内，将原村落社区内的房屋贷于朋友。无论在村还是迁出，邢尚德一直为该社区的会首，可是迁出之后，与原社区交往变得淡薄。"问：邢尚德和村落内的居民有来往吗？答：邢尚德与村落居民保有联系的只有李注源。问：为何？答：全家迁居顺义县城，与村落的联系变得越来越淡薄。问：邢氏参加村落居民集会吗？答：不参

---

① ［日］中国農村調査刊行会：『中国農村慣行調査』第一卷，岩波書店1981年版，第215頁。
② ［日］中国農村調査刊行会：『中国農村慣行調査』第一卷，岩波書店1981年版，第131頁。
③ ［日］中国農村調査刊行会：『中国農村慣行調査』第一卷，岩波書店1981年版，第136頁。

加。"①邢尚德与原村落、村民的关系变得淡薄的同时,也未尽会首之责。他不仅未参加村落社区的会首聚会,更未出席决定社区事务的会议。可见,邢尚德虽属乡村的权力阶层,但未有实际效力,他的情况尚且如此,何况其他迁出者?迁出者更难以与社区权力发生关系。"问:商人、移居他处者能成为会首吗?答:必须是以农为业的人。不在村落内部居住的外出打工者(如在县城居住从事商业者)不能成为会首。"②这样的情况也存在于其他村落,如辛庄内村民迁居后,不能成为原社区的会首。③

最后,不在地主的佃农与社区权力结构。许多学者在谈论基层社会权力等问题时,多认为绅士、地主等上层人物很少直接担任行政人员,而是借助自己的"代理人"掌控草根社会的权力。不在地主的两种形成类型中,以土地交易形成的不在地主和土地所在地的村民联系较少,只与建立租佃关系的佃农保有联系,而迁居形成的不在地主可能与原村落及居民联系较为紧密。可是,邢尚德离开曾生活17年的沙井村后,原村落活动参加极少,而且只与佃农尚有联系。可见,在宗族关系较为松散的华北乡土社会中,不在地主若假借代理人之手主宰基层社区政治的话,可能性便落于与其发生租佃关系的佃农身上。然而,佃农之所以租种他人土地在于其较为贫困。缺乏经济资本的佃农一般很难在社区内获得权力。

通过不在地主本人是否是土地所在地社区的领袖人物以及佃耕不在地主土地的佃农和社区权力关系的分析,表明不在地主与土地所在地的社区权力难以构建起联系的网络。因此,不在地主群体难以借助自己占有的权力生成要素掌握乡村社会的权力。这也是一个值得我们深入考虑的问题,即经济资本、社会资本、文化资本、象征资本作为权力生成要素与权力生成间的关系问题,四种资本为占有权力、地位提供了可能性,可是是否四种资本的拥有者在任何社区、区域内都享有这种可能性或机会呢?笔者在讨论不在地主与乡村权力问题时,发现权力生成要素与权力间的关系需建立在同一的空间之内,

---

① [日]中国農村調査刊行会:『中国農村慣行調査』第二卷,岩波書店1981年版,第37頁。
② [日]中国農村調査刊行会:『中国農村慣行調査』第一卷,岩波書店1981年版,第9頁。
③ [日]中国農村調査刊行会:『中国農村慣行調査』第一卷,岩波書店1981年版,第5頁。

如不在地主尽管拥有经济资本、文化资本、社会资本、权力资本,但因其居住于村落社区之外,即使获得掌握乡村权力的职位也是虚职并没有实际权力,何况没有获得社区权力职位的不在地主呢?因此,在探讨乡村社区的权力与其诸多生成要素之间的关系时,必须得将其置于同一社区内,即权力生成资本同其拥有者要位于同一社区空间内,只有在这种情况下,权力生成要素与权力间才可能构建起关系。反过来,也说明权力是有空间性的,具体言之,同级社区间的领袖人物不可能超越本社区的空间范围去干涉其他社区的问题。如甲村权力机构、领袖人物管理和干涉乙村的现象难得一见,这不仅因为参与社区权力的竞选需要具有社区居民的身份,而且乙村的权力结构、领袖人物以及该社区内的居民也不可能将管理权拱手让与甲村。纵使在国民党政府实行编乡制的政令下望泉寺和沙井村合编为一乡,其各村之政务仍由原班人马管理,未曾出现相互干预与管理之情况。

其实,关于这个问题,我们最终需重新回到布迪厄的理论之中,深入探究"资本"这一概念。布迪厄作为法国当代最富名望的社会学家、人类学家和哲学家,在充分汲取所处时代的丰饶文化土壤中蕴藏着最为完满的思想营养之基础上,以其富有创造性的研究活动和丰厚的理论著作,在当代法国思想界和理论界占据着难以撼动的特殊地位,影响了法国乃至整个西方人文社会科学界。之所以布迪厄的理论与思想能够如此富有生命力和影响力,与其时刻注重思想和理论的连续性不无关系,布迪厄的每个概念都是在前一个概念的思索中孕育而生的,这也许是每个理论大师都具有的特点。"布迪厄的任何一个重要概念,并不是各自孤立的,而是在同他的其他重要概念的相互关系中,呈现其实际意义、反思性及其整体性。研究他的任何一个重要概念,都势必关联到他的其他重要概念,使我们对于各个概念的理解,都不得不在其概念的相互关系总网络中进行分析。因此,对于他的概念的理解和分析,严格地说,都不能就某个概念单一地或孤立地进行,也不能只是在一个层面上封闭起来,而是要在反复地同其他概念的联系中,进行多次反思和多重阅读。"① 布迪厄本人也再三强调,其理论和方法内在上具有象征性、反思性和相关性的特

---

① [法]高宣扬:《布迪厄的社会理论》,同济大学出版社2006年版,引言第2页。

征,如若将各个概念孤立视之而不注意它们间的关联性的话,就容易导致他的概念和任何研究结论变成僵化和固定不变的教条。"资本"与"生存心态"、"场域"、"社会制约性条件"、"语言交换市场"以及"象征性权力"等,是布迪厄最为重要的几个概念,因此,弄清楚该概念的基本意义是首务,但更为重要的是须从整体的角度,将上述概念连贯起来,在诸概念的相互关系中进行反思、再反思,而运用该概念更需如此。

布迪厄的"资本"概念是在"场域"概念之后提出的,因此,在厘清和运用这个概念之前,弄清"场域"概念成为不可省略的一个流程。高宣扬认为布迪厄的场域概念,是在上世纪60年代开始提出的。目的是为了在研究阿尔及利亚劳工问题及其宗教社会学问题的过程中,展示出人的行动、观念、精神状态、生活风格、习俗、历史经验、荣誉感和羞辱感以及各种资本和行动策略等因素之间的密切关联,简而言之,通过解释个体与社会相互交织与斗争的局面,来揭示整个社会的结构化性质。因此,这个概念从产生伊始便同布迪厄的其他重要概念密切联系在一起。

"场域概念的最基本因素是多维度的社会关系网络,而且,这些多维的社会关系网络不是固而不变的,而是历史的和现实的、实际的和可能的、物质性的和精神性的各种因素的结合。""场域的概念所要表达的,主要是在某一个社会空间中,由特定的行动者相互关系网络所表现的各种社会力量和因素的综合体。"[①]也正因此,布迪厄并没有给各种场域划定清晰的边界,认为边界在共时状态下展现出来,"场域在共时地掌握的时候,表现为行动者的位置和地位所结构化的空间;而这些结构化空间的性质,依赖于行动者在这些空间中的位置,但同时,场域的性质,也可以独立于占有这些空间的行动者的特征而加以分析。"[②]所以,就像资本概念一样,场域概念也带有遭到滥用的倾向,以至于受到通货膨胀式的运用而导致贬值。[③]当然,作为一代理论大师的布迪

---

① [法]高宣扬:《布迪厄的社会理论》,同济大学出版社2006年版,第138~139页。
② [法]高宣扬:《布迪厄的社会理论》,同济大学出版社2006年版,第138页。
③ 陆月宏:《试论布迪厄的场域概念》,见刘伟民主编《哲学问题与问题哲学》,黑龙江人民出版社2008年版,第111页。

厄,缜密的逻辑思维让其不会疏漏任何一个环节,故而指出,虽不允许以先验的方式回答场域的边界问题,但可以通过经验研究来确定边界。因此,"场域"的概念是有空间性的,而且是与研究对象相结合的空间。正如高宣扬指出的:"政治场域是靠在特定的社会空间中所表现出来的人与人之间的权力关系网络来维持的。经济场域是靠在一个特定社会空间中的人与人之间的经济利益关系,靠他们之间的金钱、货币和各种商品往来关系来维持的。"① 不论政治场域,抑或是经济场域,均是"一个特定社会空间"之中的人与人之间某种关系网络的结合体,即"场域的基本构成因素,首先是在特定社会空间中的各个行动者的相互关系网络"。②

"资本"与"场域"两概念间存在密切的关系,"场域的一个重要特征,是它为各种资本提供相互竞争、比较和转换的一个必要的场所;反过来,场域本身的存在及运作,也只能靠其中的各种资本的反复交换及竞争才能维持,也就是说,场域是各种资本竞争的结果,也是这种竞争状态的生动表现形式"③。所以,"资本"是"场域"中的资本,离开"场域"的"资本"也就失去了讨论的意义。布迪厄的"权力资本理论"确实能为我们研究权力生成问题提供一个崭新的视角,但该理论运用中需要注意空间的问题,如果忽略或避而不谈这个问题,会致使我们的研究最终可能失真。

二、不在地主与社区权力组织

中国的历代王朝以及民国政府,在社会基层村落的统治上,利用村落内部生成的传统自治组织,并辅以官方的保甲、里甲制度进行控制。保甲、里甲作为官方的施政制度,所以,关于这方面的文献资料留存很多,也成为学者们研究基层社会权力的重要内容。相反,村落社区内部生成的自治组织,由于资料的缺乏,使这方面的研究相对薄弱。所以,先行之研究过分的强调保甲、里甲

---

① [法]高宣扬:《布迪厄的社会理论》,同济大学出版社2006年版,第139页。
② [法]高宣扬:《布迪厄的社会理论》,同济大学出版社2006年版,第146页。
③ [法]高宣扬:《布迪厄的社会理论》,同济大学出版社2006年版,第148页。

制度在社区中的控制作用,而未发觉官方设置的地方控制制度只有与内生的自治组织相结合才能发挥其功效,实现国家对地方社会的整合。换而言之,在基层社区的官方组织受制于非官方的自治组织。因此,研究中国基层社会的自治实态、官方自治制度的绩效,势必先要弄清社区内部的自治组织。本书探讨的时期内的自治组织主要为村公会、看青会,因此,不在地主与社区权力组织的关系讨论也就围绕着上述两个方面展开。

清末民初以前,国家的正式权力机构只到县一级,而此后,政府开始通过各方面的努力尝试着将权力渗入到基层社会,可预想与现实间总会有距离,甚至是完全的背离。如以沙井村为例,根据县里编乡制的指示,该村与邻村望泉寺村共同组成一个乡,望泉寺村为主,沙井村为副,主村设乡长一职,副村则设副乡长一职。①按照县政府的设置,沙井村与望泉寺村已然失去作为独立社区的角色,在行政上应该是合二为一的行政单位。实际情况却不是如此,沙井村的村务处理权完全是由自己的村公会掌握。在该社区的内部由村民选举出来的村长,其实就是根据县里要求将沙井村与望泉寺村整合成一乡的副乡长,从理论上讲,其地位在望泉寺村长之下,村落事务应与望泉寺村长共同商讨并处理,望泉寺村的事务也应如此,可实际上,沙井村的事务不受乡长的制约和干涉,仍依照传统的自治模式运行,望泉寺村亦是如此。望泉寺村的村长与沙井村的村长在行政关系上,理应是上下级的隶属关系,实际上二者互为独立,不存在上下级的关系。②这说明,政府的编乡构想落到村落社区内部只不过是一种表面形式而已,未发生根本性上的变化。另外,这种关系也可从上令下传的过程中体现出来。县政府在传达行政命令时,按照组织秩序应逐级传达,一般来说,县政府应将行政指令先传达到主村望泉寺,再传到副村沙井村,可是,县政府并没有按照自己设置的程序传达,而是直接将行政指令下达于沙井村的副乡长。可以看出,为整合县行政区划而设的编乡制,在行政指令传递过程中,即使是县政府本身也未将乡视为一个行政单位,依旧默认自然村落是基层社会的权力机构。

---

① [日]旗田巍:『中国村落と共同体理論』,岩波书店1973年版,第250页。
② [日]旗田巍:『中国村落と共同体理論』,岩波书店1973年版,第250页。

县政府对村落的干预,特别是征收赋税、力役方面,虽说这些负担最终要落在村民的肩上,可是县政府不是直接向村民个体课征,而是借助村长之手间接征收。村长在征税过程里的权力,不是一种形式,而是有权决定村民的担负份额。县政府将该村承担的份额传达于村长,具体村民如何担负,将由村长裁度。一般来说,县政府的任何信息与指令直接传达给村落社区中的村长,而不是社区内的居民,具体如何运作,县政府不加以干涉,只要按期按要求完成县政府的征收额度即可。

村落社区内部存在两种权力,即官方权力和非官方权力。政府命令下在村落社区内建立的官方权力的表现形式——保甲制度,从表现上看,其依照政府命令维持了村落社区的治安。所以,容易产生这样的面相,即官方通过保甲制度实现对基层社区的治理,而不是由村落内生权力实行自治。然而,深入探讨的话,会发现保甲制度运作的实际情况与表面现象差异很大。村落治安的主要任务是防止匪贼的袭击,因而通过保甲制度组成保甲自卫团,其团员则由村民担任,这就涉及到村民分担的比例。虽然甲是维持治安的细胞,但分担不是以甲为单位,而是根据村民拥有土地的数量决定出役的次数。从这种意义上来说,甲作为维持治安的细胞只在于形式,村落才是治安的主体。另外,村民拥有土地的数量不只是保甲自卫团出役的标准,也是村内工事、县政府指定的工事等出役的标准。出役的决定权不在县政府,一直遵从村落社区的惯习进行。保甲制度形式上由政府命令建立,然其运行依存着村落的内生权力组织。再从保甲人员来看,保长由村民选出的村长担任,甲长则由村落中的会首充任,又足以说明了保甲制度借助村落内生权力运行的特点。相似的情形在"新民会"的村民组织中亦有体现。综上分析,国家权力通过村落内生权力网络向下渗透。

"村落共同体"论的提倡者——日本学者平野义太郎在其研究中也认为,"不管什么样的事,只要与村中公益、村民共同生活有关,村长就必须与会首商量、协商,因此,会首聚集协议之处——公会就是自治村落的自治机关。这种公会虽然在清代就已存在,但它自古就不是政府建立起来的,而是自然村落的自治机关。另外,在会首们的'公会'的背后还有'会',这与根据县政府的命令而成立的保甲、间邻制以及与国家的行政组织单位——行政村截然不同,它是自然的生活共同体。只有这种'会'才是村民的自然的生活共同体。这种'会'不是别的而是以庙为中心,根据地理与历史自然发展起来的村民的自然聚居地。"①20世纪前期,这个村落内生的地缘权力组织与血缘的宗族的联系较为松散,因为宗族关系已经失去了以往的效力。宗族会议与村公会相比,不具有对社区居民的支配权,"这个村的血缘团体早已解体,地缘团体的'会'中聚集了不少多姓家族。在这种情况下,村内有实力的同族不是把他们的族长推选为村长,而是由几个同族结成地缘团体——'会',同时有实力的同族的中心人物一般都会成为会首,村里的'公会'就是由他们组成的。村长正是以村内实力派会首为后盾从公会中选举产生的"②。

村公会是村落社区自治活动的权力组织,无论政府指示的事务还是社区内部的事务,处理权都属于村公会。村公会的核心是村长,同时也是编乡制中的乡长或副乡长,又或兼任保长、校长、新民会常务委员、爱护村村长,等等。另外,村公会的役员是会首,担任甲长、新民会会员等职,他们共同处理村落社区以上各级下达的公务,以及村内的诸多事务,如村费的征收及支出、抓力役、农作物的看护等。

当然,村落内生的组织不单是村公会,还有看青会、庙会等民间组织,其中,最为重要的要数看青会。关于看青会的研究,日本学者关注的较早且非常重视,故相关的研究成果迭出。③其中,尤为突出的是旗田巍,他在总结前人研究的学术成果时认为迄今为止的研究,都把看青的各种不同形态混同对待而不顾各种形态间的历史关系,没有注意到产生各种看青形态的各个村落社会基础的差异。换句话说,就是对看青所显示的协同关系没有从历史的、发展的角度予以研究,这是不足的。④因此,在其研究中,他以历史发展的眼光重新把

---

① [日]平野義太朗:『大アジア主義の歴史の基礎』,河出書房1945年版,第158頁。
② [日]平野義太朗:『大アジア主義の歴史の基礎』,河出書房1945年版,第165頁。
③ [日]平野義太朗:『支那農村における偸盗莊稼』,『法律時報』,第一六巻七号,1944年;福武直:『中国農村社会の構造』,大雅堂1946年版,第447頁;[日]旗田巍:『中国村落と共同体理論』,岩波書店1973年版,第六章;[日]内山雅生:『二十世紀華北農村社会経済序說』,第三章,金沢大學経済學部1990年版,第69~98頁。
④ [日]旗田巍:『中国村落と共同体理論』,岩波書店1973年版,第192頁。

握看青组织,并把看青界限的有无与村落的发展与否联系起来讨论。在日本学者的研究中,他们根据深入中国内地进行的实地调查,认为青苗会的起源可追溯到咸丰朝。而王福明则根据顺天府宝坻县刑房档案,认为,"青苗会"一词最早出现于嘉庆十七年(1812)。①到了晚清民国时期,青苗会普遍存在于华北各村落之中。

"东省各属有所谓青苗会者,凡有地亩之家均输金入会,其数之多寡以地之多寡定之。自青苗长成以至收获之期皆由会中雇人看守,谓之看坡,并由会首赴县及县丞、巡检、典史各署请领禁止偷割践踏青苗告示,且循例缴纳规费,县中自门丁以至书差、杂役、县丞、巡检、典史各署则官及役无不染指焉。"②

光绪二十六年(1900),顺义县沙井村即是根据知县命令正式成立青苗会的。③

1921年4月,直隶省磁县县政府给各青苗会首冠以"实业董事"头衔,并特为拟订《磁县青苗社保护田禾规则》,规定,"各村住户有田地者均须入社,同受保护之利益,不得故示歧异","若损毁田禾人抗不出赔偿费者,得由实业董事开具理由送交警察所呈县核办"。④

吴桥县"旧习麦大两秋一届成熟,贫民偷抢稼禾,甚为农民之苦。自共看青会成立后,损失已少,此实较有成绩之自治事业也"⑤。

河北霸县"青苗之标记,禾稼则于地头着一撮石灰,林木则于地头树枝上悬一草络。有此表示而故意拾取则为违犯会规,处以相当之罚"。"看守庄稼,青会有死青、活青之分,死青者一芥不得拾捡,但须数日一开其禁,活青则任人拾取,不过防其盗窃而已。"⑥

河南禹县在30年代"抢麦之风甚炽,每于夏秋之时,恒有匪徒勾结地痞土

---

① 从翰香主编:《近代冀鲁豫乡村》,中国社会科学出版社1995年版,第93~95页。
② 徐德润:《拙庵公牍》卷四,第37页。
③ [日]中国农村调查刊行会:『中国農村慣行調査』第一卷,岩波书店1981年版,第174页。
④ 刘孟扬:《治磁政要录村》卷下之二,实业,第39~40页。
⑤ 《视察特刊》,第3卷,报告,第110页。
⑥ 民国《霸县县志》卷四,风土。

棍,数十为群,横行四野之间,任意抢劫,各农村为防止窃盗,麦忙时雇用看青夫,麦收后则按户探粮,损失颇巨"①。

河南省新安县则"平时护秋护麦,就成立个守望社,并写张公约:'时值秋令,禾稼将成,不由严禁,势必横行,合牌公议,遂立章程'"②。

"最初会中不过有族长和看大坡者,族长支配一切事宜。当时因为只有一两族人,就有两个族长管理看青的事。后来人口渐渐增加,各处来的移民为数不少,会中的族长也随之增加,由两位族长增加到五位首事人,但都是村中的大地主。到了民国成立,村中户口日渐增多,会中事务日益增繁,遂由五位首事人增加至十位会头"。"看青的方法,最初有族长的时候,就命令族家的雇工轮流看守青苗,都持着棍棒,有时也负一粪筐去巡游,当时偷青的人很少。因为人少地多的缘故,白昼只用两三个雇工去巡游就可以了。夜间有时用红缨枪去巡游,多半是在庄稼快熟了的时候,才这样昼夜的巡游。到了族长改为首事人的时候,村民渐渐多了起来,无职业和无地亩的人也慢慢增加许多了。有时看大坡(雇工看青的名称)因为地亩广大,一时巡游不过来,就会丢青的,不过亦丢不多,地主们丢了一点看青也不在意,看大坡者也无可奈何。到了民国以来,特别是民国十三年以来到现在,本村经过多少战事、兵灾、匪患和官家的苛捐杂税,民困已极,偷青的渐渐加多了。现在已增加到九位看大坡者,分八坡看守,他们所用的卫器除了红缨枪以外,又增添了土枪、马枪和快枪,这些枪械都由会中购置"。③

以上记载中,反映出青苗会最初的职能在于看护庄稼,可是在其发展的过程中却往往与村落社区内的其他事物联系在一起,甚至在某些村落中逐渐演变为功能复杂的村落自治组织结构。如宛平县黄土北店村,"近年为推进地方自治而督促村民组织乡公所,结果只是在名称上把青苗会改为乡公所,事实上乡公所还是十足的青苗会。村民不惯新名称,许多时候还是管叫公所的人员为'会头',他们不过是一个机构的两个名称罢了"。"村公所的办公处自然

---

① 杜光远:《禹县县政实施概况》,开封新时代印刷局1936年版,第206页。
② 孟志昊:《新安红枪会活动忆述》,《河南文史资料》第27辑,1988年版。
③ 张中堂:《一个村庄几种组织的研究》,《社会学界》第6卷。

就是青苗会的办公处，不过同一地点，同一人物，一个是政治名称，一个是自动组织的名称罢了"。① 河北省清河社区"青苗会，任务不仅看青，且为农村生活中心，诸凡政治、教育、经济及宗教等，无一不受其支配"②。"黄土北店村的乡村组织，也如上苑村，以青苗会为最基本，学校、村公所、保卫团，均在青苗会的卵巢之下"，"私塾时代，家长拿学费，改为学校以后，即由青苗会承办，由地亩钱内征收，学校即由青苗会承办，所有董事即由会首之中派出"。至于保卫团"每班班长一人，由村长指派，负责召集，均为青苗会的会首"。③ 河北省吴桥县"关于自治事项，现在只有共看青苗会一项，系由本年（1930）麦秋由县府同令各村遵办者，尚有实效"④。这个变化，在诸多学者的专门研究中不同程度的有所体现，旗田巍指出，晚清民国时期的青苗会组织"除了看护农作物之外，同时还具备了县政府下层征税机关的特点"⑤。王福明认为，19世纪华北青苗会组织的职能较为复杂，大致有四个方面，即看青、办理公差、管理庙产、修桥补路。小田则子指出华北地区青苗会功能的变迁与该区域差徭征收方式的变动有关联。杨文利利用民国时期的调查报告，认为"华北的青苗会有一个从简单的看青组织向复杂的行政组织转变的轨迹"，并着力强调青苗会双重角色。最近关于青苗会研究的张思、周健指出："19世纪中期以来，由于在看青、办差等活动中掌握了'村庄财政'，青苗会很可能取代了此类组织或者承担其绝大多数功能，以经管公产为代表的村庄公务的办理被纳入青苗会的职能，成为青苗首事之专责。"⑥

青苗会逐渐从看守庄稼的单一职能演化为村落自治机构，其规模也日益扩大，"青苗会的会员包括本村范围以内的一切自耕农与佃农的家庭，全村二

---

① 万树庸：《黄土北店村社会调查》，《社会学界》第6卷。
② 万树庸：《黄土北店村社会调查》，《社会学界》第6卷。
③ 万树庸：《黄土北店村社会调查》，《社会学界》第6卷。
④ 《视察特刊》，第3卷，报告，第110页。
⑤ [日]旗田巍：『中国村落と共同体理論』，岩波書店1973年。
⑥ 周健、张思：《19世纪华北青苗会组织结构与功能变迁：以顺天府宝坻县为例》，《清史研究》，2006年第2期。

百七十六家之中二百二十四家经营农业,所以这二百二十四家均为当然会员。会员不但田地间的青苗为会中所保护,即身家的安全也为会中所保护,因为会务包括保卫团与乡公所在内。这样一来,不但当然会员受青苗会的支配,即不种地的五十二家亦无形受到青苗会的支配"①,也正因青苗会在村落社区内无论在职能和规模上,成为某些村落自治的权力组织,所以,其掌权者多由村落中的实权人物充任,一般来说,多是村长、会首。河北省宛平县第五区黄土北店村,"村长副是青苗会二十名会首中六名掌柜的会首轮流充当,三年一周"②。黄土北店村青苗会"现有会首二十名,其中以上论述轮流当村长副者为最有权,在无村长副之名目以前,此六位轮流管账管钱,有村长副之名目以后,每年另有一个管账,此外另有司库管钱。这六个人开明专制,其余十四人即尽量合作"③。在青苗会的会首条件中,往往经济资本发挥着重要的作用。黄土北店村的二十位会首"入学平均六年半,在全会百分之三十七的读书,百分之六十三不读书当中,都是教育很深的知识分子。二十家在全村二百七十六家中占百分之七,然有地二千九百三十亩,在全村耕地七千零三十三亩中占百分之四十一,平均每家有地约一百五十亩,总是有财有势。实际,当会首以能垫款为第一要义,所以会首必得有钱,此外,方以才能为条件"④。

青苗会以办理村落社区的内外要务为职责,但有时也成为某些牟取私利、滥用权威的工具。河北省通县垡头村的大地主高文庆就是因为掌握了本村的青苗会,利用会粮作为资本发家的。会粮是收来用作看青、办公、供养村政人员之用的。抗战前,垡头村每亩地收会粮合老法币三毛钱。垡头村当时有地约7000多亩,每年收款在2000元以上。日伪统治时期,不论是收现钱或者收粮食都合三四斗一亩,全年会粮收入约2100石(315 000斤)以上。当时,通县的地租不过每亩五斗,由此可见会粮征收之重。高文庆担任村正以后,名义上会粮是暂由他所有的庆和成粮店保管,随用随取,但实际上成了高文庆可以随时动

---

① 万树庸:《黄土北店村社会调查》,《社会学界》第6卷。
② 万树庸:《黄土北店村社会调查》,《社会学界》第6卷。
③ 万树庸:《黄土北店村社会调查》,《社会学界》第6卷。
④ 万树庸:《黄土北店村社会调查》,《社会学界》第6卷。

用的流动资本。后来高文庆不当村正,村内经济大权仍然掌握在他的手里,因而会粮这一块肥肉,从来没有掉到别人的碗里。除了零星收集、随用随摊派的小额会粮以外,在秋季成整收集的都是以寄存保管或者以偿还垫付的名义,运送到庆和成粮店,由高文庆直接掌管。每年存在庆和成的会粮,高文庆说有就有,说用完了就用完了,以后再用就作为向高文庆借支,每年利息三分,到以后收会粮时扣除。高就是利用这一手段,从1930年到解放前夕止,年年买田置地,扩大营业,使高家由原来的只有少数田地、牲口和一个小的粮行发展成为闻名通县的大地主。①

七里庄林洪文在地主的地方割了几把青草,被看青的看见了,罚款5吊;上宋家刘洪南在山上拾草,被看青的流氓报告说,偷了地主的岚子,被看青的报告罚了25吊;杜家庄子有人在地主岚子内拾草,被看青的报告罚了4吊。②

华北地区的乡村社会,非官方自生权力支配着村落社区,这些自生的权力组织便是村公会、青苗会,其权力掌握在村长、会首手中,因此,不在地主与村落社区权力组织的关系可以从几个方面进行讨论。首先,不在地主为官方权力的掌握者,也就是说其是县以上政府官职的人员,这样一来,不在地主与村落权力组织的关系就是县以上各级政府与村落自生权力组织的关系。其实,二者间的关系在前面已经论述,县以上各级政府在控制基层社区权力的过程中需依赖于社区内生的权力组织,形成了政府完全操控基层的表象,其实也不过具有监督权而已。其次,不在地主为基层社区内生权力组织中的成员。如沙井村的邢尚德,迁出之前为村落社区中的会首,参与社区自治的运作,而在迁出之后成为不在地主,其村落内的职位未被剥夺,但是个虚职。之所以如此说,是因为其既不参加社区领袖阶层的聚会,更是缺席了处理社区事务的会首会议。最后,社区内生的权力组织成员是通过选举的方式产生的,其程序较为简单,但规则较明,不具有社区居民身份的人,纵然拥有成为领袖人物的经

---

① 中共通县县委宣传部选辑:《通县牛堡屯地区村史家史选编》,《地主奸商的巧取豪夺——牛堡屯公社堡头地主高文庆的剥削史》,1964年版,第244页。

② 山东省烟台市栖霞县政协文史资料委员会编:《亩墨林地主庄园》,山东人民出版社1990年版,第158页。

济资本、文化资本、社会资本、象征资本,也不能参加社区内部的选举,不能成为内生权力组织中的成员。所以,不在地主与乡村社区的权力组织间以及社区权力运作,基本不存在直接地联系。

三、不在地主对乡村权力的影响

不在地主群体中,有相当一部分是借助居住位置变动而形成的,而这些人都是在原村落社区内拥有土地,甚至是社区内的富裕者,他们大多是在财产、生命受到威胁和商业利润诱惑下迁入城市的不在地主。这些富裕的阶层又往往是社区内经济资本、文化资本、象征资本、社会资本的占有者,或是原社区内的领袖人物,随着居住社区的变动,他们从原社区的权力中心撤离,导致社区权力出现"真空"的局面。劣绅阶层便乘虚而入控制社区的权力,故而出现学者们所谓的"权力痞化"的现象。关于不在地主对乡村权力的直接影响方面,在一些学者的研究中已有不同程度的涉及。笔者在这里欲讨论不在地主对乡村权力生成要素的影响,这方面尚未得到学者们足够的重视,但其影响却十分巨大,这方面的讨论将围绕摊派展开。

在讨论之前,我们需要探讨一个问题,即经济资本、社会资本、文化资本、象征资本四种权力生成的基本要素在权力生成中,哪种资本起到主要作用?这将通过河北省顺义县33个村落中会首情况进行说明。现依据《中国农村惯行调查》中《顺义县概况》整理出下表。

表5.9　河北省顺义县33村的会首情况

村名	会首数		会首资格				
	事变前	事变后	年龄	经济资本	文化资本	社会资本	象征资本
河南村	10余	0					
王辛庄	不明			○	×		
红寺村	约18	20					

续表

村名	会首数		会首资格				
	事变前	事变后	年龄	经济资本	文化资本	社会资本	象征资本
道口村	1	1	30岁以上，50、60岁者居多	○	×		
高各庄	10	15		○	×		
田家营	22	22		○	×		
小店	11			○	×		
郭子坞	17			○	×		
王各庄	8~9			○	×		
太平新庄	12			○	×		
于辛庄	3~5	5	20岁以上	○	○		○
井上村	6~7	17~8	20岁以上	○	○	×	○
李遂店镇	6~7	同数					
沟北村							
苏庄	10余 4~5						
后桥村	7						
李家桥村	约 5~6						
临河村	约 10						
汪家场	12~3	0					
十里堡							
张喜庄	12	15	20岁以上	×	×	×	○
马家营	4						
北石槽村	10						
下坡屯	10	0					
张家庄	6						
业兴庄	3~4	7~8	20岁以上	×	×	×	
沟东村	5~6	7~9	20岁以上	×	×	×	
东府	约 10	0					
前鲁各庄		10					
前郝家	16~20			○	×		
冯家营	8~9	13		○			○
天竺村	14						
康家营	13	13弱		○	×	×	○

资料来源：[日]中国農村調査刊行会：『中国農村慣行調査』第一卷，岩波书店1981年版，《顺义县概况篇》，第1~87页。

注：1.村长、副村长不包括在内。

2."○"表示必要条件。"×"表示非必要条件。

上表只体现出会首的情况,其实在基层社区,会首往往是村长的后备人选,抑或是村长,所以,该表基本能够说明各村落社区权力阶层的概况。这33个村落的调查属于"概况式"的,其调查的完备性不能与6个主要调查村落同日而语,因此,关于村落领袖生成要素的问答也极为简单,实难整体地反映出当时的具体情况,尤其是难以全面体现经济资本、社会资本、文化资本、象征资本的情况,但正是这种简练的回答更能体现权力生成因素的主要方面。由上表可知,除去17个村落情况不明外,余下16个村落中,经济资本是权力生成必要条件的村落有13个,占村落总数的81%,非必要条件的村落为3个,不足19%;文化资本是权力生成必要条件的村落为2个,占村落总数的12.5%,非必要条件的村落为12个,占到75%;社会资本是权力生成必要条件的村落无,非必要条件的村落6个,占总村落数的37.5%;象征资本是权力生成必要条件的村落为5个,占村落总数的31%。显而易见,经济资本在权力生成的各种资本中处于绝对的优势地位,可以说,在基层社区权力的构成中,拥有经济资本成为村落社区领袖的机会很大。原因可能在于,成为村落社区的领袖,需要花费大量的精力与时间在社区事务上,且这一职位没有薪酬,必然会影响到农事生产和家庭的经济收入,所以,一定的经济基础常常成为村落社区领袖的必要条件。在国家向基层社会不断攫取经济资源的过程中,经济资本与乡村权力间的关系起了变化,这种现象的发生与国家征收力度逐渐加大紧密相连,但直接原因在于日益壮大的不在地主群体将国家征收的经济份额摊给了土地所在的社区,这直接地影响到了二者间的关系。

20世纪前期,国家的政治权威虽不振,但其榨取基层社会经济资源的触角却日盛一日,不间断地向草根社区索取,同时,各方军事势力也毫不同情地将经济的绳索套在乡土社会民众的脖子上,而且越套越牢,农民是否具备承担能力已然成为脑后之事。这些经济负担多以摊派的形式落在农民的头上,而承担的份额多依据占有土地的数量,但拥有土地的不在地主群体却未如实缴纳摊款(具体见《不在地主与乡村经济》一章)。如此一来,村落社区中拥有土地的居民日渐减少,可摊款却与日俱增,这些经济重担就不得不由数量有限的拥有土地的农民承担,相伴而来,征收摊款越来越成为村落领袖头疼之事,不仅如此,草根领袖们有时会为此招致经济上的损失。

摊款与田赋等其他经济负担相比,特殊点之一是摊款在征收时间上不固定,上级政府或军事势力即需即征。另外,村落中的居民向来较为贫困,一时难以缴纳,所以,往往由村落中公职人员垫付。一般来说,村长扮演此角色居多,然后再向社区内居民征收。按道理收回垫付款不是难事,但在实际生活中却往往成为死账,因为社区内某些居民生活难以为继,何来钱用于支付摊款?不能回收垫付款的现象很多,为此,村长经常会蒙受经济上的损失。如冷水沟,村长杜凤山声称,在军阀张宗昌统治山东时期(1923~1928年),金钱和物品等的摊派最为频繁,成为村民最为恐惧之事,村长也因此往往征收无果,可摊派的任务又难以推卸,时常他先为垫付,然后再向村民征收,结果常常因垫款而蒙受损失。①在寺北柴,前村长张乐卿也因为本社区内居民垫款而受损,因为欠缴者实在贫困而没有催讨,且这样的农户不少。这时的同族间也难伸援手,因为当时的农户家庭基本都很贫穷,不具备帮助他人之能力,用当地农民话语来说,"个人洗脸,个人光"②。

村落社区中的领袖人物不仅因为摊款在经济上受到损害,亦会因不能完成县指定的任务而受到惩罚,如吴店村,村落社区的甲长因不能及时交纳摊款而受到警察的殴打。③村落社区的领袖虽是按照上级指令行事,并非图一己之私利,尽管如此,他们尚难得到社区内部居民的理解,反而成为社区居民怨恨的对象。如寺北柴村民郝瑞林的回答,"问:为何村长成为令人厌恶的对象呢?答:村长的工作招人记恨,县政府和警察又因摊款屡屡传唤。问:村民为何怨恨村长呢?答:县政府下达征收的命令,村长便会挨家征收,如果无钱交纳的话,就会让出售谷物或棉花来交纳摊款,这种催促易招致村民的怨恨。问:催讨钱财是最易招人怨恨的吗?答:是的。"④村民的话语只能说明事实的表

---

① [日]中国農村調査刊行会:『中国農村慣行調査』第四巻,岩波書店1981年版,第6頁。
② [日]中国農村調査刊行会:『中国農村慣行調査』第三巻,岩波書店1981年版,第55、63頁。
③ [日]中国農村調査刊行会:『中国農村慣行調査』第五巻,岩波書店1981年版,第421頁。
④ [日]中国農村調査刊行会:『中国農村慣行調査』第三巻,岩波書店1981年版,第62頁。

相,却不能如实的表明村长真实的心理情感,这唯有借助于村长的言语才能准确地反映出来。寺北柴村长对此有切身的体会与感触,"问:村长最为头疼的事情,是县政府下达的工作,还是村落内的事务呢?答:二者皆难处理。问:县政府的工作指令中最难的是征税吗?答:县政府指定的工作内容很多,致使我整天公务缠身,无法顾及自己的事情……问:村落社区内部的事务如何?答:政府要求征收摊款,我挨家向他们征集摊款,可是村民们很不愿意交纳,如同这些钱都将归入我的腰包一样,无论如何说明也得不到村民的支持,以后将这项工作交给甲长处理"①。对村长来说,摆脱困境的一条途径是彻底投身于国家政权之中而与村民作对。例如,后夏寨村长将未交摊款的户主姓名报告给警察,由警察殴打被告之人。②

村领袖们时常会因摊款受到上级机关的处罚,同时也得不到社区居民的理解和支持,甚至有时会因摊款与村民的关系趋于紧张,更会引起二者间的争执。满铁在调查的各县之中,均发现村民认为村长及首事摊款缺乏公平而引起争议的事件。

在后夏寨村,长期以来,村长王庆龙处理摊派问题引起村民们的不满,虽未是村民们赶其下台,但他深知自己不具备化解矛盾的能力,若继续占据此位置,结果可能会引起民愤,故自动请辞。③

在侯家营,村长侯大生因为摊款问题,招致社区内拥有土地量较多且摊额多的村民不满,所以,侯全武、刘子馨、王福春等十余户土地较多者要求县里辞退了侯大生。④

在河北省顺义县和栾城县,村民和村领袖因摊款而发生争执,不得不捅到区公所,在这种情况下,区公所往往支持村领袖们的决定。⑤另外,在栾城县

---

① [日]中国農村調查刊行会:『中国農村慣行調査』第三卷,岩波書店1981年版,第59頁。
② [日]中国農村調查刊行会:『中国農村慣行調査』第四卷,岩波書店1981年版,第407頁。
③ [日]中国農村調查刊行会:『中国農村慣行調査』第四卷,岩波書店1981年版,第407頁。
④ [日]中国農村調查刊行会:『中国農村慣行調査』第四卷,岩波書店1981年版,第407頁;[日]中国農村調查刊行会:『中国農村慣行調査』第五卷,岩波書店1981年版,第18頁。
⑤ [日]中国農村調查刊行会:『中国農村慣行調査』第二卷,岩波書店1981年版,第345頁;[日]中国農村調查刊行会:『中国農村慣行調査』第三卷,岩波書店1981年版,第47頁。

也有几宗十分有趣的摊款纠纷案。在30年代,不少普通村民向县衙状告村领袖摊款不公,其中一个状子指控村庄首事"不遵乡规,私改新章",声称:"民村多年乡规,杂派九十两银子,按六十两派款,以体恤贫民,不料今年村长合甲长公议杂派按九十两派款,当出地亩向当主要钱……如此以往,贫户谁堪负担……"①

该县的另两宗案件亦值得转引,因为它一直状告到设于天津的高等法院。与寺北柴相邻的岗头村由一条道路分为前街和后街两部分,分别住着70户和40户人家。但是,村领袖们按传统的平分(50:50)方式征收摊款。到了20年代末期,随着摊款的增加,居民较少的后街起而反对这种分配方式。此案一直弄到高等法院,法庭决定将该村分为两个财政独立的单位。②另一村庄名为乏马铺,分为前后两牌,两牌土地差异较大,但村庄领袖们决定两牌平均摊款,愤怒的村民提出上诉。③此案在调查时尚未审理完结,故不知作何判决。

甘布尔书中提到,在北京附近的某村,村民在一些反对派村首事的带领下,状告村长和其他村领导摊款不公,此次诉讼极大地削弱了原村长在村中的权力和地位。④

20世纪前期,摊款呈现迅猛上升的势头并成为该时期特有之现象,由于它的存在,导致村庄领袖与社区内的村民间时常会出现矛盾与纠纷,是"村庄领袖与村民暗中或公开对立的主要因素"⑤。村庄领袖在摊派日益繁重的社会背景下,国家与基层社区对其而言都成为难以应对的问题,而且经济利益也有受到损害的危险,所以,"有声望的村领袖对担任公职更为畏惧"⑥,纷纷退出

---

① [日]中国農村調査刊行会:『中国農村慣行調査』第三卷,岩波書店1981年版,第512~513頁。
② [日]中国農村調査刊行会:『中国農村慣行調査』第三卷,岩波書店1981年版,第48頁。
③ [日]中国農村調査刊行会:『中国農村慣行調査』第三卷,岩波書店1981年版,第48頁。
④ 甘布尔:《华北农村》,第119页。转引自[美]杜赞奇著,王福明译《文化、权力与国家——1900~1942年的华北农村》,江苏人民出版社2004年版,第208页。
⑤ [美]杜赞奇著,王福明译:《文化、权力与国家——1900~1942年的华北农村》,江苏人民出版社2004年版,第208页。
⑥ [美]杜赞奇著,王福明译:《文化、权力与国家——1900~1942年的华北农村》,江苏人民出版社2004年版,第208页。

社区的政治舞台。如吴店村民国以后,军队的征发繁多,摊款随之增加,原来富裕的村领袖为此辞职并迁出村庄。①冷水沟的村长杜凤山是一个受人尊敬的村领袖,但据他声称,因为摊款的缘故,其他有名望的村民都不愿充当村长副,摊款是村务中最烦人的事情。②

20世纪前期,华北地区各种摊派等经济负担日甚一日,不在地主群体也日益壮大,但因其居住于村落社区之外,基本上不承担这部分经济摊款,而这些经济负担最终要由各个村落内拥有土地的农民来担负,对于原本就生活贫困的农家无疑是雪上加霜。如此一来,征收摊款也越发困难,可作为村长等村落社区权力阶层的工作内容,又不得不"迎难而上",有时自己垫付。这些不仅没有得到社区居民的理解,甚至引起居民的仇视,村落社区的权力阶层可谓处于国家与地方双重挤压的境地。所以,村落中的富裕阶层纷纷从社区政治舞台中走了下来,留下的空间则需要其他阶层或村民来补位,而这往往为地方恶霸和恶棍们提供了难得寻觅的机会,如地方恶霸李严林和樊宝山,利用原有村庄领导人拒绝继续管理村务而其他居民又不愿接手造成的权力真空,篡取了村落社区的权力。另外,在某些村落中,富裕阶层留下的职位由贫穷的人来继任。如吴店村,民国以后,富裕阶层辞去村落公职,穷人成为村落社区的村长。③

20世纪初期,随着华北地区的不在地主阶层人数的日益增多,乡土社会权力生成的最重要因素——经济资本与基层权力间的关系发生了变动,即经济资本逐渐远离基层权力,不再成为乡土社会内生权力的重要生成因素。传统乡村权力内生机制失去往日绩效,继而代之的权力机制却未形成,究其原因在于民国时期的诸种军事势力相互缠斗而未形成真正意义上的一统,于是制约了乡村权力继替机制的孕育、形成。乡村权力内生机制继替脱节的境况亦能从一个侧面彰显出民国时期的时代特征。实现乡村权力机制的替代是在按照政治意识形态标准,以"贫农阶层为核心"的重塑乡村社会阶级和

---

① [日]中国農村調査刊行会:『中国農村慣行調査』第五卷,岩波書店1981年版,第420、430頁。
② [日]中国農村調査刊行会:『中国農村慣行調査』第四卷,岩波書店1981年版,第6頁。
③ [日]中国農村調査刊行会:『中国農村慣行調査』第五卷,岩波書店1981年版,第420頁。

权力关系的土地革命,借此"一元性政治精英"机制取代了传统乡村的内生权力生成机制。不在地主大多是有知识、有能力且素质较高的人,这些人移居城市或市镇之后,留下的权力真空由劣绅或地痞填充,这势必导致乡村权力的痞化,从而影响乡村政权稳定和国家权威,进而对现代民族国家的重构产生影响。

第六章 CHAPTER SIX

不在地主与城乡关系

  黄宗智先生在探讨近代华北小农经济问题时,指出解放前的中国农村社会可以从两种生产关系的角度来分析:租佃关系与雇佣关系,其中,租佃关系着眼于土地关系,因此区别为地主、自耕农和佃农(及半自耕农)。①这种以租佃关系和雇佣关系涵盖近代中国农村社会关系的说法有商榷的空间,但这种分析乡村社会的模式可以借鉴,尤其是租佃关系。但是,以往研究者围绕租佃关系的讨论,多如黄宗智先生一样,着眼于土地关系,其实,租佃关系能从一个侧面反映当时的城市与乡村间关系。本章将以华北区域不在地主与佃农构建的租佃关系为视角,来勾勒20世纪前期该区域内的城乡关系。

---

  ① [美]黄宗智:《华北的小农经济与社会变迁》,中华书局2000年版,第65页。

第一节　不在地主和租佃关系

本节探讨建立租佃关系的不在地主和佃农间的关系,具体来说,将从以下两个方面来论述,租佃关系建立前、租佃过程中的双方关系。这里将主要以河北省顺义县沙井村作为讨论的素材,此因该村落资料较为翔实,并非特例。

一、租佃关系确立

挖掘沙井村社区的居民与不在地主间的租佃关系,应从租佃关系建立前二者间的关系进行考察。据《中国农村惯行调查》中第二卷的资料,笔者将不在地主和农民建立租佃关系前的二者基本情况整理出下表。

表6.1　沙井村农民和不在地主基本情况表

农民	不在地主	不在地主的居住地	土地所在地	双方关系	介绍人
李注源	刘万福	石门村	仁和镇城内	亲戚	无
	刘汝(如)州①	梅沟营	南法信	认识	无
张守俊	言绪	县城	南法信	无	任守春
	张义臣	县城	不明	认识	张永仁
刘福	孙旺	毛家营	不明	认识	无
李树林	杜景萱	马圈儿	沙井村	认识	无
赵文有	言绪	县城	县城内	无	张老太太
周树棠	邢尚德	县城	沙井村	无	无
李清源	邢尚德	县城	沙井村	认识	无
杨永元	王某	县城	琉璃河	亲戚	无
	何长源	县城	县城内	无	杜祥
赵绍廷	王永万	县城	沙井村	认识	无
李汇源	张芬	县城	沙井村	认识	无
杜祥	言绪	县城	沙井村	无	任守春
	何长源	县城	沙井村外	不明	无
杜春	何长源	县城	县城内	−	无
	言绪	县城	沙井村	*	任守春
杜复新	公议堂	县城	沙井村	−	−
杜德新	言绪	县城	沙井村	*	任守春
	公议堂	县城	沙井村	−	−
杜林新	公议堂	县城	沙井村	−	−
赵廷奎	张某	马家营	南法信	*	有
	刘殿祥	梅沟营	沙井村	*	李旺
	尹某	县城	石门村	*	李旺
傅菊	张义臣	县城	沙井村外	认识	无
张林辉	公议堂	县城	沙井村	−	无

---

① 在《中国农村惯行调查》第二卷第2页中，李注源今年开始耕作梅沟营人刘如洲在南法信村的下等地十亩，地租共四十元。而在本卷的第26页，在李注源的回答里，称今年租进梅沟营地主刘汝州中等地十亩，每亩地租六元。在地主名字、土地等级、地租上有差异，但前者为村中行政人员的回答，未必准确，另外在地主所在地、租佃土地的位置和亩数的回答上是一致的，故认为刘汝州与刘如洲为同一人。

续表

农民	不在地主	不在地主的居住地	土地所在地	双方关系	介绍人
刘张氏	公议堂	县城	沙井村	-	无
刘长春	尹志祥	县城	石门	亲戚	无
	张义臣	县城	南法信	朋友	无
吴殿臣	孙少甫	毛家营	沙井村	朋友	无
	李文敏(李寿山)①	县城	沙井村	无	有
张麟富	言绪	县城	沙井村	*	任守春
	张文亮	衙门村	沙井村	认识	无

说明："双方关系"栏中"-"、"*"代表双方关系不能直接判明,这是因为在调查时,或是调查人员没有提问,或是被问到的村民未回答。

资料来源:[日]中国農村調査刊行会:『中国農村慣行調査』第二卷,岩波書店1981年版,第1~60頁。

上表中有三个问题需要说明:(1)赵廷奎承佃土地的县城人尹某和刘长春承佃土地的县城人尹志祥是否是同一个人?笔者从《中国农村惯行调查》中尚未考证出来,姑且算作异人。(2)沙井村村民赵文有承佃县城人言绪的土地以及杜春承佃县城人何长源的土地,都属顺义县城界内,将其算作不在地主有些牵强,故将其置于考虑范围之外。(3)在张守俊—张义臣、刘福—孙旺这两对租佃关系中,因为无法确认租佃土地的位置,故在行文中将其剔除。如此,沙井村20户农民与18名不在地主建立起近似一一对应的租佃关系。

表中"双方关系"一栏中,基本反映了租佃前租佃双方关系的远近亲疏。在租佃前双方的关系中,具有亲戚关系的有3对。租佃双方彼此认识的有9对(张麟富与张文亮本是同村人,故归为此类),但由于杜祥与何长源的租佃关系是

---

① 在《中国农村惯行调查》第二卷第24页和56页中,与吴殿臣发生租佃关系的不在地主出现了李文敏和李寿山两个人,根据调查资料的记载,二人都为顺义县城人,都经营药铺,出租地都为沙井村村西的五亩土地,故认为二者为同一人。

在何氏主动去杜家向其提出伙种的情况下建立的,①可见二者是相互认识的,所以此类型租佃关系应为10对。在《中国农村惯行调查》中,明确标明租佃双方在租佃关系前毫无关系的有4对。经过简单梳理和分析能够判明承租公议堂土地的农民与不在地主在租佃前双方是毫无关系的,承租公议堂土地的村民有5户。公议堂的所有者是住在北京朝阳门外的王书田,②农民大概是通过竞标而租得土地(杜德新、杜复新和杜林新三人皆通过竞标的方式租得土地)。③另外,介绍人的有无也可判定租佃双方的关系,不在地主与农民在无血缘和姻缘的纽带下因地理空间的距离以及贫富的差距,彼此间关系建立较难,故未标明双方关系而有介绍人的,可视作二者在租佃前毫无关系,此类型共有6对。从上述情形可知,租佃双方在租佃前毫无关系的有15对。

　　租佃经济关系建立前,依照与城居地主情感上的距离,农民与城居地主的关系,依次为亲戚关系、朋友熟人关系、毫无关系。租佃双方在租佃前是否具有某种关系,将影响到租佃关系建立的环节。若租佃双方是亲属或是朋友关系,甚至仅为认识也可直接沟通建立租佃关系。但是,租佃双方在租佃前毫无关系的,则需通过介绍人互通信息进而建立经济关系。介绍人又被称为中人,中人这种称谓"不是严格的法律意义上的概念"④,但在乡土社会中具有极为重要的社会经济功能。中人经常出现于不动产交易、土地租佃、雇佣、借贷等场合中,在上述诸关系中扮演着当事双方信息沟通者的角色,促成双方间的交易。当然,中人的角色不限于此,在流通领域中的牙人、牙纪等职业经纪人以及婚姻关系中的"媒妁"等,皆为中人。正因此,学术界涉猎中人内容的研究成果颇多,美国学者杜赞奇、黄宗智以及中国学者刘秋根、梁治平、李金铮等都在各自的专题研究中不同程度的涉及到该问题。那么,中人在双方是否具有关系的租佃里,较频地出现于哪种情况之中呢?我们由上表可知,在租佃双方具有某种关系的租佃中,不存在中人,与之相反,双方毫无关联的租佃关系

---

① [日]中国農村調査刊行会:『中国農村慣行調査』第二卷,岩波書店1981年版,第42頁。
② [日]中国農村調査刊行会:『中国農村慣行調査』第二卷,岩波書店1981年版,第21頁。
③ [日]中国農村調査刊行会:『中国農村慣行調査』第二卷,岩波書店1981年版,第44頁。
④ 戴建志主编:《民间借贷法律实务》,法律出版社1997年版,第109页。

中存在中人,也就是说,在不在地主和村民建立的租佃关系里,中人成为一个重要的环节。沙井村的村民回答可以印证这个问题。"问:同村人之间通过介绍人建立租佃关系的例子多吗? 答:几乎不存在。问:和他村人建立租佃关系的时候呢? 答:有介绍人的很多。"① 可见,租佃前双方毫无关系下的农民与不在地主,介绍人存在的例子较多,乃因双方互不认识,不知对方是否有承租或佃出土地的意愿。更为重要的是双方的信用度无法判断,故需中间人互通信息,以便建立租佃关系。

中人在乡土社会主要经济关系之一的租佃关系中,发挥着何种功效呢? 首先,其发挥着租佃双方信息互通的媒介作用。租佃双方在租佃前毫无信息交流,通过中人将二者对佃出、承租土地的意愿传达给对方,在这个过程中,租佃双方基本不直接沟通,而是由中人出面来往于租佃双方之间。"问:介绍人受农民的委托如何与地主沟通,何时确立租佃关系? 答:介绍人通过一两次拜访地主,在地主和佃农间互通信息以促进租佃关系的建立。最迟在九月中旬确定租佃关系。""问:一般来说,在租佃关系确立前,佃农通过介绍人与地主见面吗? 答:几乎没有。问:租佃关系的确立由谁决定呢? 答:因为租佃通过介绍人的沟通而建立,故没有必要去拜访地主。佃农将租佃土地的条件告知于介绍人,如果地主接受这个条件,双方的租佃关系便得以建立了。"② 通过中人实现信息交换,双方都有建立租佃关系的意愿,接着便是地租的问题。通常情况下,地租的多少会遵循当地租佃惯习而确定,当然,不排除地主欲最大限度地争取经济收益或因当时出租土地者少的情境下而提出较高的地租要求。对此,农民并不会欣然应允,而是凭借自己多年从事农耕的经验来判断承租土地的经济收益,再与地主提出的地租额进行权衡。如若与心中的盘算有着距离,农民便会告知中人,中人依据具备的农业常识、沟通能力以及无形资本,会在双方间谋求一个能够认同的地租额度,以促成双方建立经济关系。因此,中人在租佃关系中的另一作用便应运而生了,即在租佃双方围绕地租博弈的过程中中人扮演着调节人的角色。中人的作用有时并未

---

① [日]中国農村調査刊行会:『中国農村慣行調査』第二卷,岩波書店1981年版,第73頁。
② [日]中国農村調査刊行会:『中国農村慣行調査』第二卷,岩波書店1981年版,第73頁。

随着租佃关系的确立而结束。中人在租佃关系确立的过程中,发挥着极大的作用,但很少会因此得到酬劳,基本上是一种义务活动,即使在地租额度上为佃农谋取了利益,也未能获得经济收入。"问:若地主要求地租二十元,而佃农出十元,介绍人通过斡旋将地租定在十五元,那么,佃农给介绍人礼物表示感谢吗? 答:不。"①借助于中人完成租佃关系的不在地主和村民,更多体现的是一种平等的经济关系,并不存在一方借着自己占有的稀缺经济资源而将其意志强加于另一方,而一方也没有因为缺少最基本的生产资料而任意让另一方榨取的现象。

一般来说,租佃关系的确立需要形成一定的凭证——契约,有书面契约和口头契约两种。"对经济条件较好、出租人比较熟悉的佃户,有时只口头约定条件,并不订立契约。订约一般在每年秋季收获之后、冬闲之前,租期多为一年,到期再续,长租不多。"②沙井村农民与不在地主在租佃前,双方的关系可归为不熟悉,故通过介绍人或二者直接沟通确立租佃关系,那么这种租佃关系是否最终需要形成文书的形式——书面契约呢? 还是二者彼此较为信任仅以口头约定的形式确认租佃关系呢? 我们可以从农民的回答中得到答案。

"问:租佃关系确立时,需要制作书面契约吗? 答:不需要。问:以前的情形如何呢? 答:以前依然如此。问:这样的情况只出现于本村吗? 答:附近一带皆是如此。问:那么,为何不作书面契约呢? 答:原因在于地租是前纳,只要支付钱租,地主和佃农间不会产生纠纷。问:伙种的情况如何? 答:无论过去还是现今都不作书面契约。问:为何不作书面契约呢? 答:收获的分配方法基本沿袭旧习,与旧习不符的情况极少。问:佃耕外村地主的土地时(如公议堂的土地),需要建立书面契约吗? 答:不需要。问:外村地主不常来村落,他在建立租佃关系时有书面契约吗? 答:这样的例子没有。问:本村人将在外村拥有的土地出租给该村人的时候,有书面契约吗? 答:这样的例子没有,即使有的话,书

---

① [日]中国農村調査刊行会:『中国農村慣行調査』第二卷,岩波書店1981年版,第73頁。

② 史志宏:《20世纪三四十年代华北平原农村的租佃关系和雇佣关系——以河北省清苑县4村为例》,《中国经济史研究》,2003年第1期。

面契约也不存在,因为有介绍人。"①

"问:租地的时候有书面契约吗？答:口头决定。无论前纳,还是后纳都没有书面契约。问:伙种呢？答:没见过,也没有听过。问:以前呢？答:也没有。问:在书面契约不存在的情况下,佃农未按约定缴纳地租,这时地主以什么为凭证要求履行约定呢？答:佃农耕作土地的事情,村民都知道,而且也报给村公所了,所以,没有书面契约也能要求佃农履行约定。问:基本情况可能知道,但是地租的额度、比例也知道吗？答:原则上来说对半分,这不会出现异议。"②

在上述问答中,租佃双方关系亲密也好,毫无关系也好,均是采用口头契约,契约内容均基于当地租佃惯习的框约内,并无特殊之处,可以说,租佃双方关系的远近并未影响到契约的形式。租佃双方在租佃前的情感虽有远近之别,可均未影响到租佃经济行为,如杨永元承租居于县城姐姐的十亩土地,彼此虽具血缘关系,地租却未有丝毫的便宜;③刘长春承租县城朋友的土地,城居地主欲提高地租,承租人刘长春认为租种土地经济收益甚微,便终结租佃关系。④诸如此例不乏于此,传统的温情在经济流转频快、人情的边际效益小于经济效益的情境下,小农的"理性"会在社会行动中占据主导地位。

二、农事耕作

租佃双方直接沟通或通过中人确立的租佃关系,在整个过程中,不存在强佃、诈佃的行为,双方都是在协商下进行的。那么,在农事耕作中,不在地主和佃农间又会呈现怎样一种关系呢？这可以从佃耕地农作物的决定权、耕作过程中的自主性、地主是否提供农具或牲畜等方面来论述。

首先,农民在承租的土地上如何开展种植、种植何种作物等,是农民根据

---

① [日]中国農村調査刊行会:『中国農村慣行調査』第二卷,岩波書店1981年版,第73页。
② [日]中国農村調査刊行会:『中国農村慣行調査』第二卷,岩波書店1981年版,第92页。
③ [日]中国農村調査刊行会:『中国農村慣行調査』第二卷,岩波書店1981年版,第32页。
④ [日]中国農村調査刊行会:『中国農村慣行調査』第二卷,岩波書店1981年版,第52页。

农情自主决定,还是由地主决定,能够从侧面展示出不在地主和农民在土地耕作过程中的关系。我们可以从沙井村几位村民的回答中寻找答案。

"问:自耕地的农作物固定不便吗?答:没有变化。问:佃农租种土地后,是仍种植地主自种时的农作物呢?还是另种它物?答:地主植的农作物与地性相宜,故佃农不改换农作物。……问:佃农未经地主允可而改种农作物可以吗?如将麦田改种花生可以吗?答:这是佃农的自由,可是改换种植物的佃农很少。……问:关于佃耕地的农作物,和地主商量决定或是由地主决定的事情有吗?答:伙种的情形有。一般来说,在货币地租前纳的租佃关系中基本不存在。"①

"问:地主决定佃耕地的种植物吗?答:在货币地租前纳的情况下,地主不决定,伙种的时候有。问:地主不允许种植的农作物有吗?答:没有。问:如果种植麻等作物,土质变坏了怎么办?答:没有关系。问:伙种的租佃关系中,如果植棉的利润高,地主让佃农种植棉花吗?答:有。问:伙种的时候,种植物由谁决定?答:各种情况都会出现,或由地主决定,或是地主将决定权完全交由佃农决定。问:地主倾向种植利润高的作物吗?答:地主和佃农商谈决定种植物。一直以来,本社区种植作物的结构较为固定,即使伙种,改变种植作物的情况未曾出现。问:地主劝佃农种植新的作物吗?答:一直以来,这样的情况没有。问:佃农依照地主的要求在佃耕地上种植和以往不同作物的例子有吗?答:本社区内不常见。在其他村内,地主有让佃农种植棉花、烟草的例子。"②

"问:在伙种的租佃关系中,种植何种农作物要与地主商谈吗?答:道理如此,可实际上商谈的很少。问:在伙种中,佃农自由进行农事耕作吗?答:是的。……问:在货币地租前纳的租佃关系中,地主指定种植何种农作物吗?答:不指定。完全是佃农的自由。可是,旱地作物大都由地主决定。问:伙种呢?答:在这种情况下,由租佃双方商谈决定,如果不商谈就不能称得上伙种。"③

---

① [日]中国農村調查刊行会:『中国農村慣行調查』第二卷,岩波書店1981年版,第68頁。
② [日]中国農村調查刊行会:『中国農村慣行調查』第二卷,岩波書店1981年版,第89頁。
③ [日]中国農村調查刊行会:『中国農村慣行調查』第二卷,岩波書店1981年版,第92頁。

"问：地主指定种植何种农作物吗？答：不指定。问：伙种呢？答：租佃双方根据土壤结构商谈决定种植的农作物。"①

从村民的回答中可以看出，采用货币地租的租佃关系中，地主将佃耕地农作物的决定权让与佃农，原因在于这种租佃关系中的地租按照当地的习惯基本是在关系确立时就交于土地所有者，不在地主获得所关心的地租之后，对于佃农在佃耕地上种植何种作物不感兴趣。当然，不是所有的租佃关系都会采用上述方式，不在地主也并非完全不过问耕作的作物，在沙井村的租佃关系中，伙种方式下的不在地主还是关注佃耕地上的农作物的。

伙种的租佃方式，在沙井村的20户农民与18名不在地主建起的租佃关系中，只有杜祥—何长源、李注源—刘万福、李汇源—张芬、李清源—邢尚德四对，其他均采用货币地租。在这四对伙种的租佃关系中，在佃耕地上种植的作物由不在地主决定的有两对，即李注源—刘万福和李清源—邢尚德。那么，在这两对的租佃关系中，不在地主是否强行让佃农执行自己的种植意向呢？李注源—刘万福的租佃关系建立于李氏接受种瓜的伙种条件而成立，②虽然佃农李氏接受了地主指定的种植作物，但不能简单地认为这有利于不在地主刘氏，而对李氏则是不经济的行为。对此，有必要作进一步分析。承租人李注源佃耕的土地在沙井村属于上等田，土壤结构适宜种瓜，在无异常气候影响的情况下，经济收益会颇丰，③也许佃农李氏正是注意到此点才接受不在地主刘氏的伙种要求。另外，还需说明的是，李注源在农事之外兼任该村的看青一职，相对于其他农作物来讲，种瓜和兼任看青在时间上不会发生冲突。④通过以上分析，李—刘的租佃关系对于双方均是一种双赢之作。

另外，再看一下李清源—邢尚德的伙种关系。具体情况在《中国农村惯行调查》中有详细的记载，"问：邢尚德何时与李氏建立了伙种关系呢？答：三年前。问：邢尚德为何与李氏建立租佃关系呢？答：十年前，邢尚德迁入本村，与

---

① [日]中国農村調査刊行会：『中国農村慣行調査』第二卷，岩波書店1981年版，第92頁。
② [日]中国農村調査刊行会：『中国農村慣行調査』第二卷，岩波書店1981年版，第25頁。
③ [日]中国農村調査刊行会：『中国農村慣行調査』第二卷，岩波書店1981年版，第25頁。
④ [日]中国農村調査刊行会：『中国農村慣行調査』第二卷，岩波書店1981年版，第25頁。

李氏相交甚好。问：伙种由谁提出的？答：邢尚德。"①"问：首次商谈的内容是什么？答：农作物和收获的分配方法。问：具体的说呢？答：种植的作物遵从地主的意见。第一年种植高粱、麦；第二年种植谷子；第三年（本年）种植玉米和麦。收获物的分配方法是分垄。……问：李氏关于种植作物去和邢氏商谈过吗？答：每年一二月的时候，李氏去城内关于种植作物与邢氏商谈。问：今年商谈的内容是什么呢？答：去年遇到水灾，所以，今年种植耐涝的高秆作物。问：上述农作物由谁提出，由谁决定？答：在双方交谈的过程中形成的，地主决定种植的农作物。"②邢尚德—李清源伙种的租佃关系，种植作物最终的确定权在不在地主，然而，这并不是不在地主单方面决定的结果，而是经由双方协商而决定的。

　　从不在地主与佃农在佃耕地农作物种植的决定权上看，货币租佃关系里，不在地主对佃出的土地种植何种作物并不关心，种植作物任由农民决定；伙种租佃关系，种植物虽由不在地主决定，但是建立在与佃农协商的基础之上，总而言之，租佃双方在农作物种植的决定上是一种平等的关系。

　　佃耕地的农作物从播种到收获的时期内，不在地主是干涉佃农耕作，还是佃农自由耕作，亦可体现租佃双方的关系。在货币地租的租佃关系中，不在地主在获得出让土地使用权的收益后，不仅放弃农作物的决定权，而且不会对佃农的农事耕作过程进行干涉，甚至对农作物的生长状况也漠不关心。不在地主可能干涉佃农的农事耕作是与不在地主经济利益存在密切关联的伙种租佃关系。在伙种的租佃关系中，不在地主的经济收益跟佃耕地的农作物产量成正比例关系，佃耕地收成好则不在地主的经济效益增加，反之，则经济效益降低。那么，真实情况如何呢？

　　先看李注源和刘万福的租佃关系。佃农李氏在农作物播种到收获的整个过程中，都是根据自己的经验和农事环境安排自己的生产，不在地主刘氏自始至终未曾加以干涉。具体如下：

　　"问：农事耕作过程中的事情，逐一与刘氏商谈吗？答：没有商谈。问：关于

---

① ［日］中国農村調査刊行会：『中国農村慣行調査』第二巻，岩波書店1981年版，第37頁。
② ［日］中国農村調査刊行会：『中国農村慣行調査』第二巻，岩波書店1981年版，第37頁。

河南瓜的种植方法和刘氏商谈过吗？答：没有商谈，完全按照自己的想法进行耕作。问：刘氏授权李氏按照自己的想法进行农事耕作吗？答：没有说过。问：刘氏关于农事耕作有什么要求吗？答：没有。问：刘氏经常询问农作物的生长状况吗？另外，亲自来查看吗？答：不在地主没有询问农作物的生长状况，也没有来查看农作物的长势。"①"问：每年向不在地主告知佃耕地上的河南瓜的产量吗？答：没有事不去告知。"②

佃农李注源在农耕过程中的自主性也可从其卖瓜过程中表现出来，在农作物转化为货币的过程亦未与刘氏商量，而是直接与商人讨价还价。李氏将租种地的瓜全部交易后，扣除生产成本，将纯利润的一半作为地租交与地主。"问：佃耕地上的河南瓜如何分配？答：河南瓜出售给商人，我将获得的半额利润作为地租给地主。问：河南瓜交易的时候，商人与不在地主商谈吗？答：不去，直接与我（佃农）商谈。问：商人来之前，或来的时候，你去和不在地主商谈交易的价格吗？答：不，我直接和商人商谈。"③

可见，伙种下建立租佃关系的李注源在整个农事耕作过程中，不仅未和刘万福商谈过，而且不在地主刘氏没有任何"嘱咐"，全部是由李注源按照自己的想法展开农事耕作的。不在地主刘氏在农作物的生长期、成熟期，都未曾查看过、询问过农作物的情况，李注源亦未去告知过。佃农在耕作过程中的自主性表露无遗。

另外，沙井村的邢尚德在迁居县城后，让贫困的李清源看守房屋，并主动与其建立了伙种关系，且将闲置于原社区家中的农具借给李清源使用。在整个农事耕作中，李清源具有极大的自主性。④

不在地主邢尚德对伙种地的作物不是很关心，每年很少来看作物的长势，只是在农作物发芽和收获前来。收获前来是为了分垄，好坏交错分垄后，由带

---

① [日]中国農村調査刊行会：『中国農村慣行調査』第二卷，岩波書店1981年版，第25頁。
② [日]中国農村調査刊行会：『中国農村慣行調査』第二卷，岩波書店1981年版，第26頁。
③ [日]中国農村調査刊行会：『中国農村慣行調査』第二卷，岩波書店1981年版，第26頁。
④ [日]中国農村調査刊行会：『中国農村慣行調査』第二卷，岩波書店1981年版，第37頁。

来的短工进行收割。①"问:邢尚德每年来查看农作物播种或长势的情况吗?答:不怎么来,农作物发芽、收获前来查看。问:收获的时候来吗?答:一个人过来,四处看看。"②

地主决定的分垄,农民能受到些许损害,可是收获物在品质上没有大的差别,而且是等量均分。③"问:收获的农作物如何分配?答:不在地主邢尚德选垄,对半分。问:邢尚德只选好的,坏的全归李氏吗?答:邢尚德在选垄时,优劣交错在一起分配,李氏也不是只获得坏的。"④

尤其能够体现佃农在耕作过程的自主性的是佃耕地的使用权。佃农李氏因借得土地太多,仅凭家中劳动力无法正常进行农事耕作,在这种情况下,李氏与同村人周树棠伙种,虽此事事前告于邢,但邢尚德只把李当作出租对象,⑤此事将其在耕作过程中的自主性彰显无疑。

承租土地的农民在耕作过程中,无论在何种关系下建立的租佃关系,城居地主对农民极少(28对租佃关系中只有1对)提供役畜、工具、肥料、人工等。

从上述情形来看,不管是货币地租的租佃关系,还是伙种的租佃关系,租佃双方在佃耕地耕作的整个环节中,可谓是一种平等的关系,不在地主并未因为占有经济资本而干涉佃农的农事耕作,佃农在这个环节中一直享有自主权。

---

① [日]中国農村調査刊行会:『中国農村慣行調査』第二卷,岩波書店1981年版,第36頁。
② [日]中国農村調査刊行会:『中国農村慣行調査』第二卷,岩波書店1981年版,第37頁。
③ [日]中国農村調査刊行会:『中国農村慣行調査』第二卷,岩波書店1981年版,第80頁。
④ [日]中国農村調査刊行会:『中国農村慣行調査』第二卷,岩波書店1981年版,第37頁。
⑤ [日]中国農村調査刊行会:『中国農村慣行調査』第二卷,岩波書店1981年版,第37頁。

第二节　租佃外的经济关系

以往论述地主和农民间的关系，多会不约而同地在革命范式的解释模式下论及到与地主发生租佃关系的农民会受到租佃外的诸多剥削。诚然，这种现象的存在毋庸讳言，况且学者们也通过举例进行说明，但借此就盖棺定论地认为地主和佃农间普遍存在租佃外的剥削，不仅为时尚早，而且违背历史事实，有夸大租佃双方的对立之嫌。本节就此问题展开讨论，将从租佃双方的日常生活、双方的纠纷两方面来分析承佃土地的农民与城居地主除了租佃关系外，是否也潜藏着租佃关系外的经济强制关系。

一、日常生活中租佃双方的交际

以往关于租佃关系研究中，学者们经常提到在地租（正租）之外，还存在一种副租，认为这是正租以外地主对佃户的额外剥削。[①]副租，当时又有"苛例"之称。关于这个问题，可通过抗日战争前乡土社会的一些具体的事例进行证明，例如山西五台县的佃农，正租以外还要送地主"租公鸡"、"租麻袋"、

---

① 乌廷玉：《旧中国黄河流域各省的租佃关系》，《近代史研究》，1987年第2期。

"租扫帚"。①山东东部各县佃户,要给地主送鸡蛋,河北宝坻县也是如此。

1938年以后,副租更加复杂。如山东省莒南、赣榆佃农,每年蔬菜、水果上市,必须送地主"尝新"。每逢春节,佃户要送地主炕席、饭帚、笤帚、瓢,以及鱼肉等,同时还要"接年金",一亩地平均50文。②沭水、临沭等县副租更重。每逢过节,佃户必须送地主猪肉一刀(12~20斤)、鸡两只、鲜鱼两条。假若不送礼,将要受地主报复。例如,甄家沟佃农甄全长,因歉收未能送礼,结果不仅被抽去田地,而且被逐出村外居住。③又如邹县第二区小山阴邢庄的张士德租地主徐建彬二十亩田,由于未给地主送礼,第二年春季地已上粪准备开犁,地主借口说张士德父亲年老,强制收回十亩田。这样,十亩地所上的四十车粪,白给地主强占去。④

河南省卢氏县佃农,每逢年节,都要给地主送礼。陕西南部各县,地主办婚丧事或做寿,佃农要无偿帮工,年节要送鸡鸭。

以上事例能够说明地主和佃农间存在副租这个现象,可学者们并未就此现象深入探讨下去,故而留下了问题,即这种现象是否具有普遍性的问题?不能因为几则资料,就笼而统之地认为在租佃双方之间普遍存在这种副租现象。而且,笔者发现学者在证实这个问题时利用的资料有待商榷之处。如有这样一则资料,河北顺义、丰润等县佃户,必须给地主送蔬菜、水果,并设宴招待他们。⑤《中国农村惯行调查》中确实有此记述,可作者未能联系上下之问答,只是简单地爬梳出来运用到论证中。其问答如下,"问:佃农在缴纳货币地租之后,有将收获物的一部分送给地主的现象吗?答:有。问:以前有吗?答:有。问:送些什么? 答:瓜、蔬菜、水果等。问:佃农不要补偿吗? 或是地主不返以礼物吗? 答:一直以来,佃农不要补偿,地主也不返礼。问:这样的现象是惯例吗?

---

① 民国实业部国际贸易局编:《中国实业志·山西省》,1937年版,第83页。
② 《莒南赣榆县三个区的农村调查》,《山东省农村调查》,第83页。
③ 《邹县二区大黄庄地主剥削农民的花样》,《山东省农村调查》,第90~91页。
④ 《邹县二区大黄庄地主剥削农民的花样》,《山东省农村调查》,第90~91页。
⑤ [日]中国農村調査刊行会:『中国農村慣行調査』第二卷,岩波書店1981年版,第83页;乌廷玉:《旧中国黄河流域各省的租佃关系》,《近代史研究》,1987年第2期。

答：不是，这样的现象很难见到。"①由此可见，当时租佃双方在地租之外，是否普遍存在所谓的副租是个值得探讨的问题。以下将通过《中国农村惯行调查》中几个主要调查村落中地主和佃农间的日常关系进行探讨。

沙井村村民在与城居地主确立租佃关系后，有的去地主家拜访，有的不去。在沙井村的20户农民与18名城居地主建立的租佃关系里，仅李清源去邢尚德家协商时，有时带少许的花生作为礼物。"问：邢尚德是县城里有名的掌柜，在李氏出售谷物时，邢给他推荐粮商吗？答：没有。问：李氏在岁末时给邢氏送礼吗？或是去帮助做家务？答：没有。问：李氏去与邢尚德商谈的时候，带什么礼物吗？答：偶尔带少许花生作为礼物。问：花生是邢氏要求带的吗？答：不是，自发的行为。问：邢氏回赠什么了吗？答：没有。"②除此之外，租佃双方只具有租佃关系，并不存在所谓的副租现象。纵然沙井村村民租进土地的对象主要依靠不在地主，而且在租地变得越来越难的情境之下，不在地主和佃农间亦不存在副租。"问：如今佃耕地越来越难求，给地主送礼的现象逐渐多了吗？答：没有。问：在货币地租的租佃关系中，地主要求佃农提供一定数量的农作物吗？答：没有。问：有要求提供农作物秸秆的吗？答：没有。问：地主以借于佃农役畜或农具为由要求其提供秸秆吗？答：没有。问：佃农好意将秸秆送给地主的情况有吗？答：没有。问：地租之外，佃农需要给地主鸡、猪、蛋等的约定物吗？以前有吗？答：没有。问：佃农主动做的情况有吗？答：不常见。"③

货币地租的租佃关系，地主不会到田间查问佃耕地的情况，而伙种的租佃关系，地主会时常来查看、过问佃耕地的事情。那么，在地主来村落后，租佃双方又会展现出何种关系呢？《中国农村惯行调查》中有如下之问答，"问：伙种的情形或是收获的时候，地主来看佃出土地的农作物吗？答：基本都来。问：地主给佃农带什么礼物或酒吗？答：空手而来。问：佃农为地主预备酒食吗？答：佃农为地主准备一人的饮食，但不提供酒，基本是家常饭。问：丰年也一样吗？答：一样。问：除此之外，地主和佃农相互设宴或共食的情况有吗？答：无论平

---

① [日]中国農村調査刊行会：『中国農村慣行調査』第二卷，岩波書店1981年版，第83頁。
② [日]中国農村調査刊行会：『中国農村慣行調査』第二卷，岩波書店1981年版，第37頁。
③ [日]中国農村調査刊行会：『中国農村慣行調査』第二卷，岩波書店1981年版，第83頁。

常还是丰年均没有。问：佃农给地主送蔬菜、水果吗？答：不。问：鸡蛋、鸡等呢？答：没有。问：佃农将新出产的农作物送给地主吗？答：这样的习惯没有。租佃双方情感深厚时会有这样的现象。我们这里多称为送礼。"①

另外，生老病死、婚丧嫁娶等家庭周期性事件，对现代的生活也是非常重要的事情，何况在生活较为简单的传统社会中，这些事情在家庭经济生活中显得就格外重要了。假使租佃双方存在租佃外的剥削关系，那么这种关系最易、最常在家庭周期性事件中体现出来。据《中国农村惯行调查》资料，地主家里如有红白喜事，具有亲戚关系的农民才会参加，普通关系的农民一般不会到场。"问：地主家庭如遇吉凶的话，农民会参加吗？答：一般来说，可以互相帮助。但佃农没有义务一定要参加。问：如果出现上述事情，佃农去帮忙吗？答：有亲戚关系的去，没有关系的不去。问：如果地主来叫佃农怎么办？答：如果来叫就去，主动去的没有。问：去的话，有报酬吗？答：没有报酬。问：地主和佃农是同村人、同族、朋友的话呢？答：当然去。"②如佃农家庭遇红白喜事的情况，亲缘关系以外的地主是不会到场的。"问：佃农家里出现婚葬事情的时候，地主来吗？答：只有亲戚关系的地主到场。问：假使地主参加佃农家庭的婚葬，会以贵宾的待遇招待他吗？答：虽说是地主，也不会为此而特殊礼遇他。"③

租佃关系确立以后，租佃双方是否存在劳动力的约定？换句话说，佃农要无偿地为地主劳动，这种现象存在与否能够说明双方间除了租佃关系之外，还存在经济强制行为。从事农业生产的农民和地主的农忙期是同时来临的，如误农时会影响本年度的收益，因此佃农不会主动帮助地主施肥、收获、搬运，此时的地主会采用雇工的方式来解决农业生产上的劳动力不足。另外，地主家庭的琐事，诸如打扫除、饲养、修葺房屋等，因超出了租佃惯习，佃农一般不会参与。这些可以从沙井村居民的问答中得到证实，"问：有自耕地的地主，佃农帮其施肥、收获、搬运吗？答：不。问：以前如何？答：同样。问：如果地主来要求佃农帮助时去吗？答：地主和佃农的农忙期是同时来临的，即使来叫也

---

① ［日］中国農村調査刊行会：『中国農村慣行調査』第二卷，岩波書店1981年版，第85頁。
② ［日］中国農村調査刊行会：『中国農村慣行調査』第二卷，岩波書店1981年版，第85頁。
③ ［日］中国農村調査刊行会：『中国農村慣行調査』第二卷，岩波書店1981年版，第85頁。

不去。地主与其求助于佃农，还不如雇短工解决生产上的问题。问：佃农帮助地主的自耕地看青、防水吗？答：没有。看青有看青夫。问：地主家盖房的时候如何呢？答：特别之处没有。村民都可以帮助。问：地主家重新整修墙壁、土炕，或是除杂草等的时候呢？答：同样。问：佃农帮助地主照顾孩子、清扫、饲养、洗涤等吗？答：这些事情和佃农无关。问：一年之内，一次、两次也没有吗？一两个例子也没有吗？如果有的话，支付费用吗？答：这样的事情不存在，也没有支付费用。问：除农业劳动外，佃农向地主提供帮助的情况有吗？答：没有。……问：望泉寺的地主偶尔叫本村（沙井村）的佃农帮助做农事工作以外的事情吗？答：完全没有。问：在中国，佃农经常给地主送鸡之类的礼物吗？本地如何呢？答：至今没有这样的事情。问：佃农借钱的时候，最先向谁求助？答：交往密切的人。问：不去地主那吗？答：不怎么去。问：向地主借钱的利率较其他的低吗？答：同样。问：佃农因缴纳地租而致家庭经济贫困，借粮的话，会向地主借贷吗？答：不常有。问：佃农向地主借钱、借粮等，为此无报酬向地主提供帮助吗？答：没有。"①

上述资料均表明，沙井村居民与城居地主建立的租佃关系是一种平等的经济行为，不存在租佃外的剥削关系。一村之事难以说明当时真实的历史情况，需要通过其他地域农村的情况进行印证，这种现象是否是孤象。在此，我们借助《中国农村惯行调查》中其他几个村落来说明这个问题。

在冷水沟，有关地主与佃农关系的调查问答如下。"问：在冷水沟，佃农住在地主家的情况有吗？答：没有。问：佃农对地主只是交纳地租吗？答：是的。问：一年也不去拜访一两次吗？答：不去。问：地主家修房子时，佃农去帮忙吗？答：去也行，不去也行，并不是一种义务。问：佃农家娶媳妇时，与地主商量吗？答：不商量。问：办婚礼时叫地主吗？答：没必要邀请地主，但邀请四邻。问：佃农去地主家时受到什么待遇？答：地主对佃农比普通人要热情。问：佃农怎么称呼地主？答：和一般人一样，叫老爷或叫名字。问：地主怎么称呼佃农？答：一般以名字相称。问：如果佃农是老人的话，也称地主为老爷吗？答：也是叫老

---

① [日]中国農村調査刊行会：『中国農村慣行調査』第二卷，岩波書店1981年版，第85頁。

爷。问:地主来到佃农家时,比普通人要受到款待吗?答:比普通人关系近,受尊敬。问:佃农有困难时,地主给予帮助吗?答:有时帮助。问:佃农向别人借钱时,地主当保人吗?答:有当的。问:过年、过节时,佃农给地主送礼物吗?答:不送。问:地主送吗?答:不送。问:地主家有不幸或喜事时,佃农送礼吗?答:送,即使没有租佃关系的也送。问:哪种情况,因为是佃农才送礼?不是佃农的话,就不送礼的事有吗?答:不能说没有,但是少。问:佃农的孩子与地主的孩子一起玩吗?答:一起玩。问:那时,佃农的孩子要让着地主的孩子吗?答:也不能说绝对不让。"①

在侯家营,"问:佃农代替地主当打更的情况有吗?答:离得近,关系好时,有的就代替,如果单纯是地主与佃农的关系话就不替地主出夫,只限于关系好时。问:祭日时,佃农去地主家拜访吗?答:不去。问:地主在什么情况下来佃农家?答:根本不来。问:佃农向地主借钱比向其他人借钱多吗?答:不去借钱。问:向地主借农具呢?答:不去借。"②

上述由日本人实地调查而成的资料,均印证了不在地主和佃农在日常生活中不存在超经济强制的行为。学者们已经注意到这种现象并运用于研究成果之中,在山西农村:"佃户与地主之租佃契约,双方均处于平等自由地位,租佃期限以三年者为普遍,然不到期限,佃户亦能解除契约。且佃户多有自己之庐舍及副业,故地主亦难使佃户长期被土地所羁绊。"③还有,"一般看来,租佃关系——地主与佃户的对立情形,在当地是非常模糊的,因为那里农作是近于粗放农业,成本和人工费用比较小,而税捐负担很大,所以与其租给人家,不如自种……地主负担税捐,佃户负担成本,所以收获物各分其半。做地主的差不多是男人出外营商或只有女人、小孩子的小户人家,而做承典者的反而是大地主。"④

---

① [日]中国農村調査刊行会:『中国農村慣行調査』第四卷,岩波書店1981年版,第151頁。
② [日]中国農村調査刊行会:『中国農村慣行調査』第五卷,岩波書店1981年版,第167、184頁。
③ 杨木若:《山西农村社会之一斑》,《新农村》第2期,1933年7月15日,第5页。
④ 稼夫:《山西中部一般的农家生活》,《益世报》天津版,1935年7月13日,第11版。

二、超经济强制

地主与佃农间的压迫与被压迫、剥削与被剥削的论点,长期以来是学术研究中的主流学术话语。近年来,随着学者们研究的深入,开始打破这种基调。①但是,地主阶层对佃农阶层的人身控制和压迫等超经济强制行为的例子还是存在的。如1933年2月7日,《北方日报》记者曾报导说:"北平近郊,颇不乏土地最大之大地主,亦为大族,家中有规模极大的祠堂,即不啻此一地方之最高行政衙门,祠堂中原有巡丁数十人至数百人不等。此种巡丁,即不啻此地方之军队与保卫团或警察。祠堂内部,各部分设,如中央政府之某部焉。其中亦有司法部(公理部)之设立,于凡有佃户欠租,或佃户相互间之纠纷,或佃户乃至普通农民触犯地主时,祠堂巡丁,即将此佃户或农民,拘至祠堂,交司法部审判。担任审判官者,当然为地主族人,对'犯人'可以任意吊打酷刑,甚至可以加以土匪罪名,将其杀头。"②

河南省地主亦是如此。据1933年调查,许昌、辉县等地之区长、乡长,都是大小地主分子。这些人"凭借他们的资格和地位,在乡村中往往形成一种特殊势力,他们包揽词讼,任意派款,甚至惨杀忠良,以扩大个人权力"③。

还有,地主阶级与反动政府勾结,任意欺压农民。山东省莒南等县地主,多数当过官,世代相传,与反动政府有密切关系,如国民党军长庄明远,和丁惟

---

① 有的学者从地主和农民的租佃关系出发,认为农民并非像传统书上所讲的那样完全被动地处于受剥削的地位。高王凌:《租佃关系新论———地主、农民和地租》,上海书店出版社2005年版。纪保宁曾对陕甘宁边区的考察也显示,佃农之间为租地而产生的矛盾和竞争,有时更甚于佃农与地主之间的矛盾。纪保宁:《组织农民:陕甘宁边区的党、政府与乡村组织》,载冯崇义等编:《华北抗日根据地与社会生态》,当代中国出版社1998年版。有的学者指出,在大部分华北乡村,地主和佃农之间的关系并不是很紧张。根据满铁调查资料,即便在地主经济较为流行的寺北柴和吴店村,城居的不在地主仍然占有大部土地,农民对地主的依赖程度较弱,所以在村庄中很难用阶级观念来动员民众。[美]黄宗智:《华北的小农经济与社会变迁》,中华书局2000年版。
② 朱其华:《中国农村经济的透视》,中国研究书店1936年版,第399页。
③ 行政院农村复兴委员会编:《河南省农村调查》,商务印书馆1934年版,第72~76页。

芬、秦德纯等有姻亲相联,来往密切,莒南县长总是按着他们的意志办事。他们给县长写一张纸条,就能把农民弄得家破人亡。这里,地主在政治上统治农民,本地之区长、乡长多是地主分子。例如,邢家的邢家世当过区长、乡长,居业堂的地主也当过区长,欺压百姓。所以当时农民都说:"大店镇,赛北京,居业堂是二朝廷。"他们私设公堂,办理团练,横行霸道,谁抗租就关押谁。①

上述事例不能视而不见,但也不能以偏概全,只见树木,不见森林,也正是这个缘由,让诸多学者开始重新审视地主和佃农间的关系。笔者认为,地主在租佃之外施展强制行为,必须借助于官方权力或非官方权力,从而实现对佃农的超经济控制。因此,问题便出现了,不在地主与官方权力、非官方权力间是否有着直接或间接的联系,以支撑其完成上述事情。如果不在地主阶层与权力之间,无论是官方还是非官方,不存在着联系的话,我们可以说地主与农民间存在超经济强制行为现象的可能性比较小,或者说主佃间的超经济的剥削行为不是普遍的现象。诚如R.H.托尼教授所说:"看来,在某些地区正在出现……不在地主阶级。这个阶级与农业的关系纯属金融关系。"②

关于不在地主与社区权力的关系,在第五章中已有较为详尽的阐述,在此简单说明一下。

首先,从不在地主的职业来看,鲜有从政人员。以沙井村为例,不在地主中有行政职务的只有言绪,从资料来看,言绪未与村落权力发生关系。

其次,不在地主与社区权力的关系。在村落社区内获得权力,需要拥有经济资本、文化资本、社会资本、象征资本中的一项或几项。不在地主最明显是经济资本的占有者,但掌握经济资本未必成为社区中的权力阶层。20世纪三四十年代,华北地区的村落社区的领导阶层是通过选举的方式产生的,当时的选举程序和选举过程与今日不可同日而语,更是缺乏完备的制度支持,但它也拥有一套不成熟的规则。具体不必多言,其中有一条,参加选举者必须是社区成员——本村人,这个资格不具备者不享有选举权。因此,不在地主纵然有成为社区领袖人物的意愿,可条件所限只能让其远离社区权力的中心。这里

---

① 《莒南赣榆县三个区的农村调查》,《山东省农村调查》,第37页。

② 费孝通:《江村经济——中国农民的生活》,商务印书馆2005年版,第163页。

有一种情况需要注意,村落社区居民受某种因素的影响迁出该社区,从而具备不在地主的身份,该人可能原为村落社区的领袖人物,那迁出之后是否保有社区权力呢?该人能否通过这个权力对佃农进行强制经济剥削呢?我们可以借助个案来分析,如原为沙井村居民的邢尚德在迁出之前为村落中的首事,迁出之后在村落社区内仍保有首事之职位,但徒具虚名而已,不仅首事聚会不参加,即使讨论和处理村落事务的村落领袖会议也一直缺席。

从不在地主的职业以及与村落社区权力间的关系来看,其与政治层面的权力联系较难,因此,地主阶层对佃农阶层人身控制和压迫的超经济强制行为不应该是一种普遍的现象。关于这点,以下将就租佃双方的纠纷问题继续讨论。

三、租佃纠纷

以往探讨历史上的地主和农民的关系,及与之相关联的问题,租佃双方间矛盾的出现与解决是不可逾越的重要内容。以往的学者们在论述中大同小异地强调地主利用自己的权力资本或官方权力,在矛盾解决过程中对佃农施以非正常的压力或迫害,进而形成两大阶级势如水火、难以相容的冲突局面,成为当时社会的主要矛盾。近年来,个别学者突破传统的思维模式,重新解读地主和农民的关系,认为当时两个阶层间的矛盾固然存在,但尚未演化成整体性的阶层间冲突,因而称不上是社会的主要矛盾,况且地主与农民间的矛盾多不是双方间的冲突造成的,而是官民间冲突隐藏于地主与农民冲突的背后。正如秦晖先生所言:"过去把'官民冲突'说成是民间'阶级冲突'的体现,往往要强调地主与农民发生租佃或土地纠纷,而官府出面支持地主镇压农民。但史实却常常相反:是专制国家及权贵层压迫民间(包括贫富庶民)致乱,而在乱起时贫富民的态度可能有异:贫者穷则思变,富者厌乱思安,从而在民间内部生成次生矛盾。换言之,不是'阶级冲突'激化成农民抗官,而是官民冲突派生出贫富斗争。有权者与无权者的分野是主要的,有产(或多产)者与无产(或少产)者的分野是次要的。只有在专制特权与权力——身份等级制消除后的近代公民社会里,资产(包括地产)的差别即'阶级'差别才会凸显起来。"①因此,"旧说以地主与佃农的矛盾解释之固已难于服人"②。上述论点可谓新颖,但缺乏实证,另外,地主和佃农间的"冲突论"是否是二者间的主要关系亦值得商榷。以下将沙井村主佃间的纠纷作为谈论的素材,来论述此问题。

通过《中国农村惯行调查》可知,沙井村不存在租佃双方间纠纷产生的隐患,因此二者间的矛盾基本不存在。关于这个方面,可以从农民的一些问答中得到证实。

"问:佃农和地主经常出现纠纷吗?答:完全没有。问:地租每年都在上涨,对此佃农向地主抱怨吗?因为这件事没有产生纠纷吗?答:没有纷争。佃农如果有怨言的话,就不能租到土地,故对地租上涨的怨言埋在心中。问:在佃农不守约定的时候,或是地主强制收回土地以及缩短租佃期限情况的时候,没有出现纷争吗?答:没有。问:地主和佃农间或是关系出现裂痕,或是地主向佃农提出过分要求等而引起吵架的情况有吗?答:没有。问:地主阶层或佃农阶层集会的情况有吗?答:没有。问:在遭受水害等自然灾害,佃农生活变得困难的时候,向地主寻求帮助,或为维护共同利益与其商谈,或向县长、村长请愿的事情,有吗?答:没有。问:何种情况下出现纠纷?答:不知道。问:地主和佃农打过官司吗?答:没有。问:佃农从地主借的役畜出现问题而引起纠纷的事情有吗?答:没有。问:借的农具出现损坏而导致纠纷出现的事件有吗?答:没有。问:上述二种情况如果出现,佃农需要赔偿吗?答:如果人为损坏应该赔偿,可是赔偿的人没有。问:自然损坏的话呢?答:不赔偿也可。问:无论多贵的农具、牛马,其处理方式都一样吗?答:当然。问:佃农过了佃耕期限却依然耕种,为此没有产生纠纷吗?答:没有。问:在地主若要提高地租的状况下,也没有纠纷吗?答:没有,地主没有这样的要求,假使有的话,不租种土地即可。问:佃农不遵从地主的意思,损坏佃耕地上的房屋而引起的纠纷,由谁来仲裁呢?答:谁都可以。问:可是,纠纷未能解决的话,由谁仲裁呢?答:村长、会首出面裁决。问:指定需要介绍人仲裁的事例有吗?答:没有。问:佃农应该赔偿的事情却让介绍人赔偿的有吗?答:没有。问:这种情况下,因为介绍人也有责

---

① 贺照田主编:《学术思想评论》(第五辑),辽宁大学出版社1999年版,第420页。
② 贺照田主编:《学术思想评论》(第五辑),辽宁大学出版社1999年版,第442页。

任,不让他赔偿吗？答:不,介绍人只负责介绍而已。问:地主和佃农间产生矛盾时,村公所处理过吗？答:这样的例子不存在。问:租佃双方间的矛盾对簿公堂过吗？答:没有。问:那么,倘若纠纷产生,书面契约不是重要文书证据吗？答:缺乏书面契约的情况,介绍人的话语将是重要的凭证。"①

"问:在村落内部仲裁无法解决的时候,当事者如何做呢？答:地主直接起诉佃农。问:介绍人也被传唤到承审处吗？答:不传唤。问:至今有地主和佃农纠纷的事件吗？答:没有。问:其他村里有纠纷的例子吗？地主和佃农间有暴力冲突事件吗？答:没有。"②

沙井村租佃双方间不存在纠纷事件,表明一直以来地主和农民间的"冲突"论需要重新审视。当然,沙井村的事例尚不足以代表华北地区的整体状况,更不能反映当时中国社会中租佃关系的整体面貌。可是,该村的事例却留下诸多启示,即在讨论地主和农民间的矛盾之时,要注意地主阶层内部不同的构成部分与佃农间的关系是存在差异的。

---

① [日]中国農村調査刊行会:『中国農村慣行調査』第二卷,岩波書店1981年版,第73頁。
② [日]中国農村調査刊行会:『中国農村慣行調査』第二卷,岩波書店1981年版,第90頁。

第三节 租佃关系与城乡关系

租佃关系直接体现的是地主、佃户双方的关系,那么,它如何能成为反映城乡关系的视角呢?本节将讨论租佃关系与城乡关系之间的关联,从而揭示当时的城乡关系。

一、华北区域的租佃关系

华北村庄的经济结构是以自耕农为主体的,在村民间所建立的诸多关系中,经济纽带较为薄弱,即使存在租佃、雇佣、借贷关系,其比重也非常的小,学术界在这点上达成了共识。然而,我们不能据此在研究华北乡村社会时忽视租佃关系,何况租佃关系较为广泛的存在于以自耕农为主体的华北农村社会之中。据1935年统计,山东省佃户占农户总数的13.1%,半佃农占28.6%。① 河北省佃户占农户总数的13%,半佃农占25.4%。② 河南省佃户占农户总数的

---

① 民国实业部国际贸易局编:《中国实业志·山东省》,1934年版,第53~59页。
② 民国二十四年商务印书馆年续编:《中国经济年鉴》第7章,商务印书馆1935年版,第1~12页。

26%，半佃户占21%。①山西佃户占农户总数的15%，半佃户占23.9%。②陕西省佃户占农户总数的23.7%，半佃农占28.7%。③通过上述统计可知，1935年，有租佃关系的农户占农户总数分别为，山东省41.7%、河北省38.4%、河南省47%、山西省38.9%、陕西省52.4%，以上数据表明，租佃关系是华北乡村社会关系网络中重要的经济关系之一。

华北地区的租佃关系处于不断变动之中，尤其是1938年以后，由于土地兼并的激化，苛捐杂税繁重，自耕农加速破产，各省的佃农所占比例进一步扩大。1950年，据陕西省委调查，在西安郊区的72村当中，贫农户占农户总数的43%，中农占32%。④但贫农多属佃农，中农也有不少人租种土地，因此战后西安郊区的佃农，至少占40%以上，比"七七事变"前增加了20%左右。

陕西南部的镇巴县清水区第五乡，贫农户占农户总数的84%。他们多数没有田地，依靠租田为生。因此这里的佃农人口，至少应有50%~60%。在沔县，贫农占60%~70%，佛平占50%~60%，其中也多是佃农。⑤

河南省彰德县第一区，佃农占51.3%，半佃农占29%。⑥

抗战以后，山东省佃农也有增加的趋势。据1950年调查，在莒南、沂南、兰陵等四县29村当中，共有贫农2141户，占农户总数的55%。中农1232户，占农户总数的27.5%。⑦但贫农多数人以租地为生，中农也有一些是佃农。因此在莒南等四县29村中，佃农阶层约占50%左右，比战前山东省佃农平均所占比例增加30%左右。

---

① 民国二十四年商务印书馆续编：《中国经济年鉴》第7章，商务印书馆1935年版，第185页。
② 民国实业部国际贸易局编：《中国实业志·山西省》，1937年版，第56~67页。
③ 民国二十四年商务印书馆续编：《中国经济年鉴》第7章，商务印书馆1935年版，第186页。
④ 《群众日报》，1951年3月20日。转引自乌廷玉：《旧中国黄河流域各省的租佃关系》，《近代史研究》，1987年第2期。
⑤ 《苛重的陕西封建剥削》，《群众日报》，1950年11月16日。
⑥ [日] 南満洲鉄道株式会社調査部編：『北支農村概況調査報告：彰德縣第一區宋村及七里店』，日本評論社1940年，第79頁。
⑦ 华东军政委员会土地委员会编：《山东省农村调查》，第6、76、77、85页。

与战前相比,战后的佃农在总农户中比例呈现上升的趋势,相伴而来的便是租佃关系在乡村社会中越来越普遍化。如以山东为例,清末至民国时期,因地权渐趋分散,山东农村的土地租佃比例较小,佃户占总农户的11.1%,半佃农占18.5%,①但租佃关系的分布却较为广泛,几乎80%的自然村落存有租佃关系。据抗战后期的调查,鲁南2528个村,有租佃关系者1981个村,占78%;鲁中区沂蒙县1000个村庄中,有租佃关系者867个村;鲁南区600个村,501个村存在租佃关系;泰山区五个县1012个村,有租佃关系者909个村,莒南县513个村,有租佃关系者430个村;就连一向认为租佃关系很少的淄川山区,据减租减息时调查,129个村中有租佃关系者89个村,亦占69%。②山东农村中大地主较少,有租佃关系的村落中,仅有少数几户出租户,且情况较复杂,有些是鳏寡孤独没有劳力,或是土地太少,又缺乏耕牛、农具和种子,只好到外地谋生,被迫将土地出租。在村地主一般是不出租土地的,多采用雇工经营方式,只有不在地主(包括城居地主和外村地主)在多数情况下才出租土地。

华北地区其他地方的农村情况大体上与山东相似,即农村中的租佃关系多是社区内的居民与不在地主建立的。关于此点,民国时期的各种调查成为我们透视当时乡村社会租佃关系的重要窗口。

20世纪三四十年代,日本学者对华北地区实地调查而形成的《中国农村惯行调查》资料,为我们提供了大量的证据,表明调查的诸多村落中存在的租佃关系大多是村落中的农户与不在地主建立的。具体情况如下:

良乡县吴店村,全村共有70多户,其中算作地主的只有3户。一户是余振,因本人赴北京打工,留于村落中的妻子和儿子无法耕种便将土地出租;一户是赵权,因赴城内小学任校长,将留在村落中的土地出租;最后一户是赵老太太,因为年事已高将自己的20亩养老地出租。可见,该村落中出租土地的地主并不是为了经济利益而出租土地,乃是因为家中缺乏劳动力,如若劳动力充足,基本不会采用租佃的土地经营方式。村中纯粹的自耕农只有3户,纯粹的

---

① 民国实业部国际贸易局编:《中国实业志·山东省》(乙),1934年版,第65页。
② 《山东租佃关系分布概况》,载《山东群众》第7期,转引自朱玉湘《近代山东的租佃制度》,见《山东史志资料》1984年第1期。

佃农有6户，其他小农家庭都是在耕种自己土地的同时，租种一部分的土地。他们租种的土地，绝大部分属于不在地主，社区内40%的土地为城居地主见氏、秦氏、吴氏所有。①

河北省顺义县沙井村，20世纪40年代，该村村民拥有耕作地总计10顷（一顷为100亩），户均14亩多，人均2.5亩。按当时最低生活维持标准，人均需5亩耕地，沙井村的人均拥有地只是标准的一半而已，可见沙井村的整体较为贫困。即使将黑地考虑进去，沙井村土地的总量不足仍是不可争议的事实。在这种土地缺乏的境况下，土地的分配又极为不均，大多数的农民处于极度贫困之境地。这种状态下的沙井村，本村村民出租土地的只有两人，出租面积不过11亩。在这两人中，一户是急需要钱，迫于无奈欲取得货币地租而将土地出佃；另一户是因为所有地离家较远，不便于耕种，故将土地佃出。因此，沙井村村民间的租佃关系十分匮乏。在村民租种的208亩土地中，大部分（166亩）为外村人所有，其余的（31亩）为村公有地。②因此，村民们为了维持生计寻求租进土地，不得不将目标锁定于外村人身上，尤其是城居地主，此外别无他法。

寺北柴村，40年代，村中自耕农占32%，佃农的比例占68%，租种土地的91%属于不在地主，租种本村居民地的只占9%。③其中村落46%的土地归属于以北关村为主的数名地主，而这些土地的八成用于租佃，尤其北关村的王氏一族，占到租佃土地的六成。纵观全村，村民租入不在地主土地总计800亩，借以来解决社区居民土地不足的窘境，可是，村落内部没有一个地主。甚至社区内可称得上富裕的三户农家，在耕种自己的三四十亩土地的同时，也租种20亩或40亩的土地。即使村落名望之家的张乐卿耕种的80亩土地中，有50亩是佃耕地。④

顺义县于辛庄内的村有土地多为县城人、杨各庄人所拥有，占耕作农地面积的1/4。⑤

---

① [日]中国農村調查刊行会：『中国農村慣行調査』第五卷，岩波書店1981年版，第413、520頁。
② [日]中国農村調查刊行会：『中国農村慣行調査』第一卷，岩波書店1981年版，第75頁。
③ [日]中国農村調查刊行会：『中国農村慣行調査』第三卷，岩波書店1981年版，第5頁。
④ [日]中国農村調查刊行会：『中国農村慣行調査』第三卷，岩波書店1981年版，第6頁。
⑤ [日]中国農村調查刊行会：『中国農村慣行調査』第一卷，岩波書店1981年版，第5頁。

另外，当时日本人对华北地区实地调查而形成的资料不仅限于六卷本的《中国农村惯行调查》，在其他的调查资料中，亦可体现出不在地主在村落社区的租佃关系中占有重要的位置。

山东省高密县四三里庄在1936年，农业耕地面积为433.93亩，其中农家所有土地面积只不过为76.68亩，农业经营耕地的82.3%是佃耕地，大部分属于城居地主单、傅、李家，其余仍属居住于县城的16户小地主。①

不在地主在乡村社会租佃关系中的重要性，不仅体现于日本人实地调查形成的资料之中，在国内学者或各种组织的调查中亦多有体现。

河北省清苑县，村落社区内大土地拥有者并不专门出租土地或依靠地租剥削生活，多采用雇工的方式经营土地，而村落内出租土地的多是自家劳动力缺乏并无力雇工经营的鳏寡孤独户。出租土地的多是不在农村居住的城居地主或者是在农村有地的城市工商业者，他们因不在农村居住，自己耕种不便且不经济，故多不直接经营而是将土地租于土地所在社区或附近社区之居民。②

西流村，全村共有100户，其中，自耕农45户，半自耕农84户，佃农10户。该村租种的土地多属于城中的富户。③

享堂村大部分之田地，非本村农民所有。前清该村农田除部分农民所有外，又有屯田与旗田二种。屯田归军租，旗田为旗民之给养，皆公产，由村民租种。民国以来，此项公产出售，旗田则按质量高下，分三等售价，售与原租佃者。然村民或因无力购买，其一部分即为城内富户所购得，仍由居民租种，亦有改作墓地者。此村民所以半自耕半佃种地。④

---

① [日]北支農村調查所編：『小麥の生産・消費・販売とその事变前後の動变：山東省高密縣・青島市膠縣農村調查成績を中心として』，満州鐵道株式會社1942年版，第3頁。

② 河北省统计局保定农村经济调查办公室编：《1930~1957年保定农村经济调查资料》，1958年，第50~56页。

③ 刘容亭：《山西阳曲县三个乡村农田及教育概况调查之研究》，《新农村》第1期，1933年6月15日，第214页。

④ 刘容亭：《山西阳曲县三个乡村农田及教育概况调查之研究》，《新农村》第1期，1933年6月15日，第214页。

民国时期的调查，无论是由日本学者进行的调查，还是国内学者或机构的调查，大量事实表明了华北地区的租佃关系分布较为广泛，并表明其是乡土社会关系网络中重要的组成部分。另外，值得注意的是该地区农村的租佃双方属于同一村落社区内的现象比较少，而社区内的居民与该社区之外的不在地主建立租佃关系的现象居多。因此，我们在探讨华北区域租佃关系或以租佃关系为视角研究其他问题时，不能仅局限于社区内部的租佃问题，必须突破社区的空间思维定式，注意不在地主这个特殊群体在乡村社会租佃关系中普遍存在的社会现实。也正因此，租佃关系不仅能够体现地主和农民阶层间的关系以及乡村社会的经济关系，亦能成为探究当时城乡关系的一个重要的视角。

二、城乡关系

在探讨租佃关系为何能成为研究城乡关系的一个视阈之前，难以回避的问题便摆在我们的面前，即城乡关系指的是什么？弄清这个问题有利于分析租佃关系与城乡关系之间的关联性问题。

城乡关系是一个复杂的概念，其研究涉及社会学、规划学、地理学、经济学、人口学、生态学等学科，基本上可以归结为从经济、社会、生态角度探讨城市和乡村的互动。关于城乡关系的内涵，各学科有不同的侧重，由于研究对象的复杂性，至今未形成一个公认、权威的概念。综合国内各方面研究，城乡关系大体有以下内涵层次：一是地理学意义上的城市与乡村区位关系；二是经济学意义上的工业与农业关系；三是社会学意义上的市民与农民关系；四是生态学意义上的版块与基质关系。①简单地说，城乡关系是城市和乡村之间存在的相互作用、相互影响、相互制约的关系，是特定社会下的政治关系、经济关系、阶级关系等诸多因素在城市和乡村两者之间的集中反映。

学术界对民国时期的城乡关系的认识，主要形成"城乡对立"、"城乡统

---

① 孙林、李岳云：《南京城乡统筹发展及其与其他城市的比较》，《农业现代化研究》，2004年第4期。

一"和"城乡对立统一"的不同观点。①

许多学者从经济学的角度讨论城乡关系,认为城市的勃兴给乡村社会带来严重的负影响,"为害最烈者,尤在将全国之资本劳力,吸收于少数之大都会或大事业,使田野荒芜,食粮匮乏。而农村之自治与教育,皆无人过问"②。著名农业学家蓝梦九认为城市是"绝对消耗体","都市譬如湖海,农村犹如湖海周围的河流,河流中间的水,日夜不停地集注于湖海,而湖海具莫大的吸水力,使河流干涸"。由此导致的恶果便是"都市使其生活的奢侈增高,实掠夺农村之生活而致者,都市酒肉臭,农村饥寒迫,奢侈淫靡的都市造成社会的万恶"。③黄宪章则综合考虑了产业、资金、人口和生活等多重因素,揭示出城乡对立关系,"中国的都市,在经济上受帝国主义者的统治,在政治上受帝国主义者的操纵,在文化上受帝国主义者的麻醉。帝国主义者以剥削中国劳苦民众利益的尾数,繁荣了中国的都市;又借着这些都市的势力,加紧剥削全中国劳苦民众的利益"④,由此造成了城乡对立。因此,在他眼中,"中国的都市是农村的剥削者,农村是都市的被剥削者。农村的血汗汇成了都市的银河,农村的骨肉砌成了都市的天堂!这是中国城市与农村最大的矛盾"⑤。

值得强调的是,在深刻认识城市与乡村对立关系的同时,有学者则更为关注城市与乡村的相互依存的联系,即"都市和农村是互为因果而有连带关系的"⑥。常燕生也认为:"都市与乡村的关系,也可以说是一种连带的关系,社会越进化,都市与农村的连带关系也越密切。"⑦著名学者陈序经认为,"事实上,今日之所谓都市,大数是从前的乡村;所以表面上,我们虽说乡村发展和都市

---

① 梁敏玲:《近代城乡关系的大致走向——以时人所论所行为中心的梳理》,《中山大学研究生学刊》(社会科学版),2008年第2期,第39页。
② 坚瓠:《都市集中与农村改造》,《东方杂志》,1920年第18卷第17期,第3页。
③ 蓝梦九:《都市与农村的根本关系》,《中国经济》,1933年第1卷第2期,第5页。
④ 黄宪章:《中国都市的过去与今后》,《新中华》,1934年第2卷第1期,第135页。
⑤ 黄宪章:《中国都市的过去与今后》,《新中华》,1934年第2卷第1期,第126页。
⑥ 顾凤城:《都市与农村》,《大声》,1933年第1卷第4期,第65页。
⑦ 常燕生:《农村与都市的连带性》,《新农村》,1934年第18期,第5页。

发展有了分别,事实上,所谓都市的发展,差不多也就是乡村的发展。"①陈序经否认城市对乡村的压迫,认为那些持有相反观点的人,"只见得都市人口增加较快,乡村人口增加较迟,以为后者就被前者压迫。他们忘记了机器发明以后,从前要十人来耕一幅地,现在只用一个人就够了;他们又忘记了,交通便利以后,所谓乡村与都市的界限,已不像从前那样的清楚。"因此,他认为,城乡关系的发展,"与其说是有益于都市,不如说是更有益于乡村"。②步毓森持有相同的观点,认为城市在生产和交通两个方面均对乡村社会具有促进作用。③陶希圣也从历史的考察中得出,"历史发达的趋势,必定是乡村倚赖都市。生产技术越高,都市的重要性越大,农村对于政治经济社会各方面的地位便越趋于次要了。并且,都市发达了,才有改革农村的实力,才谈得到改革农村。"④

这种对立统一观点得到当代学者的认同,黄宗智在《长江三角洲小农家庭与乡村发展》一书中,在阐明其小农生产的过密化理论时,就城乡关系进行了简短而允当的评论。他认为中国城市发展与农村发展并非像斯密和马克思所认为的那样是等同的,城乡间的商品流通几乎完全是单向的,都市的发展是建立在农村过密化的贫困之上的。事实上,帝国主义制造出一个把城市发展和农村过密化连锁在一起的新型经济体系,使城市发展和农村贫困化的同时发生成为可能,从而扩大了长期存在的城乡间的鸿沟,为此他提醒我们关注城市中景况比工业无产者更糟的由农村流入城市的半无产者。⑤何一民等认为:"近代以来,中国的城乡关系在内外因素的作用下,变得复杂化,城乡二元化结构也初步形成;城乡关系出现新的特点:城乡间联系性的加强与对抗性矛盾加剧的两极化态势。"⑥对立统一关系表现在城乡之间生产要素的互通有

---

① 陈序经:《乡村文化与都市文化》,《独立评论》,1934年第126期,第14页。
② 陈序经:《乡村文化与都市文化》,《独立评论》,1934年第126期,第15页。
③ 步毓森:《都市与农村生活》,《大中国周报》,1933年第3卷第6期,第14页。
④ 陶希圣:《都市与农村》,《独立评论》,1935年第137期,第12页。
⑤ [美]黄宗智:《长江三角洲小农家庭与乡村发展》,中华书局2000年版,第92、121、145、332页。
⑥ 何一民主编:《近代中国城市发展与社会变迁(1840~1949年)》,科学出版社2004年版,第415页。

无,①而在对立与统一间,众多研究更强调都市对农村的剥削,城乡发展的严重脱节,即两者间的分离性。②林刚认为:"近代史上,我国城乡关系实际出现了良性互动与恶性循环两种趋势,这两种趋势同时存在的后果是,近代中国的工农、城乡关系始终未能理顺。良性循环是局部和间歇性的,自生自灭,未能形成全国性的主流。"③

  民国时期的城乡关系,国内学者主要从人口、资金、原料与产品流动分析民国时期都市与农村经济上既依存又分离的趋势。近一个世纪以来,学界对此问题的讨论不绝如缕,直接原因在于当时乡村破产、城乡鸿沟加剧。笔者认为,之所以产生这种现象,在于国家与社会对农村缺乏关注,更准确地说是对农村投入太少,甚至只索取无回报。当然,这一切皆源自当时的社会,20世纪前期,当时的政府尚未解决社会的主要问题——国家民族,纵然注意到农村的经济衰败已经成为严重的社会问题,但有心无力只能流于"口号"而已,这样一来,国家层面便不可能对农村施以援手。就社会而言,纵有学者、各种团体奔走呐喊,以及"乡村建设派"在某些区域进行复兴农村的努力,亦不过是另一种形式的"精卫填海"罢了。在国家无力救济农村的局面下,这个重任必须要由社会各个阶层共同承担,虽难力挽狂澜实现治标又治本,但不至于出现农村经济破产的局面。因此,社会各个阶层对农村的关注,尤其是关注与农村、农民发生关系的城市居民的态度和行动,是了解当时城乡关系的一个很好的视角。

---

  ① 隗瀛涛、田永秀:《近代四川城乡关系析论》,《中华文化论坛》,2003年第2期,第33~35页;戴鞍钢:《近代上海与周围农村》,《史学月刊》,1994年第2期;何一民主编:《近代中国城市发展与社会变迁(1840~1949年)》,科学出版社2004年版,第452页;王跃生:《近代中国人口的地区流动》,《人口经济》,1991年第4期,第56~59页。

  ② 戴均良主编:《中国城市发展史》,黑龙江人民出版社1992年版,第362页;徐勇:《中国城市和乡村二元社会结构的历史特点及当代变化》,《社会主义研究》,1990年第1期,第35页;何一民主编:《近代中国城市发展与社会变迁(1840~1949年)》,科学出版社2004年版,第464页。

  ③ 林刚:《我国城乡关系变迁中的基本规律:良性互动与恶性循环——关于中国城乡关系历史变动的一点思考》,《中国乡村研究(第五辑)》,福建教育出版社2007年版,第24页。

三、租佃关系与城乡关系

租佃关系是乡村社会关系网络中重要的关系之一,也是学界研究焦点,学术成果颇丰。然细而究之,以往的研究集中于革命范式下阐释租佃双方的关系——地主与农民间的关系,以及与此延伸的相关问题。毋庸置疑,这些成果着实丰富了中国乡村史、经济史的研究,同时为继续深入研究相关问题奠定了厚实的基础。可是,租佃关系的研究并未到此就"寿终正寝"了,它还有可挖掘和探讨的空间,之所以这样说,乃是因为我们主动地蒙上了自己的眼睛,未能继续围绕着租佃关系的构成要素,即"地主—佃农—土地"三者在空间上处于不同社区的现象会对整个社会产生什么影响,进而导致了关于租佃关系的研究形成如今故步自封的局面。基于租佃关系主要构成要素地主、佃农、土地在空间位置问题上的思考,笔者将地主以社会最基本的生产、生活单位——村落社区作为重新厘定的基点,分为不在地主和在村地主。在村地主和不在地主的一个显著的区别在于二者与城市间的联系,在村地主生活的区域在乡村而与城市的联系较弱,尽管不在地主的情况较为复杂,但整体而言与城市联系较为密切。

其实,不在地主阶层与城市间的密切关系可从其形成中窥见。在商品经济大潮的席卷下,华北地区市镇勃兴,雨后春笋般的市镇为商业的繁荣提供了空间,而商业的昌盛往往又伴随着人口的聚居,人口聚居下的市镇建设亦日趋现代化。如此一来,既有经济上的吸引力,又有物质享受上的诱惑力,故而离村城居现象蔚然成风,也就有了不在地主阶层的规模化形成。我们还可以从拥有不在地主的村落与城市间的距离来讨论。

表6.2　拥有不在地主的村落与城市距离表

村名	与城市的距离（公里）	租地占耕地面积百分比	在村地主数	资料来源
1 昌平县阿苏卫	15	?	0	満鉄冀東地区農村実態調査班：『冀東地区内二十五箇村農村実態調査報告書』上，1936年，第7~9、12、13頁。
2 平谷县胡庄	12.5	10%	0	満鉄冀東地区農村実態調査班：『冀東地区内二十五箇村農村実態調査報告書』上，1936年，第39~137頁。
3 丰润县焦家庄	15	9.2%	0	満鉄冀東地区農村実態調査班：『冀東地区内二十五箇村農村実態調査報告書』上，1936年，第72~148頁。
4 平谷县大北关	5	8.2%	0	南満州鉄道株式会社：『冀東農村実態調査報告書統計篇：第一班平谷縣』，大連：満鉄1937年，第2~5頁。
5 恩县后夏寨	2.5	3.6%	0	中国農村調査刊行会：『中国農村慣行調査』第四巻，岩波書店1981年版，第10、459頁。
6 香河县后延寺	4	?	0	満鉄冀東地区農村実態調査班：『冀東地区内二十五箇村農村実態調査報告書』上，1936年，第59~156頁。
7 蓟县纪各庄	14	0	0	満鉄冀東地区農村実態調査班：『冀東地区内二十五箇村農村実態調査報告書』上，1936年，第9~202頁。
8 遵化县卢家沟	28	10%	0	満鉄天津事務所調査科：『遵化縣卢家寨農村実態調査報告』，天津：満鉄1936年，第39~136頁。
9 顺义县沙井村	2	17.2%	0	中国農村調査刊行会：『中国農村慣行調査』第一巻，岩波書店1981年版，第76頁；第二巻，第58頁。
10 惠民县孙家庙	?	24.4%	1	中国農村経済研究所：『山東省惠民縣農村調査報告』，北京：中国農村経済研究所1939年，付録，第2~15頁。
11 满城县眺山营	2.5	5.5%	0	北支那開発株式会社調査局：『労働力資源調査報告』，北京：北支那開発株式会社調査局1943年，第18~41頁。
12 通县小街	3	41.2%	1	満鉄天津事務所調査科：『北支那における綿作地農村事情』，天津：満鉄1936年，第33~116頁。

续表

村名	与城市的距离（公里）	租地占耕地面积百分比	在村地主数	资料来源
13 密云县小营村	17.5	34.5%	3	満鉄冀東地区農村実態調査班：『冀東地区内二十五箇村農村実態調査報告書』上，1936年，第64~75頁。
14 丰润县东鸿鸭泊	1	19.2%	1	満鉄冀東地区農村実態調査班：『冀東地区内二十五箇村農村実態調査報告書』下，1936年，第47~132頁。
15 玉田县龙窝	20	10.50%	0	満鉄冀東地区農村実態調査班：『冀東地区内二十五箇村農村実態調査報告書』下，1936年，第12~24頁。
16 获鹿县马村	8	24.2%	0	北支経済調査所編：『農家経済調査報告：獲鹿縣第二区馬村』，南満洲鉄道株式会社，1939年，第81~87頁。
17 丰润县米厂	40	34.6%	0	南満州鉄道株式会社：『第二次冀東農村実態調査報告書統計篇：第三班豊潤縣』，大連：満鉄1937年，第1~88頁。
18 昌黎县前梁各庄	7.5	36%	5	南満州鉄道株式会社：『第二次冀東農村実態調査報告書統計篇：第四班昌黎縣』，大連：満鉄1937年，第1~93頁。
19 栾城县寺北柴村	1.5	66.8%	0	中国農村調査刊行会：『中国農村慣行調査』第三卷，岩波書店1981年版，第5頁。
20 昌黎县中两山	4	18.5%	1	満鉄冀東地区農村実態調査班：『冀東地区内二十五箇村農村実態調査報告書』下，1936年，第75~264頁。
21 枣强县杜雅科	?	10%	0	満鉄天津事務所調査科：『北支那における綿作地農村事情』，天津満鉄1936年，第17~116頁。
22 历城县冷水沟	3	5%	0	中国農村調査刊行会：『中国農村慣行調査』第四卷，岩波書店1981年版，第9、76~175頁。
23 高唐县祁寨	1.5	3.4%	0	北支那開発株式会社調査局：『魯西綿作地帯の一農村に於ける労動力調査報告』，北京：1943年，第1~98頁，付録表1。
24 玉田县小王庄	15	20%	0	満鉄冀東地区農村実態調査班：『冀東地区内二十五箇村農村実態調査報告書』下，1936年，第95~288、298、311、313、320頁。

续表

村名	与城市的距离（公里）	租地占耕地面积百分比	在村地主数	资料来源
25 玉田县芝麻埝	16	5.3%	0	满铁冀东地区农村实态调查班：『冀东地区内二十五箇村农村实态调查报告书』下，1936年，第12~42页。
26 石家庄市东焦	2.5	30%	0	华北综合调查研究所：『石门市近郊农村实态调查报告书』，北京：华北综合调查研究所1944年，第26~128页。
27 济南市南权府庄	6	15%	0	华北交通株式会社：『铁路爱护村实态调查报告书』，华北交通株式会社1940年，第16~101页。
28 抚宁县邴各庄	4	45%	2	满铁冀东地区农村实态调查班：『冀东地区内二十五箇村农村实态调查报告书』下，1936年，第95~320页。
29 乐亭县柏庄	7	30%	0	满铁冀东地区农村实态调查班：『冀东地区内二十五箇村农村实态调查报告书』下，1936年，第91~120页。
30 昌黎县侯家营	10	12.1%	1	中国农村调查刊行会：『中国农村惯行调查』第五卷，岩波书店1981年版，第5、33页。
31 宁河县胡庄	2.5	47.5%	0	满铁冀东地区农村实态调查班：『冀东地区内二十五箇村农村实态调查报告书』下，1936年，第91、93~94、115、120页。
32 临榆县黑汀庄	7	72.7%	0	满铁冀东地区农村实态调查班：『冀东地区内二十五箇村农村实态调查报告书』下，1936年，第60~396页。
33 良乡县吴店村	1.5	54.5%	0	中国农村调查刊行会：『中国农村惯行调查』第五卷，岩波书店1981年版，第6~7、412页。

由上表可知，出租地占耕地面积超过40%的6个村落与城市的距离均在7公里以内；出租地占耕地面积30%~40%的村落共有5个，其中3个村落与城市的距离在7公里以内，2个村落与城市的距离在7公里以外。此类型的村落出租土地占耕地面积之高的原因在于居住于乡村的不在地主多，如丰润县米厂村。出租地占耕地面积超过10%的村落为8个，6个村落与城市的距离在10公里以内，2个分布在20公里以内。出租地占耕地面积低于10%的村落有9个，其中5个

村落与城市的距离在5公里以内，3个村落与城市的距离在12至15公里之内，1个村落与城市距离为28公里。可见，不在地主阶层多的村落与城市间的距离较近，这也就说明了不在地主多出现在农村与城市的关系之中，费孝通先生所言，"不在地主制度仅仅出现在农村和城市的关系之中"①，虽说这个观点有商榷的地方，但言明了不在地主与城市间的密切关系。

不在地主有城居地主、邻村地主、外村地主之分，那么，不在地主群体的租佃关系是否都与城乡关系有联系呢？也就是说，城居地主、邻村地主、外村地主的租佃关系都能作为反映城乡关系的视角吗？

邻村地主和外村地主，居住地皆是乡村，这样的不在地主与土地所在地的农民建立起来的租佃关系更多是反映村落间的关系，并非是农村与城市间的关系。

城居地主则居住于城市之中，其与土地所在地的农民建立的关系不仅能够体现地主与农民的关系，而且能够折射出城市与农村的关系。城市居民或因放贷，或因守业，或是家庭析产等方式在农村获得一块田产，进而与农村发生了联系。另外，农村居民或因商业利润的吸引，或因城市物质享受的诱惑，或因农村缺乏安全性等，离村居城，成为城市居民，但是一部分人将原社区的土地采用租佃的经营方式，从而未隔断与故土的联系。这些不在地主与有租佃关系的农民，成为城市与乡村间联系的桥梁，也就成为理解当时城乡关系的一把钥匙。而生活于城镇中的地主与乡间的农民只剩下土地租佃关系，日常生活已没有较紧密的联系。②如顺义县城居地主邢尚德便是这种类型地主中的一个典型案例。邢尚德于1940年迁居县城后，其职业发生了转变，在沙井村的14年中他还兼做农耕，而迁居县城任顺永杂货店的掌柜后，便将土地佃出不再从事农耕，实现了职业的转变。而无形的城市化也随着其居住地和职业的变化而完成，城居后的邢尚德与生活长达14年之久的村庄以及村民的关系极其弱化，唯与承佃土地的李清源保持来往，与其他村民基本断绝了交往。

---

① 费孝通：《江村经济——中国农民的生活》，商务印书馆2005年版，第128页。
② 吴滔：《清代江南市镇与农村关系的空间透视：以苏州地区为中心》，上海古籍出版社2010年版，第230页。

近代以来与农民发生租佃关系的城市居民,把焦点全部放于地租上,鲜有关怀佃农及土地所在的农村。当然,城居地主与农村的关系不只体现在以土地为核心的经济层面上的关系,与乡村权力、文化等诸层面都有某种程度的联系。黄宗智的研究成果中已有言及,一个不在田间耕作的富裕地主,与一般小农之间的社会距离,远大于一个和雇工一起工作的富裕经营式农场主与普通小农之间的距离。如果是不在地主,距离就更大,不在地主很少去关心并非他们居住的村庄之事务。① 与农村保有联系的城居地主对农村尚持此种态度,何况其他城市居民？纵有乡村建设派力图改变乡村困境的努力,只不过是杯水车薪罢了,这是近代城乡分离的影响因子之一,亦是近代中国农村衰败的致因之一。城居地主和农民间的租佃关系是城乡关系的一个重要组成部分,这意味着不在地主中城居地主的研究可能将为研究近代乡村社会变迁,特别是城乡关系提供一个崭新的视角。

---

① [美]黄宗智:《华北的小农经济与社会变迁》,中华书局2000年版,第83页。

第七章

余论:不在地主阶层的历史命运

20世纪前期,华北乡村社会处于剧烈的变动过程中,地主阶级一个特殊组成部分——不在地主阶层,经历了一个由不断壮大到迅速从历史舞台上消失的剧变。这个过程无疑是多种因素共同作用的结果,而社会流动和制度变革(特别是土地改革)是其中两个最为重要的因素。换言之,社会流动和制度变革成为影响不在地主阶层历史命运的最重要因素。社会流动作为日常生活中的人的社会地位、社会关系和地理空间等长期的、逐步的、缓慢而有连续性的变动,是"任何一个社会结构在任何历史时期都存在的、极为普遍的社会现象"①。不在地主阶层的历史命运也自然摆脱不了社会流动的影响。然而,不在地主阶层历史命运的决定性

---

① 王先明:《近代绅士:一个封建阶层的历史命运》,天津人民出版社1997年版,第148页。

影响因素为制度变革,尤其是土地改革,它是一场经济的变革、政治的变革、社会的变革。这场深刻的变革与作为地主阶级构成部分——不在地主阶层的命运有着密切地关联,也因此,土地改革成为影响不在地主阶层历史命运的制度因素。

第一节　社会流动与不在地主阶层的历史命运

社会流动是社会发展过程中的普遍现象,是指"社会成员从一个阶级向另一个阶级,从一个地区向另一个地区的位置移动"①。它包括了人们的身份、职业、阶级、阶层关系的动态变化以及人们在地理空间的流动。社会流动的实质是人们在社会结构体系中的社会地位和社会关系的变动。

中国社会某些阶层的社会流动对当时社会之影响引起了学者们高度的关注,研究成果迭出,如绅士阶层、富农阶层的研究。②其实,20世纪前期华北地区的不在地主阶层中亦有很多人是通过社会流动的方式进入此阶层的。既然当时社会中的某些人通过社会流动实现了身份的转化,那么,转化后的身份也会因社会流动而丧失,所以,社会流动与不在地主阶层的"命运"息息相关。分析不在地主阶层的流动,相比其他阶层困难更大,这是由于一方面缺乏系统的资料,虽民国时期的农村调查成果琳琅满目,其中不乏一些与不在地主阶层相关的珍贵个案,但零散异常,极难寻觅;另一方面该阶层流动性极大,但绅士阶层的身份较为稳固,在科举制度延续的状态之下,从晋升为此阶层

---

①　王传耸等著:《转型期社会学若干问题研究》,国家行政学院出版社1998年版,第114页。
②　王先明:《近代绅士:一个封建阶层的历史命运》,天津人民出版社1997年版;罗朝晖:《富农与新富农——20世纪前半期华北乡村社会变迁的主角》,人民出版社2010年版。

直至个体生命的终结几乎一直保有该身份。富农和地主阶层较之于绅士阶层流动性甚大,缘于此二阶层的评价标准基于个体家庭的经济水平,因此,每当家庭经济变动便会影响其不在地主的身份。当不在地主阶层中某些成员的家庭经济出现问题,或是为了满足奢侈的生活,抑或是为了满足不良的嗜好而出售土地,位于外社区的土地被交易后,这些人自此也就丧失了不在地主的身份。而这样的家庭经济变动在当时的社会中甚是平常,正因此有了"富不过三代"的俗语。当然,也有的人在更为短暂的时间内由于种种因素从拥有大量良田、雄厚家资变为一贫如洗。如此复杂的阶层,笔者只能暂时利用掌握的有限资料来描绘当时不在地主阶层的命运与社会流动之间的关系。

根据流动的参照物划分,社会流动可以分为代内流动和代际流动。代内流动是指个人一生中社会地位的变动,参照物为本人原来的职业。如以顺义县沙井村为例,根据《中国农村惯行调查》资料将不在地主形成前的职业、社会地位等情况整理如下。

表7.1 沙井村不在地主基本情况表

姓名	原身份	居住地	土地所在地	不在地主的形成方式	备注
1.王永万	县城居民	县城	沙井村	土地交易	1911年 杜复新 6~7亩 赵廷奎 20亩
2.孙少甫(孙旺)	自耕农	毛家营	沙井村	迁居	
3.公议堂地主	县城居民	县城	沙井村	土地交易	
4.杜景萱	自耕农	马圈儿	沙井村	迁居	1931年移居
5.王义臣	县城居民	县城	沙井村	土地交易	赵廷奎 3亩
6.刘殿祥	自耕农	梅沟营	沙井村	土地交易	县城邱某
7.张芬	县城居民	县城	沙井村	土地交易	1890年 石门村人 刘瑞 6亩
8.童泰	县城居民	县城	沙井村	土地交易	1906年 王斌 5亩
9.李寿廷	商人(药店)	县城	沙井村	土地交易	1923年 杨氏 9亩 1923年 杜芝茂 5亩 1924年 李秀芳 4亩

续表

姓名	原身份	居住地	土地所在地	不在地主的形成方式	备 注
10.王书平	县城居民	县城	沙井村	土地交易	1926年 周云亭、周柱林
11.龚良	县城居民	县城	沙井村	土地交易	1911年 杜芝茂、杜芝蔚
12.张文亮	自耕农	衙门村	沙井村	迁居	
13.何长源	教师	县城	沙井村	分家析产	
14.邢尚德	自耕农	县城	沙井村	迁居	1939年移居

资料来源：

1.[日]中国農村調查刊行会：『中国農村慣行調查』第二卷，岩波書店1981年版，第44、127頁。

2.[日]中国農村調查刊行会：『中国農村慣行調查』第二卷，岩波書店1981年版，第5、24、111頁。

3.[日]中国農村調查刊行会：『中国農村慣行調查』第二卷，岩波書店1981年版，第44、488頁。

4.[日]中国農村調查刊行会：『中国農村慣行調查』第二卷，岩波書店1981年版，第127、497頁。

5.[日]中国農村調查刊行会：『中国農村慣行調查』第二卷，岩波書店1981年版，第127頁。

6.[日]中国農村調查刊行会：『中国農村慣行調查』第二卷，岩波書店1981年版，第497頁。

7.[日]中国農村調查刊行会：『中国農村慣行調查』第二卷，岩波書店1981年版，第464頁。

8.[日]中国農村調查刊行会：『中国農村慣行調查』第二卷，岩波書店1981年版，第464頁。

9.[日]中国農村調查刊行会：『中国農村慣行調查』第二卷，岩波書店1981年版，第465頁。

10.[日]中国農村調查刊行会：『中国農村慣行調查』第二卷，岩波書店1981年版，第466頁。

11. [日]中国農村調査刊行会：『中国農村慣行調査』第二卷，岩波書店1981年版，第466頁。

12. [日]中国農村調査刊行会：『中国農村慣行調査』第二卷，岩波書店1981年版，第23頁。

13. [日]中国農村調査刊行会：『中国農村慣行調査』第二卷，岩波書店1981年版，第101~102、115頁。

14. [日]中国農村調査刊行会：『中国農村慣行調査』第二卷，岩波書店1981年版，第12、36頁。

囿于资料的不完备，难以运用阶级理论的社会构成评价体系——地主、富农、自耕农、贫农，将不在地主形成前的职业与社会地位清晰地呈现出来。在现有资料的基础上整理出上表，虽有瑕疵，但基本能够反映出不在地主形成前的职业、社会地位，亦能窥见其身份转化的规律。通过上表可知，这些不在地主都是在代内完成身份转换的，且构成成员的原身份极为复杂且多样化，因此，这个阶层的社会流动内容也愈发复杂。原在社区内拥有土地的富农，或自耕农，迁居城市或其他社区后，一直采用自耕经营方式的土地转变为租佃经营，从而获得了地主身份，对于他们来说，则属于由较低社会层次向较高层次的垂直流动中的向上流动，如邢尚德、张文亮、杜景萱。居住于城市的商人、高利贷者、官员等，各自通过不同的方式在农村获得土地并采用租佃的经营方式，从而具有了不在地主的身份，如果按照当时社会阶层的评价体系——阶级理论，实难用水平流动、垂直流动来定位，如王永万、何长源、王义臣。居住于农村的自耕农或富农在其他村落购置土地且采用租佃的经营方式，则属于垂直流动，如刘殿祥。

沙井村的情形仅仅体现了不在地主阶层社会流动的冰山一角，因为在其他的诸多调查之中，亦存在如下现象，在某个村落内的地主，由于某种因素促使其迁居他处，但其所有土地继续采用租佃的经营方式，这个人则成为了不在地主，若从社会流动方向而言，属于水平流动，如昌黎县梁各庄的白洪一、傅世珍、王锡珍等。①居住于农村的地主在本社区外的村落购置土地且采用租佃方式的话，亦属于水平流动，如平谷县大北关村的张重楼和张德元即属于此列。

历史的运动向来是互为因果的，②不在地主向其他阶层的流动途径和方式与其形成方式大体一致。另外，不在地主作为地主阶级的构成部分，在阶级结构的阶梯中处于最高位置，因此，在阶级结构的评价体系中，该阶层不具有向上流动的空间，其社会流动内容则主要体现在向下流动，这也是此阶层在社会流动方面的一个特点。所以说，关于不在地主阶层历史命运的讨论即为当时社会各阶层通过社会流动成为不在地主的逆向探讨。这可以通过沙井村社区的具体事例作为佐证。如梅沟营的刘殿祥，其不在地主身份的获得是因采用租佃土地的经营方式，因此，在土地的经营方式由租佃转为自耕，则其身份转变为自耕农，属于向下流动，③相似的例子还有王书平和何长源。④居住于县城的不在地主王书田，在沙井村购置土地并出租成为了不在地主，在土地出售后则失去了不在地主的身份。⑤

代际流动是指个人家庭中几代人社会职业、社会地位的变动。不在地主阶层中不乏大地主，这些人原本仅为自耕农或者是在村的中小地主。然而，在几代人孜孜不倦的努力之下，他们在附近的村落以至于外县、外省都拥有数量庞大的土地。

据罗仑、景甦的调查，章丘县东巩硫村太和堂李家，原本仅为一个村落社区内的小地主，可自乾隆年间至光绪末年，经李可式、李永清、李方彩三代人的勤劳经营，从而成为拥有500余亩土地的不在地主。其土地积累过程大致可分为三个阶段，具体情况见下表。⑥

---

① [日]冀東地區農村實態調查班：『第二次冀東農村實態調查報告書統計篇：第四班昌黎縣』，南滿洲鐵道株式會社1938年版，第2~10頁。
② 王先明：《近代绅士：一个封建阶层的历史命运》，天津人民出版社1997年版，第316页。
③ [日]中國農村調查刊行会：『中國農村慣行調查』第二卷，岩波書店1981年版，第497頁。
④ [日]中國農村調查刊行会：『中國農村慣行調查』第二卷，岩波書店1981年版，第466頁。
⑤ [日]中國農村調查刊行会：『中國農村慣行調查』第二卷，岩波書店1981年版，第488頁。
⑥ 罗仑、景甦：《清代山东经营地主经济研究》，齐鲁书社1984年版，第65~68页。

第一个阶段,是乾隆五十七年李可式分家时分得的土地175.92亩,这部分土地是乾隆二十六年至五十五年(1761~1790年)30年间陆续购置的。

表7.2 李可式分家前土地积累过程表(1761~1790)　　面积单位:市亩

时间	面积	价格	时间	面积	价格
乾隆二十六年	3.3	28两	乾隆四十三年	6	32千
乾隆二十九年	2.4	25两	乾隆四十三年	11.3	123千
乾隆三十二年	3.2	20两	乾隆四十三年	6	22两
乾隆三十五年	1.8	22千	乾隆四十三年	3.75	60千
乾隆三十五年	1.5	22千	乾隆四十四年	3.75	60千
乾隆二十六年	6	30两	乾隆四十四年	3.45	69千
乾隆二十六年	3	20两	乾隆四十四年	8.25	80千
乾隆三十七年	11.6	50两	乾隆四十六年	3.15	44千
乾隆三十七年	9.1	43两	乾隆四十八年	3	15千
乾隆三十九年	6.17	20两	乾隆四十八年	3	41千
乾隆三十九年	2.1	8两	乾隆四十八年	3.75	33千
乾隆三十九年	4.3	14两	乾隆五十一年	3	42千
乾隆三十九年	4.58	--	乾隆五十二年	4.5	74千
乾隆三十九年	2.33	--	乾隆五十二年	6	50千
乾隆四十年	1.5	30千	乾隆五十二年	5.84	90千
乾隆四十一年	9	110千	乾隆五十五年	9	209千
乾隆四十一年	9	129千	乾隆五十五年	6.9	50千
乾隆四十一年	4.5	57千	共计	175.92	

资料来源:罗仑、景甦:《清代山东经营地主经济研究》,齐鲁书社1984年版,第66页。

第二个阶段为乾隆五十七年分家后太和堂在李可式、李永清的经营下,在乾隆五十九年至同治七年(1794~1868年)的75年间购置共计164.68亩土地。

表7.3 李可式分家后土地积累过程表(1794~1868年)   面积单位:市亩

时间	面积	价格	时间	面积	价格
乾隆五十九年	3.4	32千	咸丰四年	2.4	47千
嘉庆十五年	6	105千	咸丰七年	4.5	110千
嘉庆十八年	3.0	47千	咸丰七年	0.78	20千
嘉庆十八年	1.05	195千	咸丰七年	6.0	148千
嘉庆十九年	0.11	60千	咸丰八年	7.5	240千
嘉庆二十年	8.9	300千	咸丰九年	2.46	80千
嘉庆二十年	3.66	100千	咸丰十年	7.5	240千
嘉庆二十一年	7.2	100两	咸丰十一年	3.6	140千
道光二年	2.4	38千	同治元年	3.3	92.2千
道光三年	0.3	5千	同治六年	4.2	33两
道光四年	6.0	230千	同治六年	4.02	177千
道光四年	2.0	20千	同治七年	30.0	240千
道光五年	3.6	75千	同治七年	30.0	--
道光十四年	3.0	143千	同治七年	5.1	190千
道光十七年	2.7	--	共计	164.68	

资料来源:罗仑、景甦:《清代山东经营地主经济研究》,齐鲁书社1984年版,第67页。

第三阶段为同治九年至光绪三十一年(1870~1905年)35年间太和堂在李方彩的经营下购置了共计175.32亩的土地。

表7.4 李方彩当家时太和堂土地积累情况表(1870~1905年)面积单位:市亩

时间	面积	价格	时间	面积	价格
同治九年	1.5	57千	光绪十三年	0.9	60千
同治十年	0.93	--	光绪十四年	3.3	14两
同治十年	3.0	16两	光绪十四年	5.7	190千
同治十二年	5.7	44两	光绪十六年	4.2	11.5两
光绪三年	1.8	40千	光绪十六年	3	405千
光绪三年	5.1	100千	光绪十七年	6.891	132千
光绪三年	4.26	14.5两	光绪十八年	6.3	280千

续表

时间	面积	价格	时间	面积	价格
光绪三年	5.16	17.2 两	光绪十八年	1.8	60 千
光绪四年	2.7	70 千	光绪十九年	3	122 千
光绪四年	3.0	17 两	光绪十九年	2.022	108 千
光绪四年	3.6	60 千	光绪二十年	3.45	162 千
光绪四年	0.963	52.5 千	光绪二十年	6	--
光绪四年	0.15	3.5 千	光绪二十年	4.5	--
光绪五年	7.5	2.5 两	光绪二十五年	2.4	70 千
光绪五年	9.0	375 千	光绪二十六年	2.4	145 千
光绪五年	2.7	100 千	光绪二十七年	19.8	706 千
光绪五年	3.0	82 千	光绪二十九年	3	107 千
光绪六年	12.0	400 千	光绪三十年	6	180 千
光绪六年	3.6	63 千	光绪三十一年	3	70
光绪十一年	2.1	10.5 千			
光绪十二年	9.9	330 千	共计	175.32	

资料来源：罗仑、景甦：《清代山东经营地主经济研究》，齐鲁书社1984年版，第68页。

从乾隆二十六年至光绪三十一年的140余年间，太和堂分104次共购置土地515.92亩，平均每次购入4.96亩。由上表可知，太和堂几乎每年都在购置土地，每次购入的土地数量都不大，但购置土地的次数甚为频繁，有时一年有三四次之多。在104次土地交易中，最少的时候一次购进土地只有一分零，最多的也不过30亩，一次性购入土地超过10亩的土地交易仅6次，一般的土地交易多在二三亩至七八亩之间。

旧军镇矜恕堂孟家的土地积累速度较之于太和堂要快一些。从咸丰四年至宣统三年（1854~1911）不到50年时间，矜恕堂分75次购入耕地、园地、宅地等共722亩，平均每次购入9.63亩。土地交易者的身份较为复杂，有贫困的农民，亦有乡土社会的中产者，甚至有不少是地主，如光绪三十四年矜恕堂分7次从承训堂购入土地共计222亩；宣统年间又分7次从承训堂购入耕地216亩、房宅

6.96亩。①

淄川县粟家庄树荆堂毕氏,在乾隆年间是仅有30亩地的自耕农,当时毕丰涟觅得商机,认为织山绸可以营利,便利用农闲时间到离家不远的郭庄学会了织绸,后来在家中安了一架"木机"开始织山绸,因经营有方家道渐裕。经毕丰涟、毕宁介、毕远蓉三代累积,到光绪年间树荆堂的土地已增至900余亩,其中有600亩在本村,占全村土地总数的20%,余下的300亩在外村,采用租佃的经营方式,成为了不在地主。②

由此可见,太和堂、矜恕堂和树荆堂均是经过几代人的不断积累成为拥有大量土地的不在地主家庭,这样一个拥有雄厚经济基础的不在地主家庭的没落也非朝夕之事,大多经历了几代人最后脱离了不在地主阶层。如太和堂,在分家析产、任意挥霍、经营不善下,日趋衰败,到了1928年,其成员差不多都降为自耕农了。

社会流动是一个动态的过程,某些人从较高阶层流向较低阶层,另一部分人会逆向行之,保持了一个阶层的平衡性,但是,20世纪前期的不在地主阶层所处的时代环境极为不佳,社会动乱不堪,土地的经营几乎无利润可言,故而,投资土地的人日渐稀少,不在地主阶层也就难以摆脱日趋衰微的历史命运。这也正如某些学者对地主阶层命运的描述,在土地改革前,地主阶层在诸种因素的致使下逐渐走向灭亡,而中国共产党进行的土地改革给予了该阶层最后且最有力的冲击,让其迅速退出了中国的历史舞台。

---

① 罗仑、景甦:《清代山东经营地主经济研究》,齐鲁书社1984年版,第96~101页。
② 罗仑、景甦:《清代山东经营地主经济研究》,齐鲁书社1984年版,第69~70页。

第二节 制度变迁与不在地主阶层的历史命运

社会流动影响到不在地主阶层的历史命运,但并不是决定性的因素,作为"巨大的历史变动"的土地制度变革才是关键性因素。从目前对"制度"的理解而言,制度的概念体系有两种,其中之一"是从社会的角度去认识,表现为一种社会制度和政治政度。这也是人们惯常理解的制度,实际是指制度结构:它是指社会中所有制度安排的总和,包括组织、法律、习俗和意识形态。在经济学中,制度被广泛使用。不过,它有自己的概念体系,实际指制度安排。一项制度安排是指特定领域内约束人们行为的一组规则。同样,在经济学家那里,制度变迁通常指某一制度的变化,而不是指整个结构中所有制度安排的变迁。"① 土地制度的变化很显然不能简单将其视为制度安排的变化,还应包括在政治斗争背景下政权更迭后新政府所采取的带有革命性的行为,即土地改革。本书所涉及的制度变迁,即主要是指政权更迭所引发的制度变革,特别是土地改革。

政权更迭所引发的制度变革对华北区域不在地主阶层的历史命运的影响,首先是对旗人不在地主的影响。

旗地在清代华北地区广泛存在,即使进入民国时期,旗地的数量亦不可小觑。由政权更迭形成的不在地主阶层中特殊类型的旗人不在地主,其地主身

---

① 林毅夫:《再论制度、技术与中国农业发展》,北京大学出版社2000年版,第16~17页。

份也与政权息息相关,当然,也受自身经济因素的影响。

旗地虽为私有财产,但清政府为维护满族人的利益,从法律上规定并多次"重申"旗地不准卖与汉人。政策的初衷和设计是理想的,但与现实存在很大距离,旗人招佃出租,许多情形在预料之外,如佃户百般拖欠,庄头侵吞,地租实难全额获得。另外,清政府限制八旗兵丁自由营生,再加上特殊的军事制度,凡八旗兵丁每逢调遣出征,马匹、服装、器械等均须自备,因此,许多旗人的生活陷入窘迫的境地。如时人沈起元所说:"甲不能遍及,而徒使之不士、不农、不工、不商、不兵、不民,而环聚于京师数百里之内,于是其生日蹙,而无可为计。非旗人之愚不能为生也。"① 此种情境下的旗人,自然尽一切办法回避法规,典卖土地与民间。赫泰在《筹八旗恒产疏》中写道:"至于在旗地亩,自例不许卖与民间,俱有明禁。因旗人时有急需,称贷无门,不敢明将地亩一时契卖,乃更名曰老典,实寔与卖无二也。此等民典旗地之事,自康熙二三十年之间即有此风。约略计之,旗地之在民者,今则十之五六矣。"② 乾隆四年(1739年),户部估计,"民典旗地,不下数百万亩,典地民人,不下数十万户。"③ 据御史舒赫德在乾隆二年估计"则近时近京五百里已半属民人"。到乾隆二十二年,"大抵百年来,此十五万顷旗地,除王公庄田外,尚未典卖于民者,盖亦鲜矣"④。针对上述之情形,清政府采用诸种办法,多次对旗地进行强制回赎,并重新分配与旗人。但是,其结果同希图通过分配土地来永保旗人生计的设想和实践一样,最终并未实现其初衷。所以,近代以来黑地(无税之地)不计其数,便多是源于不受法律保护的民典旗地甚多。1941年据县当局所述,"全县共有土地6500顷,将来土地调查完竣,估计还会增加1300顷,计7800顷",可见旗地、黑地之庞大。⑤ 因经济状况不良而典卖土地的旗人不在地主就此丧失了地主的身份。

诚然,旗人不在地主的身份属性受经济因素影响甚大,但根本原因则是

---

① 沈起元:《拟时务策》,《皇朝经世文编》卷三五,沈云龙主编《中国近代史料丛刊正编》第74辑,第1285~1287页。

② 赫泰:《筹八旗恒产疏》,《皇清奏议》卷四五。

③ 《八旗通志》卷十八,第1页。

④ 《畿辅通志》卷九五,第16页。

⑤ [日]中国農村調査刊行会:『中国農村慣行調査』第二卷,岩波書店1981年版,第487頁。

土地制度的变更,由于清末民初政权不断地更迭,土地制度变革的过程较为复杂。

辛亥革命结束了清朝的统治,数额庞大的旗地便由北洋政府管理,袁氏政权虽以"奇货居之",但碍于清帝退位时的约定,保护皇族、王公、八旗官兵的私有财产,"其原有私产,由中华民国特别保护"。①因此,袁氏政府在面对旗地佃户拒交旗租之时,于1913年12月8日下令严格履行《皇室优待条件》取缔抗租,其声称:

共和肇造,薄海同麻。回溯改革之初,实由大清孝定景皇后,应天顺人,始臻天下大公之盛。凡属皇族懿亲,自应上体仁慈,优加待遇。本大总统前次颁布优待皇室条件曾申明,清皇族私产,一体保护,自应遵照办理。兹据清礼亲王世铎等呈称,奉天临时省议会,轻徇新民县乡议事会议员,现充辅国公奎瑛府壮丁于景赢等之请,擅将各王公府所属壮丁人地差银,议准一体取消。并组织公民保产会,将应缴各银,抗不交纳,恳请迅赐保护。各等情。披阅之余,殊堪骇诧。查大清王公勋戚授田之法,除其赋税,免其差摇,盖以优赉王公,与承种其地之该壮丁等毫无关涉。该壮丁等于各王公府缴纳此项银两,均有历年征收册籍可凭,何得以国体变更意存侵蚀。似此任意违抗,殊失孝定景皇后与民休息之心,益乖本大总统一视同仁之旨。著奉天民政长,将该省议会议决案行知取消,一面饬知地方官谕令各王公府所属各壮丁等,仍照旧缴纳,毋任借词延抗。并著各省民政长饬各属,嗣后,凡清皇族私产,应遵照前颁优待条件,一体认真保护。并严行晓谕各处壮丁人等,照旧缴纳丁粮。务期同奠新基,各安旧业,本大总统有厚望焉。此令。②

连年战争,北洋政府军费浩繁,财政拮据日重,当时财政总长周学熙对此有过言论,"收支之差甚巨,打开之法,增税及拍卖官产之外,只余募债之道"③。

---

① 李剑农:《中国近代百年政治史》上册,上海商业出版社 1947 年版,第343页。

② 《袁世凯关于严格履行皇室优待条件取缔抗租之命令》,第一历史档案馆馆藏:全宗号26,目录号476,案卷号802。转引自王立群:《民国时期河北旗地变革研究(1912~1934)》,博士毕业论文2009年,第36~37页。

③ 贾士毅:《民国财政史》正编上册,台湾商务印书馆1962年,第136页。

旗地对于当时的袁氏政府来说，不啻于缓解其财政窘境的重要途径之一。由此，袁世凯不再恪守曾对清室信誓旦旦许下的诺言，开始对旗地进行整理。在旗地清丈处分与升科的情况下，丧失特权身份且生活困苦的旗人，纷纷急愿出售旗地，"纷请当局准援旗民交产旧制，由官勘丈出售，愿以所得地价提出一部报效国家"。1915年11月，财政总长周学熙在总结旗地整理过程中的经验以及解决整理旗地过程中出现的问题后，颁布了袁世凯时期最为重要的一项旗地政策《整理京兆所属租籽地章程》。该章程规定，除皇庄以外，一切旗地都须升科。租主不愿升科的，以年租额的10倍卖给佃户让其升科；如果佃户也不留置升科，则由地方官负责竞卖，卖给第三者使之升科。此种情形下，租主可得租额的10倍，余额分给佃户，从租主所得中取20%纳官。但在袁世凯过世后，随着京畿整理旗地活动的停止，此政策也停止了实施。

段祺瑞执掌北京政权之后，针对八项旗租地颁布了《京兆清查官产处处分八项旗租简章》，对旗地进行清丈处分。但该政策因高额的留置费用，在颁布不久便招致旗地的佃户和地方当局的强烈反对。于是，在1917年，北京政府在前项政策修改的基础上颁布了《京兆清查官产处酌拟修正处分八项旗租简章》，规定"留佃缴价应以原额十倍为定"。但为督促佃农尽快交价购买，又规定原佃户如果不于1917年夏忙开征时报明清查官产分处留置，就将原租增加一倍；如果佃农既无力留置，又无力增租，即"将未留地租招人承买"①。在此之后，北京政府又数次修改旗地政策。

1920年6月15日，北京政府对旗圈地进行清丈处分，训令直隶省与京兆区分别在其所辖境内设立"旗产官产清理处"，隶属直隶省长公署及京兆尹公署。政府还制定《直隶省旗产官产清理处处分满清王公八旗圈地章则》、《京兆区旗产官产清理处处分满清王公八旗圈地章则》，由直隶省、京兆区清理处各派专员，由各县公署派员协助，废除清王公及八旗都统等清朝宗室庄田及八旗庄田，令诸佃户备价留置；皇室庄田则允许废清内务府根据1913年的《清室优待条件》自行出卖。在旗地整理如火如荼进行之时，京津地区发生了

---

① 《直省旗租案文汇编》下卷，首都图书馆藏手抄本，第9页。转引自王立群：《民国时期河北旗地变革研究（1912~1934）》，博士毕业论文2009年，第46页。

直皖战争,激战后直系军阀战胜了皖系军阀,也因此,旗地政策的连续性又一次中断。

各派军阀互斗不止,你方唱罢我登场,直系曹锟登台不久便被冯玉祥的国民军赶下台。这一时期,直隶省由张作霖的奉系管辖,京兆地区则由冯玉祥的国民军控制,他们分别制订了不同章程来整理长期遗留的旗地问题。冯玉祥在京兆地区实行了《修正优待清室条件》,规定清室之"一切私产归清室完全享有,民国政府当为特别保护;其一切公产,当归民国政府所有"。这样,国民军没收了废清内务府庄田,连同宗室庄田、八旗庄田及八项旗租地,仍由"京兆区旗产官产清理处"负责办理。①在直隶省的奉系,裁撤了原旗地管理机构,设立了"直隶全省旗产官地清丈局",规定此次清丈应尽现在管业之佃户承领,其从前各佃不论因何事转移,均不得出头争执以免纠纷。1925年10月,直隶省省长李景林又裁撤了全省旗产官地清丈局,所有旗产事务仍归财政厅办理,并在财政厅附设清理旗产事宜总处,在有旗产各县附设分处,并颁布《直隶省旗圈售租章程》和《直隶省处分八项旗租章程》对旗圈地和旗租地的丈放分别进行了详细规定。

1926年,军阀争斗又引起政局变动,奉系张作霖凭借强大的军事实力控制了直隶、京兆地区,为筹措军费加紧了对旗地的管理,设立清理旗产事务局管理旗地,并对相关旗地政策进行修改、补充,加速了旗地的出售。

1928年,南京国民政府替代了北洋政府,先后设立了河北兼热河官产总处、河北官产总处,负责河北旗产的管理及丈放,并陆续颁布了《国民政府行政院财政部办理河北热河官产验照暂行条例》《验照施行细则》及《财政部官产验照处条例解释》《河北兼热河官产总处处理官产章程》等一系列政策。但历经战乱的河北,又频遇自然灾害,农村经济崩溃,农家经济破产,无力购置旗产。财政部部长孔祥熙因此下令停办战区的旗产,"河北经过战事,各县人民困苦已达极点,谋生尚虞不给,断无余力置产。本部长为体恤民艰起见,所有战区各县官产事宜,均着暂先停办。原设之官产专局,以及由县兼办者,一

---

① 《京兆全区旗产官产清理处章程》,北京市档案馆馆藏:北洋政府政务档案,全宗号J191,目录号2,案卷号13086。转引自王立群:《民国时期河北旗地变革研究(1912~1934)》,博士毕业论文2009年,第50页。

律限期结束。在停办期间,不得妄托任何机关、任何人员代办清理事宜,以杜流弊"①。其实,河北省其他未经战事各县,"表面虽未经烽烟之惨,而人民经济状况之事实,与战区经济不差上下。况匪气未靖,隐患正多,若反动之辈,乘机煽惑贫民,遂其破坏阴谋,治安恐难维持。是以特种征收,亦应废除",且"河北旗地现所余者,皆纠纷、阻碍或不易查找之部分",而"目前官产总处,每月收入仅二万余元,即行政经费,亦有时不给,国家既毫无所补,旗民生计又不能丝毫救济"②。鉴于此,孔祥熙下令将河北省未经战事各县之旗产一律暂行停办,各县"无论设局专办,以及由县兼办之官产事项,均着停止进行。原设各局,一律裁撤"。河北省官产总处遂停止整理旗产事宜,不久,正式裁撤河北官产总处,改为"财政部清理河北官产善后事宜办事处"。

自清末以后,政权更迭频繁,各届政府对华北地区庞大的旗产出于各种目的制定了一系列的处理政策,这些政策的内容有共趋性的一面,即旗地政策的核心内容为由承种旗地的佃户出一定代价进行留置,取得土地的完全所有权,而其所付的地价则一部归于租主,一部归于国家以及所经管之机关,但这些政策由于内外形势的不同而屡屡改易。另外,历届政府的旗地政策在实施过程中,各阶层的抗议不断,纠纷不绝,影响到了政策的落实。正因此,诸多旗产隐没而未处分。据资料显示,在官产总处停办之时,查处未处分之旗地,分布在河北64县。其中有案可查、未经处分之旗圈地,共计13 000余顷。此64县为:大兴、宛平、通县、三河、武清、宝坻、蓟县、香河、宁河、霸县、保定、文安、大城、固安、永清、东安、良乡、房山、琢县、昌平、顺义、怀柔、密云、平谷、卢龙、滦县、迁安、抚宁、昌黎、乐亭、临榆、清苑、满城、安肃、定兴、新城、唐县、博野、望都、容城、完县、氢县、雄县、安新、高阳、河间、献县、肃宁、任邱、交河、景县、故城、天津、青县、静海、沧县、南皮、盐山、平润、遵化、玉田、易县、沫水、定县。另外在其他各地还散有394顷21亩。八项旗租地,还有10 445顷76亩。另外,还有未处分之拨补地,共计6935顷6亩。③

---

① 萧铮主编:《民国二十年代中国大陆土地问题资料》,台北成文出版社1977年版,第39694~39768页。

② 萧铮主编:《民国二十年代中国大陆土地问题资料》,台北成文出版社1977年版,第39769页。

③ 王立群:《民国时期河北旗地变革研究(1912~1934)》,博士毕业论文2009年,第62~66页。

无论是旗地政策多变还是政局不稳,抑或是各阶层的反对,该政策实施过程中的土地制度变革还是促进了旗地向私有化方向的发展。

在京兆地区的大兴、宛平、良乡等县,由于毗邻北京,它们推行旗地的清理最早,也最为全面。1915年,袁世凯政府设立了经界局开始清理全国土地,京兆区是其最先开始的筹办地区,而大兴、宛平两县更是京兆区清理土地的示范县。对于旗地的清理,该两县按照《整理京兆所属租籽地章程》的规定,开始了对除皇庄以外的其他一切旗地的清理、升科。在良乡县,自"民国四年清查后,进行了旗地卖租、黑地报粮、旗租报粮,有粮地达3000顷(按:清查前为1000余顷),余者仅为王公府庙之旗地"①。

顺义县于1916年设立清查局,开始了黑地、开垦地、八项旗租地的整理。对于作为私产的旗圈地亩,则并没有进行整理。而八项旗租地的整理"起民国五年,迄二十年,共售出银五千四百九十五两一钱二分四厘,计地五百四十二顷四十亩,未处分之地尚有三百三十九顷八十四亩四分四厘,银二千二百八十八两五钱"②。

通县在1916年9月开办清查官产处,但它的旗地清理最初仅限于八项旗租地。通县旧有八项旗租地七百三十八顷二十一亩九分二厘。由于留置价额过重(注:原租额十倍),佃农大多采取观望态度,直至政府明令将旗地留置价格改为六五,佃农留置才开始增多。但自1916年9月开办起至1919年4月止共处分八项旗租地不过四十一顷八十四亩零三厘九毫五丝,未处分留佃地仍有六百九十二顷十七亩一分零八毫五丝。③

清苑县很快"售出二十七八顷,民间均称便利,无不乐从"④。

---

① 周志中修:民国《良乡县志》,卷三,台湾成文出版社1968年版,据民国十三年铅字重印本影印,第133页。

② 杨得馨修:民国《顺义县志》,卷六,北京图书馆出版社1998年出版,第108页。

③ 《清查地亩公牍》第19集,中国科学院馆藏。转引自自王立群:《民国时期河北旗地变革研究(1912~1934)》,博士毕业论文2009年,第69页。

④ 《财政厅饬发旗圈售租章程》,河北省档案馆馆藏:北洋政府政务档案,全宗号656,目录号1,案卷号399。转引自王立群:《民国时期河北旗地变革研究(1912~1934)》,博士毕业论文2009年,第68页。

定兴县于1925年开始进行旗地的清理和处分。该县共有"旗租六项,曰另案、曰存退、曰三次、曰四次、曰奴典、曰公产,计地以前六百七十顷零六十七亩八分九厘,租额二万五千三百八十七两二钱九分一厘。租田既巨,遍于各村,花户繁多,全县皆是"①。定兴县在1925年5月至9月的时间内,就将该县旗租地处分九成以上。

如据《满城县志略》载:"由是自十五年迄今(注:1931年8月)现在共留买地七百七十一顷二十一亩四分五厘,据查未留买者尚有一百顷六十三亩六厘八毫。"②

据《雄县新志》载:"据十八年七月查造粮地表,由该县新增之旗粮社所负责之历年旗地升科之地为12196.858亩,民国十六年官产处成立后设立之利民社负责旗租地的处理共8187.59亩,福民社负责内务府旗地处理6426.64亩。"③

满铁调查的村落也为此提供了有力的证据。顺义县沙井村的旗地清理、升科情况大体可分为三类。

第一,为租主投报升科。沙井村的松宅地为35亩,由租主松盛俊申告,1915年12月以后纳税银4分,成为民粮地。

第二,为通过清查官产处使佃户买得旗地,并使之升科。石门村200亩左右匠役地大多在民国三四年间通过官产局处置,沙井村的匠役地也同样以每亩2元由佃户买入升科。此外,也有佃户以每亩4元的价格留买了谢庄头地(谢庄头为滦州人),升科后定税每亩银4分。当时一般的土地买卖中,民地为每亩30元,旗地则在20元左右,但是从佃户所说"布令必须买,无法,被数回催促",可知其对此是有不满情绪的。④

第三,佃户为了不让匠役那样的弱小租主来收租,以开垦荒地的名义到官

---

① 转引自王立群:《民国时期河北旗地变革研究(1912~1934)》,博士毕业论文2009年,第68页。
② 陈宝生修,陈昌源纂:《满城县志略》,卷六,台湾成文出版社1969年版,据民国二十年铅印本影印,第181页。
③ 秦廷秀修,刘崇本纂:民国《雄县新志》,卷六,台湾成文出版社1969年版,据民国十八年铅字重印本影印,第202页。
④ [日]中国農村調查刊行会:『中国農村慣行調查』第二卷,岩波書店1981年版,第455、464、474頁。

厅进行申报、升科。如"佃户中奸猾者，至县公署以荒地升科申报、交手续费而获证明书，此类事甚多。各地官厅为增加收入，绝少问其土地究为何等土地，滥发证明书。以此，旗地之紊乱益甚"①。

强制升科大大促进了旗地的出卖。德公府世宅代昌以"此次清查官产，旗地均令升科纳税，本宅财力不及"为由，于是在1916年1月将8亩地以大洋17元1角2分卖与沙井村佃户。此项土地此后便成为黑地，直至1939年日本人统治的时候才被发现其当初的买卖未经清查官产处。可以想见，因《整理京兆所属租籽地章程》被迫升科、不经官产处将王庄圈地等出卖而后成为黑地者甚多。②

诚然，清末以来政权更迭过程中的土地制度变革对不在地主阶层的命运产生了强力冲击，但兼具经济的变革、政治的变革、社会的变革的土地改革与不在地主阶层的命运更为息息相关，也因此，作为"巨大的历史变动"的土地改革成为影响不在地主阶层历史命运的制度因素。"社会阶级或阶层的分化与消亡，是在巨大的历史变动的阵痛中逐步分解形成的。推动这一历史性变动的力量，在社会经济和文化的深层不断汇聚积累，一旦现存制度无法承负它的巨大压力时，它便急速地释放出备受挤压的能量，导致现存社会的制度性崩解。制度的存亡必然引发出与此命运相系的有关阶级、阶层的分化与消亡。"③

土地是社会最基本的生产资料，"土，吐含万物"④。土地与农民之间存在着超乎寻常的亲密关系，土地是农民安身立命之基。美国农业学家金（King），曾调查过中国的农业，并有以下之描述，中国人"像是整个生态平衡里的一环。这个循环就是人和土的循环。人从土里出生，食物取之于土，泻物还之于土，一生结束，又回到土地。一代又一代，周而复始，靠着这个自然循环，人类在这块土地上生活了五千年。人成为这个循环的一部分。他们的农业不是和土地对立的农业，而是协和的农业"⑤。而农民又是国家统治的基础，正所谓，"国以民为本，民以食为天，食以土为本"。因此，土地改革成为变革社会不可

---

① [日]中国農村調査刊行会：『中国農村慣行調査』第二卷，岩波書店1981年版，第487頁。
② [日]中国農村調査刊行会：『中国農村慣行調査』第二卷，岩波書店1981年版，第477頁。
③ 王先明：《近代绅士：一个封建阶层的历史命运》，天津人民出版社1997年版，第316页。
④ 费孝通：《乡土中国》，《费孝通选集》，天津人民出版社1988年版，第88、161页。
⑤ 费孝通：《社会调查自白》，《费孝通选集》，天津人民出版社1988年版，第88、161页。

或缺的内容,洪秀全、孙中山均提出耕者有其田等一系列主张,这不仅是中国的选择,也是许多国家的选择,如我们的近邻日本。不同的是改革方式,有些国家采取革命性方式,有的国家或地区采取赎买方式。

"在农业对国民经济至关重要而土地占有又极不平等的发展中国家,土地改革才会成为政治上极为突出的问题。"①1947年底,毛泽东在《目前形势和我们的任务》一文中对土地占有状况作了如下估计:8%的地主、富农占有全部土地的70%至80%,占据乡村人口绝大多数的其他阶层总共只拥有20%至30%的土地。②1950年6月,刘少奇《关于土地改革问题的报告》,也认为大体占农村人口不到10%的地主和富农占约70%至80%的土地。或因出自党的领导人,这种观点不仅在政界得到认同,而且在1950年邓拓先生在北大讲课时指出:"旧中国农村土地分配极不合理,约占10%的地主、富农,占有全国60%到80%的土地。"③除此之外,章有义认为,这个估计来源于1927年《中国国民党中央执行委员会农民部土地委员会报告》——地主、富农的人口占农村人口的14%,却占有全国土地的81%。可见学界也是基本认同这种说法的。但是上世纪80年代末以来,许多学者对这种看法提出了质疑,认为以往高估了乡村社会的土地集中和贫富分化的程度。章有义提出地主、富农占地的实际比例应在50%~60%;④赵冈认为章有义的观点"有根有据","推理谨严,说服力很强",是可以接受的;⑤郭德宏认为1949年前地主、富农占地应在50%左右,⑥并且在其专著中更加细致地分析得出,地主、富农"在旧中国的几十年间","约占户数和人口的9.45%,占土地总数的54.37%";⑦乌廷玉认为"从全局看,旧中国之地

---

① [美]亨廷顿(Samuel P. Huntington)著,王冠华译:《变化社会中的政治秩序》,三联书店1989年版,第350~354页。

② 《毛泽东选集》一卷本,人民出版社1967年横排袖珍本,第1147页。

③ 邓拓遗著:《旧中国农村的阶级关系与土地制度》,《社会科学战线》,1982年第3期。

④ 章有义:《本世纪二三十年代我国地权分配的再估计》,《中国社会经济史研究》,1988年第2期。

⑤ 赵冈:《地主经济制质疑》,《中国社会经济史研究》,1989年第2期。

⑥ 乌廷玉:《旧中国土地占有状况及发展趋势》,《中国社会科学》,1989年第4期。

⑦ 郭德宏:《中国近现代农民土地问题研究》,青岛出版社1993年版,第42页。

主、富农只占全国28%到50%的耕地,他们从来没占有60%以上之耕地";①黄道炫认为"近年学者提出的全国范围综合估计地主、富农占地约50%的结论","可能还是存在着某种程度的高估";②日本有学者认为,地主和富农,占农村全部人口的10%,所拥有的土地只不过占全部耕地的40%左右;③高王凌认为先前的研究不够彻底,地主和富农一起统计的方法容易混淆二者的概念,计算不当而造成统计数据的不实,有必要摒除富农的统计数据,单独计算地主的土地占有情况,地主户数约占农民总户数的3%~4%,地主人口约为农村总人口的5%,占有土地在30%~40%之间,简单平均为36%。④研究表明,地权分配并非如以往所说的那么严重,但地权分配的不均是毋庸置疑的事实。

共产党透过纷繁复杂的历史表相认识到,中国革命的核心问题是农民问题,而农民问题的核心便是土地问题。谁赢得了农民,就会赢得中国;谁解决了土地问题,谁就会赢得农民。⑤"要推翻帝国主义、军阀对于中国的统治和剥削,便必须彻底改变现存的土地制度……必定要农民得有享用土地的权利,保证农村经济的自由发展,必定要农民能够组织自己的政权,拥护劳动平民的权利,筑成平民政权巩固的基础,然后革命方能成功。换句话说,便是国民革命应当以土地革命为中枢"。"中国没有土地革命,便决不能铲除帝国主义、军阀之统治和剥削的根基"。⑥无产阶级及其政党必须解决土地问题,才能得到农民这个"革命里最有力最伟大最主要的同盟军"⑦。因此,解决土地问题既是革命的手段,又是革命的目的。毛泽东坚信,"如果我们能够普遍地彻底地解决土地问题,我们就获得了足以战胜一切敌人的最基本的条件"⑧。中国共产

---

① 乌廷玉:《旧中国地主富农占有多少土地》,《史学集刊》,1998年第1期。
② 黄道炫:《一九二〇—一九四〇年代中国东南地区的土地占有——兼谈地主、农民与土地革命》,《历史研究》,2005年第1期。
③ [日]田中恭子:『中国共産党の農村政策―1940年代を中心に』,『国際研究』,1984年第3期。
④ 高王凌:《租佃关系新论———地主、农民和地租》,上海书店出版社2005年版,第9页。
⑤ 成汉昌:《中国土地制度与土地改革——20世纪前半期》,中央档案出版社1994年版,第11页。
⑥ 瞿秋白:《农民政权与土地革命》,《瞿秋白文集》,人民文学出版社1995年版,第580页。
⑦ 瞿秋白:《中国革命中之争论问题》,《瞿秋白选集》,人民出版社1985年版,第278页。
⑧ 《目前形势和我们的任务》,《毛泽东选集》第4卷,人民出版社1991年版,第1251页。

党选择了革命手段解决土地问题之路,"革命是暴动,是一个阶级推翻另一个阶级的暴烈的行动"①。

重新分配土地和财产需要一个标准,阶级划分标准便成为土地改革的重中之重。1947年12月,中共中央将1933年颁布的《怎样分析农村阶级》和《关于土地斗争中一些问题的决定》发给各解放区各级党委,作为土地改革中划分阶级的参考文件。毛泽东在《怎样分析农村阶级》一文中,指出各阶级的基本特征是:地主占有土地,通过收取地租剥削农民;富农占有土地,主要剥削雇佣劳动;中农拥有部分土地,有时也受地租剥削;贫农没有或只有少量土地,要受地租和债利剥削;雇农主要靠出卖劳动力为生。②此外,任弼时在《土地改革中的几个问题》中解决了"根据什么标准来划分农村阶级"的问题,指出:"划分阶级成分的标准只有一个,就是依照人们对生产资料的关系的不同来确定各种不同的阶级。由于对生产资料的占有与否,占有多少,占有什么,如何使用,而产生的各种不同的剥削被剥削关系,就是划分阶级的唯一标准。"③中央划分阶级的政策是针对全国的,不可能为复杂的乡村社会提供所有的现成标准,这就需要各个地方根据具体情况做出相应的变通。农村土改时划定的阶级成分可以揭示民众土改前的谋生方式和生存条件。虽然它在一定程度上反映了家庭财富占有状况,但也不能否认,阶级成分对家庭经济水平的反映是粗线条的。如冀南农村有这样情形,一些地主家庭往往不是村中最富的,他们中有的拥有一定数量的土地(多是通过继承遗产获得),但因子女幼小,或家长等成年男性亡故等,缺乏劳动力,不得不完全靠雇佣长工经营。④芦晖临也指出,在土地改革中划分阶级成分的标准非常复杂,农业收入、剥削量、雇请帮工劳动天数,所有这些指标都涉及农民不熟悉的复杂计算,出现偏差

---

① 《湖南农民运动考察报告》,《毛泽东选集》第1卷,人民出版社1991年版,第17页。
② 《毛泽东选集》一卷本,人民出版社1967年版,第113~115页。
③ 任弼时:《土地改革中的几个问题》,《群众》(香港版)第2卷第12期,陈翰笙等编:《解放前的中国农村》第1辑,中国展望出版社1985年版,第38页。
④ 王跃生:《华北农村家庭结构变动研究——立足于冀南地区的分析》,《中国社会科学》,2003年第4期。

在所难免。①

在宏观阶级理论的指导下，多样式的土地改革工作队将"阶级"表述带到了他们所到过的每一个村庄。每个村庄选出了新的村长，成立了财粮、民政、治保、农会等组织。新组织的领导人多为贫雇农出身的农民，划成分是他们从未接触过的事物，他们无法掌握这一复杂的计算过程，因此，政策与标准基本上由工作队掌握，主要根据土地的多少与剥削量的大小来定。原土改干部回忆说："划成分首先看全村有多少土地，当时每人平均2.7亩，2.7亩以下是贫农，2.7亩到3亩是中农，4亩以上是富农。此外，还要看剥削量，雇用长工、自己也参加劳动的人定为富农；自己不参加劳动，雇长工的人定为地主。剥削量不超过25%为中农，25%~30%的为富农，达到30%以上的为地主。"②当然，上述情形会造成划成分存在多标准，曾当过沙井村主要土改干部的村民张守俊说："土改的前三年内，曾经雇佣过长短工，并且剥削量达到25%的定为富农，达到30%的定为地主，但三年前曾有剥削行为的不算在内。按政策要求，村中贫农占70%，中农占25%，地主、富农不超过5%。"③

华北地区的土地改革很大部分是在新中国成立前的国共内战下进行的，大致开始于1947年前后，④但是，在某些地区土地改革开始的较晚，沙井村的土地改革从1949年冬天开始，到1950年春天结束。不在地主阶层作为地主阶级的构成部分自然成为这场斗争的对象。在土地改革的政策中，对不在地主阶层有严格的处理规定。当然，对不在地主阶层的相关政策与全国其他地方的关

---

① 芦晖临：《革命前后中国乡村社会分化模式及其变迁：社区研究的发现》（第一辑），商务印书馆2003年版，第162页。

② ［日］三谷孝：『中国農村変革と家族・村落・国家：華北農村調査の記録』第二卷，汲古書店2000年，第642頁。

③ ［日］三谷孝：『中国農村変革と家族・村落・国家：華北農村調査の記録』第二卷，汲古書店2000年，第642~643頁。

④ 据田中恭子调查显示，河北省昌黎县两山乡后两山村、河北省栾城县东洋市村、河北省藁城县岗上村、山东省章邱县旭升乡东张官庄和东酒坞村、河北省石家庄市槐底大队、河北省栾城县孟董庄乡寺北柴村、山东省历城县冷水沟村的土地改革开始于1947年前后。参见［日］田中恭子：『華北農村の解放と土地改革：河北・山東8カ村調査報告』，『国際研究』，1985年第2期。

于地主的土地改革情境相似,政策处于不断的微调之中,但不在地主阶层作为主要改革内容一直如故。

毛泽东为中共中央起草了《关于时局与政策的指示》,明确告诫全党:在整个抗日战争时期,无论在何种情况下,我党的抗日民族统一战线的政策是决不会变更的;过去十年土地革命时期的许多政策,现在不应当再简单地引用。尤其是土地革命后期的许多过"左"的政策,不但在今天抗日战争时期一概不能采用,就是在过去也是错误的。

中共中央在指示中,进一步阐明了抗战时期的土地政策,明确指出:

必须向党员和农民说明,目前不是实行彻底的土地革命的时期,过去土地革命时期的一套办法不能适用于现在。现在的政策,一方面,应该规定地主实行减租减息,方能发动基本农民群众的抗日积极性,但也不要减得太多。地租,一般以实行二五减租为原则;到群众要求增高时,可以实行倒四六分,或倒三七分,但不要超过此限度。利息,不要减到超过社会经济借贷关系所许可的程度。另一方面,要规定农民交租交息,土地所有权和财产所有权仍属于地主。不要因减息而使农民借不到债,不要因清算老账而无偿收回典借的土地。①

根据中共中央的指示,各抗日根据地和陕甘宁边区总结了减租减息实施中的经验,相继修订了减租减息条例,纠正了过去过"左"的政策规定。1941年3月,晋察冀边区政府颁布了《减租减息单行条例(第二次修正)》和《减租减息单行条例施行细则》,纠正了一些过"左"的规定,其中停止执行关于不在地主的征用的有关规定,改为"出租人为不在地主时,其地租依减租减息条例照减,交由政府处理",以保障逃亡地主对土地的所有权。对此问题,晋察冀边区于7月还颁布了《抗战期间逃亡地主户财产代管办法》,规定"逃亡户之财产所有权不变,但为免其荒废,一律由该管县政府代管"②。

不久,中共中央根据国内形势的变动及时调整了对不在地主的相关政策。土地政策对不在地主的土地有明确的规定,"本法施行后,同一承租人继续耕

---

① 《毛泽东选集》第2卷,人民出版社1991年版,第766~767页。
② 河北省档案馆著:《中国土地改革史料选编》,河北人民出版社1990年版,第66页。

作十年以上之耕地,其出租人为不在地主时,承租人得依法请求征收其耕地",并要求各级政府在减租斗争中为农民依法征收不在地主之耕地。①

众所周知,土地改革时的阶级斗争的主要舞台是村庄,华北地区的地主通常都是不在地主,但是并非如黄宗智所言,他们中的许多人完全逃过了阶级斗争,②事实上,绝大多数的不在地主未能摆脱国家的制度安排。另外,有的村群众与地主界线还根本没有划清,没有从思想上和地主分家,与地主撕不破脸皮。具体表现在愿斗外村地主,不愿斗本村地主;只愿没收外村地主的财产,不愿没收本村地主的财产。③因此,无论是国家的制度安排还是农民的特殊情感,不在地主阶层在轰轰烈烈的土地改革中被没收了土地和财产,终究没有摆脱灭亡的历史命运。关于不在地主阶层的土地和财产在土地改革中被没收的资料繁多。

解放前夕,贯庄村有490亩土地,其80%以上均属于外村地主所有。设有6个地主庄园,即何家庄、万家庄、曾家庄、高家庄、邓家庄、李家庄。何、万两个庄为光泽城关人;曾家庄是管蜜人;高家庄为邵武梁坊人;邓家庄祖居百岭,后移居于此;李家庄属平头村,仅隔半里之路。除邓、李两家地主既雇工种田又出租土地外,其余四家地主占有的土地,均出租给当地农民耕种。在土地改革中,其土地被没收分配给了当地的农民。④

屏南县成立征没收分配委员会,下设没收、保管、检查、分配四个小组,自然村相应成立小组对照征没收政策制定征没收方案。其方法是先没收后征收,先土地后其他财产。"据全县38个乡统计,没收地主土地30 873.62亩,征收半地主式富农土地2580.59亩、小土地出租者1258亩;族田47 110.51亩、公田

---

① 《论减租减息的意义与执行问题》,《边政导报》1941年4月第2卷第5期,参见《晋察冀边区财政经济史资料选编》,南开大学出版社1984年版,第30页。

② [美]黄宗智:《经验与理论:中国社会、经济与法律的实践历史研究》,中国人民大学出版社2007年版,第104页。

③ 《宜章第一批土地改革的情况和深入发动群众进行补火的经验》,《新湖南》,1952年2月16日。

④ 周道维:《贯庄今昔:一个贫农村的变化》,《光泽文史资料》第7辑,第64~67页。

22 067.97亩;外村地主11 088亩、半地主式富农56.54亩,族田6 452.36亩、工商业主在农村土地349.25亩,以上共没征收土地121 837.21亩。"①

南阳市在土地改革中共没收、征收地主(含公田)、富农土地23 436.33亩,其中,没收地主土地20 950.63亩,这里包括了大量不在地主的土地。②

李庄没有地主,也没有富农。土地改革期间,没收外村地主在本村的土地,分给了佃农和贫农。③

南平县五区第一批土改的玉地村,该村在土改中没收了7户地主的土地380.31亩;征收半地主式富农4户,土地131.43亩;征收公田土地35.12亩,轮田888.26亩;没收外村地主在本村土地47.8亩。

沙县一区一街(即城关"西门外")于1950年11月27日进行了历时两个月的土地改革。在该街土地改革中,本街及外村地主占有的土地全被没收,这些土地分给了251户无地和少地的贫雇农及部分中农。④

较之于上述资料,天津档案馆藏有更为具体的不在地主阶层所有的土地和财产在土地改革中被没收的珍贵资料。天津作为华北地区重要的经济重镇,历来是官僚或商贾集聚之所,受传统经济理念影响的他们在郊区占有土地和房屋是司空见惯之事。但在土地改革的大潮中,不在地主阶层占有的数量庞大的土地和房产按土地政策的要求成为征收的对象。具体情形见下表。

---

① 张龙赠:《屏南县土地改革运动概况》,《屏南文史资料》第16辑,第11页。
② 南阳市地方史志编纂委员会:《南阳市志》,河南人民出版社1989年版,第221页。
③ 李庄:《李庄文集·回忆录编(上)》,人民日报出版社,第61页。
④ 杨世泉:《沙县土地改革运动简述》,《沙县党史通讯》第四辑,中共沙县县委党史研究室,第49~50页。

表7.5 天津市第三区天齐庙村地主在郊区占有房屋及空白房基地情况调查登记表(1950年)

地主姓名	住址	占有农田亩数	占有房屋情况 房屋	
			种类	间数
穆祥华	清真寺前街一号	287.7	土房	16
赵鸿宾	穆家庄西头	50	土房	2
穆文庄	清真寺后胡同十一号	351	砖房;土房	9;2
穆文宪	清真寺后胡同十一号	330	砖房;土房	14;2
穆祥义	穆家胡同六号	125	灰房	4
穆文芹	天齐庙大街十八号	1200	砖房	47
时永祺	天齐庙大街十九号	68	灰房	3
穆文西	清真寺前街二号		砖房;土房	23;8
李善发	天齐庙大街十三号		砖房	19
穆成林	茶铺胡同二十五号	26.41	土房	5

资料来源:天津市档案馆,档案号:X0003-Y-005687。

表7.6 天津市第三区天穆庄子村地主在郊区占有房屋及空白房基地情况调查登记表(1950年)

地主姓名	住址	占有农田亩数	占有房屋情况 房屋	
			种类	间数
穆文芳	穆庄子育才胡同	228.6	灰房;土房;草棚	5;11;7
穆成福	清真寺后	54.4	灰房;草棚	12;6;4
龙玉(发)?	清真寺大街	93	灰房;棚	9;9
穆效武	住市内	518	砖房	8;8
刘占元	大(经)?路	180.7	灰房	8
穆佩行	北京	232.928	土房	14
穆成相	德胜胡同	106.5	灰房;土房	9;11
黑振明	清真寺大街十七号	50	无	
穆祥册	住市内	57.5	土房	11
穆成方	小王庄	51.3	无	
穆成宽	十区西康路	162.75	砖房;灰房;土房	8;8;12
穆文秀	市内	54.9	土房	4

资料来源:天津市档案馆,档案号:X0003-Y-005687。

表7.7 天津市第三区天穆庄子村实没收与征收地主旧式富农土地统计表
（1950年3月）

姓名	成分	处理办法		1949年没征土地情况亩数			1950年没征土地情况亩数			总计（亩）
		没收	征收	水田	旱田	合计	水田	旱田	合计	
穆文秀	地主	√			36.9	36.9		18	18	54.9
穆成宽	地主兼商业	√		17.25	105	122.25		40.5	40.5	162.75
穆成福	工商业兼地主	√						55	55	55
穆祥山	地主	√						55	55	55
穆成才	地主兼商业	√			21.3	21.3		30	30	51.3
穆效武	工商业兼地主	√		34	347	381		137	137	518
穆文芳	地主	√						228.6	228.6	228.6
穆佩珩	工商业兼地主	√			232.928	232.928				232.928
刘占元	工商业兼地主	√		11.7	150	161.7	17		17	178.7
王宝成	地主	√			60	60		13	13	73
黑振明	地主	√			46	46				46
张连生	地主	√			38	38		10亩坑地10亩	20	58
穆成相	富农		√		93	93				93
龙玉发	地主兼商业	√			48	48		33亩（坑）地12亩	45	93
合计				62.95	1178.128	1241.078	17	642.1	659.1	1900.178

资料来源：天津市档案馆，档案号：X0003-Y-005687。

表7.8 天津市第三区天齐庙村实没收与征收地主旧式富农土地统计表
（1950年3月14日）

姓名	成分	处理办法		1949年没征土地情况亩数			1950年没征土地情况亩数			总计（亩）
		没收	征收	水田	旱田	合计	水田	旱田	合计	
穆祥华	地主	√		23.2	167	190.2	72.5（荒地24.7）	97.2		287.4
赵鸿宾	地主	√			30	30		20	20	50
穆文庄	地主	√			361	361				361
穆文宪	地主	√			303	303		27	27	330
刘鹤年	地主	√		26	53	79		10（荒地10）	20	99
穆祥义	地主	√			105	105	5	20	25	130
时永祺	地主兼商业	√						68	68	68
王海明	地主	√			100	100				100
穆文芹	地主	√			1200	1200				1200
刘祥科	富农兼商业		√		85	85				85
龙在和	富农		√		64.617	64.617				64.617
刘祥印	富农		√				23.7		23.7	23.7
穆成井	地主	√						6	20	26	26
时永平	富农		√				10		10	10
合计				49.2	2468.617	2517.817	44.7	237.5（荒地34.7）	316.9	2834.717

资料来源：天津市档案馆，档案号：X0003-Y-005687。

天津在土地改革中没收不在地主的土地和财产的资料繁多，如天津县二区詹庄子村在土地改革中将不在地主土地征收了；天津市静海县冯家村将

 《天津县第二区詹家庄（园田村）典型村农村经济调查工作总结》，天津档案馆馆藏：X0063-C-000405-009。

不在地主的土地与逃亡地主的土地一起征收。①

关于不在地主阶层在土地改革中的具体情形可以通过满铁调查资料反映出来。

河北省栾城县寺北柴村,在土改划分阶级时,村落社区内没有地主,"问:这个村庄内在解放前拥有大量土地的地主是谁?答:这个村庄内没有地主,拥有大量土地的是富农张仲寅"②。这个临近县城的贫穷村落的大部分土地都典当给了居住于县城的不在地主王赞周等人,由于无钱回赎,土地逐渐被其完全占有。③

"问:以前村落内有地主吗?答:村子很穷,没有地主。地主在村庄之外。这个村里的大部分土地属于居住在县城的大地主王赞周、李老七,其中,李老七的土地最多。"④

"问:这个村庄内有多少地主?答:村庄共有土地300亩,村庄里没有地主。只有三户富农。北关村有个王氏大地主,本人不居住于村庄,土地在这里。我们是他的生活根基。……问:土地典当给谁了?答:本县的第二大地主王赞周,住在北关村。王氏的土地很多。村庄约七成的土地属于王氏。"⑤

"问:他为何在这个村里拥有这么多的土地?答:这些地主从其祖辈开始不断地积累土地。他们因为富裕居住于县城之内,从事商业经营。在城镇之内,经营放账铺,从事高利贷行业。债务不能清偿,典地则归地主所有。"⑥

---

① [日]三谷孝:『中国農村変革と家族・村落・国家:華北農村調査の記録』第二卷,汲古書店2000年,第456頁。

② [日]三谷孝:『中国農村変革と家族・村落・国家:華北農村調査の記録』第一卷,汲古書店2000年,第81頁。

③ [日]三谷孝:『中国農村変革と家族・村落・国家:華北農村調査の記録』第一卷,汲古書店2000年,第105~106頁。

④ [日]三谷孝:『中国農村変革と家族・村落・国家:華北農村調査の記録』第一卷,汲古書店2000年,第473頁。

⑤ [日]三谷孝:『中国農村変革と家族・村落・国家:華北農村調査の記録』第一卷,汲古書店2000年,第175頁。

⑥ [日]三谷孝:『中国農村変革と家族・村落・国家:華北農村調査の記録』第一卷,汲古書店2000年,第409頁。

在寺北柴社区内拥有大量土地而居住于县城的不在地主,一般不从事农业生产,不断典入的土地由原所有者耕种,县城内的大地主于秋收之时来取约定的地租。①

"问:土地从何处租借来的?答:从北关地主王骡子那借来的。问:土地位于哪里?答:我们村的东口,从公路边到村北端一带的土地。问:租借土地的期限呢?答:租借以后一直耕作。问:租借的条件呢?答:租借一亩土地,要向王骡子交纳五斗的谷子。收成好时,一亩土地能收获十斗的谷子,一半交给地主。收成差时,只能收获七八斗,六成以上的收获物要交纳于地主。问:这个村里租借土地的有几户?答:当时村里有1200亩土地。其中,600亩土地是王骡子的,200多亩是北关的王老岳的,100多亩属北关地主李老七。其余的为这个村农民自耕土地。"②

"问:典当的9亩土地所有权归谁?答:我保有土地的所有权并耕种。可是,秋收之后,收获的一半归地主,也必须付利息,类似于借贷,将利息换做粮食交付。问:如果清债期限来临之时未能赎回土地的话,利息如何支付呢?答:不一定。如果抵押时,每亩两石粮食的话,利息稍微高些。"③

其实,寺北柴村社区居民话语里的"王骆子"、"王骡子"、"王洛"为同一个人,即不在地主王赞周。王赞周尽管在寺北柴村占有大量土地,并与该社区的很多居民建立了租佃关系,但是,该社区居民却对其不甚了解。

"问:知道王赞周这个人吗?答:知道,住在县城的北关人。问:关于王赞周,你知道多少?答:他是地主,在这个村庄内拥有很多土地。他的家在北关村,居住于城南,他不仅拥有大量的土地还有很多的商店。"④

---

① [日]三谷孝:『中国農村変革と家族・村落・国家:華北農村調査の記録』第一卷,汲古書店2000年,第135、200頁。

② [日]三谷孝:『中国農村変革と家族・村落・国家:華北農村調査の記録』第一卷,汲古書店2000年,第201頁。

③ [日]三谷孝:『中国農村変革と家族・村落・国家:華北農村調査の記録』第一卷,汲古書店2000年,第175頁。

④ [日]三谷孝:『中国農村変革と家族・村落・国家:華北農村調査の記録』第一卷,汲古書店2000年,第81頁。

"问：知道王赞周吗？答：村庄南面的土地全部抵押于他，秋收之后，每亩交纳五斗的谷物，如果没有谷物，每亩交纳20斤的棉花。这个村庄的农民几乎将所有的土地典当于王氏，并非卖于他。如果不交纳约定的粮食，典当契约便会终止。农民虽然获得钱，但是土地的所有权属于王氏。通过这种方式，王氏拥有200亩土地。他是外村人非本村人。"①

基层社会的土地改革是对村落社区资源进行广泛的调整和重新分配的一场运动，不在地主阶层作为地主阶级的构成部分，其所有的土地和财产自然成为调整的主要内容，而不在地主本人会受到由阶级意识武装下的农民的批斗，甚至是生命个体的结束。寺北柴村社区内缺乏阶级分层标准中的地主，但是在该社区内占有土地的不在地主并未逃脱人民的制裁，斗争大会是在不在地主的原籍北关村召开的。"土地改革的时候，寺北柴村村民所参加的地主斗争大会是北关村斗争大地主王赞周的批斗大会。"②土地改革的时候，寺北柴社区的居民批斗了他，并将他从这个村庄中赶了出去，其在该社区内的土地全部被没收。当时，有种说法认为这些土地都回到了原主手里。"问：王赞周如何被批斗的？答：北关村民批斗了他。某日，北关村召开了批斗他的大会，全村都参加了。虽然喊着杀了他，但最终没有杀他。土改之后，他和其子一起在刑务所拘禁了几年。"③在北关村召开的地主批斗大会，寺北柴村社区的居民也参加了。"问：解放后，如何斗地主的？答：县城的大地主王骡子被批斗的时候，我也参加了。我获得了一些洋钱。大地主李老七被批斗的时候，我亲眼看见从他家门隙里抠出七个大元宝和八百三十七枚大洋。"④

另外，在土地改革的斗争大会上经常会出现这样一幅场景，地主本人虽未

---

① [日]三谷孝：『中国農村変革と家族・村落・国家：華北農村調査の記録』第一卷，汲古書店2000年，第105頁。

② [日]三谷孝：『中国農村変革と家族・村落・国家：華北農村調査の記録』第一卷，汲古書店2000年，第203頁。

③ [日]三谷孝：『中国農村変革と家族・村落・国家：華北農村調査の記録』第一卷，汲古書店2000年，第105頁。

④ [日]三谷孝：『中国農村変革と家族・村落・国家：華北農村調査の記録』第一卷，汲古書店2000年，第251頁。

到场,然而农民对其的批判大会却依然如火如荼地展开,其传统权威在不在场的情况下被农民推翻,家庭财产也在其不在场的情况下被农民分配。"问:王骡子等数户地主逃跑了吗?答:王骡子一家皆逃跑到北京。"①"问:在土地改革批斗地主之时,他们在县城吗?答:王赞周已经去北京了。他颇具实力,全国的大城市中都有买卖。土地改革时期,他居住于县城。问:他的土地如何处理了?答:初时,去他家没收了物品、猪肉等。没收后召开批斗大会。之后,他家的家畜、水车、农具等全部分配了。再后来土地也分配了。问:那是什么时候?答:那是栾城解放的翌年,即1948年春。问:王赞周在土地改革时举家逃跑吗?答:土地改革前就逃跑了。"②"问:王老乐是如何被斗的?答:他逃跑了。一个人跑的。问:他逃到哪里去了?答:不知道。去斗他的人很多。我也去了。他家的物品被平分了。"③

由上述情形可知,对20世纪前期华北地区乡村社会结构、乡村权力结构、乡土社会认同观念、乡村经济结构、乡村经济及其发展趋向有着重大影响的规模庞大的不在地主阶层,由于阶层本身的社会流动使一部分成员脱离了该阶层,但社会中的其他阶层又通过某种途径跻身不在地主阶层,使得该阶层处于一个相对平衡的状态。然而,在清末民初国家制度不断革易的社会环境下,作为不在地主阶层的重要构成部分——旗人地主率先走向灭亡,虽有部分旗人地主侥幸逃脱,但最终还是与其他不在地主阶层一起在重新构建"国家—乡村社会"关系的土地改革的制度性安排下,从历史的舞台上消失了踪影。

---

① [日]三谷孝:『中国農村変革と家族・村落・国家:華北農村調査の記録』第一卷,汲古書店2000年,第202頁。

② [日]三谷孝:『中国農村変革と家族・村落・国家:華北農村調査の記録』第一卷,汲古書店2000年,第175~176頁。

③ [日]三谷孝:『中国農村変革と家族・村落・国家:華北農村調査の記録』第一卷,汲古書店2000年,第74~75頁。

参考文献

一、日文

(一)日文文献资料

[1] 南満州満鉄株式会社総務部調査課:『支那の動乱と山東農村』,満洲鉄道株式会社,1930年。

[2] 天野元之助:『山西省農業経済』,1934年。

[3] 水野薫:『山東省一農村(張耀屯)に於ける社会・経済事情』,南満洲鉄道株式会社,1935年。

[4] 押川一郎:『山東省経済調査資料第三輯:山東農業経済論』,南満鉄洲鉄道株式会社,1936年。

[5] 冀東地区農村実態調査班:『冀東地区内二十五箇村農村実態調査報告書』(上、下),1936年。

[6] 児玉秀雄:『河北省農村経済調査書(安次縣之巻)』,大東公司,1937年。

[7] 冀東地区農村実態調査班:『冀東地区内十六縣縣勢概況調査報告書』,

1937年。

[8] 北支経済調査所編：『農家経済調査報告：豊潤縣宣莊鎮米廠村』，南満洲鉄道株式会社，1938年。

[9] 北支経済調査所編：『農家経済調査報告：獲鹿縣第二区馬村』，南満洲鉄道株式会社，1939年。

[10] 北支経済調査所編：『北支農村概況調査報告（一）：惠民縣第一区和平郷孫家廟』，南満洲鉄道株式会社，1939年。

[11] 北支経済調査所編：『北支農村概況調査報告（三）：潍縣第一区高家楼村』，南満洲鉄道株式会社，1940年。

[12] 南満洲鉄道株式会社調査部編：『北支農村概況調査報告：彰德縣第一区宋村及七里店』，日本評論社，1940年。

[13] 南満州鉄道株式会社：『第二次冀東農村実態調査報告書統計篇：第三班豊潤縣』，大連：満鉄，1937年。

[14] 南満州鉄道株式会社：『第二次冀東農村実態調査報告書統計篇：第一班平谷縣』，大連：満鉄，1937年。

[15] 南満州鉄道株式会社：『第二次冀東農村実態調査報告書統計篇：第四班昌黎縣』，大連：満鉄，1937年。

[16] 満鉄天津事務所調査科：『遵化縣卢家寨農村実態調査報告』，天津：満鉄，1936年。

[17] 満鉄天津事務所調査科：『北支那における綿作地農村事情』，天津：満鉄，1936年。

[18] 満鉄北支経済調査所：『歷城縣冷水溝質問応答』（二），家族制度。

[19] 『北支慣行調査資料』第71集，『家族制度篇』第10号，山東省恩県後夏寨莊。

[20] 『北支慣行調査資料』，"青島特別市即墨縣、胶縣"。

[21] 南満州鉄道株式会社調査部編：『北支那の農業と経済』（上、下册），日本評論社，1942年。

[22] 北支那開発株式会社調査局：『魯西棉作地帯の一農村に於ける労働力調査報告』，新民印書館，1943年。

[23] 北支経済調査所編：『小麥の生産・消費・販売とその事変前後の変動：山東省高密縣・青島市膠縣農村調査成績を中心として』，満洲鉄道株式会社，1942年。

[24] 北支経済調査所編：『北支農村概況調査報告（二）泰安縣第一区下西隅鄉涝漥庄』，南満洲鉄道株式会社，1940年。

[25] 北支那開発株式会社調査局：『労動力資源調査報告』，北京：北支那開発株式会社調査局，1943年。

[26] 華北総合調査研究所：『石門市近郊農村実態調査報告書』，北京：華北総合調査研究所，1944年。

[27] 華北交通株式会社：『鉄路愛護村実態調査報告書』，華北交通株式会社，1940年。

[28] 華北動工協会：『農村実態調査報告：河北省滄縣第三区田家庄労力を中心とする』，1942年。

[29] 満鉄調査部：『潍縣土布業調査報告書』，1942年。

[30] 東亜同文会編纂：『支那省別全誌』，1917年。

[31] 南満州鉄道株式会社：『中华民国各省市单行法规集・第一辑・河北省の部』，1940年。

[32] 『小林多喜二生誕100年・没後70周年記念シンポジウム記録集』，白樺文学館多喜二ライブラリー，2004年第2期。

[33] 『不在地主にかんする調査』，大正六年（1917年）。

[34] 『日本国語大辞典・第二版』，小学館2001年。

[35] 平野義太朗：『支那農村における偸盗莊稼』，『法律時報』，第一六巻七号，1944年。

[36] 天野元之助：『支那田賦考察』，『満鉄調査月報』，第14巻第2期。

[37] 大塚令三：『支那各省農業労働者雇用習慣及び需給状況』，中支建設資料整備事務所編翻訳部，1941年。

[38] 石田浩：『解放前の華北農村社会の一性格』，『関西大学経済論集』，第32巻第2~3号。

[39] 田中恭子：『中国共産党の農村政策——1940年代を中心に』，『国際研

究』,1984年第三期。

[40] 田中恭子:『華北農村の解放と土地改革:河北・山東8カ村調査報告』,『国際研究』,1985年第2期。

[41] 三品英憲:『近代華北村落における社会関係と面子-「中国農村慣行調査」の分析を通して』,『歴史学研究』,2010年第9期。

[42] 中国農村調査刊行会:『中国農村慣行調査』全六巻,岩波書店,1952~1957年、1981年復刊。

[43] 三谷孝:『中国農村変革と家族・村落・国家:華北農村調査の記録』全二巻,汲古書店,2000年。

(二)日文研究论著

[1] 長野朗:『支那土地制度研究』,刀江書院,1930年。

[2] 梨本祐平:『北支の農業経済』,白揚社版,1939年。

[3] 天野元之助:『支那農業経済論』(上、中),改造社刊,1940、1942年。

[4] 柏祐賢:『北支の農村経済社会』,弘文堂,1944年。

[5] 福武直:『中国農村社会の構造』,大雅堂,1946年。

[6] 旗田巍:『中国村落と共同体理論』,岩波書店,1973年。

[7] 小林弘二編:『旧中国農村再考:変革の起点を問う』,アジア経済研究所,1986年。

[8] 佐々木衛:『近代中国の農村社会に於ける民衆運動に関する総合的研究』,1988年。

[9] 内山雅生:『中国華北農村経済研究序説』,金沢大学経済学部,1990年。

[10] 本田悦郎:『中国農村小作制度慣行調査』,近代文芸社,1990年。

[11] 平野義太朗:『大アジア主義の歴史の基礎』,河出書房,1945年。

[12] 福武直:『福武直書作集』第9巻,東京大学出版会,1976年。

[13] A・H・スミス著,塩谷安夫、仙波泰雄訳:『支那の村落生活』,生活社,1941年。

[14] 岩佐捨一:『北満の土地所有配分と不在地主』,満鉄調査部,1932年。

二、中文

（一）主要文献资料

[1]《东方杂志》

[2]《大公报》

[3]《晋察冀日报》

[4]《解放日报》

[5]《益世报·农村周刊》

[6]《中国经济年鉴》(1934~1936年)

[7] 中国农村经济研究会：《中国农村》

[8] 燕京大学社会学会：《社会学界》

[9] 农村月刊社：《农村月刊》

[10] 农业周报社：《农业周报》

[11] 金陵大学农林新报社：《农林新报》

[12] 津南农村生产建设实验场编辑部：《津南农声》

[13] 金陵大学农学院农业经济系：《经济周讯》

[14] 经济部农本局：《农本》

[15] 农村教育改进会（太原）：《新农村》

[16] 农村建设协进会：《农村建设》

[17] 社会调查所：《社会科学杂志》

[18] 社会杂志社：《社会杂志》

[19] 实业部统计处：《实业部月刊》

[20] 实业部中央农业实验所农报社：《农报》

[21] 中国经济研究会：《中国经济》

[22] 中华农学会：《中华农学会丛刊》、《中华农学会报》

[23] 中国农民银行总行管理处：《中农月刊》

[24] 中国农民经济研究会：《中国农民》

[25] 国民党中央执行委员会农民部：《中国农民》

[26] [美]卜凯著,张履鸾译:《中国农家经济:中国七省十七县二八六六田场之研究》,商务印书馆,1936年。

[27] [英]戴乐仁著,李锡周等译:《中国农村经济实况》,北平农民运动研究会,1928年。

[28] 董时进:《河北省二万五千家乡村住户之调查》,1932年。

[29] 行政院农村复兴委员会:《河南省农村调查》,商务印书馆,1934年。

[30] 行政院农村复兴委员会:《陕西省农村调查》,商务印书馆,1934年。

[31] 冯紫岗、刘瑞生编:《南阳农村社会调查报告》,黎明书局,1934年。

[32] 民国实业部国际贸易局:《中国实业志》(山东省),1934年。

[33] 民国实业部国际贸易局:《中国实业志》(山西省),1937年。

[34] 冯和法:《中国农村经济资料》,黎明书局,1935年。

[35] 冯和法:《中国农村经济资料续编》,黎明书局,1935年。

[36] 华北人民政府农业部:《华北农业生产统计资料》,1949年6月。

[37] 华北财办财政组:《华北解放区农民收入与负担问题材料汇编》,1948年。

[38] 十月出版社编辑:《土改后的农村》,十月出版社,1950年。

[39] 中央人民政府农业部编印:《华北典型村调查》,1950年。

[40] 人民出版社编辑部编辑:《新区土地改革前的农村》,人民出版社,1951年。

[41] 中央农业部计划司编:《两年来的中国农村经济调查汇编》,中华书局,1952年。

[42] 国家统计局:《1954年我国农家收支调查报告》,统计出版社,1957年。

[43] 章有义编:《中国近代农业史资料》第二辑(1912~1927),三联书店,1957年。

[44] 章有义编:《中国近代农业史资料》第三辑(1927~1937),三联书店,1957年。

[45] 史敬堂等编:《中国农业合作化史料》(上、下册),生活·读书·新知三联书店,1957年。

[46] 李文治编:《中国近代农业史资料》第一辑,三联书店,1957年。

[47] 彭泽益编:《中国近代手工业史资料》,三联书店,1957年。

[48] 中国人民大学国民经济史教研室编:《中国近代国民经济史参考资料》第一册,中国人民大学出版社,1958年。

[49] 中国社会科学院经济研究所中国现代经济史组:《第一、二次国内革命战争时期土地斗争史料选编》,人民出版社,1981年。

[50] 中央档案馆编:《解放战争时期土地改革文件选辑》,中共中央党校出版社,1981年。

[51] 陕甘宁边区财政经济史编写组、陕西省档案馆编:《抗日战争时期陕甘宁边区财政经济史料摘编》第二编(农业),陕西人民出版社,1981年。

[52] 许道夫:《中国近代农业生产及贸易统计资料》,上海人民出版社,1983年。

[53] 晋察冀边区财政经济史编委会:《抗日战争时期晋察冀边区财政经济史资料选编》(农业编),南开大学出版社,1984年。

[54] 张闻天:《神府县兴县农村调查》,人民出版社,1986年。

[55] 桑润生:《中国近代农业经济史》,农业出版社,1986年。

[56] 山东省档案馆、山东省社科院历史所编:《山东革命历史档案资料选编》(第九、十一、十三、十九、二十二辑),山东人民出版社,1986年。

[57] 晋绥边区财政经济史编写组编:《晋绥边区财政经济史资料选编》,山西人民出版社,1986年。

[58] 太行革命根据地史总编委员会编:《太行革命根据地史料丛书之五·土地问题》,山西人民出版社,1987年。

[59] 晋冀鲁豫边区财政经济史资料编辑组编:《抗日战争时期晋冀鲁豫边区财政经济史资料选编》(第二辑),财政经济出版社,1990年。

[60] 河北省档案馆编:《河北土地改革档案史料选编》,河北人民出版社,1990年。

[61] 《太岳革命根据地农业资料选编》,山西科学技术出版社,1991年。

[62] 中共山西省委调查研究室编:《山西农村经济调查》,山西人民出版社,1991年。

[63] 刘欣、景占魁:《晋绥边区财政经济史》,山西经济出版社,1993年。

[64] 张闻天选集传记组编：《张闻天晋陕调查文集》，中共党史出版社，1994年。

[65] 华北解放区财政经济史资料选编编辑组编：《华北解放区财政经济史资料选编》第一、二辑，中国财政经济出版社，1996年。

[66] 中共朔州市委党史研究室编：《西雁北土地改革》，2001年。

[67] 李文海主编：《民国时期社会调查丛编·乡村社会卷》，福建教育出版社，2004年。

[68] 李景汉：《定县社会概况调查》，上海人民出版社，2005年。

（二）主要研究论著

[1] [美]黄宗智：《中国农村的过密化与现代化：规范认识危机及出路》，上海社会科学院出版社，1992年。

[2] [苏]马扎亚尔著，陈代青、彭桂秋译：《中国农村经济研究》，神州国光社，1930年。

[3] 朱新繁：《中国农村经济关系及其特质》，新生命书局，1930年。

[4] 冯和法：《中国农村经济论》，黎明书局，1934年。

[5] [日]田中忠夫著，姜般若译：《华北经济概论》，北京出版社，1936年。

[6] 吴知：《乡村织布工业的一个研究》，商务印书馆，1936年。

[7] 千家驹：《中国农村经济论文集》，中华书局，1936年。

[8] 方显廷：《中国经济研究》（上、下），商务印书馆，1938年。

[9] 古楳：《中国农村经济问题》，中华书局，1940年。

[10] 吴文辉：《中国土地问题及其对策》，商务印书馆，1947年。

[11] 包亚明主编：《文化资本与社会炼金术——布尔迪厄访谈录》，上海人民出版社，1997年。

[12] 李朴：《中国土地问题浅说》，光华书店，1948年。

[13] 应廉耕、陈道：《华北之农业》，北京大学出版部，1948年。

[14] [日]中井明：《建国前后华北农村土改中的阶级划分研究》，南开大学博士论文，2007年。

[15] 渠桂萍：《华北乡村民众视野中的社会分层及其变动（1901—1949）》，人民出版社，2010年。

[16] 王先明：《变动时代的乡绅——乡绅与乡村社会结构变迁（1901~1945）》，人民出版社，2009年。

[17] 李里峰：《经济的"土改"与政治的"土改"——关于土地改革历史意义的再思考》，《安徽史学》，2008年第2期。

[18] [美]韩丁著，韩倞等译：《翻身——中国一个村庄的革命纪实》，北京出版社，1980年。

[19] 薛暮桥：《旧中国的农村经济》，农业出版社，1980年。

[20] 毛泽东：《毛泽东农村调查文集》，人民出版社，1982年。

[21] [加]伊莎贝尔·柯鲁克、[英]大卫·柯鲁克著，安强、高建译：《十里店——中国一个村庄的群众运动》，北京出版社，1982年。

[22] 熊亚平：《铁路与华北乡村社会变迁（1880~1937）》，人民出版社，2011年。

[23] 薛暮桥、冯和法编：《〈中国农村〉论文选》，人民出版社，1983年。

[24] 罗仑、景甦：《清代山东经营地主经济研究》，齐鲁书社，1984年。

[25] 从翰香主编：《近代冀鲁豫乡村》，中国社会科学出版社，1995年。

[26] [美]珀金斯著，宋海文等译：《中国农业的发展，1368~1968》，上海译文出版社，1984年。

[27] [美]杨懋春：《近代中国农村社会之演变》，巨流图书公司，1984年。

[28] 陈翰笙、薛暮桥、冯和法编：《解放前的中国农村》，中国展望出版社，1985年。

[29] 史志宏：《20世纪30、40年代华北平原农村土地以外主要生产资料的占有状况》，《中国经济史研究》，2005年第3期。

[30] [美]彭慕兰著，马俊亚译：《腹地的构建：华北内地的国家、社会和经济（1853~1937）》，社会科学文献出版社，2005年。

[31] 费孝通著，惠海鸣译：《中国绅士》，中国社会科学出版社，2006年。

[32] 王友明：《革命与乡村——解放区土地改革研究：1941~1948（以山东莒南县为个案）》，上海社会科学院出版社，2006年。

[33] 郭德宏：《中国近现代农民土地问题研究》，青岛出版社，1993年。

[34] [美]吉尔伯特·罗兹曼主编：《中国的现代化》，江苏人民出版社，2003

年。

[35] 张佩国:《中国乡村革命研究中的叙事困境——以"土改"研究文本为中心》,《中国农史》,2003年第2期。

[36] 唐致卿:《近代山东农村社会经济研究》,人民出版社,2004年。

[37] 渠桂萍、王先明:《乡村民众视野中的社会分层》,《人文杂志》,2004年第6期。

[38] 李金铮:《近代中国乡村社会经济探微》,人民出版社,2004年。

[39] 郑起东:《转型期的华北农村社会》,上海书店出版社,2004年。

[40] 史志宏:《20世纪三、四十年代华北平原农村的土地分配及其变化》,《中国经济史研究》,2002年第3期。

[41] 王先明、郭卫民:《乡村社会文化与权力结构的变迁》,人民出版社,2002年。

[42] 金德群:《民国时期农村土地问题》,红旗出版社,1994年。

[43] 成汉昌:《中国土地制度与土地改革——20世纪前半期》,中国档案出版社,1994年。

[44] 费孝通:《江村经济——中国农民的生活》,商务印书馆,2005年。

[45] 苑书义、董丛林:《近代中国小农经济的变迁》,人民出版社,2001年。

[46] [美]杨懋春著,张雄等译:《一个中国的村庄:山东台头》,江苏人民出版社,2001年。

[47] 曹幸穗:《旧中国苏南农家经济研究》,中央编译出版社,1996年。

[48] [美]詹姆斯·斯科特著,程立显、刘建等译:《农民的道义经济学:东南亚的反叛与生存》,译林出版社,2001年。

[49] [美]杜赞奇著,王福明译:《文化、权力与国家——1900~1942年的华北农村》,江苏人民出版社,1996年。

[50] 魏宏运主编:《二十世纪三四十年代冀东农村社会调查与研究》,天津人民出版社,1996年。

[51] 庄孔韶:《银翅:中国的地方社会与文化变迁(1920~1990)》,生活·读书·新知三联书店,2000年。

[52] 王先明:《近代绅士:一个封建阶层的历史命运》,天津人民出版社,

1997年。

[53] 江沛:《二十世纪三四十年代华北区域的灾害与农村社会变动》,《中国社会历史评论》,2001年第3卷。

[54] 章有义:《明清及近代农业史论集》,中国农业出版社,1997年。

[55] 朱玉湘:《中国近代农民问题与农村社会》,山东大学出版社,1997年。

[56] 苑书义、任恒俊、董丛林:《艰难的转轨历程——近代华北经济与社会的发展研究》,人民出版社,1997年。

[57] [美]施坚雅著,史建云、徐秀丽译:《中国农村的市场和社会结构》,中国社会科学出版社,1998年。

[58] 王建革:《传统社会末期的生态与社会》,复旦大学博士后报告,1998年。

[59] 许檀:《明清时期山东商品经济的发展》,中国社会科学出版社,1998年。

[60] 张佩国:《土地资源与权力网络——民国时期的华北村庄》,《齐鲁学刊》,1998年第2期。

[61] 李金铮:《借贷关系与乡村变动——民国时期华北乡村借贷之研究》,河北大学出版社,2000年。

[62] [美]黄宗智:《华北的小农经济与社会变迁》,中华书局,2000年。

[63] 王建革:《近代华北的农业生态与社会变迁》,《中国农史》,1999年第18卷第1期。

[64] [美]马若孟著,史建云译:《中国农民经济:河北和山东的农民发展1890~1949》,江苏人民出版社,1999年。

[65] 郑起东:《近代华北的农业发展和农民生活》,《中国经济史研究》,2000年第1期。

[66] 张佩国:《地权分配·农家经济·村落组织:1900~1945年的山东农村》,齐鲁书社,2000年。

[67] 张佩国:《近代江南乡村地权的历史人类学研究》,上海人民出版社,2002年。

[68] 王先明:《士绅构成要素的变异与乡村权力——以20世纪三四十年代

的晋西北、冀中为例》,《近代史研究》,2005年第2期。

[69] 李文海:《中国农村经济之调查》,《民国时期社会调查丛编(二编)·乡村经济卷(上)》,福建教育出版,2009年。

[70] 徐畅:《二十世纪二三十年代华中地区农村金融研究》,齐鲁书社,2005年。

[71] 李德英:《国家法令与民间习惯:民国时期成都平原租佃制度新探》,中国社会科学出版社,2006年。

[72] 张研、毛立平:《19世纪中期中国家庭的社会经济透视》,中国人民大学出版社,2003年。

[73] [美]黄宗智:《经验与理论:中国社会、经济与法律的实践历史研究》,中国人民大学出版社,2007年。

[74] 乔志强:《近代华北农村社会变迁》,人民出版社,1998年。

[75] 王仲鸣译:《中国农民问题与农民运动》,平凡书局,1929年。

[76] 赵晓力:《近代中国农村土地交易中的契约、习惯与国家法》,《北大法律评论》第1卷第2辑,法律出版社,1999年。

[77] 江沛、王先明主编《近代华北区域社会史研究》,天津古籍出版社,2005年。

[78] 王传鸾等:《转型期社会学若干问题研究》,国家行政学院出版社,1998年。

[79] 郑弘毅:《农村城市化研究》,南京大学出版社,1998年。

[80] [美]杨懋春:《乡村社会学》,国立编译馆,1970年。

[81] 姚洋:《土地、制度和农业发展》,北京大学出版社,2004年。

[82] [美]黄宗智:《清代的法律、社会与文化:民法的表达与实践》,上海书店出版社,2001年。

[83] 孙燕:《试析明清以来中国地主城居现象》,《皖西学院学报》,2004年第3期。

[84] 杨丽霞:《清代城居地主兴起的影响》,《河南理工大学学报》(社会科学版),2007年第3期。

[85] 黄敏、慈鸿飞:《城居地主与近代江南农村经济》,《中国农史》,2006年

第3期。

[86] [法]高宣扬:《布迪厄的社会理论》,同济大学出版社,2004年。

[87] 洪璞:《乡居·镇居·城居:清末民国江南地主日常活动社会和空间范围的变迁》,《中国历史地理论丛》,2002年第4期。

[88] [美]黄宗智主编:《中国乡村研究》第三辑,社会科学文献出版社,2005年。

[89] 张利民:《论华北区域的空间界定与演变》,《天津社会科学》,2006年第5期。

[90] 曲直生:《华北民众食料的一个初步研究》,参谋本部国防设计委员会,1934年。

[91] 方显廷:《论华北经济及其前途》,南开大学经济研究所,1936年。

[92] [美]张信著,岳谦厚、张玮译:《二十世纪初期中国社会之演变——国家与河南地方精英1900~1937》,中华书局,2004年。

[93] 孙佐奇:《中国田赋问题》,新生命书局,1935年。

[94] 郑起东:《近代华北的摊派 (1840~1937)》,《近代史研究》,1994年第2期。

[95] 李金铮:《民国乡村借贷关系研究》,人民出版社,2003年。

[96] 王寅生等编:《中国北部的兵差与农民》,南京中央研究院社会科学研究所,1931年。

[97] [美]郝延平著,陈潮、陈任译:《中国近代商业革命》,上海人民出版社,1991年。

[98] 罗仑、景甦:《清代山东经营地主底社会性质》,山东人民出版社,1958年。

[99] 谷中原:《交通社会学》,民族出版社,2002年。

[100] 邓云特:《中国救荒史》,生活·读书·新知三联书店,1958年。

[101] 李文海、林敦奎、程啸、宫明:《近代中国灾荒纪年续编》,湖南教育出版社,1993年。

[102] [英]贝思飞:《民国时期的土匪》,上海人民出版社,1992年。

[103] 郑卫东:《村落社会变迁与生育文化——山东东村调查》,上海人民

出版社,2007年。

[104] 李文治、江太新著:《中国地主制经济论:封建土地关系发展与变化》,中国社会科学出版社,2005年。

[105] 刘大鹏:《退想斋日记》,山西人民出版社,1990年。

[106] 王劲:《鲁东农村土地所有权转移的趋势》,载《农村经济》第3卷,第7期。

[107] 萧铮主编:《民国二十年代中国大陆土地问题资料》,成文出版有限公司,1977年。

[108] 潘光旦、全慰天著:《苏南土地改革访问记》,三联书店,1952年。

[109] 夏明方:《民国时期自然灾害与乡村社会》,中华书局,2000年。

[110] 成汉昌编著:《20世纪前半期中国土地制度与土地改革》,中国档案出版社,1994年。

[111] 祁进玉:《群体身份与多元认同》,社会科学文献出版社,2008年。

[112] [美]詹姆斯·S.科尔曼著,邓方译:《社会理论的基础》,社会科学文献出版社,2008年。

[113] [德]斐迪南·滕尼斯著,林荣远译:《共同体与社会》,商务印书馆,1999年。

[114] 袁振龙:《社会资本与社区治安》,中国社会出版社,2010年。

[115] 乌丙安:《中国民俗学》,辽宁大学出版社,1999年。

[116] 千家驹编:《中国农村经济论文集》,上海书店出版社,1990年。

[117] 曹幸穗:《旧中国苏南城居地主的土地租佃》,《古今农业》,1990年第2期。

[118] 李金铮:《收入增长与结构性贫困:近代冀中定县农家生活的量化分析》,《近代史研究》,2010年第4期。

[119] 史建云:《近代华北平原地租形态研究——近代华北平原租佃关系探索之一》,《近代史研究》,1997年第3期。

[120] 张鸣:《乡村社会权力与文化结构变迁1903~1953》,广西人民出版社,2001年。

[121] 布迪厄、张静、于硕:《P.Bourdieu教授访谈录》,《中国社会科学季

刊》,1998年秋季卷。

[122] 王先明:《中国近代社会文化史论》,人民出版社,2000年。

[123] [美]周荣德:《中国社会的阶层与流动——一个社区中绅士身份的研究》,学林出版社,2000年。

[124] 史志宏:《20世纪三四十年代华北平原农村的租佃关系和雇佣关系——以河北省清苑县4村为例》,《中国经济史研究》,2003年第1期。

[125] 乌廷玉:《旧中国黄河流域各省的租佃关系》,《近代史研究》,1987年第2期。

[126] 高王凌:《租佃关系新论———地主、农民和地租》,上海书店出版社,2005年。

[127] 吴韬:《清代江南市镇与农村关系的空间透视:以苏州地区为中心》,上海古籍出版社,2010年。

[128] 罗朝晖:《富农与新富农——20世纪前半期华北乡村社会变迁的主角》,人民出版社,2010年。

后 记 POST SCRIPT

ERSHI SHIJI ZHI ZHONGGUO

　　2007年9月，我怀揣着无比激动的心情来到了梦寐以求的学府——南开大学。2011年4月，在天边泛起鱼肚白之际，我在键盘上敲击着意味学业结束的最后一段字符，本应有迎接曙光之喜悦，却无一丝轻松之感。

　　南开求学，历经四载，长于国家规定的最短学制，当然，这其中含有赴日一载的留学时间。为了收集研究区域内相关的日文资料，我奔波于日本的大学图书馆和各级别的公共图书馆之间，本书所需的上百部关于20世纪前期华北乡土社会的日文资料便多是如此积累而成的。不知多少个夜晚，我在大阪那个面朝大海和机场的公寓内整理这些凌乱的资料。留学费用虽全由日方提供，但一个囊中羞涩的中国学生，偏偏要到经济主导型的社会中找寻研究中国问题的资料，无疑只能依靠自信和执着抵抗着疲惫和思乡之情。虽然案牍劳形、皓首穷经，周围的任何声响与色彩也与我甚远，但历时四年才完成学业，这与自己的才学疏浅不无关系。上述经历的存在，又怎能让我轻易地释怀之，喜悦之？

　　古人云，饮水应思源，为人为学更应如是。论文得以完稿，首先我要真诚地感谢导师王先明教授。先生以渊博的学识、严谨的学风、缜密的思维，引我步入真正的学术之途。进入南开之前，我对中国社会史知之较少，加之生性懒散，资质愚钝，茫然不知如何开始，更不知研究学问之魅力何在。入校之后，我在先生的课堂上喜获为学之窍门、为学之宝典、为学之真谛，恰如润物无声之春雨，让我的心智和思维顿开，不再迷茫不清。先生育人有方，因材施教，因人制宜，而于我尤多费心力。对于单篇小文，即使是语言表述、标点符号，先生亦倾力指导，文章的架构、思维逻辑自不待言，逐一指出问题并提出明确的修改意见。单篇小文如此，毕业论文便可想而知了。本论文从开始选题，到结构设计和整个写作过程，无不凝结着先生的心血。我每遇问题，必烦扰先生，甚至于一问数扰，论文成稿，竟难计烦扰先生之次数，耗费先生大量的时间和精力，本论文几易其稿，才见此形。论文完稿时，先生始得心安，我亦感慨颇多，受益亦无穷。怎奈本人愚钝，虽亦步亦趋，而于先生之所嘱，能领悟十之三四而已，于此奉上此稿，深知难达先生之期待，唯有日后修炼，再求进步，但期此稿不辱先生之门墙。在津求学的四年里，师母陈老师像慈母般的关心我的学习和生活，让在异地求学的我感受到家人般的亲情和温暖。

在梦寐以求的大学里求学，是我的幸运。更为幸运的是得到了这所充满学术气氛的校园里很多知名教授的帮助和指点。张利民教授给予我颇多帮助和指导，在论文写作过程中，为我提供了大量的日文资料以及在天津社科院图书馆查阅日文资料的机会，并将三谷孝主编的二卷本『中国農村変革と家族・村落・国家：華北農村調査の記録』赠于我，为我的创作增添了助力。李金铮教授在论文开题和论文答辩中提出了诸多的建议，让我受益颇多。江沛、侯杰教授在论文开题中对本文选题和研究思路提出了改进的意见。张思教授也给予我很大帮助，不仅为论文写作提供了很多自己珍藏的日文资料，而且在其推荐下我有幸拜访了东京大学的吉泽诚一郎和川岛真教授。宣朝庆老师在论文开题中从社会学的视角提出了很多宝贵意见，我在论文写作过程中关于认同问题多次求教于宣老师，他细心的解答让我获益匪浅。博士阶段不过是学习过程中的一个节点而已，到达这个节点需依次顺利完成几个阶段的学习，在这个过程中很多老师给予我帮助，其中，辽宁师范大学的喻大华教授，东北师范大学的陈秀武教授（我的硕士导师），时至今日，依然关心我的学习和生活，每每想起，心生感动，在此送上我深深的谢意。

有缘千里来相会。来自于全国各地的众位同窗好友齐聚于先生门下，受先生为人处世的影响,我们在生活上互相关心,资料上共同分享,学业上互相切磋、互相鼓励,使我受益良多,这亦为论文的顺利完稿奠定了基础。同时,同学们在修改论文的过程中给予我很多帮助。借此机会,我要向熊亚平、魏本权、渠桂萍、朱军献、罗朝晖、曾耀荣、张启耀、牛秋实、柳敏、杜维鹏、付燕鸿、杨东、任金帅、童舜尧、全敖杰、邵露露、李尹蒂、许士科、吴霞表示感谢。特别是熊亚平师兄,从论文的选题到修改,都给予我莫大的帮助,感谢之情难于言表。学友朝夕相处,共同奋斗,互相帮助,让我有生活在一个温暖的大家庭中的感觉,更为重要的是收获了一份真诚的友谊。好友张玮、高玮、齐小林、高福美、程方、邓群刚、潘崇、商爱玲、张彦台等对我坦诚相待,感谢他们让我的博士生活有如此多美好的回忆。

在论文资料收集的过程中也得到了许多人的帮助,如天津社科院图书馆的杨馆长,大连图书馆的陈艳军主任,天津市档案馆、南开大学历史学院资料室和南开大学图书馆的工作人员,等等,在此表示感谢。当然,还有很多人,甚至是从未谋面的人亦曾给了我莫大的帮助。可惜,我没有机会对每一个帮助过自己的人说声谢谢。在此,我再一次向所有无私帮助过我的人致以深深的敬意和衷心的感谢。

在漫长的求学路上,家人始终是我最坚强的后盾,所以,最后我要将真挚的谢意送给他们。我已是而立之年,却依旧在学校扮演着学生的角色,很少有机会照顾年迈的父母,未能很好地尽儿子的职责。我的爱人胡莹莹女士,独自承担家庭的重负,并在物质上和精神上给予我支持与鼓励。此时用任何语言都无法表达出我对他们的感激,无以回报,唯有用一辈子去珍惜、去爱他们!

南开四年,收获颇丰。值此论文杀青之际,向诸位师友以及母校献上我诚挚的感谢!

2011年4月于南开园

我是幸运者　I WAS LUCKY

ERSHI SHIJI ZHI ZHONGGUO

　　我的博士论文在完稿并通过答辩一年以后得以出版。对此，我要特别感谢恩师王先明教授。先生在学业上对我的指导和教诲自不必说，在毕业之后，对我的论文出版也一直挂在心上。先生多次为我联系出版事宜，令我至为感激。

　　学术著作的出版需要一笔可观的费用，尤其如我这样毕业不久的无名小卒，更是一笔不小的负担。但幸运的是，在先生与出版单位的协商下，此事得以圆满解决，实为幸事。

　　同时，我要由衷地感谢陈师母。与多数博士们一样，我多年埋头于书案前，只为寻觅一处施展所学之地。曾缘于家庭、研究取向之故，专情于故乡大连某名校。诸番考核顺利通过，怎奈"出身"问题，终未遂人愿。虽又获悉几所名校的相关专业已为我"出身"问题求"特批"，但我已无去名校之心，唯期与爱人共事于一校。师母闻悉，倾力解忧，终圆学生之愿。工作顺心，让我有余暇修改此稿，在此特致谢意。当然，亦要感谢在我寻找工作之时伸出橄榄枝并竭力为我争取机会的老师们，甚至我们未曾谋面便施以援手，正是这份认同和理解驱动着我继续思考书稿中的问题。

　　最后，我非常感谢山西人民出版社给了拙文得以面世的机会。但由于时间较为仓促,文中难免会有错谬之处,希望读者能够谅解同时给予批评指正。

2013年9月30日于滨海园

安　宝